Stephen R. Covey

Die 7 Wege zur Effektivität für starke Familien

AF648490

*»Es gibt keinen besseren Weg,
fortlaufend den Geist zu erweitern,
als es sich zur Gewohnheit zu machen,
regelmäßig gute Literatur zu lesen.«*

Stephen R. Covey

Weitere Bücher von Stephen R. Covey

Die 7 Wege zur Effektivität – Kompaktausgabe
978-3-96739-066-7

Stephen R. Coveys Die 7 Wege zur Effektivität – Tagebuch
978-3-96739-067-4

Stephen R. Coveys Das Leitbild deines Lebens
978-3-96739-143-5

Die 7 Wege zu glücklichen Beziehungen
978-3-96739-041-4

Die 12 Gründe des Gelingens
978-3-86936-722-4

Außerdem von Sean Covey

Die 7 Wege zur Effektivität für Jugendliche
978-3-86936-940-2

Die 6 wichtigsten Entscheidungen für Jugendliche
978-3-86936-969-3

Stephen R. Covey

Die 7 Wege zur Effektivität für starke Familien

Aus dem Amerikanischen
von Ingrid Proß-Gill

9., gekürzte und überarbeitete Auflage

GABAL FranklinCovey

Die amerikanische Originalausgabe »The 7 Habits of Highly Effective Families« erschien 1997 bei St. Martin's Press, LLC, USA.

All rights reserved. No part of this work may be reproduced or transmitted in any form or by any means, electronic or mechanical, including photocopying and recording, or by any information storage or retrieval system.
FranklinCovey and the FC logo and trademarks are trademarks of FranklinCovey Co. and their use is by permission.

Bibliografische Information der Deutschen Nationalbibliothek

Die Deutsche Nationalbibliothek verzeichnet diese Publikation in der Deutschen Nationalbibliografie; detaillierte bibliografische Informationen sind im Internet über http://dnb.d-nb.de abrufbar.

ISBN 978-3-96739-149-7

Lektorat: Claudia Franz, Oberstaufen | info@text-it.org
Umschlaggestaltung: total italic (Thierry Wijnberg), Amsterdam / Berlin | www.totalitalic.com
Titelabbildungen: Shutterstock / Elena Design Studio | Shutterstock / mhatzapa | Shutterstock / Nikolaeva
Abbildungen im Innenteil: Icons S. 24, 69, 149, 181, 225, 252, 288, 336 © Yurii / Adobe Stock, S. 26, 71, 109, 150, 183, 226, 253, 289, 334 © blankstock / Adobe Stock

Satz und Layout: Das Herstellungsbüro, Hamburg | www.buch-herstellungsbuero.de
Druck und Bindung: Salzland Druck, Staßfurt

9., gekürzte und überarbeitete Auflage des unter dem Titel »Die 7 Wege zur Effektivität für Familien« (ISBN 978-3-89749-728-3) erschienenen Titels.

Wir drucken in Deutschland!

Copyright © der Originalausgabe 1997 by FranklinCovey Company
Copyright © 2023, 2007 by GABAL Verlag GmbH, Offenbach
Alle Rechte vorbehalten. Vervielfältigung, auch auszugsweise, nur mit schriftlicher Genehmigung des Verlages.

www.gabal-verlag.de
www.franklincovey.de
www.franklincovey.ch
www.franklincovey.at

PEFC zertifiziert
Dieses Produkt stammt aus nachhaltig bewirtschafteten Wäldern und kontrollierten Quellen.
www.pefc.de

Inhalt

FÜR ALLE KINDER,
UNSERE GEMEINSAME LEBENSAUFGABE

Die Familie als Schlüssel zum Glück

Während der letzten 25 Jahre haben wir die Prinzipien und Konzepte der *7 Wege zur Effektivität für Familien* unzähligen Menschen auf der ganzen Welt nahegebracht. Dabei haben wir unendlich viel gelernt. Das Wichtigste zuerst: Es steht uns nicht zu, Ihnen vorzugeben, was eine Familie ist. Alleinerziehende Mutter, alleinerziehender Vater, Patchwork-Familien mit Kindern aus unterschiedlichen Beziehungen, Familien mit mehr als zwei erwachsenen Bezugspersonen, Familien mit Adoptivkindern, Großmutter oder Großvater in der Elternrolle: Den gelebten Modellen sind keine Grenzen gesetzt.

»Familie« ist nicht einfach nur ein Begriff, der eine Gruppe von Menschen bezeichnet, die unter einem Dach leben. Es ist weit mehr als das. Sie werden auf der ganzen Welt keine Kultur finden, der die Familie nicht »heilig« ist. Deshalb sollten wir alles Menschenmögliche tun, um unser Familienleben glücklich und erfüllend zu gestalten. Ein effektives, erfolgreiches Familienleben ist nicht nur der Schlüssel für unser persönliches Glück, sondern auch die Voraussetzung für das Wohlergehen unserer Gesellschaft. Ja, es bildet den Grundstein unserer Zukunft.

Vielleicht fragen Sie sich, was die eine Familie effektiver und die andere weniger effektiv macht? Gibt es so etwas wie *Prinzipien* der menschlichen Effektivität? Die Antwort lautet: Ja!

Vor wenigen Jahren erschien eine Studie mit dem Titel *Hardwired to Connect*. Darin stellten 33 international anerkannte Kinderärzte und Wissenschaftler interessante neue Forschungsergebnisse vor. Im Mittelpunkt standen zwei Fragen: Warum sind wir Menschen so, wie wir sind? Und: Was brauchen wir, damit es uns emotional gut geht? Das Fazit: Wir werden geboren, um *miteinander in Beziehung zu treten*. Neben dem reinen Überleben haben wir kein größeres Bedürfnis als das nach menschlicher Nähe. Die Studie hat sogar noch mehr gezeigt: Menschen, die Beziehungen zu anderen aufbauen und pflegen, sind glücklicher und leben länger.[1]

Dieses Buch stellt Ihnen das Prinzip der menschlichen Beziehung vor und bringt es auf eine höhere Stufe – die *effektive* menschliche Beziehung. Auch Ihnen wird die menschliche Effektivität helfen, ein glückliches Familienleben zu führen – ganz gleich, aus welcher Kultur Sie stammen oder in welcher Situation Sie sich gerade befinden. Denn das Prinzip der effektiven menschlichen Beziehung ist *zeitlos* und *allgemeingültig*.

Anschaulich zeigt Ihnen dieses Buch, wie Stephen und Sandra Covey mit ihren neun Kindern und viele andere Familien die 7 Wege leben. Ich, John, kannte Stephen, seit ich auf der Welt war. Denn Stephen ist mein großer Bruder. Und ich, Jane, kann Stephens Einfluss auf das Leben meines Mannes nur bestätigen. Zudem konnte ich hautnah miterleben, wie Stephen und Sandra das Leben ihrer Kinder und Enkel prägten. Sie waren echte Vorbilder für ein effektives Familienleben. Ich bin den beiden unendlich dankbar für alles, was meine Familie und ich von ihnen lernen durften.

Dieses Buch wurde für Sie und Ihre Familie geschrieben. Wir wünschen Ihnen viel Spaß beim Lesen und viel Freude auf dem Weg zu effektiven menschlichen Beziehungen und einem glücklichen, erfüllten Familienleben.

Dr. John und Jane Covey

Einige persönliche Worte zu Beginn

Liebe Leserinnen und Leser,

mit so viel Leidenschaft habe ich noch nie an einem Projekt gearbeitet. Die Familie ist für mich das Wichtigste überhaupt. Deshalb möchte ich Ihnen zeigen, wie Sie die *7 Wege zur Effektivität* auch in Ihrer Familie erfolgreich umsetzen können. Sie werden sehen, es funktioniert!

Wie viel soll ich von unserer Familie und unseren ganz persönlichen Erfahrungen mit den 7 Wegen erzählen? Diese Frage beschäftigte mich bei der Arbeit an diesem Buch immer wieder. Natürlich ist jede Familie einmalig. Zudem gibt es nicht für jedes Familienproblem eine einfache Patentlösung. Dennoch sind sich Familien in vielerlei Hinsicht sehr ähnlich. Oft stehen Familien vor denselben Problemen und Herausforderungen. Auch bei uns herrscht nicht immer eitel Sonnenschein. Deshalb habe ich meine Frau Sandra und unsere Kinder um Beiträge zu diesem Buch gebeten – über das Gute, aber auch über die schwierigen Momente in unserer Familie. Unsere Berichte und Erzählungen dienen zur Veranschaulichung allgemeingültiger, zeitloser Prinzipien, die auch Ihnen und Ihrer Familie eine echte Hilfe sein können.

Mit diesem Buch möchte ich Ihnen vor allem ein Stück Hoffnung vermitteln. Ich möchte Ihnen zeigen, wie stark die 7 Wege gerade im Bereich der Familie sind. Und ich bin sicher: Die 7 Wege werden auch in Ihrer Familie viel Gutes bewirken.

Die Familie ist die wichtigste Aufgabe in unserem Leben. Hier können wir unsere größte Erfüllung finden. Amerikas frühere First Lady Barbara Bush hat das in ihrer Rede vor den Absolventinnen des Wellesley College wunderbar auf den Punkt gebracht: »So wichtig Ihre Aufgaben als Ärztin, Anwältin oder Unternehmerin auch sein werden – Sie sind doch zuallererst Menschen. Ihre Beziehungen zu Ihren Partnern, Kindern und Freunden sind die wichtigsten Investitionen in Ihrem Leben. Am Ende Ihres Lebens werden Sie nicht bedauern, dass Sie nicht noch eine Prüfung bestanden, noch einen Prozess gewonnen oder noch einen Auftrag erfolgreich abgeschlossen haben. Im Gegenteil: Es wird Ihnen um die Zeit leidtun, die Sie nicht mit Ihrem Partner oder Ihren Kindern, Freunden und Eltern verbracht haben … Für unseren Erfolg als Gesellschaft ist nicht entscheidend, was im Weißen Haus geschieht, sondern was in Ihrem Haus passiert.«[1]

Die Familie ist das Fundament unserer Gesellschaft. Was passiert, wenn wir unsere Zeit und Energie allen anderen Lebensbereichen widmen, die Familie dabei aber vernachlässigen? Für mich ist das so, als würden wir die Liegestühle auf der untergehenden Titanic schön in Reih und Glied aufstellen.

Ihr Stephen R. Covey

Sie werden 90 Prozent der Zeit nicht »auf Kurs« sein – aber das macht nichts!

Auch effektive, starke Familien sind 90 Prozent der Zeit nicht auf Kurs! Der entscheidende Punkt ist, dass sie ein klares Ziel haben. Wir können das mit einem Flug vergleichen. Die Piloten haben einen Flugplan und ein Ziel. Doch unterwegs werden sie durch Wind, Regen, Turbulenzen oder ein hohes Flugaufkommen immer wieder vom Kurs abgebracht. Es gibt ständig irgendwelche Abweichungen vom Flugplan. Die gute Nachricht? Solange es nicht zu dramatischen Zwischenfällen kommt, wird das Flugzeug sein Ziel trotzdem erreichen.

Meiner Ansicht nach sind Flugzeuge das ideale Bild für das Familienleben. Es spielt keine Rolle, ob die Familie vom Kurs abgekommen ist oder ob sogar richtiges Chaos herrscht. Letztlich sind drei Dinge wichtig:

1. eine klare Vorstellung von Ihrem *Ziel*,
2. ein konkreter *Plan* und
3. ein *Kompass*, der Ihnen hilft, Abweichungen zu erkennen, Korrekturen vorzunehmen und immer wieder auf den richtigen Kurs zurückzukommen.

In diesem Buch werde ich die Flugzeug-Metapher immer wieder aufgreifen. Sie soll Ihnen Hoffnung, Mut und Zuversicht geben. Denn auch Sie können eine effektive, starke und glückliche Familie aufbauen!

UNSER SOHN SEAN

Grundsätzlich würde ich sagen, dass es in unserer Familie ebenso viele Kämpfe gab wie in allen anderen. Auch wir hatten Probleme. Ich bin aber überzeugt, dass die Beziehungen in unserer Familie durch die Fähigkeit, Fehler einzusehen, um Verzeihung zu bitten und es noch mal zu versuchen, sehr stark wurden.

Am besten erinnere ich mich daran, dass mein Vater sich immer entschuldigte. Immer! Beispielsweise entschuldigte er sich dafür, dass er die Beherrschung verloren hatte. Dann bekam ich ein schlechtes Gewissen, weil ich tief in meinem Inneren wusste, dass ich ihn provoziert hatte.

Ich glaube, das Besondere an unserer Familie war, dass meine Mutter und mein Vater sich nie entmutigen ließen. Sie gaben nicht auf, auch wenn wir auf Irrwege gerieten und es so aussah, als ob ihre Pläne, ihre Ziele und die Aufgabenverteilung in unserer Familie nie funktionieren würden.

Drei Grundsteine für eine effektive, starke und glückliche Familie

In diesem Buch möchte ich Ihnen drei Dinge an die Hand geben, die Ihnen und Ihrer Familie helfen werden, auf Kurs zu bleiben: ein Ziel, einen Flugplan und einen Kompass.

1. Eine klare Vorstellung von Ihrem Ziel

Mir ist bewusst, dass Ihre familiäre Situation und Ihre persönlichen Wünsche und Ziele einmalig sind. Vielleicht bemühen Sie sich gerade, Ihre Beziehung zu retten? Oder sind Sie alleinerziehend und fühlen sich der Verantwortung nicht gewachsen? Haben Sie Probleme mit einem trotzigen Kind oder einem rebellischen Teenager? Versuchen Sie, aus zwei Familien eine starke Gemeinschaft zu machen?

Vielleicht wünschen Sie sich ja auch, dass Ihre Kinder ihre Hausaufgaben oder ihre Pflichten im Haushalt gerne erledigen, ohne dass Sie sie ständig daran erinnern müssen? Schwanken Sie zwischen Strenge und Nachsichtigkeit und wissen nicht, wie Sie Ihren Kindern klare Grenzen setzen sollen?

Möglicherweise müssen Sie darum kämpfen, finanziell über die Runden zu kommen. Sie arbeiten fast rund um die Uhr und sehen die Menschen, die Sie lieben, nur noch zwischen Tür und Angel. Und ein glückliches Familienleben scheint in weiter Ferne.

Es könnte auch sein, dass in Ihrer Familie großes Konkurrenzdenken herrscht, dass man sich streitet und bekämpft, schreit und brüllt.

Oder ist die Liebe in Ihrer Partnerschaft erloschen? Fühlen Sie sich leer und allein? Obwohl Sie sich bemühen, kommen Sie einander einfach nicht mehr näher? Sind Sie ausgelaugt, haben Sie das Gefühl, dass Sie ja doch nichts ändern können? Fragen Sie sich, was für einen Sinn das alles hat?

Wie Ihre Situation auch aussehen mag: *Es ist wichtig, dass Sie Ihre Familie nicht mit anderen vergleichen.* Das ganze Ausmaß Ihrer Belastungen kann niemand nachvollziehen. Deshalb werden Ihnen Ratschläge von anderen nicht wirklich helfen. Umgekehrt können auch Sie nicht hinter die Kulissen anderer Familien blicken. Dennoch übertragen wir unsere eigene Situation oft auf andere. Wir meinen es gut und versuchen, ihnen unsere Ratschläge aufzudrängen. Doch was wir an der Oberfläche sehen, ist nur die Spitze des Eisbergs. Viele Leute glauben, dass alle anderen Familien perfekt sind und nur ihre eigene mit Schwierigkeiten zu kämpfen hat. Tatsache ist: Jede Familie muss ihre ganz speziellen Herausforderungen meistern und schleppt ihren eigenen Sack Probleme mit sich herum.

Visionen sind größer als alle Herausforderungen und Probleme.

Die gute Nachricht? Visionen sind größer sind als alle Herausforderungen und Probleme. Ihre Vorstellungen von einer besseren Zukunft sind stärker als alles Negative. Aber wie entwickeln Sie eine gemeinsame Vision für Ihre Familie? Ich werde Ihnen zeigen, wie Sie ein »Leitbild« verfassen und Ihrer Familie so Zusammenhalt und Stärke geben. Ihr Leitbild wird zum gemeinsamen Ziel. Seine Werte werden zum Fixstern für Ihre Familie und geben Ihnen auch in schwierigen Situationen Halt und Orientierung.

Die Vision von einer effektiven, starken und glücklichen Familie kann nur wahr werden, wenn alle von Beginn an miteinbezogen werden. Warum das so wichtig ist? Haben Sie schon mal gemeinsam mit Ihrer Familie ein Puzzle gemacht? Dann wissen Sie: Alle Beteiligten müssen wissen, wie das fertige Bild aussehen soll. Ohne dieses Bild, ohne diese gemeinsame Vision, würden alle in verschiedene Richtungen gehen und das Ergebnis wäre ein riesiges Durcheinander. Nur wenn Ihr Ziel klar ist, können Sie immer wieder Kurskorrekturen vornehmen und zu Ihrem Flugplan zurückkehren.

2. Ein Flugplan

Natürlich brauchen Sie auch einen Flugplan, der Ihnen hilft, Ihr Ziel zu erreichen. Das zeigt auch die folgende Geschichte:

Ich habe einen lieben Freund, der mir eines Tages anvertraute, dass er große Probleme mit seinem Sohn habe.

»Ich weiß nicht mehr, was ich tun soll. Ich habe alles versucht, aber der Junge lässt mich nicht an sich heran.«

Damals hielt ich gerade an der Universität einen Kurs zu den 7 Wegen. Ich bot ihm an, daran teilzunehmen: »Wir werden über den 5. Weg sprechen. Dabei geht es darum, dass man anderen erst zuhören muss, bevor man versucht, selbst verstanden zu werden. Ich vermute, dass dein Sohn sich einfach nicht verstanden fühlt.«

»Ich verstehe ihn sehr gut«, antwortete mein Freund. »Und ich weiß, dass er große Schwierigkeiten bekommt, wenn er nicht auf mich hört!«

»Geh davon aus, dass du gar nichts über den Jungen weißt! Fang noch mal von vorn an: Hör ihm einfach zu – ohne ihn zu beurteilen oder zu bewerten. Komm mit in meinen Kurs, dort lernst du, wie man das macht.«

Er kam tatsächlich mit. Allerdings glaubte er, auf Anhieb alles verstanden zu haben. Also sagte er zu seinem Sohn: »Ich muss dir zuhören. Ich verstehe dich wahrscheinlich nicht. Aber ich will dich verstehen.«

»Du hast mich noch nie verstanden!«, erwiderte der Sohn, drehte sich um und lief aus dem Zimmer.

Am nächsten Tag beschwerte sich mein Freund: »Es hat nicht funktioniert, Stephen! Ich habe mich bemüht, aber er hat mich abblitzen lassen!«

»Er testet, ob du es ehrlich mit ihm meinst«, erklärte ich. »Und was muss er feststellen? Dass du ihn gar nicht verstehen willst. Du willst nur, dass er sich ändert.«

»Mit Recht! Er weiß genau, dass es so nicht weitergehen kann!«

Ich sagte: »Du bist wütend, frustriert und voller Vorurteile. Glaubst du, dass du deinen Sohn so dazu bewegen kannst, sich dir zu öffnen? Dass du mit ihm sprechen oder ihn auch nur ansehen kannst, ohne dass er deine Ablehnung spürt? Du musst lernen, ihn bedingungslos zu lieben – einfach so, wie er ist. Du kannst ihm deine Liebe nicht entziehen, wenn er sich nicht so verhält, wie du es möchtest: Du musst daran arbeiten, ihm richtig zuzuhören. Zudem solltest du dich für deine vorschnellen Urteile und Fehler entschuldigen.«

Meinem Freund wurde klar, dass er seinen Sohn nur zurückgewinnen konnte, wenn er sich aufrichtig bemühte, ihn zu verstehen. Er musste aufhören, ihn bewerten und bessern zu wollen.

Er kam weiter in meinen Kurs und arbeitete hart an sich. Schon bald spürte er eine Veränderung: Seine Gefühle für seinen Sohn wurden liebevoller, verständnisvoller und offener.

»Ich bin so weit!«, sagte er schließlich: »Ich will es noch mal versuchen.«

Ich machte ihm klar, dass der Junge ihn erneut testen würde.

»Das macht nichts, Stephen! Es ist in Ordnung, wenn er ablehnend reagiert. Ich werde es trotzdem weiter versuchen. Ich weiß, dass er es wert ist.«

An diesem Abend sagte er zu seinem Sohn: »Ich habe nicht wirklich versucht, dich zu verstehen. Aber du sollst wissen, dass ich mich jetzt ernsthaft bemühe und es auch weiterhin versuchen werde.«

»Du hast mich noch nie verstanden!«, erwiderte der Junge und ging zur Tür. Als er sie fast erreicht hatte, sagte mein Freund: »Bevor du gehst, möchte ich dir noch was sagen: Es tut mir ehrlich leid, dass ich dich kürzlich vor deinen Freunden so blamiert habe.«

Sein Sohn fuhr ihn wütend an: »Du hast keine Ahnung, wie schlimm das für mich war!« Seine Augen füllten sich mit Tränen.

Später erzählte mir mein Freund: »Der Moment, in dem mein Sohn anfing zu weinen, hat alles verändert. Mir war nicht klar, wie verletzlich er ist. In diesem Augenblick wollte ich ihm zum ersten Mal wirklich zuhören.«

Das machte er dann auch. Ganz allmählich kamen sich die beiden wieder näher. Sie sprachen bis weit nach Mitternacht. Als die Mutter hereinkam und sagte, es sei Zeit zum Schlafengehen, erwiderte der Junge sofort: »Wir wollen weiterreden, bitte, Papa!« Dann saßen sie noch bis in die frühen Morgenstunden zusammen.

Am nächsten Tag sagte mir mein Freund unter Tränen: »Stephen, ich habe meinen Sohn wiedergefunden – danke!«

Mein Freund hatte erkannt: *Für unsere Beziehungen gelten grundlegende Prinzipien.* Ein harmonisches Familienleben kann es nur geben, wenn wir uns an diese Prinzipien halten. Allerdings hatte mein Freund gegen das Grundprinzip des Respekts verstoßen. Sein Sohn auch. Doch dann entschied sich mein Freund dafür, dieses Prinzip künftig zu beherzigen. Er versuchte, seinem Sohn einfühlsam zuzuhören und ihn wirklich zu verstehen. Das veränderte alles.

Menschen, die die 7 Wege verinnerlicht haben, halten sich an das Prinzip des Respekts. Sie wissen: Dieses Prinzip wird sie ans Ziel führen. Wie alle Prinzipien, auf denen die 7 Wege beruhen, ist es *universell* (allgemeingültig), *zeitlos* (immer gültig) und *offensichtlich* (unbestreitbar).

Die Prinzipien kann man sehr gut mit Naturgesetzen vergleichen. Genauso unumstößlich wie das Gesetz der Schwerkraft in der Welt der Physik gelten die Prinzipien in der Welt der zwischenmenschlichen Beziehungen. Weder die Naturgesetze noch die Prinzipien kann man einfach so außer Kraft setzen. Letztlich herrschen diese Prinzipien überall im Leben. Sie wurden schon immer von erfolgreichen Menschen, Familien, Organisationen und Zivilisationen angewandt. *Die 7 Wege sind keine Tricks oder Patentrezepte und auch keine To-do-Listen, die man einfach abhaken kann.* Es sind Gewohnheiten, bewährte Denk- und Handlungsmuster, die alle effektiven, starken Familien gemeinsam haben. Verstöße gegen diese Prinzipien sind praktisch eine Garantie für Misserfolge in der Familie und in allen anderen zwischenmenschlichen Beziehungen.

Prinzipien sind wie Naturgesetze. Man kann sie nicht einfach außer Kraft setzen!

Zwei Elternteile oder nur einer, zehn Kinder oder gar keins, Vernachlässigung und Streitigkeiten über Generationen oder ein Vermächtnis von Liebe und Treue – *glückliche Familien haben bestimmte Gemeinsamkeiten.* Genau diese Gemeinsamkeiten beinhalten die 7 Wege.

Bei einem anderen wichtigen Prinzip, das mein Freund lernte, geht es um das Wesen von Veränderungen: Alle echten, dauerhaften Veränderungen verlaufen *von innen nach außen.* Mein Freund versuchte nicht, die Situation oder seinen Sohn zu ändern, sondern *er arbeitete an sich selbst.* Seine eigene Veränderung bewirkte schließlich auch die Veränderung seines Sohnes.

Von innen nach außen – diese Vorgehensweise bildet den Kern der 7 Wege. Wenn Sie die Prinzipien aus den 7 Wegen konsequent beherzigen, können Sie in allen Ihren Beziehungen dauerhafte positive Veränderungen herbeiführen. Zudem ist es viel einfacher, sich auf Prinzipien zu konzentrieren, statt krampfhaft zu versuchen, das Verhalten anderer zu ändern. Woran das liegt? Die anderen kennen die Prinzipien intuitiv. Sie sind tief in ihnen verwurzelt. Indem wir uns selbst an die Prinzipien halten, helfen wir den anderen, ihre Möglichkeiten zu erkennen und ihr Potential auszuschöpfen.

Das Vorgehen von innen nach außen ist wichtiger denn je. Mehr noch: Meiner Ansicht nach ist es der einzige Ansatz, der heute noch funktioniert. Früher sagten die Eltern ihren Kindern, was sie zu tun oder zu lassen hatten. Aber Kinder müssen in Entscheidungen, die sie betreffen, einbezogen werden. In einer Welt, in der sie unendlich viele Möglichkeiten haben, müssen sie frühzeitig lernen, wie sie die richtigen Entscheidungen treffen. Dabei dienen ihnen die Prinzipien aus den 7 Wegen als zuverlässige Orientierungshilfe und sicherer Leitfaden.

Bei einer Tagung zum Thema Familie berichtete der Gouverneur eines US-amerikanischen Bundesstaates von einem sehr bedrückenden Vorfall:

WIE SCHÜTZEN WIR UNSERE KINDER?

Ich habe mich neulich mit einem Mann unterhalten, der in meinen Augen ein sehr guter Vater ist. Er hat mir eine furchtbare Geschichte erzählt: Sein siebenjähriger Sohn quälte sich offensichtlich mit irgendetwas herum. Er sagte: »Papa, ich muss einfach immer daran denken!« Der Vater nahm an, dass es sich um einen Albtraum oder einen gruseligen Film handelte.

Nachdem der Vater ihm lange gut zugeredet hatte, rückte der Junge schließlich mit der Sprache heraus: Es ging um Hardcore-Pornographie, die er im Internet gesehen hatte. Natürlich fragte der Vater, wer ihm die Pornos gezeigt hatte. Sein Sohn nannte ihm den Namen eines neunjährigen Nachbarsjungen.

Der Vater ging zu den Eltern des Neunjährigen, die genauso entsetzt waren wie er selbst. Als sie ihren Sohn mit der Sache konfrontierten, bekam er einen Weinkrampf: »Ich weiß, dass es falsch ist, aber ich sehe es mir einfach immer wieder an!«

Die Eltern nahmen an, dass ein Erwachsener hinter der Sache steckte. Das war jedoch nicht der Fall. Der Neunjährige hatte die Internetadresse von einem Sechstklässler in der Schule bekommen. Dieser Junge hatte zu ihm gesagt: »Das musst du dir ansehen, ist echt cool!« Die Adresse hatte sich dann in Windeseile in der ganzen Nachbarschaft verbreitet.

Der Vater meinte noch, sie hätten ihren Kindern gezeigt, wie man einen Computer benutzt, weil sie das für wichtig gehalten hätten. Der Neunjährige hatte alles sehr schnell verstanden und konnte richtig gut mit dem PC umgehen. Natürlich hatten die Eltern versucht, den Internet-Konsum ihres Sohnes zu kontrollieren. Dennoch hatten sie ihm – ohne es zu wollen oder auch nur zu ahnen – den Zugang zu einer Porno-Hölle ermöglicht.[1]

Wie konnte das passieren? Wie kann unsere Gesellschaft zulassen, dass Kinder, die bei solchen Dingen keine Erfahrung und kein Urteilsvermögen haben, durch moderne Technik und digitale Medien Opfer so gefährlicher, süchtig machender Dinge wie Pornographie werden?

In unserer modernen Welt haben so gut wie alle Kinder Smartphones, die sie mit einer unglaublich spannenden, aber auch sehr bedrohlichen Welt in Kontakt bringen. Hier reicht der Wunsch, eine starke, intakte Familie zu haben, längst nicht mehr aus. Die Herausforderungen, vor denen Familien heute stehen, haben einen Quantensprung gemacht, also müssen wir das auch tun. Was wir brauchen, sind völlig neue Denkmuster, Fähigkeiten und Verhaltensweisen. Die 7 Wege bieten Ihnen genau das. Ich werde Ihnen in diesem Buch zeigen, wie es den verschiedensten Familien gelungen ist, mit Hilfe der 7 Wege auch in unserer turbulenten Zeit den richtigen Kurs einzuschlagen und beizubehalten.

Mit den 7 Wegen bleiben Familien auch in turbulenten Zeiten auf Kurs.

Ich möchte Sie vor allem dazu anregen, jede Woche Ihre ganz spezielle »Familienzeit« einzuplanen. Diese Zeit mit Ihrer Familie sollte Ihnen heilig sein. Hier können Sie gemeinsame Pläne schmieden, in Ruhe miteinander reden, Ihren Kindern wichtige Werte vermitteln oder einfach nur Spaß haben. Ihre Familienzeit wird viel dazu beitragen, dass Sie und Ihre Familie auf Kurs bleiben. Außerdem ist es wichtig, dass Sie regelmäßig Zeit mit den einzelnen Familienmitgliedern verbringen. Diese Zeit gehört nur Ihnen und dem entsprechenden Familienmitglied. Die ungestörte gemeinsame Zeit ist wichtig, um die Bindung zwischen Ihnen zu vertiefen. Was Sie in dieser »Eins-zu-Eins-Zeit« machen, darf sich gewöhnlich der andere wünschen. Sie werden sehen: Wenn Sie diese beiden einfachen Ratschläge befolgen, wird sich die Qualität Ihres Familienlebens schon bald ganz erheblich verbessern.

Alfred North Whitehead hat einmal gesagt: »Wer es sich zur Gewohnheit macht, tragfähige Prinzipien aktiv zu nutzen, der erlangt wahre Weisheit.«[2] Es ist nicht nötig, dass Sie sich Dutzende neuer Verhaltensweisen aneignen. Alles, was Sie brauchen, ist ein Grundstock fundamentaler Prinzipien, den Sie in jeder Situation anwenden können.

Diesen Grundstock bieten Ihnen die 7 Wege. In diesem Buch werde ich Ihnen zeigen, wie Sie Ihr Familienleben an den Prinzipien der 7 Wege ausrichten. Wenn Sie das konsequent tun, werden Sie schon bald erste positive Veränderungen in Ihrer Familie sehen.

3. Ein Kompass

Das Modell der 7 Wege zeigt: Sie selbst sind die treibende Kraft in Ihrem Leben. Es liegt an Ihnen, positive Veränderungen in Ihrer Familie anzustoßen. Aber wie bleiben Sie dabei auf dem richtigen Kurs? Ihr Kompass sind vier einzigartige Gaben, die Sie bereits seit Ihrer Geburt in sich tragen. Deshalb nenne ich sie auch Geburts-Geschenke. Sie ermöglichen es Ihnen, fundamentale Prinzipien zu erkennen und Ihr Leben auch in turbulenten Zeiten daran auszurichten.

Ich sage es noch einmal: Niemand kennt Ihre Familiensituation so gut wie Sie. *Sie sitzen im Cockpit.* Es liegt an Ihnen, mit den Turbulenzen, dem Wetter und den äußeren Einflüssen, die an Ihnen und Ihrer Familie zerren, fertigzuwerden. Deshalb können nur Sie herausfinden, was das Beste für Ihre Familie ist. Und: Sie müssen dafür sorgen, dass es auch geschieht!

Vielleicht kennen Sie die folgende fernöstliche Weisheit: »Wer einem Hungrigen einen Fisch gibt, macht ihn für einen Tag satt. Wer ihn aber das Angeln lehrt, macht ihn für sein ganzes Leben satt.« Mit diesem Buch möchte ich Ihnen *keinen* »Fisch« geben. Ich möchte Ihnen das *Angeln* beibringen. Der Schlüssel dazu sind die Prinzipien, die ich Ihnen in den nächsten Kapiteln vorstellen werde. Zudem finden Sie in diesem Buch viele Beispiele, wie Familien die 7 Wege in völlig unterschiedlichen Situationen erfolgreich umgesetzt haben. Die Geschichten werden nicht immer auf Ihre persönliche Situation zutreffen, die Prinzipien aber schon. Das kann ich Ihnen schon jetzt versprechen!

Das Ende im Sinn: Eine effektive, starke Familie

Eine effektive, starke Familie hat den Schritt vom »Ich« zum »Wir« vollzogen. Die Familie an sich ist eine »Wir«-Erfahrung, eine »Wir«-Mentalität. Dennoch gehört der Übergang vom »Ich« zum »Wir« zu den schwierigsten Aspekten des Familienlebens.

Wenn Ihr Glück vor allem darauf beruht, dass Ihre Familie glücklich ist, haben Sie den Sprung vom »Ich« zum »Wir« erfolgreich gemeistert. Sobald bei Ihnen die Familie an erster Stelle steht, eröffnen sich Ihnen völlig neue Perspektiven. Allerdings sind viele Ehen nichts weiter als das Zusammenleben zweier verheirateter Singles. Hier ist das »Wir« in weiter Ferne. Es gibt kein Miteinander, sondern nur ein Nebeneinander. Ganz anders sieht es in effektiven, starken Familien aus. Dort wird die »Wir«-Kultur von allen gelebt. Eine echte »Wir«-Kultur ermöglicht es, gemeinsame Ziele zu haben und diese Hand in Hand zu erreichen. Sie hilft Familien, auch unter schwierigsten Bedingungen auf Kurs zu bleiben und Krisen wie finanzielle Engpässe, Streitigkeiten oder Krankheiten gemeinsam zu meistern.

Beziehen Sie Ihre Familie von Anfang an mit ein

Bevor wir mit den *7 Wegen für effektive Familien* starten, möchte ich noch etwas Wichtiges sagen: Ich möchte mich herzlich für die unglaubliche Resonanz bedanken, die ich von Menschen auf der ganzen Welt für die *7 Wege zur Effektivität* bekommen habe. Ich habe unglaublich viele Zuschriften von Leuten bekommen, die die 7 Wege gerne in ihrer Familie umsetzen wollten. Deshalb habe ich dieses Buch geschrieben. Einige der Familiengeschichten aus den *7 Wegen zur Effektivität*, die besonders großen Anklang bei den Leserinnen und Lesern gefunden haben, werde ich auch in diesem Buch bringen. Die meisten Geschichten sind jedoch neu. Viele verdanke ich Menschen, die jeden Tag daran arbeiten, die 7 Wege in ihren eigenen Familien anzuwenden.[3] Bitte achten Sie beim Lesen genau darauf, welche grundlegenden Prinzipien hier wirken. Das hilft Ihnen, die 7 Wege erfolgreich in Ihrer eigenen Familie umzusetzen.

Ganz wichtig ist, dass Sie Ihre Familie möglichst von Anfang an mit einbeziehen. Wenn Sie alles zusammen entdecken und ausprobieren, wird der Erkenntnisgewinn für alle viel größer sein. Zudem macht es gemeinsam wesentlich mehr Spaß, Neues zu entdecken. Das stärkt den Zusammenhalt in Ihrer Familie und ist eine große Hilfe beim Aufbau einer »Wir«-Kultur. Lesen Sie dieses Buch nach Möglichkeit zusammen. Vielleicht haben Sie ja Lust, es sich gegenseitig vorzulesen? Wenn Sie mögen, können Sie natürlich auch mit Ihrer Familie das Hörbuch, das zu diesem Buch erschienen ist, anhören. Sprechen Sie über die Geschichten und die Ideen. Um Ihre Familie langsam mit den 7 Wegen vertraut zu machen, können Sie einige der Geschichten zunächst auch beim Essen erzählen. Natürlich können Sie auch gleich intensiver über die Geschichten und deren Umsetzungsmöglichkeiten in Ihrer Familie diskutieren.

Gemeinsam macht es mehr Spaß, Neues zu entdecken!

Am Ende der einzelnen Kapitel finden Sie Vorschläge, wie Sie Ihrer Familie die 7 Wege näherbringen und alle intensiv mit einbeziehen können. Zudem finden Sie ganz hinten im Buch ein Diagramm zu den 7 Wegen und ein Glossar mit Erklärungen zu den wichtigsten Begriffen. Beides wird Ihnen helfen, Ihrer Familie die 7 Wege noch besser und anschaulicher zu vermitteln.

Bitte seien Sie geduldig und überstürzen Sie nichts. Es bringt nichts, wie ein Bulldozer durch die 7 Wege zu hetzen. Sie müssen jedes Familienmitglied genau dort abholen, wo es gerade steht.

Vielleicht wollen Sie vorerst niemanden aus Ihrer Familie einbeziehen? Möchten Sie die 7 Wege erst einmal in Ruhe erkunden? Oder geht es um heikle Punkte, die Sie zunächst für sich allein abklären wollen? Das ist alles völlig in Ordnung. Sie kennen Ihre Situation am besten. In den vielen Jahren, in denen ich mit den 7 Wegen gearbeitet habe, habe ich allerdings gelernt, dass es die Bindung innerhalb der Familie enorm festigt, wenn alle die 7 Wege Schritt für Schritt zusammen durcharbeiten. Wenn Sie alles gemeinsam lesen, darüber sprechen, miteinander diskutieren und die neuen Erkenntnisse gemeinsam gewinnen, dann herrscht ein Geist der Gleichheit: »Niemand ist perfekt. Keiner ist den anderen überlegen: Wir lernen und wachsen gemeinsam!«

Jetzt habe ich noch eine Bitte: Geben Sie nicht auf, wenn Sie am Anfang nicht so gut vorankommen, wie Sie sich das erhofft hatten. Rechnen Sie mit Problemen und Widerständen, wenn Sie mit Ihrer Familie etwas Neues ausprobieren wollen. Die folgenden Sätze werden Sie sehr wahrscheinlich zu hören bekommen:

- »Weshalb können wir nicht einfach eine ganz normale Familie sein?«
- »Was stimmt denn nicht mit uns?«
- »Was soll der ganze Kram mit den Veränderungen?«
- »Ich habe nur zehn Minuten Zeit, dann muss ich leider weg.«
- »Darf ich einen Freund mitbringen?«
- »Ich hab gerade eine wichtige Textnachricht bekommen.«
- »Ich würde mir jetzt aber lieber die neue Netflix-Serie ansehen.«

Geben Sie nicht auf!

Wenn Widerstände auftauchen, dann lächeln Sie und machen Sie unbeirrt weiter. Oder, um Winston Churchill zu zitieren: »Never, never, never give up!«

Geduld ist ein Zeichen der Liebe. Wenn wir geduldig sind, helfen wir anderen dabei zu wachsen. Doch manchmal reißt uns der Geduldsfaden. Dann sollten wir uns bewusst machen, warum das passiert. So erfahren wir sehr viel über uns selbst, über unsere Schwächen, unsere Motive und Wünsche.

»MAMA, KOMM MICH BITTE IMMER HOLEN!«

Ich kannte ein kleines Mädchen, das immer wieder vor die Haustür lief. Doch die Mutter verlor nie die Geduld. Sie ging nach draußen, umarmte ihre Tochter und holte sie wieder herein. Eines Tages aber war sie so beschäftigt, dass sie vergaß, die Kleine reinzuholen. Nach einer Weile kam die Tochter wieder ins Haus. Ihre Mutter umarmte sie und sagte, dass sie froh wäre, dass sie wieder da sei. Da antwortete die Kleine: »Mama, bitte komm mich immer holen!«

Jeder von uns hat die tiefe Sehnsucht nach einem »Zuhause«, nach der Liebe seiner Familie. Auch wenn wir das Gefühl haben, ganz weit abgetrieben worden zu sein, können wir immer wieder auf Kurs kommen. Die Flugzeug-Metapher erinnert uns daran, dass das Ziel in Reichweite liegt. Unsere Reise kann uns sehr viel Wachstum und Freude bringen. Mehr noch: Sie ist ein fester Bestandteil des Ziels. Denn die Art und Weise, wie man reist, ist genauso wichtig wie der Ort, an dem man ankommt.

Trotz aller gegenläufigen gesellschaftlichen Trends wissen wir tief in unserem Inneren, wie wichtig die Familie für uns alle ist. Wenn ich meine Zuhörer auf der ganzen Welt nach den drei wichtigsten Dingen in ihrem Leben frage, nennen 95 Prozent »die Familie«. Die meisten setzen die Familie sogar an die erste Stelle.

Auch für mich ist meine Familie das Allerwichtigste in meinem Leben. Ich nehme an, dass es bei Ihnen auch so ist. Unser höchstes Glück und unsere größten Sorgen beruhen auf dem, was in unseren Familien passiert. Man sagt, keine Mutter ist glücklicher als ihr unglücklichstes Kind. Wir wünschen uns tief in unserem Herzen, dass in unserer Familie alles in Ordnung ist. Aber was ist, wenn das nicht der Fall ist? Dann denken wir, dass wir das Familienleben, das wir uns wünschen, niemals bekommen werden.

Was sind die drei wichtigsten Dinge in Ihrem Leben?

Doch es gibt Hoffnung, sogar sehr viel Hoffnung! Der entscheidende Punkt ist, dass wir daran denken, unermüdlich von innen nach außen zu arbeiten. Dass wir immer wieder auf unseren Kurs zurückkehren, auch wenn wir Fehler gemacht haben.

Die 7 Wege werden Ihnen helfen, eine effektive, starke Familie zu schaffen. Eine Familie, in der alle glücklich und geborgen sind. Also, fangen Sie gleich an. Nutzen Sie die Anregungen auf den nächsten beiden Seiten, um sich und Ihre Familie mit den 7 Wegen vertraut zu machen.

Wie Sie den Inhalt dieses Kapitels an Erwachsene und Jugendliche weitergeben

Das Familienleben ist wie der Flug eines Flugzeugs

- Sehen Sie sich die Flugzeug-Metapher am Beginn dieses Kapitels noch einmal an. Fragen Sie die anderen in Ihrer Familie: »Wieso kann man unser Familienleben mit dem Flug eines Flugzeugs vergleichen?«
- Fragen Sie: »Wann habt ihr das Gefühl, dass unsere Familie nicht auf Kurs ist?« Antworten könnten sein: in Stressphasen, bei Konflikten und lautstarken Auseinandersetzungen, bei Vorwürfen und Kritik oder in Zeiten, in denen wir uns einsam und unsicher fühlen.
- Fragen Sie: »Wann habt ihr das Gefühl, dass unsere Familie auf Kurs ist?« Antworten könnten beispielsweise sein: wenn wir miteinander sprechen, uns Zeit füreinander nehmen und gemeinsam etwas Tolles unternehmen.
- Bitten Sie die anderen, sich an eine Zeit zu erinnern, als sie nicht auf Kurs waren. Fragen Sie: »Woran lag das? Welche anderen Dinge beeinflussen unsere Familie negativ?«
- Lesen Sie die Geschichte vom Vater und dem Sohn aus diesem Kapitel noch einmal (Seite 14). Fragen Sie: »Wie kommen wir wieder auf den richtigen Kurs zurück?« Beispiele wären: durch einfühlsames Zuhören, Eins-zu-Eins-Zeiten, Vergeben und Verzeihen oder wenn wir unseren Stolz beiseiteschieben, uns entschuldigen, unsere Denkweise ändern und uns auf das wirklich Wichtige konzentrieren.
- Sprechen Sie darüber, wie alle in Ihrer Familie mithelfen können, wieder auf Kurs zu kommen.

Gemeinsam Neues lernen

- Fragen Sie: »Wie lernen wir als Familie gemeinsam und vertiefen unsere Bindung?« Mögliche Antworten könnten sein: indem wir zusammen Geschichten lesen, Musik hören, Ausflüge machen, uns Familiengeschichten erzählen und uns Familienfotos ansehen.
- Sprechen Sie darüber, wie Sie alle dazu bringen können, dieses Buch gemeinsam zu lesen und darüber zu diskutieren.

Geduld ist ein Zeichen von Liebe

- Lesen Sie die Geschichte »Mama, komm mich bitte immer holen!« noch einmal (Seite 22). Fragen Sie: »Wann sollten wir mehr Geduld miteinander haben? Gibt es in unserer Familie Dinge, die einfach noch Zeit zum Wachsen brauchen?«

Buchtipp

Alle Inhalte dieses Buches basieren auf dem Weltbestseller »Die 7 Wege zur Effektivität«. Es lohnt sich also, wenn Sie die »Die 7 Wege zur Effektivität« lesen. Mehr unter: www.stephen-covey.de

Wie Sie Kindern den Inhalt dieses Kapitels vermitteln

Spielerisch lernen und den Zusammenhalt in der Familie stärken

- Verbinden Sie jemandem aus Ihrer Familie die Augen. Führen Sie ihn an eine Stelle im Haus oder im Garten, von der die Rückkehr zum Ausgangspunkt mit verbundenen Augen nicht einfach ist. Achten Sie darauf, dass der Rückweg ungefährlich ist – ohne Stufen oder andere Hindernisse.
- Drehen Sie den Betreffenden ein paarmal im Kreis. Erklären Sie ihm dann, dass er nun den Weg zurück zum Ausgangspunkt finden soll.
- Lassen Sie ihn versuchen, den Rückweg zu finden. Fragen Sie ihn nach kurzer Zeit, ob er Hilfe braucht.
- Bitten Sie die anderen, dem »Suchenden« zu helfen – beispielsweise mit folgenden Hinweisen: »Nach links – geradeaus – jetzt nach rechts!«
- Fragen Sie den Betreffenden nach seiner Rückkehr an den Ausgangspunkt, ob es schwer war, den Weg zu finden, als er nichts sehen konnte und keine Hilfe bekam. Schlagen Sie den anderen vor, sich ebenfalls die Augen verbinden zu lassen und zu versuchen, den Rückweg zu finden.

Gespräch über das Spiel

- Erklären Sie Ihren Kindern, dass Sie alle gemeinsam durchs Leben gehen, aber keiner in die Zukunft sehen kann. Sagen Sie ihnen, dass sie oft Hilfe von ihrer Familie brauchen werden, um ihr Ziel zu erreichen.
- Sprechen Sie darüber, wie schön es ist, eine Familie zu haben, auf die man sich verlassen kann.
- Machen Sie Ihren Kindern deutlich, weshalb ein »Flugplan« für die Familie so wichtig ist. Erklären Sie ihnen, dass der Plan ihnen dabei hilft, eine glückliche und starke Familie zu werden. Zeigen Sie ihnen, dass der Flugplan genauso wertvoll ist wie die Unterstützung, die sie bekommen haben, als sie den Rückweg mit verbundenen Augen finden mussten.

Aktiv werden

- Beschließen Sie, sich einmal in der Woche zusammenzusetzen und über Ihren Flugplan zu sprechen. Reden Sie darüber, wie Sie sich gegenseitig unterstützen können, wie Sie gemeinsam Spaß haben und sich das ganze Leben lang eng verbunden bleiben können.
- Verteilen Sie im Lauf der Woche an mehreren Stellen im Haus oder in der Wohnung auffällige Zettel zur Erinnerung an das nächste Familientreffen.
- Planen Sie Aktivitäten, die die familiäre Bindung stärken – einen Besuch bei Verwandten, eine Radtour zur Eisdiele, einen gemeinsamen Sporttag … Sie können sich auch gegenseitig Geschichten erzählen, die zeigen, wie wichtig Ihnen allen die Familie ist und dass sie für Sie an erster Stelle steht.

1. Weg:
Pro-aktiv sein

Während eines Freisemesters auf Hawaii machte ich eine Erfahrung, die mein Leben von Grund auf veränderte. Eines Tages schlenderte ich gemächlich durch die Regalreihen einer Bibliothek. Plötzlich weckte ein Buch mein Interesse. Ich zog es heraus und blätterte darin herum. Mein Blick fiel auf drei Sätze, die mich wie ein Blitz trafen. Diese drei Sätze brannten sich für immer in mein Gedächtnis:

Zwischen Reiz und Reaktion gibt es einen Raum.
In diesem Raum hat der Mensch die Freiheit zu wählen
und seine Reaktion selbst zu bestimmen.
In dieser Freiheit liegen unser Wachstum und unser Glück.

Nur drei Sätze – doch sie hatten eine geradezu magische Wirkung auf mich. Ich genoss die grenzenlose Freiheit, die sie mir schenkten: Was mir im Leben auch passieren würde, ich hatte die Wahl. *Es war allein meine Entscheidung, wie ich auf bestimmte Ereignisse reagieren wollte.* Und in meiner Entscheidung lagen mein Wachstum und mein Glück.

Je mehr ich darüber nachdachte, desto klarer erkannte ich: Meine Reaktionen konnten sogar einen Einfluss auf die Reize haben.

Als mir eines Abends bei Videoaufnahmen jemand einen Zettel zusteckte, wurde ich nachdrücklich daran erinnert: Sandra war am Telefon und wollte mich dringend sprechen.

Sie klang ziemlich ungeduldig. »Was ist denn los? Du weißt doch, dass wir heute Abend noch Besuch bekommen. Wo bleibst du denn?«

Sie war ziemlich verärgert. Doch ich war schon den ganzen Tag mit Videoaufnahmen in den Bergen beschäftigt. Als wir endlich zur letzten Szene kamen, wollte der Regisseur unbedingt, dass die Sonne dabei unterging. Deshalb mussten wir eine geschlagene Stunde auf den Sonnenuntergang warten.

Ich hatte mich darüber geärgert, dass wir nicht schneller vorankamen. Diesen Ärger bekam Sandra jetzt ab: »Sandra, es ist nicht meine Schuld, dass du diese Leute zum Essen eingeladen hast. Ich kann es nicht ändern, dass wir beim Dreh so weit hinter dem Zeitplan liegen. Du musst dir überlegen, wie du das alleine regeln kannst. Ich kann hier nicht weg. Und je länger wir jetzt miteinander sprechen, desto später wird es. Ich habe hier meine Arbeit zu erledigen. Ich komme, sobald ich kann.«

Als ich das Gespräch beendet hatte und zurück zum Drehort ging, wurde mir schlagartig bewusst: Ich hatte völlig ungerecht und komplett überzogen reagiert. Sandras Frage war durchaus berechtigt. Aber ich war so mit meinen eigenen Themen beschäftigt, dass ich keinerlei Verständnis für Sandras Anliegen gezeigt hatte. Im Gegenteil!

Je mehr ich darüber nachdachte, desto klarer wurde mir: So wollte ich mich meiner Frau gegenüber nicht verhalten! Das waren nicht die Gefühle, die ich mir in unserer Beziehung wünschte. Wenn ich doch bloß geduldiger gewesen wäre, verständnisvoller, rücksichtsvoller!

Das Problem war, dass ich im entscheidenden Moment nicht daran gedacht hatte. Statt auf der Grundlage meiner Prinzipien zu *handeln*, hatte ich allein aus dem Gefühl des Augenblicks heraus *reagiert*. Ich hatte mich von meinen negativen Emotionen beherrschen lassen. Sie waren so stark, dass sie mich blind dafür machten, was ich tief in meinem Inneren verspürte und was ich in Wirklichkeit tun wollte.

Zum Glück konnten wir die Aufnahmen schnell abschließen. Auf der Heimfahrt dachte ich nur an Sandra, nicht mehr an das Video. Mein Ärger war verflogen, mein Herz voller Verständnis und Liebe für meine Frau. Ich nahm mir vor, mich sofort bei ihr zu entschuldigen.

Die »Pausentaste« drücken

Es ist so leicht, reaktiv zu sein! Lassen Sie sich auch oft vom Augenblick hinreißen? Sagen Sie dann Dinge, die Sie gar nicht meinen? Tun Sie etwas, das Sie später bereuen? Und dann machen Sie sich Vorwürfe: »Hätte ich doch bloß innegehalten, um nachzudenken. Dann hätte ich nie so reagiert!«

Unser Familienleben wäre wesentlich besser, wenn wir alle auf der Grundlage unserer innersten Werte handeln würden. Natürlich wissen wir das. Dennoch reagieren wir oft nur auf die Gefühle des Augenblicks. Mit anderen Worten: Wir brauchen eine »Pausentaste«. Dann können wir zwischen dem, was uns gerade passiert, und unserer Reaktion kurz innehalten. Wir können nachdenken und unsere Reaktion selbst bestimmen.

Wir können nachdenken und unsere Reaktion selbst bestimmen.

Innehalten und klüger reagieren – das kann jeder von uns lernen. Wie das auch im Familienleben geht, darüber werden Sie in diesem Buch noch einiges erfahren. Denn die Pausentaste ist ein wichtiger Aspekt in den drei ersten Wegen zu Effektivität.

Vier Gaben als Grundvoraussetzung für Pro-Aktivität

Der 1. Weg – *Pro-aktiv sein* – ist unsere Fähigkeit, auf der Grundlage von Prinzipien und Werten zu handeln, statt nur auf unsere Gefühle oder die Umstände zu reagieren. Diese Fähigkeit verdanken wir vier verschiedenen Gaben, über die nur wir Menschen verfügen.

Um diese vier menschlichen Gaben zu veranschaulichen, möchte ich Ihnen zeigen, wie eine alleinerziehende Mutter sie nutzte, um in ihrer Familie positive Veränderungen anzustoßen:

VIER GABEN FÜR EIN BESSERES FAMILIENLEBEN

Ich habe mich mit meinen Kindern gestritten und sie haben sich untereinander gezofft – jahrelang. Oft habe ich geurteilt, kritisiert und geschimpft. Bei uns zu Hause gab es nur Streit. Ich wusste, dass ich durch meine ständige Nörgelei die Selbstachtung meiner Kinder untergrub.

Andauernd nahm ich mir vor, mich zu ändern. Aber ich fiel wieder und wieder in meine alten Verhaltensmuster zurück.

Irgendwann hasste ich mich selbst. Ständig ließ ich meine Wut an den Kindern aus. Deshalb bekam ich immer schlimmere Gewissensbisse. Ich hatte das Gefühl, in einer Abwärtsspirale festzustecken, die schon in meiner Kindheit angefangen hatte. Mir war klar, dass etwas passieren musste – aber was? Ich beschloss, in aller Ruhe über meine Probleme nachzudenken. Allmählich kam ich den wahren Motiven für mein Verhalten auf die Spur.

Zum einen erkannte ich, wie stark sich meine eigenen Kindheitserfahrungen auf mein Verhalten auswirkten. Ich bemerkte, welche Narben meine Erziehung auf meiner Seele hinterlassen hatte: Die Familie, in der ich aufgewachsen bin, war in jeder Hinsicht zerrüttet. Ich kann mich nicht daran erinnern, dass meine Eltern jemals ruhig miteinander über ihre Probleme gesprochen hätten. Sie stritten sich oder gingen wütend getrennte Wege und schwiegen sich an – manchmal tagelang. Schließlich endete die Ehe meiner Eltern mit der Trennung.

Als es dann in meiner eigenen Familie ähnliche Schwierigkeiten gab, wusste ich nicht, was ich machen sollte. Ich hatte ja kein Vorbild, kein Beispiel, an dem ich mich orientieren konnte. Statt mir Vorbilder zu suchen oder selbst Lösungen zu finden, ließ ich meine Frustration und Hilflosigkeit an meinen Kindern aus. Irgendwann musste ich mir eingestehen, dass ich meine Kinder genauso ungerecht behandelte, wie meine Eltern es mit mir getan hatten.

Meine zweite Erkenntnis war, dass ich meine Kinder benutzte, um Anerkennung für mich selbst zu bekommen. Ich wünschte mir, dass andere mich bewunderten, weil ich so gut erzogene Kinder hatte. Deshalb hatte ich ständig Angst, dass meine Kinder mich durch ihr Verhalten in peinliche Situationen bringen könnten. Da ich kein Vertrauen zu ihnen hatte, machte ich ihnen Vorschriften. Damit sie sich so verhielten, wie ich es wollte, bestach und manipulierte ich sie. Allmählich wurde mir klar, dass mein Hunger nach Anerkennung verhinderte, dass meine Kinder zu selbstbewussten, verantwortungsvollen Menschen heranwuchsen.

Schließlich erkannte ich, dass ich meine Probleme selbst lösen musste. Es war sinnlos, andere dazu zu zwingen, sich zu ändern. Aber ich konnte wählen! Es war meine Entscheidung, mich zu ändern.

Mir das alles einzugestehen war sehr schwer. Doch allmählich schluckte ich die bittere Pille – und entdeckte ein völlig neues Gefühl der Freiheit. Ich hatte die Kontrolle. Ich konnte mich für einen besseren Weg entscheiden. Ich war selbst für mich verantwortlich.

Wenn ich heute in eine schwierige Situation gerate, hole ich erst mal tief Luft. Dann denke ich über meine spontanen Gefühle nach und vergleiche sie mit meinen Zielen. Ich halte mich zurück, sage nichts Unüberlegtes und schlage nicht gleich um mich. Stattdessen bemühe ich mich, die Dinge im richtigen Licht zu sehen und die Kontrolle zu behalten.

Das alles fällt mir nicht immer leicht. Deshalb ziehe ich mich oft in die Einsamkeit meines Ichs zurück. Immer wieder gebe ich mir das Versprechen, meine Kämpfe in meinem Inneren auszufechten und nicht mit der Außenwelt. Ich versuche, nicht spontan aus der jeweiligen Situation zu reagieren. Vielmehr achte ich darauf, mit Bedacht und aus den richtigen Motiven heraus zu handeln.

Diese junge Mutter hat gelernt, die Pausentaste zu drücken. So konnte sie *handeln*, statt nur zu *reagieren*. Doch wie hat sie das gemacht? Die Pausentaste half ihr, Abstand zu gewinnen. Sie konnte sich gewissermaßen selbst beobachten und sich ihr Verhalten bewusst machen. Das ist unsere erste menschliche Gabe – *Selbstwahrnehmung*. Wir können auf Distanz gehen, unser Leben betrachten und unsere Gedanken analysieren. Das ist die Grundlage, um Veränderungen und Verbesserungen in die Wege zu leiten.

Die zweite Gabe, die die junge Frau nutzte, war ihr moralisches Empfinden – das *Gewissen*. Tief in ihrem Inneren erkannte sie, dass sie ihre Kinder zwang, den gleichen schmerzlichen Weg zu beschreiten, den sie selbst in jungen Jahren gegangen war. Das Gewissen kann man sehr gut mit einem Bild aus der Computer-Welt vergleichen: Unser moralisches Empfinden für das, was richtig und falsch ist, ist fest in unserer »Hardware« verankert. Doch aufgrund der »Software«, die von außen an uns herangetragen wird, können wir den Kontakt zu dieser moralischen Stimme in uns verlieren. Dann ignorieren oder vernachlässigen wir unser Gewissen.

Die dritte menschliche Gabe, die die junge Frau nutzte, war ihre *Vorstellungskraft* – die Fähigkeit, sich etwas auszumalen, was völlig anders war als ihre bisherigen Erfahrungen. So konnte sie sich die bestmögliche Reaktion in ihren Gedanken vorstellen.

Unsere vierte Gabe ist unser *freier Wille* – die Fähigkeit, zu handeln.

Achten Sie auf die Sprache der Frau:

> *»Ich halte mich zurück, sage nichts Unüberlegtes und schlage nicht um mich. Stattdessen bemühe ich mich, die Dinge im richtigen Licht zu sehen und die Kontrolle zu behalten. Das alles fällt mir nicht immer leicht. Deshalb ziehe ich mich oft in die Einsamkeit meines Ichs zurück. Immer wieder gebe ich mir das Versprechen, meine Kämpfe in meinem Inneren auszufechten und nicht mit der Außenwelt. Ich versuche, nicht spontan aus der jeweiligen Situation zu reagieren. Vielmehr achte ich darauf, mit Bedacht und aus den richtigen Motiven heraus zu handeln.«*

Was für eine enorme Willenskraft! Sie bekommt ihr Leben in den Griff, weil sie es will. Natürlich ist das schwer.

Doch das macht wahres Glück aus. Wahres Glück bedeutet, dass wir langfristig denken. Wir ordnen das, was wir jetzt wollen, dem unter, was wir uns auf lange Sicht wünschen. Die junge Frau aus unserer Geschichte hat es geschafft. Sie hat den Drang, andere zu beeindrucken, ihre Kinder zu kritisieren und mit ihnen zu streiten, ihrer Vision von einem harmonischen Familienleben untergeordnet.

Wahres Glück bedeutet, dass wir langfristig denken.

Selbstwahrnehmung, Gewissen, Vorstellungskraft und freier Wille: Unsere vier menschlichen Gaben ermöglichen Weiterentwicklung und Wachstum. Als die junge Mutter aus unserer Geschichte lernt, ihre Pausentaste zu nutzen, wird sie pro-aktiv und stößt grundlegende Veränderungen in ihrer Familie an. Sie beendet die Weitergabe schlechter Gewohnheiten von einer Generation auf die nächste. Natürlich ist das ein schmerzlicher Prozess. Doch ihr Vorbild ist ein leuchtendes Beispiel für alle, die ein neues Kapitel in ihrer Familiengeschichte aufschlagen wollen.

Unsere vier menschlichen Gaben ermöglichen es uns, grundlegende persönliche und familiäre Veränderungen herbeiführen. Dank der vier Gaben muss keiner von uns ein Opfer sein. Selbst wenn Sie aus einer zerrütteten Familie kommen, können Sie ein Lebenswerk der Güte und Liebe zu schaffen. Es ist Ihre Entscheidung. Sie haben es in der Hand, der Mensch zu werden, der Sie wirklich sein wollen.

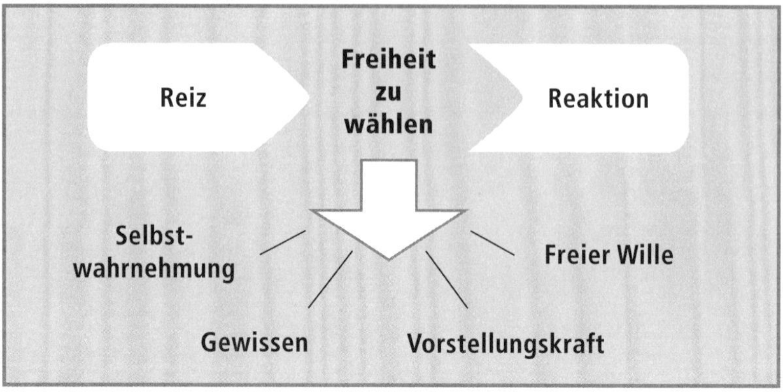

Humor: Die fünfte menschliche Gabe

Im Rückblick auf unser Familienleben sind Sandra und ich zu dem Schluss gekommen, dass man noch von einer fünften Gabe sprechen kann: dem *Sinn für Humor*. Einerseits verbindet Humor die anderen vier Gaben. Andererseits ist echter Humor ohne diese vier Gaben gar nicht möglich. Wir können die Dinge nur mit Humor betrachten, wenn wir unsere *Selbstwahrnehmung* einsetzen – die Fähigkeit, das Ironische und Paradoxe zu sehen und zu erkennen, was wirklich wichtig ist. Zudem brauchen wir unsere kreative *Vorstellungskraft*, um Geschehnisse auf ganz neue, humorvolle Weise zu interpretieren. Und unser Humor wird nur dann nicht in Zynismus oder in die Herabwürdigung anderer abgleiten, wenn wir auch unser *Gewissen* einschalten. Schließlich benötigen wir auch noch unseren *freien Willen*, um uns dafür zu entscheiden, eine humorvolle Einstellung zu entwickeln und uns nicht unterkriegen zu lassen.

Für mich sind effektive Familien ohne Humor nicht denkbar. Meiner Ansicht nach ist Lachen sogar der Schlüssel für den starken Zusammenhalt und das glückliche Miteinander in unserer Familie: Witze erzählen, die lustigen Seiten des Lebens sehen und einfach gemeinsam Spaß haben …

Unsere Beziehungen werden durch Humor menschlicher und entspannter. Zudem hilft das Lachen uns, Anspannung zu vermeiden und Stress abzubauen. Wenn wir lachen, produziert unser Gehirn jede Menge Glückshormone. Aber das ist längst noch nicht alles: Humor zeigt uns, dass es gar nicht so schlimm ist, wenn wir mal vom Kurs abkommen. Er rückt die Dinge in die richtige Perspektive. Das hilft uns, nicht bei jeder Kleinigkeit gleich aus der Fassung zu geraten. Humor sorgt dafür, dass wir uns nicht zu ernst nehmen, dass wir nicht übermäßig unausgeglichen, selbstkritisch und verbissen sind.

Wer über seine Fehler lachen kann, kommt schneller wieder auf den richtigen Kurs zurück. Allerdings kann man es mit dem Humor auch übertreiben. Das kann zu Sarkasmus und zynischer Schärfe führen. Zudem besteht so die Gefahr, dass alles nur noch ins Lächerliche gezogen und gar nichts mehr ernst genommen wird.

Doch wahrer Humor, eine von Herzen kommende Fröhlichkeit, ist eine wichtige Grundlage für eine effektive, starke und glückliche Familie. Denn in Gesellschaft humorvoller Menschen fühlen wir uns wohl. Letztlich ist Humor auch ein wichtiger Schlüssel zur Pro-Aktivität. Denn Humor hilft uns, die Höhen und Tiefen des Alltags optimistisch zu meistern, anstatt nur darauf zu reagieren.

Liebe kommt vom Tun

Als ich bei einem Seminar über das Konzept der Pro-Aktivität sprach, kam einer der Teilnehmer zu mir. »Was Sie da sagen, gefällt mir. Aber jede Situation ist anders. Meine Ehe zum Beispiel … Ich mache mir wirklich Sorgen! Meine Frau und ich haben nicht mehr die gleichen Gefühle füreinander wie früher. Ich glaube, ich liebe sie einfach nicht mehr und sie mich auch nicht. Was kann ich tun?«

»Das Gefühl ist nicht mehr da?«, fragte ich.

»Genau! Aber wir haben drei Kinder, die uns sehr am Herzen liegen. Was würden Sie mir raten?«

»Lieben Sie Ihre Frau!«, antwortete ich.

»Ich habe Ihnen doch gesagt, dass das Gefühl nicht mehr da ist!«

»Lieben Sie sie!«

»Sie verstehen mich nicht. Es ist einfach keine Liebe mehr da.«

»Genau deshalb sollten Sie Ihre Frau lieben. Wenn das Gefühl nicht da ist, ist das ein guter Grund, sie zu lieben.«

»Aber wie liebt man denn, wenn man nicht liebt?«

»Liebe kommt vom Tun. Das Gefühl der Liebe ist das Ergebnis unseres Handelns. Lieben Sie Ihre Frau. Unterstützen Sie sie. Hören Sie ihr zu. Zeigen Sie Verständnis. Schätzen Sie sie. Machen Sie ihr Komplimente. Sind Sie dazu bereit?«

Hollywood gaukelt uns vor, dass Liebe ein Gefühl ist, dass Beziehungen austauschbare Wegwerfprodukte sind und Ehe und Familie auf Verträgen und Annehmlichkeiten beruhen, nicht auf Engagement, innerer Verpflichtung und Integrität. Doch das alles entspricht nicht der Realität. Im Gegenteil: Es bringt unzählige Menschen vom Kurs ab. Das können wir überall beobachten – vielleicht sogar in unserer eigenen Familie. Jeder, der eine Scheidung durchgemacht hat, die Entfremdung von seinem Lebenspartner, einem Kind oder den Eltern, wird Ihnen bestätigen, dass das tiefen Schmerz verursacht. Viele leiden sehr lange an den Folgen einer Trennung.

Eine Beziehung zu beenden, mag auf den ersten Blick vielleicht »einfacher« sein, als sie wieder ins Lot zu bringen. Langfristig gesehen ist es jedoch oft viel schwieriger und schmerzhafter – besonders, wenn Kinder betroffen sind.

Einer meiner Freunde entscheidet sich jeden Tag aufs Neue für die Liebe zu seiner Familie: Wenn er von der Arbeit nach Hause kommt, bleibt er noch kurz im Auto sitzen und drückt auf seine Pausentaste. Er denkt an seine Lieben und daran, was sie wohl gerade machen. Dabei sagt er sich: »Meine Familie ist das Schönste, Beste und Wichtigste in meinem Leben. Ich gehe jetzt voller Liebe zu meiner Familie und zeige ihr das ganz bewusst.«

Wenn er dann ins Haus geht, nörgelt er nicht herum oder zieht sich einfach zurück. Er ruft: »Hallo, ich bin wieder da! Versucht bitte, mich nicht mit euren Küssen und Umarmungen zu ersticken!« Dann kümmert er sich liebevoll um jedes Familienmitglied – er küsst seine Frau, spielt mit den Kindern oder hilft bei der Hausarbeit und den Hausaufgaben. Er tut alles, um Fröhlichkeit und Glück zu verbreiten. So überwindet er schnell seine Müdigkeit und vergisst seine Probleme im Büro.

Glückliche Ehen und starke Familien sind kein Zufall.

Glückliche Ehen und starke Familien sind kein Zufall. Im Gegenteil: Wir müssen hart dafür arbeiten. Wir müssen bereit sein, Mühen auf uns zu nehmen und Opfer zu bringen. Wir dürfen nie vergessen, dass Liebe vom Tun kommt – in guten und in schlechten Zeiten, unser ganzes Leben lang.

Weiterentwicklung ist wie Muskeltraining

Selbstwahrnehmung, Gewissen, Vorstellungskraft und freier Wille: Die vier einzigartigen Gaben haben alle Menschen von Geburt an. Doch sie kontinuierlich weiterzuentwickeln, ist mit Anstrengung verbunden. Es ist genau wie beim Muskeltraining. Wenn Sie sich schon mal damit befasst haben, wissen Sie, dass man die Muskelfasern so beanspruchen muss, dass sie reißen. Bei der Reparatur der gerissenen Fasern meint die Natur es dann besonders gut mit uns: Innerhalb weniger Stunden werden die Fasern stärker als je zuvor. Wichtig ist auch, die schwächeren Muskeln zu trainieren. Es bringt nichts, den Weg des geringsten Widerstands zu wählen und nur die Muskeln zu trainieren, die ohnehin schon gut entwickelt sind.

Im Leben ist es genauso. Dennoch neigen wir dazu, uns auf unsere Stärken zu konzentrieren und unsere Schwächen links liegen zu lassen. Wenn unsere Schwächen durch die Stärken anderer Menschen kompensiert werden, funktioniert das oft sehr gut. Letztlich können wir unsere Fähigkeiten aber nur voll ausschöpfen, wenn wir unsere Schwächen überwinden.

Wollen Sie Ihre Schwächen überwinden und sich weiterentwickeln? Dann sollten Sie erst mal herausfinden, wie es um Ihre Stärken und Schwächen bestellt ist. Der folgende Fragebogen[1] hilft Ihnen, ein klareres Bild von der Entwicklung Ihrer persönlichen menschlichen Gaben zu bekommen:

Fragebogen: Persönliches Entwicklungspotential

Kreuzen Sie bitte bei jeder Frage die Zahl an, die am ehesten auf Sie zutrifft:
0 = nie, 2 = manchmal, 3 = immer

	N		M		I
Selbstwahrnehmung					
1. Bin ich in der Lage, Abstand zu meinen Gedanken und Gefühlen zu gewinnen und diese zu hinterfragen und zu verändern?	x —	x —	x —	x —	x
	0	1	2	3	4
2. Ist mir bewusst, wie ich über die Dinge denke? Weiß ich auch, wie sich das auf meine Einstellung, mein Verhalten und auf das, was ich im Leben erreichen will, auswirkt?	x —	x —	x —	x —	x
	0	1	2	3	4
3. Erkenne ich den Unterschied zwischen meinen biologischen, genetischen, psychischen und soziologischen Prägungen und meinen ureigenen Gedanken?	x —	x —	x —	x —	x
	0	1	2	3	4
4. Was mache ich, wenn andere mein Selbstbild infrage stellen? Kann ich ihnen mit unvoreingenommener Selbsterkenntnis begegnen und daraus lernen?	x —	x —	x —	x —	x
	0	1	2	3	4
Gewissen					
1. Habe ich manchmal eine innere Eingebung, etwas zu tun oder zu lassen?	x —	x —	x —	x —	x
	0	1	2	3	4
2. Spüre ich den Unterschied zwischen meinem »sozialen Gewissen«, also den Werten, die die Gesellschaft vermittelt, und meiner eigenen inneren Stimme?	x —	x —	x —	x —	x
	0	1	2	3	4
3. Bin ich überzeugt, dass es universelle Prinzipien wie Integrität und Vertrauenswürdigkeit gibt?	x —	x —	x —	x —	x
	0	1	2	3	4
4. Mache ich in meinem Leben Erfahrungen, die die Existenz von Prinzipien bestätigen?	x —	x —	x —	x —	x
	0	1	2	3	4

Vorstellungskraft 1. Betrachte ich mein Leben über die aktuelle Situation hinaus?	N M I x — x — x — x — x 0 1 2 3 4
2. Habe ich einen klaren Plan und konkrete Ziele für meine Zukunft?	N M I x — x — x — x — x 0 1 2 3 4
3. Visualisiere ich meine Ziele?	N M I x — x — x — x — x 0 1 2 3 4
4. Suche ich nach neuen, kreativen Möglichkeiten, um Probleme zu lösen? Schätze ich dabei auch die Ansichten anderer?	N M I x — x — x — x — x 0 1 2 3 4
Freier Wille 1. Kann ich mir selbst und anderen Versprechen geben und sie auch halten?	N M I x — x — x — x — x 0 1 2 3 4
2. Folge ich meiner inneren Stimme, auch wenn ich gegen den Strom schwimmen muss?	N M I x — x — x — x — x 0 1 2 3 4
3. Bin ich in der Lage, mir sinnvolle Ziele zu setzen und diese auch zu erreichen?	N M I x — x — x — x — x 0 1 2 3 4
4. Schaffe ich es, meine Stimmungen und Launen meinen Zielen unterzuordnen?	N M I x — x — x — x — x 0 1 2 3 4

Haben Sie alle Fragen beantwortet? Dann addieren Sie bitte Ihre Punkte bei jeder der vier verschiedenen Gaben. Ihre Punktzahl zeigt Ihnen, wie weit Ihre Gaben bereits entwickelt sind und wo Sie noch Potential haben:

0 – 7	Inaktive Gabe
8 – 12	Aktive Gabe
13 – 16	Stark entwickelte Gabe

Tausende von Menschen auf der ganzen Welt haben diesen Fragebogen schon ausgefüllt. Dabei hat sich immer wieder gezeigt, welche Gabe am häufigsten vernachlässigt wird: die Selbstwahrnehmung. Vielleicht haben Sie ja schon mal den Ausdruck gehört, dass sich jemand »von seinem Schubladendenken löst«. Das heißt: Er klammert sich nicht länger an seine herkömmlichen Denkmuster, sondern nutzt seine Selbstwahrnehmung. Solange wir das nicht tun, können wir unser Gewissen, unsere Vorstellungskraft und unseren freien Willen immer nur im Rahmen unseres bisherigen Erfahrungshorizonts einsetzen.

Sprengen Sie Ihre Denkgrenzen!

Der Schlüssel, um unsere menschlichen Gaben voll auszuschöpfen, ist die Selbstwahrnehmung. Wer sich vom Schubladendenken löst, kann seine Denkmuster und Paradigmen analysieren und seinen Gedanken, Gefühlen, Stimmungen und Launen auf den Grund gehen. Das ermöglicht es ihm, seine Vorstellungskraft, sein Gewissen und seinen freien Willen auf völlig neue Art und Weise zu gebrauchen. Er wird dann selbst zur kreativen Kraft in seinem Leben und kann sich von den Fesseln der äußeren Umstände befreien.

»Erkenne dich selbst!«[2] Diese alte griechische Weisheit besagt, dass Selbsterkenntnis die Grundlage aller Erkenntnis ist. Nur wenn wir uns selbst kennen, können wir uns verändern. Das gilt natürlich auch für unsere Familie. Je besser die Selbstwahrnehmung in einer Familie ausgeprägt ist, desto leichter kann sie von außen in sich hineinblicken. Das hilft allen in der Familie, sich weiterzuentwickeln, positive Veränderungen herbeizuführen und auch Ziele zu erreichen, die jenseits eingefahrener Denk- und Gewohnheitsmuster liegen.

Wer pro-aktiv sein will, muss alle vier menschlichen Gaben weiterentwickeln. Wir dürfen keine unserer Gaben vernachlässigen. Manche Menschen sind zum Beispiel extrem prinzipientreu und hören auf ihr Gewissen. Allerdings haben sie keine Vorstellungskraft, keine Vision. Ja, sie sind gut – doch was erwächst daraus? Wieder andere haben zwar große Willensstärke, aber keine sinnvollen Ziele, die sie anstreben könnten.

Das alles gilt selbstverständlich auch für Familien. Nur wenn alle ihre vier Gaben weiterentwickeln, können wir unsere Familien-Vision verwirklichen und gemeinsam etwas Außergewöhnliches erreichen.

Das macht den Unterschied: Einfluss- und Interessenbereich

Wenn wir pro-aktiv sein und unsere vier menschlichen Gaben richtig nutzen wollen, müssen wir uns auf die Dinge in unserem Leben konzentrieren, bei denen wir wirklich etwas bewirken können. Deshalb sollten wir uns immer an das berühmte »Gelassenheitsgebet« halten:

Herr, gib mir die Gelassenheit, die Dinge zu akzeptieren,
die ich nicht ändern kann,
den Mut, die Dinge zu ändern, die ich ändern kann,
und die Weisheit, den Unterschied zu erkennen.

Wie erkennen wir den Unterschied? Indem wir uns an dem orientieren, was ich den Einfluss- und Interessenbereich nenne. Der *Interessenbereich* ist ein großer Kreis. Er umfasst alles in unserem Leben, was uns in irgendeiner Weise berührt. Der *Einflussbereich* ist ein kleinerer Kreis innerhalb des Interessenbereichs. Hier liegen die Dinge, die wir beeinflussen und verändern können.

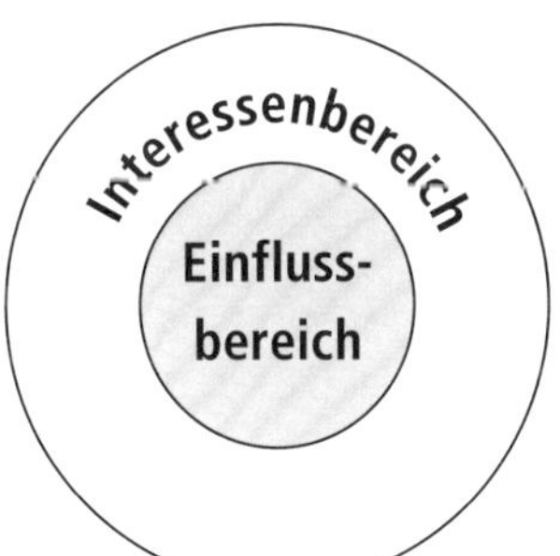

Reaktive Familien konzentrieren sich in erster Linie auf ihren Interessenbereich. Doch hier können sie nichts bewirken und verschwenden viel Energie. Zudem vernachlässigen sie dadurch ihren Einflussbereich, so dass er immer kleiner wird.

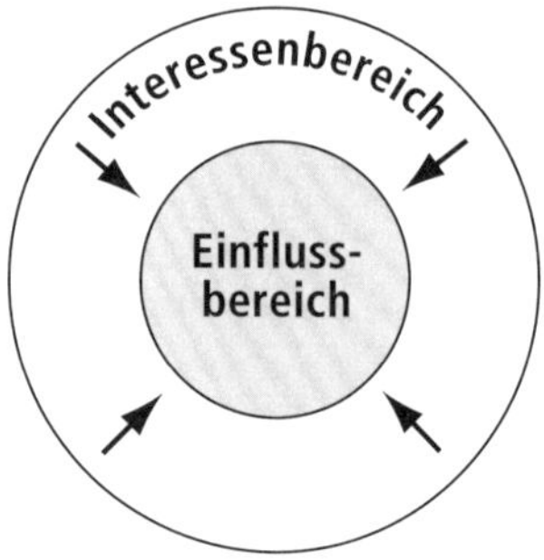

Pro-aktive Familien hingegen konzentrieren sich auf ihren Einflussbereich. Sie gehen die Dinge an, die sie selbst verändern können. Das hat zur Folge, dass ihr Einflussbereich sich kontinuierlich vergrößert.

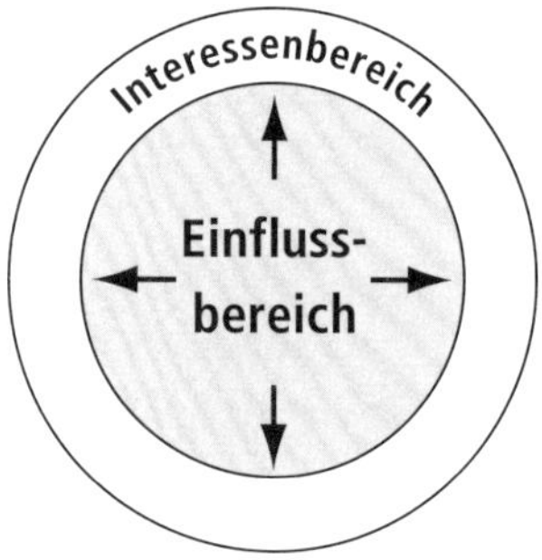

Einer meiner Bekannten beschloss, sich auf seinen Einflussbereich zu konzentrieren. Dadurch konnte er seinem Leben eine völlig neue Richtung geben:

SCHEIDUNGSKINDER SIND KEINE OPFER!

So mit 17 oder 18 merkte ich, dass es in der Ehe meiner Eltern immer mehr kriselte. Es gab Streit und Tränen. Sie sagten Dinge, die dem anderen wehtaten. Beide wussten genau, wie sie sich gegenseitig am meisten treffen konnten! Zuerst bemühten sie sich, sich wieder zu versöhnen. Doch die Auseinandersetzungen wurden immer heftiger und die Verletzungen gingen immer tiefer.

Als ich 21 war, trennten sie sich. Damals hatte ich das Gefühl, ihnen helfen zu müssen, ihre Ehe zu retten. Ich glaube, das ist bei Kindern eine natürliche Reaktion. Sie lieben ihre Eltern und möchten alles für sie tun, was in ihrer Macht steht.

Ich sagte immer wieder zu meinem Vater: »Weshalb gehst du nicht einfach zu Mama und entschuldigst dich bei ihr? Du kannst doch zu ihr sagen: ›Ich weiß, dass ich dich oft verletzt habe. Verzeih mir bitte. Ich verspreche dir, alles zu tun, um unsere Ehe zu retten!‹« Er entgegnete dann: »Das kann ich nicht! Ich werde ihr meine Seele nie mehr so weit öffnen, dass sie auf meinen Gefühlen herumtrampeln kann.«

Zu meiner Mutter sagte ich: »Denk doch an all das, was ihr zusammen erreicht habt. Warum wollt ihr das alles aufgeben? Versucht doch bitte, es zu retten!« Und sie erwiderte: »Das kann ich nicht! Mit diesem Mann komme ich einfach nicht klar.«

Auf beiden Seiten gab es nichts als Trauer, Schmerz und Wut. Alle beide bemühten sich, uns Kindern zu beweisen, dass sie selbst im Recht waren und der andere im Unrecht.

Als sie dann tatsächlich die Scheidung einreichten, konnte ich es einfach nicht fassen. Ich fühlte mich innerlich so leer, so traurig. Etwas in meinem Leben, auf das ich mich immer verlassen konnte, war plötzlich nicht mehr da. Ich ertrank in Selbstmitleid und machte mir Vorwürfe: »Warum ich? Und wieso kann ich nichts tun, um meinen Eltern zu helfen?«

Schließlich sagte ein sehr guter Freund zu mir: »Weißt du, was du tun musst? Hör auf, dich selbst zu bemitleiden! Die Scheidung ist nicht dein Problem. Du bist zwar auch betroffen, aber es ist das Problem deiner Eltern. Lass das Gejammer. Denk lieber darüber nach, wie du deine beiden Eltern unterstützen kannst. Sie brauchen dich jetzt mehr denn je.«

In diesem Augenblick passierte etwas in mir. Meine innere Stimme sagte mir: »Deine größte Pflicht als Sohn ist es, deine Eltern zu lieben. Jetzt musst du selbst die Initiative ergreifen. Du musst dich entscheiden, wie du auf das, was passiert ist, reagieren willst.«

Das war einer der wichtigsten Augenblicke in meinem Leben. Mir wurde klar: Ich habe die Freiheit, zu wählen! Ich habe erkannt, dass ich kein Opfer war und etwas tun konnte.

Also konzentrierte ich mich darauf, meine Eltern zu lieben und alle beide zu unterstützen. Zudem weigerte ich mich, Partei zu ergreifen. Meinen Eltern gefiel das zunächst überhaupt nicht. Sie warfen mir vor, ich sei gleichgültig, feige und nicht bereit, klar Stellung zu beziehen. Doch nach einiger Zeit respektierten sie meine Haltung.

Als ich über mein eigenes Leben nachdachte, war es plötzlich, als könnte ich neben mich treten und mich von den Erfahrungen mit der Ehe meiner Eltern distanzieren. Ich begann, neue Dinge zu lernen. Mir war klar, dass ich eines Tages selbst heiraten und eine Familie gründen wollte. Daher stellte ich mir einige wichtige Fragen: »Was bedeutet das für dich? Was wirst du daraus lernen? Was für eine Ehe möchtest du führen? Welche der Schwächen, die du mit deinen Eltern gemeinsam hast, wirst du ablegen?«

Ich kam zu dem Schluss, dass ich eine harmonische, glückliche, mit Wachstum verbundene Ehe wollte. Diese Entschlossenheit gibt mir bis heute die Kraft, mich in schwierigen Augenblicken zu bewähren – nichts zu sagen, was die Gefühle meiner Frau verletzt, mich bei ihr zu entschuldigen und nie aufzuhören, an unserer Beziehung zu arbeiten.

Ich habe mir außerdem fest vorgenommen, immer daran zu denken, dass es wichtiger ist, »eins« zu sein, als Recht zu haben oder sich durchzusetzen. Wenn man bei einem Streit gewinnt, erringt man nur einen kläglichen Sieg. Letztlich führt er nur zur Entzweiung. Das ist eins der wichtigsten Dinge, die ich je gelernt habe.

Ich beschloss, alles für meine Ehe zu tun, was in meiner Macht stand. Das ist nicht immer leicht. Doch es lohnt sich. Ich bin überzeugt, dass ich ohne meine schmerzvolle Erfahrung mit der Scheidung meiner Eltern nie so weit gekommen wäre.

Was für eine wichtige Erkenntnis! Die Ehe der beiden Menschen, die mein Bekannter am meisten auf der Welt liebte, zerbrach. Er fühlte sich verraten und hilflos. Seine Vision von einer glücklichen Ehe und Familie war plötzlich ins Wanken geraten. Für ihn war das die schwierigste Zeit in seinem Leben, die größte Herausforderung.

Schließlich erkannte er, dass die Ehe seiner Eltern zwar in seinem Interessenbereich lag, aber nicht in seinem Einflussbereich. Er beschloss, pro-aktiv zu sein. Ihm wurde klar, dass er die Ehe seiner Eltern nicht retten konnte. Dennoch konnte er etwas tun. Er konzentrierte sich auf seinen Einflussbereich und bemühte sich, seine Eltern zu lieben und beide gleichermaßen zu unterstützen.

Zudem begann er, über seine Zukunft und seine eigene Ehe nachzudenken. Allmählich erkannte er, welche Werte ihm wichtig waren. Er entwickelte eine tragfähige Vision für seine Ehe. Die Kraft dieser Vision trägt ihn durch alle Herausforderungen des Ehelebens. Sie gibt ihm die innere Stärke, sich zu entschuldigen und immer weiter an der Beziehung zu seiner Frau zu arbeiten.

Sehen Sie jetzt, wie wichtig es ist, sich auf seinen Einflussbereich zu konzentrieren? Hier noch ein weiteres Beispiel:

Ein Paar war zu dem Schluss gekommen, dass das Benehmen seiner Tochter so schlimm war, dass es die Familie zerstören würde. Deshalb wollte ihr der Vater noch an diesem Abend sagen, dass sie bestimmte Dinge ändern oder ausziehen müsse. Während er auf seine Tochter wartete, nahm er eine Karteikarte. Er schrieb alles auf, was sie anders machen musste. Als er mit seiner Liste fertig war, fühlte er sich schrecklich. Er drehte die Karte um und schrieb auf die Rückseite, zu welchen Veränderungen er bereit war. Am Ende war seine Liste viel länger als ihre! Da brach er in Tränen aus.

Wollen Sie positive Veränderungen? Dann konzentrieren Sie sich auf Ihren Einflussbereich!

Als die Tochter nach Hause kam, gab es ein langes Gespräch zwischen den beiden. Der Vater begann mit seiner Seite der Karte. Genau das war der entscheidende Punkt: Der Vater fing bei sich selbst an. Er ging von *innen nach außen* vor – und nicht umgekehrt.

Wenn Sie sich auf Ihren Einflussbereich konzentrieren, wird er unweigerlich größer. Dadurch geben Sie den anderen in Ihrer Familie ein gutes Beispiel. Sie werden sich dann auch verstärkt auf ihren Einflussbereich konzentrieren. Aber was tun Sie, wenn die anderen vielleicht aus reaktiver Wut genau das Gegenteil machen? Bleiben Sie ehrlich und hartnäckig. Dann wird sich Ihr Beispiel letztlich auf alle auswirken. Nach und nach werden alle Familienmitglieder immer pro-aktiver, ergreifen von sich aus die Initiative und übernehmen mehr Verantwortung innerhalb der Familie.

Achten Sie auf Ihre Sprache!

Woran erkennen Sie, ob Sie sich in Ihrem Einflussbereich oder in Ihrem Interessenbereich befinden? Achten Sie auf Ihre Sprache. Wenn Sie in Ihrem Interessenbereich sind, klingen Ihre Worte vorwurfsvoll, anklagend und reaktiv:

- »Es ist unfassbar, wie diese Kinder sich benehmen. Sie treiben mich in den Wahnsinn!«
- »Mein Partner nimmt einfach keine Rücksicht auf mich!«
- »Weshalb musste mein Vater bloß ein Alkoholiker sein?«

Wenn Sie sich aber in Ihrem Einflussbereich befinden, ist Ihre Sprache pro-aktiv. Dann erkennt man bereits an Ihren Worten, dass Sie sich auf die Dinge konzentrieren, die Sie beeinflussen können:

- »Ich kann unseren Kindern positives Verhalten beibringen und es verstärken.«
- »Ich kann Rücksicht auf andere nehmen und liebevolle Beziehungen in unserer Familie aufbauen.«
- »Ich kann mehr über meinen Vater und seine Alkoholsucht herausfinden. Ich kann versuchen, ihn zu verstehen, ihn zu lieben und ihm zu verzeihen. Ich kann für mich einen anderen Weg wählen und so auf meine Familie einwirken, dass das Alkoholproblem meines Vaters kein Bestandteil unseres Lebens wird.«

Kleines Experiment: Wie pro-aktiv sind Sie?

Wollen Sie genauer wissen, wie pro-aktiv oder reaktiv Sie sind? Dann machen Sie das folgende Experiment. Am besten bitten Sie Ihren Partner oder jemand anderen, mitzumachen und Ihnen sein Feedback zu geben:

1. Ermitteln Sie ein Problem in Ihrer Familie.
2. Schildern Sie das Problem in einer rein reaktiven Sprache oder schreiben Sie es mit reaktiven Worten auf. Konzentrieren Sie sich auf Ihren Interessenbereich. Strengen Sie sich an. Überzeugen Sie den anderen davon, dass dieses Problem auf keinen Fall Ihre Schuld ist.
3. Beschreiben Sie das Problem jetzt in einer rein pro-aktiven Sprache. Konzentrieren Sie sich auf Ihren Einflussbereich. Sprechen Sie darüber, was Sie tun können, um das Problem zu lösen. Zeigen Sie dem anderen, dass Sie wirklich etwas ändern wollen.
4. Suchen Sie jetzt nach Unterschieden zwischen den beiden Beschreibungen. Welche entspricht eher Ihrem Verhalten bei Gesprächen über Probleme in Ihrer Familie?

Ist Ihre Sprache überwiegend reaktiv? Verwenden Sie ab sofort mehr pro-aktive Wörter und Redewendungen. So können Sie Ihr Sprachverhalten Schritt für Schritt ändern.

Auch kleinen Kindern können wir schon beibringen, Verantwortung für ihre Sprache zu übernehmen. So können wir ihnen sehr früh helfen, pro-aktiv zu denken und zu handeln.

UNSERE TOCHTER COLLEEN

Kürzlich habe ich versucht, meiner dreijährigen Tochter zu helfen, verantwortungsvoller mit ihrer Sprache umzugehen. Ich habe ihr erklärt: »In unserer Familie sagen wir nicht ›hassen‹ oder ›Halt den Mund!‹. Wir bezeichnen andere auch nicht als ›dumm‹. Achte bitte darauf, wie du mit anderen Menschen sprichst. Du musst dich verantwortungsvoll verhalten.« Hin und wieder habe ich sie dann daran erinnert: »Beschimpf andere nicht, Erika! Versuch, die Verantwortung dafür zu übernehmen, wie du sprichst und handelst.«

Vor ein paar Tagen habe ich spontan gesagt: »Oh, ich hasse diesen Film!« Erika hat sofort erwidert: »Sag nicht ›hassen‹, Mama! Du musst auf deine Sprache achten!«

Jetzt ist Erika praktisch die Sprach-Polizei in unserer Familie – und wir alle achten viel besser darauf, was wir sagen.

Wie ist der Kontostand auf Ihrem emotionalen Beziehungskonto?

Ihr emotionales Beziehungskonto steht für die Qualität Ihrer Beziehungen zu anderen. Wie bei einem ganz normalen Bankkonto können Sie »Einzahlungen« vornehmen. Beispielsweise können Sie pro-aktiv Dinge tun und so Vertrauen in einer Beziehung aufbauen. Natürlich können Sie auch »Abhebungen« machen. Zum Beispiel, indem Sie reaktiv Dinge tun, die das Vertrauen schmälern. Der »Vertrauensstand« Ihres emotionalen Beziehungskontos zeigt Ihnen, wie gut Sie mit dem anderen kommunizieren und Probleme lösen können.

Wenn Ihr emotionales Beziehungskonto bei jemandem aus Ihrer Familie weit im Plus steht, herrscht viel Vertrauen. Die Kommunikation ist offen und ehrlich. Sie können in dieser Beziehung auch hin und wieder Fehler machen. Ihr emotionales »Sparguthaben« kann das ausgleichen.

Aber was ist, wenn das Konto gerade so in den schwarzen Zahlen steht oder sogar überzogen ist? Dann gibt es kein Vertrauen und auch keine gute Kommunikation. Es ist, als würden Sie über ein Minenfeld laufen. Sie müssen immer auf der Hut sein und jedes Wort genau abwägen. Selbst die besten Absichten werden schnell missverstanden.

Denken Sie an die Geschichte meines Freundes, der Schwierigkeiten mit seinem Sohn hatte. Hier war das emotionale Beziehungskonto um 1000, 2000 oder sogar 10000 Dollar überzogen. Zwischen Vater und Sohn gab es kein Vertrauen, keine echte Kommunikation, keine Möglichkeit, Probleme gemeinsam zu lösen. Je mehr der Vater seinen Sohn unter Druck setzte, desto schlimmer wurde es. Doch dann tat mein Freund etwas Pro-Aktives. Das machte den Unterschied. Er ging von innen nach außen vor und setzte so positive Veränderungen in Gang. Er hörte auf, nur auf das Verhalten seines Sohnes zu reagieren. Stattdessen hörte er seinem Sohn zu – aufrichtig, einfühlsam und verständnisvoll. Das war eine riesige Einzahlung auf das emotionale Beziehungskonto. Plötzlich fühlte der Junge sich geschätzt, bestätigt und anerkannt.

Ist Ihr Beziehungskonto hoffnungslos überzogen?

Eines der größten Probleme in vielen Familien ist, dass hier am laufenden Band Abhebungen von Beziehungskonten gemacht werden. Mein Freund Dr. Glen C. Griffin beschreibt einen typischen Tag im Leben eines Teenagers wie folgt:

Was Teens tagtäglich zu hören bekommen	
6.55 Uhr	Steh auf, sonst kommst du wieder zu spät!
7.14 Uhr	Du musst aber was zum Frühstück essen!
7.16 Uhr	Wie siehst du denn aus? Zieh dir was Anständiges an!
7.18 Uhr	Vergiss nicht, den Müll rauszubringen!
7.23 Uhr	Nimm eine Jacke mit! Weißt du denn nicht, dass es draußen regnet?
7.25 Uhr	Ich erwarte, dass du nach der Schule sofort nach Hause kommst und deine Hausaufgaben machst, bevor du irgendwohin verschwindest.
17.42 Uhr	Du hast den Müll vergessen. Jetzt steht er die ganze Woche im Weg rum!!!

17.46 Uhr	Räum endlich das blöde Skateboard weg. Irgendwann fällt noch jemand drüber und bricht sich den Hals.
17.55 Uhr	Komm sofort zum Essen. Weshalb muss ich dich immer rufen, wenn Essenszeit ist? Und den Tisch hast du auch wieder nicht gedeckt!
18.02 Uhr	Wie oft muss ich dir eigentlich noch sagen, dass das Essen fertig ist?
18.12 Uhr	Musst du dich immer mit deinen Kopfhörern an den Tisch setzen? Hörst du überhaupt, was ich sage? Nimm die Dinger ab!!!
18.16 Uhr	Hier muss sich einiges ändern. Dein Zimmer ist die reinste Müllhalde. Du musst endlich mal anfangen, aufzuräumen und dich im Haushalt nützlich zu machen. Das hier ist schließlich kein Palast mit Dienstboten!
18.36 Uhr	Leg endlich dein Smartphone weg und räum die Spülmaschine ein. Als ich so alt war wie du, hatten wir keine Spülmaschine – wir mussten das Geschirr mit heißem Seifenwasser abwaschen.
19.08 Uhr	Was schaust du dir denn da wieder an? Du glaubst doch nicht, dass du deine Hausaufgaben besser machen kannst, wenn du nebenbei einen Film streamst?
19.32 Uhr	Ich hab dir doch gesagt, dass du nicht streamen sollst, bis du mit deinen Hausaufgaben fertig bist! Und warum liegen die Sportklamotten und das Bonbonpapier auf dem Boden? Ich habe dir doch schon hunderttausend Mal erklärt, dass es einfacher ist, wenn man seine Sachen gleich wegräumt. Macht es dir denn Spaß, wenn ich ausraste und dich anschreie?
21.59 Uhr	Deine Musik ist so laut, dass ich keinen klaren Gedanken fassen kann. Geh ins Bett, sonst kommst du morgen wieder zu spät zur Schule![3]

Wie wird sich all das wohl auf das emotionale Beziehungskontos auswirken? Denken Sie bitte daran, dass Liebe vom Tun kommt. Einer der großen Vorteile von Pro-Aktivität ist, dass wir uns dafür entscheiden können, keine Abhebungen, sondern Einzahlungen zu machen. Wie auch immer die Situation aussieht, wir können etwas tun, um unsere Beziehungen zu verbessern.

Ein Vater, dem es gelungen ist, ein glückliches, harmonisches Familienleben aufzubauen, hat uns von einer sehr wichtigen Erfahrung erzählt:

Ich habe mich immer als ehrlichen, hart arbeitenden Mann gesehen. Ich hatte Erfolg im Beruf und auch meine Beziehung zu meiner Frau und den Kindern war gut – nur mit unserer 15-jährigen Tochter Tara kam ich nicht klar.Ich hatte schon mehrere Versuche unternommen, meine Beziehung zu ihr zu kitten. Doch Tara hatte kein Vertrauen zu mir. Sobald ich mich bemühte, unsere Meinungsverschiedenheiten aus der Welt zu schaffen, machte ich alles nur noch schlimmer.

Dann erfuhr ich vom emotionalen Beziehungskonto und stieß auf eine Frage, die mich hart traf: »Ist Ihre Familie glücklicher, wenn Sie zu Hause sind? Fühlen sich dann alle besser?«

In meinem Herzen musste ich zugeben: »Nein. Für meine Tochter Tara ist meine Anwesenheit geradezu unerträglich!«

Nach dem ersten Schock wurde mir klar: Diese traurige Tatsache ließ sich nur ändern, wenn ich mich selbst änderte. Ich musste mich Tara gegenüber komplett anders verhalten. Außerdem musste ich ihr zeigen, dass ich sie liebte. Ich musste aufhören, ständig an ihr rumzunörgeln. Ich musste mich von dem Gedanken verabschieden, dass sie allein die Schuld an unserer schlechten Beziehung trug. Ich musste aufhören, ständig zu versuchen, meinen Willen über ihren zu stellen.

Deshalb beschloss ich, einen Monat lang jeden Tag fünf Einzahlungen auf mein emotionales Beziehungskonto bei Tara zu machen – und keine einzige Abhebung. Mein erster Impuls war, sofort zu meiner Tochter zu gehen und ihr zu erzählen, was ich tun wollte. Doch meine innere Stimme sagte mir, dass jetzt nicht der richtige Zeitpunkt für Worte war. Ich musste handeln und mit meinen Einzahlungen beginnen.

Als Tara an diesem Tag aus der Schule kam, begrüßte ich sie mit einem herzlichen Lächeln und fragte sie, wie es ihr ging. Aber sie ließ mich abblitzen: »Das interessiert dich doch gar nicht!« Ich riss mich zusammen und tat so, als hätte ich das nicht gehört. Dann erwiderte ich: »Ich wollte einfach gern wissen, wie es dir geht.«

In den folgenden Tagen strengte ich mich sehr an, Einzahlungen auf mein emotionales Beziehungskonto bei Tara zu machen. Ich brachte überall – sogar am Rückspiegel meines Autos – Zettel an, die mich daran erinnern sollten. Die spitzen Bemerkungen, die immer wieder von ihr kamen, ließ ich an mir abprallen. Das war nicht leicht. Schließlich war ich es gewohnt, mich zu wehren. Doch jedes dieser Vorkommnisse zeigte mir, wie lieblos unsere Beziehung war.

Ich konzentrierte mich darauf, nicht Tara, sondern meine Gefühle und mein Verhalten zu ändern. Allmählich sah ich meine Tochter in einem ganz anderen Licht. Ich erkannte, wie sehr sie sich danach sehnte, von mir geliebt zu werden. Das machte es mir immer leichter, ihre negativen Bemerkungen an mir abprallen zu lassen. Ich war nicht mehr wütend auf Tara, sondern verspürte mehr und mehr Liebe für sie.

Fast wie von selbst begann ich, nett zu ihr zu sein und kleine Dinge für sie zu tun. Wenn sie über ihren Hausaufgaben saß, ging ich leise zu ihr und schaltete das Licht an. Auf ihre Frage, warum ich das machte, antwortete ich: »Ich habe mir gedacht, dass du besser lesen kannst, wenn du mehr Licht hast!«

Nach ungefähr zwei Wochen sah Tara mich an und fragte: »Papa, irgendwas an dir ist anders. Was ist denn los?«

Ich sagte: »Mir ist klar geworden, dass ich einiges an mir ändern muss. Ich bin froh, dass ich meine Liebe zu dir jetzt so zum Ausdruck bringen kann, wie ich das schon immer hätte tun sollen.«

Von da an verbrachten wir viel mehr Zeit miteinander. Wir unterhielten uns und hörten uns gegenseitig zu. Das ist jetzt einige Monate her und unsere Beziehung ist viel besser und intensiver geworden. Sicher, gibt es noch viel zu tun, aber wir sind auf einem guten Weg. Das Vertrauen und die Liebe wachsen mit jedem Tag.

Das alles verdanken wir der einfachen Idee, nur Einzahlungen auf das emotionale Beziehungskonto zu machen und keinerlei Abhebungen vorzunehmen. Natürlich muss man diesen Entschluss konsequent in die Tat umsetzen. Dann sieht man den anderen allmählich in einem völlig neuen Licht. Man beginnt, seine eigenen Motive in den Hintergrund und den anderen in den Mittelpunkt zu stellen.

Ich weiß genau, was meine Tochter sagen würde, wenn Sie sie fragen würden, was sie jetzt von mir hält. Sie würde antworten: »Mein Vater? Er ist mein Freund. Ich habe Vertrauen zu ihm.«

Dieser Vater konnte seine Beziehung zu seiner Tochter durch pro-aktives Verhalten von Grund auf verändern. Ist Ihnen aufgefallen, dass er dabei alle vier menschlichen Gaben nutzte? Mit Hilfe seiner *Selbstwahrnehmung* konnte er aus der Situation heraustreten und erkennen, was mit ihm und seiner Tochter passierte. Er konnte das, was geschah, mit dem vergleichen, was seinem *Gewissen* nach richtig war. Er konnte sich eine bessere Beziehung zu seiner Tochter *vorstellen*. Und er konnte die Kraft seines *freien Willens* nutzen und handeln.

Als er alle vier Gaben einsetzte, verbesserte sich die Beziehung zu seiner Tochter maßgeblich. Es war so, als hätte er eine schlimme Wunde mit einer Heilsalbe bestrichen. Genau das hat er getan, indem er viele Einzahlungen auf sein emotionales Beziehungskonto bei seiner Tochter gemacht hat. Er hat sich nicht mehr auf die Schwächen anderer konzentriert, sondern auf seinen eigenen Einflussbereich. So konnte er grundlegende positive Veränderungen bewirken.

Das emotionale Beziehungskonto ins Plus bringen

Im Folgenden möchte ich Ihnen einige Ideen für Einzahlungen auf Ihre Beziehungskonten bei Ihren Familienmitgliedern an die Hand geben.

Die kleinen Dinge im Blick haben

Vor einigen Jahren verbrachte ich mit zwei meiner Söhne einen tollen Tag: Sportplatz, Hamburger und Pommes und dann noch ins Kino. Sean war damals vier Jahre alt und schlief mitten im Film ein. Sein sechsjähriger Bruder Stephen blieb wach und schaute sich mit mir zusammen den Rest des Films an. Als das Kino aus war, trug ich den schlafenden Sean ins Auto und legte ihn auf den Rücksitz. Da es ziemlich kalt war, zog ich meinen Mantel aus und deckte Sean damit zu. Zu Hause packte ich meinen kleinen Sohn dann ganz schnell in sein Bett.

Als Stephen seinen Schlafanzug angezogen und sich die Zähne geputzt hatte, setzte ich mich zu ihm ans Bett und fragte ihn: »Wie hat es dir gefallen, Stephen?«

»Gut.«

»Hat es Spaß gemacht?«

»Ja.«

»Was war am besten?«

»Weiß nicht. Vielleicht das Trampolin.«

Er war ziemlich schweigsam. Wieso ging er nicht wie sonst mehr aus sich heraus? Ich war ein bisschen enttäuscht und spürte, dass irgendwas nicht stimmte. Er war schon auf der Heimfahrt und beim Umziehen so still gewesen …

Plötzlich drehte Stephen sich so, dass er mit dem Gesicht zur Wand lag. Dennoch konnte ich sehen, dass ihm Tränen über die Wangen liefen:

»Was ist los, Schatz? Was ist denn?«

Er sah mich an, und ich merkte, dass ihm seine Tränen peinlich waren.

»Papa, wenn mir kalt wäre, würdest du mich dann auch in deinen Mantel einwickeln?«

Für ihn war das Wichtigste an unserem gemeinsamen Tag dieser kleine Akt der Zuwendung – ein spontanes, unbewusstes Zeugnis der Liebe zu seinem Bruder!

In Beziehungen sind gerade die kleinen Dinge die großen. Eine Frau hat mir erzählt, dass in der Küche ihres Elternhauses ein Spruch an der Wand hing: »Sei immer achtsam und freundlich – viele kleine Dinge zu tun, ist keine Kleinigkeit.«

UNSERE TOCHTER CYNTHIA

Wenn ich an meine Teenager-Zeit denke, erinnere ich mich vor allem daran, dass ich damals das Gefühl hatte, überrollt zu werden. Der ganze Druck, in der Schule gute Noten zu bekommen und gleichzeitig auch noch jede Menge andere Dinge zu schaffen …

Wenn ich nach Hause kam, war mein Zimmer manchmal aufgeräumt und geputzt. Da lag ein kleiner Zettel, auf dem stand: »In Liebe, deine gute Fee«. Dann wusste ich, dass meine Mutter mir die Arbeit abgenommen hatte, weil ich so viel zu tun hatte.

Das war eine riesige Erleichterung für mich. Ich kam in mein Zimmer und flüsterte: »Oh, danke! Vielen Dank!«

Kleine Gefälligkeiten tragen viel dazu bei, Beziehungen voller Liebe und Vertrauen aufzubauen. *Kann ich dir helfen?, danke, bitte* oder *entschuldige:* Denken Sie nur daran, wie wichtig Wörter und Redewendungen wie diese in Ihrer eigenen Familie sind. Oder kleine Gefälligkeiten – beispielsweise beim Abwaschen helfen oder anrufen und fragen, ob Sie auf dem Heimweg noch was besorgen sollen. Kleinigkeiten eignen sich auch wunderbar, um seine Liebe auszudrücken. Wie wäre es mal wieder mit einem Blumenstrauß, einem Zettel in der Brieftasche oder einer Textnachricht, um dem anderen zu sagen, dass man ihn liebt?

Zwölf Umarmungen am Tag – das brauchen wir alle! Körperliche Umarmungen, aber auch emotionale Zuwendung durch andere Menschen.

Ich kenne eine Frau, die in Armut und Streit aufwuchs. Doch dann erkannte sie, wie wichtig Freundlichkeit und Höflichkeit in der Familie sind. Das lernte sie an ihrem Arbeitsplatz, einem sehr renommierten Hotel. Hier war für alle Mitarbeiter Höflichkeit gegenüber jedem Gast höchstes Gebot. Tag für Tag erlebte sie, wie die Gäste strahlten, wenn man sie geradezu fürstlich behandelte. Sie wusste allerdings auch, wie gut sie selbst sich fühlte, wenn sie freundlich und höflich war. Deshalb beschloss sie, dieses Verhalten auch in ihrer Familie auszuprobieren. Sie begann, den anderen kleine Gefälligkeiten zu erweisen. Zudem achtete sie darauf, dass sie freundlich und positiv mit allen in der Familie sprach. Wenn sie das Frühstück auf den Tisch stellte, machte sie es wie im Hotel und sagte: »Es ist mir ein Vergnügen. Guten Appetit!« Sie erzählte mir, dass sie dadurch sich selbst und ihre Familie von Grund auf veränderte. So entstand ein völlig neues, freundliches und wertschätzendes Miteinander.

Zwölf Umarmungen am Tag – das brauchen wir alle!

Mein Bruder John und seine Frau Jane nehmen sich jeden Morgen die Zeit, um jemanden aus ihrer Familie zu loben – alle sind reihum dran. Eines Morgens kam ihr Sohn, ein durchtrainierter, sportlicher Junge, so schwungvoll die Treppe herunter, dass Jane ihn fragte:

»Weshalb bist du heute denn so gut gelaunt?«

Er strahlte und sagte: »Heute bin ich mit dem Lob dran!«

Einem anderen Lob und Anerkennung zu zeigen, ist eine riesige Einzahlung auf das emotionale Beziehungskonto – und eine ganz wichtige Lektion für jeden in der Familie!

Sich ehrlich entschuldigen

Andere um Verzeihung bitten – das ist einer der größten Prüfsteine für unsere Fähigkeit zur Pro-Aktivität. Viele Menschen beziehen ihre Selbstsicherheit aus ihrem Ansehen, ihrer Position oder dem Glauben daran, dass sie im Recht sind. In diesem Fall nagt eine Entschuldigung massiv am Ego und fordert alle unsere vier menschlichen Gaben aufs Äußerste.

UNSERE TOCHTER COLLEEN

Vor ein paar Jahren haben mein Mann Matt und ich Weihnachten mit der ganzen Familie auf einer Hütte in den Bergen verbracht. An die Einzelheiten kann ich mich nicht mehr genau erinnern – jedenfalls sollte ich meine Mutter am nächsten Tag nach Salt Lake City fahren. Ich hatte aber schon etwas anderes vor und konnte nicht. Als mein Vater das hörte, explodierte er.

»Das ist egoistisch von dir!«, brüllte er. »Du musst das machen!« Er sagte außerdem noch viele andere Dinge, die er nicht wirklich so meinte.

Sein Wutanfall war so ein Schock für mich, dass ich in Tränen ausbrach. Er war doch sonst immer voller Verständnis und Rücksicht! Ich kann mich überhaupt nur an zwei Vorfälle in meinem Leben erinnern, bei denen er die Beherrschung verlor. Deshalb war ich so erschrocken. Er wollte mich sicher nicht kränken, doch ich war zutiefst verletzt. Schließlich sagte ich: »Ist gut, ich mache es!« Ich wusste, dass er mir sowieso nicht zugehört hätte, wenn ich versucht hätte, ihm mein Problem zu erklären.

Ich fuhr dann mit meinem Mann nach Hause. Als wir dort angekommen waren, klingelte auch schon das Telefon. Matt nahm ab und hielt mir den Hörer hin: »Es ist dein Vater!«

Ich war noch immer verletzt und sagte: »Ich will nicht mit ihm sprechen!« In Wirklichkeit wollte ich es aber doch. Deshalb griff ich schließlich zum Hörer.

»Liebling! Ich möchte mich bei dir entschuldigen. Ich hätte auf keinen Fall so aus der Haut fahren dürfen. Ich möchte dir gern erklären, was bei uns gerade los ist.«

Er erzählte mir, dass sie mit dem Hausbau angefangen hatten, dass die Kosten ausuferten und es beruflich auch Probleme gab. Und dann noch Weihnachten, die ganze Familie war da … Er hatte so unter Druck gestanden, dass er explodiert war. Ich war diejenige, die alles abbekommen hatte:

»Ich habe das alles einfach an dir ausgelassen! Es tut mir wirklich leid. Entschuldige bitte!«

Ich entschuldigte mich dann auch, denn ich wusste, dass auch ich überreagiert hatte.

Dass mein Vater sich bei mir entschuldigte, war eine große Einzahlung auf das Beziehungskonto. Obwohl wir schon vorher eine sehr gute Beziehung hatten, hat uns das noch fester zusammengeschweißt. Ich glaube, es war wirklich schwer für ihn, so schnell aus der Situation herauszutreten und zu sagen: »Es tut mir leid!«

Selbst wenn wir nur ganz selten die Beherrschung verlieren, wird das unsere Beziehungen beeinträchtigen. Schließlich wissen die anderen ja nie, wann sie uns an einem empfindlichen Punkt treffen könnten. Also versuchen sie, sich vor unseren Wutausbrüchen zu schützen. Sie machen sich ständig Sorgen, zerbrechen sich den Kopf über unsere Stimmung und nehmen sich selbst zurück. Deshalb gilt: Je schneller wir lernen, uns zu entschuldigen, desto besser.

Jeder von uns verliert mal die Beherrschung. Dann kommen wir vom richtigen Kurs ab. Das sollten wir uns ehrlich eingestehen und uns aufrichtig dafür entschuldigen:

- *Es tut mir von Herzen leid, dass ich dich vor deinen Freunden in eine peinliche Situation gebracht habe. Das war falsch von mir. Dafür möchte ich mich bei dir entschuldigen. Ich hätte das nicht tun dürfen. Irgendwie bin ich auf einen Ego-Trip geraten – und das tut mir leid. Gibst du mir bitte noch eine Chance?*
- *Schatz, entschuldige, dass ich dir so über den Mund gefahren bin. Du wolltest mir etwas sagen, was dir sehr wichtig ist. Aber ich war so sehr mit mir selbst beschäftigt, dass ich mich wie eine Dampfwalze verhalten habe. Bitte verzeih mir!*

Wenn wir uns aufrichtig und ernsthaft entschuldigen, nutzen wir alle vier menschlichen Gaben. Erstens machen wir uns durch unsere Selbstwahrnehmung klar, was passiert. Zweitens befragen wir unser Gewissen und hören auf unser moralisches oder ethisches Empfinden. Drittens nutzen wir unsere Vorstellungskraft und bekommen eine Idee davon, was möglich ist und was besser wäre. Und viertens machen wir all das mit Hilfe unseres freien Willens zur Grundlage unseres Handelns. Wenn Sie dabei auch nur eine einzige der vier Gaben vernachlässigen, wird Ihr ganzes Bemühen nichts bringen. In dem Fall werden Sie versuchen, Ihr verletzendes Verhalten zu rechtfertigen, zu erklären oder zu verschleiern. Ja, vielleicht entschuldigen Sie sich sogar. Aber das meinen Sie nicht ehrlich.

Loyal gegenüber Abwesenden sein

Was passiert, wenn die Mitglieder einer Familie untereinander nicht loyal sind? Wenn sie hinter ihrem Rücken über die anderen lästern, sie kritisieren oder abfällige Bemerkungen machen?

- *»Mein Mann ist so ein Geizhals! Ihm tut es um jeden Cent leid, den wir ausgeben.«*
- *»Meine Frau quasselt ununterbrochen. Wenn sie doch nur ihren Mund halten und mich auch mal was sagen lassen würde!«*
- *»Haben Sie schon gehört, was mein Sohn sich vor ein paar Tagen in der Schule geleistet hat? Der Rektor hat mich angerufen. Das war so peinlich!«*
- *»Meine Schwiegermutter ist unmöglich! Sie versucht, über unser Leben zu bestimmen. Ich verstehe nicht, warum meine Frau sich nicht endlich von ihrem Schürzenzipfel lösen und der Sache ein Ende machen kann.«*

Solche Bemerkungen sind große Abhebungen von den Beziehungskonten. Das gilt natürlich für das Beziehungskonto bei der Person, über die gesprochen wird. Aber es betrifft auch das Konto bei demjenigen, mit dem man spricht.

Wie würden Sie sich fühlen, wenn ein Familienmitglied so was über Sie sagt? Missverstanden, verletzt, verraten … Wie würde sich das auf den Vertrauensgrad Ihrer Beziehung zum Betreffenden auswirken? Könnten Sie dieser Person noch vertrauen?

Und wie würden Sie sich fühlen, wenn jemand etwas Derartiges über einen Dritten zu Ihnen sagen würde? Vielleicht würden Sie sich erst mal freuen, dass der Betreffende Ihnen etwas »anvertraut« hat. Aber dann? Wahrscheinlich würden Sie sich fragen, ob er hinter Ihrem Rücken auch schlecht über Sie spricht.

Loyalität gegenüber abwesenden Familienmitgliedern ist eine der wichtigsten Einzahlungen. Deshalb: Sprechen Sie immer so über andere, als würden Sie direkt neben ihnen stehen. Das heißt nicht, dass Sie ihre Schwächen ignorieren und einfach den Kopf in den Sand stecken sollen. Es bedeutet, dass Sie sich nicht auf das Negative konzentrieren, sondern auf das Positive. Äußern Sie sich verantwortungsvoll und konstruktiv über die Schwächen anderer. Reden Sie so, dass der Betreffende das Gespräch jederzeit mitanhören könnte.

Einer unserer Freunde hatte einen 18-jährigen Sohn. Wenn er nicht da war, was häufig vorkam, da er den größten Teil seiner Zeit bei Freunden verbrachte, redete die Familie oft über ihn. Die liebsten Themen waren seine Freundinnen und seine Angewohnheit, »bis in die Puppen« zu schlafen. Zudem wurde bemängelt, dass er sich ständig von seiner Mutter bedienen ließ. Auch unser Freund nahm kein Blatt vor den Mund und beteiligte sich an den Gesprächen, bei denen alle über seinen Sohn herzogen.

Sprechen Sie immer so über Abwesende, als würden Sie direkt neben ihnen stehen.

Irgendwann wurde ihm jedoch klar, was da passierte und welche Rolle er dabei spielte. Er beschloss, sich an das Prinzip zu halten, Abwesenden gegenüber loyal zu sein. Wenn sich wieder ein negatives Gespräch über seinen Sohn entwickelte, unterbrach er es behutsam und sagte etwas Positives über ihn. Er hatte immer eine gute Geschichte über seinen Sohn parat, mit der er die abfälligen Bemerkungen der anderen entkräften konnte. So verlor das Gespräch schnell seine Würze und die Familie wandte sich interessanteren Themen zu.

Nach und nach merkte unser Freund, dass sich die anderen nun ebenfalls an das Prinzip der Loyalität hielten. Sie erkannten, dass er auch sie verteidigen würde, wenn sie nicht da waren. Da unser Freund in den Gesprächen mit seiner Familie bewusst die positiven Seiten seines Sohnes betonte, sah er ihn bald mit anderen Augen. Dadurch verbesserte sich auch die Beziehung zwischen den beiden.

Ich erinnere mich daran, dass ich es einmal sehr eilig hatte. Ich wusste: Wenn ich mich jetzt von meinem dreijährigen Sohn Joshua verabschiedete, würde das eine Weile dauern. Also sagte ich zu den anderen Kindern: »Tschüs, ich muss mich beeilen! Verratet Joshua bitte nicht, dass ich wegfahre!«

Als ich fast beim Auto war, wurde mir plötzlich klar, was ich da getan hatte. Ich ging wieder ins Haus und sagte zu den Kindern: »Es war falsch von mir, mich nicht von Joshua zu verabschieden. Ich werde das jetzt nachholen.«

Ja, natürlich dauerte das einige Minuten. Doch das war eine wichtige Einzahlung bei Joshua und auch bei meinen anderen Kindern.

Manchmal frage ich mich, was wohl passiert wäre, wenn ich damals nicht umgekehrt wäre. Wie wäre es gewesen, wenn ich am Abend zu Joshua gegangen wäre? Wäre er liebevoll und offen gewesen, obwohl er gewusst hätte, dass ich mich einfach weggeschlichen hatte? Wie hätte sich das auf meine Beziehung zu den anderen Kindern ausgewirkt? Hätten sie geglaubt, dass ich auch sie im Stich lassen würde?

Die Botschaft, die wir einem Einzelnen in unserer Familie schicken, ist in Wirklichkeit eine Botschaft an alle. Wenn man jemanden schlecht oder unfair behandelt, wissen die anderen, dass man das im Zweifelsfall genauso mit ihnen machen würde. Deshalb ist es enorm wichtig, Abwesenden gegenüber loyal zu sein.

Wenn wir loyal sein wollen, müssen wir alle vier menschlichen Gaben pro-aktiv nutzen. Wir müssen unsere Selbstwahrnehmung einsetzen. Wir müssen unserem Gewissen folgen. Wir müssen unsere Vorstellungskraft aktivieren, um ein Gespür dafür zu entwickeln, was möglich und besser ist. Und wir müssen unseren freien Willen und unseren Mut aufbringen, um dafür zu sorgen, dass Loyalität in unserer Familie gelebt wird. Abwesenden gegenüber loyal zu sein, ist also eindeutig eine pro-aktive Entscheidung.

Versprechen geben und halten

Im Laufe der Jahre bin ich immer wieder gefragt worden, was der beste und wichtigste Rat ist, den ich anderen geben würde. Die Antwort besteht nur aus vier Worten: »Versprechen geben und halten!«

Auf den ersten Blick klingt das sehr simpel. Dennoch bin ich überzeugt, dass das eine grundlegende Erkenntnis ist. Ja, dieser schlichte Ratschlag umfasst sogar die drei ersten Wege.

UNSERE TOCHTER CYNTHIA

Als ich 12 war, versprach mein Vater mir, mich auf eine Geschäftsreise nach San Francisco mitzunehmen. Ich war so aufgeregt! Wir sprachen drei Monate lang darüber. Wir würden zwei Tage und eine Nacht dort sein und planten alles bis ins kleinste Detail. Da mein Vater am ersten Tag mehrere geschäftliche Besprechungen hatte, würde ich im Hotel bleiben. Danach wollten wir uns ein Taxi nehmen, nach Chinatown fahren und dort alle unsere chinesischen Lieblingsgerichte kosten. Anschließend wollten wir ins Kino gehen, mit der berühmten Kabelbahn fahren und uns schließlich im Hotel noch ein Video ansehen und uns heißen Kakao aufs Zimmer bringen lassen. Die Vorfreude war riesengroß …

Und endlich war der lang ersehnte Tag gekommen. Als ich im Hotel wartete, wollte die Zeit einfach nicht vergehen. Mein Vater wollte um 18 Uhr zurück sein, doch als er endlich kam, war es schon fast 19 Uhr. Zudem war er nicht allein, sondern in Begleitung eines Mannes, der ein wichtiger Geschäftspartner und guter Bekannter war. Ich erinnere mich noch genau daran, wie enttäuscht ich war, als dieser Mann sagte: »Ich freue mich so, dass du hier bist, Stephen! Lois und ich möchten dich heute Abend in ein Restaurant einladen, wo es tollen Fisch gibt. Danach musst du dir natürlich noch unbedingt unser Haus ansehen!«

Ich dachte: »Na toll!« Ich mag nämlich keinen Fisch, und außerdem würde ich die ganze Zeit über auf dem Rücksitz hocken, während mein Vater sich mit seinem Freund unterhielt. Alle meine Erwartungen und Pläne schienen sich in Luft aufzulösen.

Ich war furchtbar enttäuscht. Am liebsten hätte ich gerufen: »Papa, das ist unsere gemeinsame Zeit! Du hast es mir versprochen!« Aber ich war ja erst 12 …

Dann passierte etwas Wunderbares. Mein Vater sagte: »Ach, Bill, ich würde wirklich gern mit euch essen gehen, aber diesen Abend habe ich meiner Tochter versprochen. Wir haben alles schon genau geplant. Es war nett von dir, uns einzuladen!« Ich konnte sehen, dass der Freund enttäuscht war, doch zu meinem Erstaunen schien er es zu verstehen.

Mein Vater und ich machten dann wirklich alles, was wir uns vorgenommen hatten. Ich war unendlich glücklich und habe meinen Vater mehr geliebt denn je!

Kaum eine Einzahlung ist so wichtig für die Familie, wie Versprechen zu geben und zu halten. Denken Sie nur mal daran, wie viel Vorfreude, Erwartungen und Hoffnungen ein Versprechen weckt!

Das größte Versprechen, das wir einem anderen Menschen geben können, ist die Ehe. Es ist das höchste und zugleich elementarste Versprechen, das es gibt. Von solchem Wert ist nur noch das Versprechen, das wir unseren Kindern von Geburt an geben: dass wir für sie sorgen, sie lieben und uns um sie kümmern werden. Deshalb gehören Trennungen und Scheidungen zu den Abhebungen, die uns am meisten wehtun. Hier ist es umso wichtiger, das Vertrauen durch ganz besondere Einzahlungen wieder aufzubauen.

Ein Bekannter erzählte mir, wie furchtbar seine Scheidung war. Voller Stolz fügte er hinzu, dass er das Versprechen gehalten hatte, das er sich und seiner Frau während der Trennungsphase gegeben hatte: Was auch passieren würde, er würde nie vor den Kindern über sie herziehen, sondern immer positiv und respektvoll über sie sprechen. Natürlich kam es zu den bei Scheidungen üblichen Kämpfen. Dennoch hat es mein Bekannter geschafft, nicht schlecht über seine Frau zu sprechen. Er war froh, dass er dieses Versprechen gehalten hatte. Das hat seinen Kindern, seiner Frau und auch ihm diese schwierige Situation sehr erleichtert.

Was ist, wenn ein Versprechen gebrochen wurde?

Aber was ist, wenn ein Versprechen gebrochen wurde? Kann man später doch noch eine Einzahlung daraus machen? Ich kannte einen Mann, der mir etwas versprochen hatte. Aber er hatte sein Versprechen gebrochen. Später bat er mich um eine zweite Chance. Doch ich hatte einfach kein Vertrauen mehr zu ihm.

Er sagte: »Ich weiß, dass ich mein Versprechen damals nicht gehalten habe. Das war falsch von mir. Dieses Mal werde ich Sie sicher nicht enttäuschen!«

Schließlich stimmte ich zu – und er enttäuschte mich tatsächlich nicht. Im Gegenteil: Er hat seine Zusagen sogar übertroffen. Das rechnete ich ihm noch höher an, als wenn er sein ursprüngliches Versprechen gehalten hätte. Er hatte den Mut aufgebracht, mich um eine zweite Chance zu bitten, ein schwieriges Problem anzugehen und seinen Fehler wiedergutzumachen. Das war eine wirklich große Einzahlung auf mein emotionales Beziehungskonto.

Anderen aufrichtig verzeihen

Für viele Menschen ist Verzeihen die entscheidende Bewährungsprobe in Sachen Pro-Aktivität. Denn solange wir nicht verzeihen, werden wir immer Opfer sein. Dies zeigt auch die folgende Geschichte einer Bekannten:

Ich komme aus einer Familie, in der großer Zusammenhalt und viel Liebe herrschten. Wir waren immer zusammen – Kinder, Eltern, Brüder und Schwestern, Tanten und Onkel, Cousins und Cousinen, Großeltern.

Als meine Eltern kurz nacheinander starben, waren wir alle sehr traurig. Wir vier Kinder kamen zusammen, um das Erbe unserer Eltern aufzuteilen. Doch die Situation eskalierte. Wir brüllten uns an und stritten uns fürchterlich. Es gelang uns nicht mehr, unsere Streitigkeiten beizulegen. Schließlich gingen wir vor Gericht.

Alle waren verbittert und voller Groll. Wir besuchten uns nicht mehr. Ja, wir telefonierten nicht mal mehr miteinander. Selbst an Geburtstagen und an Weihnachten herrschte Funkstille.

Das ging ganze vier Jahre lang. Es war die schlimmste Zeit meines Lebens. Oft dachte ich: »Wenn sie mich wirklich lieben würden, würden sie mich doch anrufen! Was ist mit ihnen los? Warum melden sie sich nicht?«

Dann lernte ich das Konzept des emotionalen Beziehungskontos kennen. Mir wurde klar, dass es reaktiv von mir war, meinen Geschwistern nicht zu verzeihen. Ich erkannte, dass Liebe etwas ist, für das man sich einsetzen muss.

Also nahm meinen ganzen Mut zusammen und rief meinen ältesten Bruder an. Beim Klang seiner vertrauten Stimme schossen mir Tränen in die Augen. Ich konnte kaum sprechen. Auch er wurde von seinen Gefühlen übermannt. Wir wetteiferten praktisch darum, uns zu entschuldigen. Immer wieder sagten wir uns, dass wir uns liebten und dem anderen längst verziehen hatten. Dann sprachen wir noch lange über alte Zeiten.

Danach rief ich meine beiden anderen Geschwister an. Beide reagierten genauso wie mein ältester Bruder. Die Gespräche dauerten bis weit in die Nacht.

Das war das schönste und wichtigste Erlebnis in meinem Leben. Der tiefe Schmerz, der Groll und die Einsamkeit waren verschwunden. Jetzt verspürte ich die Freude des Verzeihens und des Friedens. Ich fühlte mich wie neugeboren.

Bei dieser Versöhnung spielten alle vier menschlichen Gaben eine Rolle. Die Frau erkannte dank ihrer Selbstwahrnehmung, was passiert war. Sie hörte auf ihr Gewissen. Das Konzept des emotionalen Beziehungskontos vermittelte ihr eine Vorstellung davon, was möglich war. Aus diesen drei Gaben gewann sie dann die Willenskraft, ihren Geschwistern zu verzeihen und wieder eine Beziehung zu ihnen aufzubauen. So konnte sie das große Glück erleben, das aufrichtiges Verzeihen mit sich bringt.

Solange wir nicht verzeihen, werden wir immer Opfer sein! Doch wenn wir verzeihen, machen wir den Weg für uneingeschränktes Vertrauen und bedingungslose Liebe frei. Verzeihen reinigt unser Herz. Und noch was ist wichtig: Durch unser Verzeihen ermöglichen wir es anderen, sich zu ändern. Wenn wir nicht verzeihen, stellen wir uns nämlich zwischen die anderen und ihr Gewissen. So werden wir zum Hindernis für Veränderungen.

Solange wir nicht verzeihen, werden wir immer Opfer sein!

Verzeihen ist eine der größten Einzahlungen, die wir für unsere Beziehungen zu anderen Familienmitgliedern, aber auch für die grundlegende Qualität und Reichhaltigkeit unseres Lebens vornehmen können. Denken Sie immer daran: Die schlimmsten Verletzungen entstehen nicht durch den Biss der Schlange. Was das Gift ins Herz treibt, ist die Jagd auf die Schlange.

Die drei Urgesetze der Liebe

In diesem Kapitel haben wir über fünf große Einzahlungen gesprochen, die Sie sofort auf die emotionalen Beziehungskonten Ihrer Familienmitglieder vornehmen können. Diese Einzahlungen wirken sich enorm positiv auf Ihr Familienleben aus, weil sie auf den drei Urgesetzen der Liebe basieren. Die Urgesetze zeigen, dass Liebe in ihrer reinsten Form *bedingungslos* ist. Diese drei Gesetze lauten:

- Akzeptanz statt Ablehnung
- Verständnis statt Verurteilung
- Mithilfe statt Manipulation

Nach diesen Gesetzen zu leben, ist eine pro-aktive Entscheidung. Die Entscheidung für bedingungslose Liebe hat nichts mit dem Verhalten des anderen, seinem sozialen Status, seinem Besitz, Bildungsgrad oder Aussehen zu tun. Sie beruht allein auf seinem inneren Wert als Mensch.

Wenn sie jemanden lieben, versuchen viele, ihm Ratschläge zu erteilen. Schließlich wollen sie nur sein Bestes. Doch oft lieben sie ihre eigenen Wünsche und Vorstellungen mehr als den anderen. Sie lieben nur bedingt. Ihre Liebe nutzen sie als Vorwand, um den anderen zu manipulieren und zu kontrollieren. Der andere fühlt sich dann abgelehnt und kämpft darum, so zu bleiben, wie er ist.

Ganz anders ist es, wenn wir andere akzeptieren. Dann lieben wir sie so, wie sie sind. Wir ermutigen sie, besser zu werden. Das heißt nicht, dass wir ihre Schwächen gutheißen oder ihre Meinung vorbehaltlos teilen. Nein – wir bestätigen ihnen ihren inneren Wert. Wir respektieren ihre Gedanken und Gefühle. Wir zwingen sie nicht dazu, sich permanent zu verteidigen. So können sie ihre Energie dazu nutzen, sich weiterzuentwickeln und ihr Wachstumspotential zu erschließen.

Was würde passieren, wenn Sie Ihr Kind nicht wegen seines momentanen Verhaltens verurteilen, sondern an sein Potential glauben und es bedingungslos lieben?

Einer meiner Freunde leitete eine sehr renommierte weiterführende Schule. Er sparte schon seit Jahren dafür, dass er seinem Sohn die Chance bieten konnte, auf diese Schule zu gehen. Doch als es so weit war, weigerte sich der Junge. Sein Vater war fassungslos. Ein Abschluss an dieser Schule hätte seinem Sohn enorme Karrierechancen eröffnet. Außerdem war es seit Generationen üblich, dass alle in der Familie diese Schule besuchten. Der Vater sprach mit dem Jungen, bedrängte ihn und flehte ihn an. Er bemühte sich, ihm zuzuhören und ihn zu verstehen. Denn er hoffte, dass er seinen Sohn dazu bringen könnte, seine Meinung zu ändern.

Immer wieder sagte er: »Junge, siehst du denn nicht, was für eine Chance das für dich ist? Du darfst dich bei zukunftsweisenden Entscheidungen nicht von deinen momentanen Gefühlen leiten lassen!«

Sein Sohn erwiderte: »*Du* verstehst das nicht! Es ist mein Leben. Du willst, dass ich so bin, wie ich deiner Ansicht nach sein sollte. Ich weiß aber gar nicht, ob ich weiter zur Schule gehen möchte.«

Und sein Vater entgegnete: »*Du* bist derjenige, der nichts versteht. Ich will doch nur dein Bestes! Komm doch endlich zur Vernunft!«

Doch damit vermittelte mein Freund seinem Sohn, dass er ihn nicht bedingungslos liebte. Der Junge hatte das Gefühl, dass die Liebe seines Vaters davon abhing, dass er auf diese Schule ging. Das war furchtbar für ihn. Deshalb blieb er erst recht bei seiner Entscheidung, die Schule nicht zu besuchen.

Schließlich erkannte der Vater, dass es keinen Sinn hatte, seinen Sohn weiter unter Druck zu setzen. Er entschied sich, seinen Jungen bedingungslos zu lieben, auch wenn er die Schule nicht besuchen wollte. Das war schwer für ihn. Ihm lag die Ausbildung seines Sohnes sehr am Herzen und er hatte seit Jahren eisern dafür gespart.

Es war ein langer, mühsamer Prozess. Schließlich konnten mein Freund und seine Frau ihrem Sohn ehrlich versichern, dass seine Entscheidung ihre bedingungslose Liebe zu ihm nicht beeinträchtigen würde. Der Junge sagte zunächst nicht viel dazu. Etwa eine Woche später meinte er, er habe sich endgültig dafür entschieden, nicht auf die Schule zu gehen. Seine Eltern akzeptierten das und zeigten ihm auch weiterhin ihre bedingungslose Liebe.

Kurz darauf passierte etwas Interessantes: Der Junge hatte jetzt nicht mehr das Gefühl, seinen Standpunkt verteidigen zu müssen. Nun sah er die Sache mit der Schule in einem ganz anderen Licht. Schließlich entschied er sich dafür, die Schule doch zu besuchen. Mein Freund freute sich. Aber viel wichtiger als die Entscheidung seines Sohnes war für ihn, dass er gelernt hatte, sein Kind bedingungslos zu lieben.

Viele Menschen, die nie bedingungslose Liebe erfahren haben, kämpfen ihr ganzes Leben lang um Anerkennung und Wertschätzung. Zum Ausgleich für die Leere in ihrem Inneren ziehen sie Kraft aus ihrer Position, ihrem Status, ihrem Geld oder Besitz. Doch das macht alles nur noch schlimmer. Denn ihr selbstbezogenes Verhalten schreckt andere ab.

Deshalb sind die Urgesetze der Liebe so wichtig. Sie bestätigen den grundlegenden Wert jedes Einzelnen. Nur wer bedingungslos geliebt wurde, kann Stärke entwickeln und seinem inneren Kompass folgen.

Probleme als Möglichkeit für eine Einzahlung sehen

Einer der wichtigsten Aspekte des emotionalen Beziehungskontos ist, dass wir uns pro-aktiv dafür entscheiden können, jedes Problem in unserer Familie als Möglichkeit für eine Einzahlung zu sehen:

- Dass jemand einen »schlechten Tag« hat, gibt uns die Gelegenheit, ihm eine kleine Gefälligkeit zu erweisen.
- Eine Beleidigung wird zur Chance, sich zu entschuldigen oder zu verzeihen.
- Wenn jemand über einen Abwesenden herzieht, bietet uns das die Möglichkeit, loyal zu sein und ihn zu verteidigen.

Sobald wir das Bild des emotionalen Beziehungskontos verinnerlicht haben, sind Probleme keine Hindernisse mehr. Im Gegenteil! Unser tagtägliches Miteinander bietet dann viele Chancen, Beziehungen voller Liebe und Vertrauen aufzubauen. Deshalb: Treffen Sie die pro-aktive, von innen nach außen gerichtete Entscheidung, Einzahlungen zu tätigen. Vermeiden Sie Abhebungen. Das wird Ihnen sehr beim Aufbau einer effektiven, starken und glücklichen Familie helfen.

Überlegen Sie, wie positiv es sich auf Ihre Familie auswirkt, wenn Sie:

KEINE ABHEBUNGEN VORNEHMEN, INDEM SIE	EINZAHLUNGEN TÄTIGEN, INDEM SIE
respektlos reden, über andere herziehen oder sich unhöflich verhalten,	anderen kleine Gefälligkeiten erweisen,
sich nie oder nicht aufrichtig entschuldigen,	sich ehrlich entschuldigen,
andere hinter ihrem Rücken kritisieren, sich über sie beklagen oder schlecht über sie sprechen,	Abwesenden gegenüber loyal sind,
keine Versprechen geben oder Ihre Versprechen nicht halten,	Versprechen geben und zuverlässig erfüllen,
beleidigt und nachtragend sind und anderen frühere Fehler vorwerfen.	anderen verzeihen.

Es ist nie zu spät für eine effektive, starke und glückliche Familie!

Manchmal werden Sie schnell positive Ergebnisse sehen, wenn Sie mit Ihren Einzahlungen beginnen. Oft wird es jedoch eine Weile dauern. Dann sollten Sie nicht gleich die Segel streichen. Hören Sie nicht auf die Leute, die sagen: »Es hat keinen Sinn. Es ist hoffnungslos. Sie können nichts tun. Es ist zu spät!«

Sie *können* es schaffen. Es ist *nie* zu spät! Arbeiten Sie konsequent weiter in Ihrem Einflussbereich. Seien Sie kein Richter und kein Kritiker, sondern ein Vorbild. Und glauben Sie fest daran, dass sich schließlich alles zum Guten wenden wird.

Im Laufe der Jahre habe ich mit unzähligen Leuten gesprochen, die von ihrem Partner enttäuscht waren und nicht mehr wussten, was sie tun sollten. Oft glaubten sie, dass sie selbst im Recht wären und es dem anderen an Verständnis und Verantwortung fehlen würde. Sie waren in einem Strudel gefangen, der ihre Beziehung immer weiter nach unten zog. Der eine urteilt, nörgelt, tadelt und kritisiert. Und der andere wehrt sich dagegen, indem er seinen Partner ignoriert, sich zurückzieht und sein abwehrendes Verhalten mit der lieblosen Behandlung, die ihm widerfährt, rechtfertigt.

Seien Sie kein Richter und kein Kritiker, sondern ein Vorbild.

Diejenigen, die sich zum Richter aufspielen, kommen meist zu mir, weil sie hoffen, dass ich ihren Partner irgendwie dazu bringen kann, sich zu »bessern«. Viele hoffen auch, dass ich ihnen bestätige, dass sie sich zu Recht scheiden lassen wollen. Doch ich rate ihnen nicht zur Trennung. Vielmehr lege ich ihnen ans Herz, damit aufzuhören, ihren Partner ändern zu wollen. Ich empfehle ihnen, an sich selbst zu arbeiten, den anderen nicht mehr zu verurteilen und zu beeinflussen, sondern ihn bedingungslos zu lieben. Wenn sie meinem Rat geduldig und beharrlich folgen, kehrt allmählich wieder eine harmonische Zweisamkeit ein. Die bedingungslose Liebe und das neue Vorgehen von innen nach außen entfalten dann ihre positive Wirkung.

Natürlich gibt es auch Situationen, in denen dieser Rat nicht angebracht ist. Das ist beispielsweise der Fall, wenn es zu Gewalttätigkeiten gekommen ist. Meist gilt jedoch: Pro-aktiv zu sein und geduldig Einzahlungen bedingungsloser Liebe zu machen, bringt im Laufe der Zeit erstaunliche Ergebnisse.

Der 1. Weg: Die Basis für alle anderen Wege

Pro-aktiv sein: Der 1. Weg ist der Schlüssel zu allen anderen Wegen. Menschen, die sich davor drücken, Verantwortung zu übernehmen und die Initiative zu ergreifen, können keinen der anderen Wege wirklich beschreiten. Meist beschränken sie sich auf ihren Interessenbereich und wälzen die Schuld für ihre Probleme auf andere ab.

Beim 1. Weg geht es um unsere größte Gabe – die Freiheit zu wählen. Gibt es, abgesehen vom Leben selbst, ein wertvolleres Geschenk? Der Entschluss, die kreative Kraft in unserem Leben zu werden, ist die fundamentalste Entscheidung überhaupt. Nur so können wir Veränderungen in unseren Familien in Gang setzen, die sich über Generationen hinweg positiv auswirken. Joseph Zinker hat das so ausgedrückt: »Jeder kann herausfinden, dass er, unabhängig davon, wo er im Augenblick steht, immer noch der Schöpfer seines eigenen Schicksals ist.«[4]

Nicht nur der Einzelne kann pro-aktiv sein, sondern die gesamte Familie.

Nicht nur der Einzelne kann pro-aktiv sein, sondern die gesamte Familie. Familien können innerhalb ihrer eigenen Reihen oder bei anderen Familien positive Veränderungen anstoßen. Und alle vier menschlichen Gaben kann man auch innerhalb der Familie weiterentwickeln. So wird aus der Selbstwahrnehmung eine Familienwahrnehmung, aus dem individuellen Gewissen ein soziales, aus der Vorstellungskraft einer Einzelperson eine gemeinsame Vision und aus dem freien Willen eine gemeinsame Absicht.

Wie Sie den Inhalt dieses Kapitels an Erwachsene und Jugendliche weitergeben

Gemeinsam stark: Die pro-aktiven Muskeln trainieren

- Sprechen Sie mit den anderen in Ihrer Familie darüber, wann sie das Gefühl haben, besonders pro-aktiv zu sein. Diskutieren Sie auch, wann sie besonders reaktiv sind. Überlegen Sie, welche Folgen das hat.
- Sehen Sie sich die Seiten über unsere vier einzigartigen menschlichen Gaben noch einmal an. Fragen Sie: Was können wir tun, um unsere pro-aktiven Muskeln zu trainieren?

Gewusst wie: Die Pausentaste drücken

- Fordern Sie Ihre Familie auf, sich etwas auszudenken, was eine Pausentaste darstellen soll. Das kann ein Handzeichen, ein bestimmtes Wort oder auch ein Geräusch sein – beispielsweise ein Pfiff oder das Läuten einer Glocke. Bei diesem Signal weiß jeder in der Familie: Das ist die Pausentaste. Jetzt werden alle Aktivitäten, Gespräche, Auseinandersetzungen oder Diskussionen eingestellt. Das Signal soll alle dazu bringen, innezuhalten und sich zu überlegen, welche Folgen es hat, wenn sie so weitermachen. Bei einem Streit gewinnen, seinen Willen durchsetzen oder der »Erste« und »Beste« sein: Sprechen Sie gemeinsam darüber, dass die Pausentaste den Familienmitgliedern hilft, Unwichtiges links liegen zu lassen. Verdeutlichen Sie den Sinn der Pausentaste: Das, was im Augenblick wichtig zu sein scheint, dem unterzuordnen, was in Wirklichkeit am wichtigsten ist – etwa starke Beziehungen aufbauen, eine glückliche Familie werden oder eine schöne gemeinsame Zeit haben.

Etwas verändern: Im eigenen Einflussbereich aktiv sein

- Fordern Sie die anderen in Ihrer Familie auf, über Dinge zu sprechen, auf die sie keinen direkten Einfluss haben – beispielsweise die Gedanken und das Verhalten anderer, das Wetter oder die Jahreszeiten. Machen Sie den anderen klar, dass es einige Dinge gibt, die wir nicht beeinflussen können. Zeigen Sie ihnen aber auch, dass es vieles gibt, was wir ändern können. Reden Sie darüber, dass es wesentlich viel effektiver ist, sich auf die Dinge zu konzentrieren, die man beeinflussen kann.
- Sprechen Sie darüber, wie Sie emotionale Beziehungskonten in Ihrer Familie anlegen können. Verpflichten Sie sich gegenseitig, eine Woche lang viele Einzahlungen und möglichst wenige Abhebungen zu machen. Diskutieren Sie am Ende der Woche, welche positiven Auswirkungen das hat.

Wie Sie Kindern den Inhalt dieses Kapitels vermitteln

Entwicklung des Gewissens: Auf Schatzsuche gehen

- Denken Sie sich einen »Schatz« aus, über den sich jedes Familienmitglied freuen wird.
- Verstecken Sie den Schatz an einem sicheren Platz, der aber für alle zugänglich ist.
- Überlegen Sie sich Hinweise, die zum Familien-Schatz führen. Um die Hinweise zu bekommen, müssen die Kinder Fragen beantworten, die ihr Gewissen trainieren. Positive Antworten bringen sie dem Schatz näher, negative Antworten führen sie davon weg – etwa so: *Frage*: Auf dem Schulweg merkst du, dass der Junge vor dir einen 5-Euro-Schein verloren hat. Was machst du? *Beispiele für positive Antworten*: ihn aufheben und dem Jungen zurückgeben; einem Lehrer davon erzählen und ihm den Schein aushändigen.

Buchtipp

Von den 7 Wegen zur Effektivität gibt es auch eine Ausgabe, die genau auf die Anforderungen von Teenagern zugeschnitten ist: »Die 7 Wege zur Effektivität für Jugendliche« von Sean Covey. Das Buch ist randvoll mit Tools und Tipps, die Jugendlichen helfen, die Höhen und Tiefen der Teenager-Zeit gut zu überstehen.

Das emotionale Beziehungskonto verstehen: Eine Sammelbox basteln

- Lassen Sie Ihre Kinder einen Kasten basteln. Dieser Kasten ist die »Sammelbox« für Einzahlungen auf die emotionalen Beziehungskonten aller Familienmitglieder. Stellen Sie den Kasten an einen Platz, wo ihn alle gut sehen und einfach erreichen können. Basteln Sie »Einzahlungsbelege« aus Karteikarten. Regen Sie Ihre Kinder dazu an, während der Woche »Einzahlungen« bei anderen in der Familie zu machen, die zum Beispiel so aussehen könnten:
  - »Papa, danke, dass du mich zum Tennisspielen mitgenommen hast. Ich hab dich lieb!«
  - »Leonie, mir ist aufgefallen, wie toll du diese Woche dein Zimmer aufgeräumt hast!«
  - »Mama bringt mich jede Woche zum Fußball. Sie ist wirklich die Beste!«

Sprechen Sie am Ende der Woche über die Einzahlungen, die gemacht wurden. Lassen Sie alle Familienmitglieder erklären, was in ihren Augen eine »Einzahlung« ist, über die sie sich besonders freuen.

2. Weg
Schon am Anfang das Ende im Sinn haben

Schon am Anfang das Ende im Sinn haben? Was bedeutet das? Die folgende Geschichte zeigt, was es mit dem 2. Weg auf sich hat.

WAS IST WIRKLICH WICHTIG?

Als ich neulich von der Arbeit nach Hause kam, erwartete mein dreieinhalbjähriger Sohn Brenton mich schon an der Haustür. Er strahlte mich an: »Papa, ich bin ein Mann, der hart arbeitet!«

Meine Frau erzählte mir dann, was er damit meinte: Als sie nicht in der Küche war, hatte Brenton einen großen Krug Wasser aus dem Kühlschrank genommen und auf dem Fußboden verschüttet. Der erste Impuls meiner Frau war, ihn auszuschimpfen. Doch sie hielt kurz inne, blieb ruhig und fragte:

»Brenton, was machst du denn da?«

»Ich wollte dir helfen, Mama!«, antwortete er stolz.

»Wie bitte?«

»Ich habe das Geschirr für dich abgewaschen!«

Tatsächlich – auf dem Küchentisch stand das ganze Geschirr, das er mit dem Wasser aus dem Krug abgewaschen hatte.

»Warum hast du denn das Wasser aus dem Kühlschrank zum Abwaschen genommen?«

»Weil ich an den Wasserhahn an der Spüle nicht rangekommen bin.«

Meine Frau ließ ihren Blick durch die Küche wandern. »Hm … Wie könntest du es nächstes Mal so machen, dass es keine Überschwemmung gibt?«

Er dachte nach. Dann sagte er: »Ich könnte es ja im Bad machen!«

»Das wäre ein bisschen umständlich. Wie wäre es, wenn du mir vorher Bescheid sagen würdest? Dann könnten wir zusammen einen Stuhl vor die Spüle stellen, so dass du an den Wasserhahn rankommst.«

»Gute Idee!«, rief er begeistert.

»Und was machen wir jetzt mit dem ganzen Wasser auf dem Boden?«

»Wir könnten es mit Papiertüchern aufwischen«, sagte er. Also riss meine Frau ein paar Blätter von der Rolle mit dem Küchenpapier ab und gab sie ihm.

Als meine Frau mir das erzählte, wurde mir klar, wie wichtig es ist, dass wir nicht impulsiv reagieren. Meine Frau hatte zwischen Reiz und Reaktion auf die »Pausentaste« gedrückt. Das gab ihr die Zeit, ihre Reaktion zu überdenken. So konnte sie eine pro-aktive Entscheidung treffen. Dabei dachte sie an das Ende, das sie im Sinn hatte. Wichtig ist ja nicht, dass der Fußboden trocken ist. Vielmehr geht es darum, dass wir unseren Sohn richtig erziehen.

Meine Frau brauchte ungefähr zehn Minuten, um die Überschwemmung gemeinsam mit Brenton zu beseitigen. Wenn sie reaktiv gewesen wäre, hätte es genauso lange gedauert. Doch dann hätte mein kleiner Sohn an der Tür zu mir gesagt: »Papa, ich bin ein sehr trauriger Junge!«

Die junge Mutter reagierte nicht spontan. Sie handelte überlegt. Genau das machte den Unterschied. Der Kleine hätte nach diesem Vorfall eingeschüchtert und verängstigt sein können. Doch er fühlte sich bestätigt, geschätzt und geliebt. Er lernte, wie er seine Mutter besser unterstützen konnte. So wurde nicht nur sein Selbstbewusstsein, sondern auch seine Hilfsbereitschaft gestärkt.

Wie hat die Mutter das geschafft? Ihr war klar, was das Wichtigste war – nicht der trockene Fußboden, sondern die Erziehung ihres Sohnes. Sie hatte ein Ziel, das größer und wichtiger war als ihr Ärger. Bei ihrer Reaktion auf das, was passiert war, hatte sie schon das Ende im Sinn.

Das Ende im Sinn: Worum geht es Ihnen und Ihrer Familie?

Schon am Anfang das Ende im Sinn haben: Beim 2. Weg dreht es sich darum, eine klare Vision von dem zu schaffen, worum es Ihnen und Ihrer Familie geht. Nehmen wir einfach wieder unsere Flugzeug-Metapher. Hier wäre der 2. Weg Ihr Zielflughafen. Wenn Sie ein klares Ziel haben, beeinflusst das alle Entscheidungen, die Sie unterwegs treffen.

Der 2. Weg beruht auf dem Prinzip der Vision. Visionen sind ungeheuer stark! Sie sind die Kraft, die erfolgreiche Menschen und Organisationen antreibt. Visionen geben uns die nötige Zielstrebigkeit, um das, was uns am wichtigsten ist, zur Grundlage unseres Handelns zu machen.

Es gibt viele Möglichkeiten, das Visionsprinzip in Ihrer Familie anzuwenden. Beispielsweise können Sie ein Jahr, eine Woche oder einen Tag mit dem Ende im Sinn beginnen. Sie können das Visionsprinzip aber auch für Aktivitäten in der Familie nutzen – etwa für den Bau eines Hauses, die Verschönerung des Gartens oder die Suche nach einem Haustier.

Der Schlüssel dazu ist die *Entwicklung eines Leitbilds*. Ein Leitbild hält fest, worum es in einer Familie geht, was sie erreichen will und auf welche Prinzipien sie sich dabei stützen möchte. An der Entwicklung eines Leitbilds beteiligen sich alle Familienmitglieder. Es ist das Ergebnis echter Teamarbeit. Leitbilder beruhen auf der Vorstellung, dass alles zweimal geschaffen wird – zunächst in Gedanken und danach in der Realität. Bevor man ein Haus baut, zeichnet man einen Plan; bevor man einen Film dreht, erstellt man ein Drehbuch; bevor ein Flugzeug startet, werden Flugpläne gemacht … Im Grunde gilt überall die alte Zimmermannsregel: »Zweimal messen, einmal sägen.«

Alles wird zweimal geschaffen – zunächst in Gedanken und dann in der Realität.

Was würde passieren, wann man am Anfang noch kein Ende im Sinn hätte? Nehmen wir an, Sie sind Pilot und jemand kommt zu

Ihnen und fragt: »Wohin fliegen Sie denn heute?« Dann würden Sie bestimmt nicht sagen: »Das weiß ich nicht. Es gibt keinen Flugplan. Wir lassen die Passagiere einfach einsteigen und heben dann ab. Dann schauen wir, wohin Wind und Wetter uns treiben. Nach der Landung sehen wir dann ja, wo wir sind.«

Machen Sie dieses kleine Experiment doch mal mit Ihrer Familie. Stellen Sie heute Abend allen die Frage, worum es in Ihrer Familie eigentlich geht. Fragen Sie Ihre Frau: »Was ist das Ziel unserer Partnerschaft? Welche Ziele sind uns am wichtigsten?« Die Antworten könnten eine Überraschung für Sie sein …

Entscheidend beim 2. Weg ist, dass die gesamte Familie auf ein Ziel ausgerichtet ist, auf das sich alle geeinigt haben. Jeder im Cockpit muss wissen, wohin die Reise gehen soll. Der Pilot darf nicht glauben, dass er nach Frankfurt fliegen soll, während der Flugingenieur denkt, dass New York das Ziel ist. Das wäre das genaue Gegenteil des 2. Wegs. Es würde bedeuten, dass man das Leben einfach nimmt, wie es gerade kommt. Man lässt sich vom Strom der gesellschaftlichen Werte und von den aktuellen Trends mitreißen. Es gibt keine klare Vision und kein Ziel. Man lebt nicht, sondern man wird gelebt.

Alles wird zunächst in Gedanken geschaffen. Und wenn Sie sich keine Gedanken machen? Dann wird das ein anderer für Sie tun. Doch so haben Sie das Steuer nicht mehr in der Hand. Deshalb ist es so wichtig, dass Sie ein Leitbild für Ihre Familie entwickeln. Das ermöglicht es Ihnen, *den Kurs selbst festzulegen.* Entscheiden Sie gemeinsam, was für eine Familie Sie sein wollen und auf welche Prinzipien Sie sich stützen wollen. Ihr Leitbild ist die Grundlage für alles andere. Das Leitbild wird Ihr Ziel. Es wirkt wie ein riesiger, starker Magnet. Dieser Magnet zieht Sie magisch an und hilft Ihnen, auf Kurs zu bleiben.

Wie entsteht ein Familienleitbild?

Im Folgenden möchte ich Ihnen gerne zeigen, wie wir unser eigenes Familienleitbild entwickelt haben. Wir haben gelernt: Bei der Entwicklung eines Familienleitbilds ist nicht das Nachdenken, Lesen, Diskutieren oder Schreiben entscheidend, sondern das *Tun*. Wenn Sie Sandra und mich nach dem wichtigsten Ereignis in unserer Familiengeschichte fragen würden, würden wir ohne Zögern antworten: »Die Entwicklung unseres Familienleitbilds!« Unser erstes Leitbild erstellten wir am Tag unserer kirchlichen Trauung. Unser zweites Leitbild entwickelte sich schrittweise über einen Zeitraum von 15 Jahren. Im Laufe der Jahre haben diese Leitbilder uns ein gemeinsames Ziel gegeben, das unsere Familie fest zusammengeschweißt hat. Direkt oder indirekt, bewusst oder unbewusst ist daraus fast alles andere in unserer Familie entstanden.

Gleich nach unserer Hochzeit fuhren Sandra und ich in einen Park. Dort sprachen wir darüber, was die Zeremonie für uns bedeutete und wie wir unser gemeinsames Leben darauf aufbauen wollten. Wir unterhielten uns über die beiden Familien, aus denen wir kamen. Dabei überlegten wir, was wir in unserer eigenen, gerade gegründeten Familie weiterführen und was wir ändern wollten.

Wir bekräftigten auch, dass unsere Ehe viel mehr als ein *Vertrag* war. Sie war ein *Bund!* Das Versprechen, das wir uns gegenseitig gegeben hatten, war allumfassend und galt für immer.

Gemeinsam beschlossen wir, uns selbst und unser Familienleben an *Prinzipien* auszurichten. Diese Entscheidung hat uns mehr als alles andere Kraft gegeben, uns zu entschuldigen, anderen zu verzeihen, freundlich zu sein und immer wieder auf unseren Kurs zurückzukehren. Im Lauf der Jahre haben wir festgestellt: Je besser wir uns an die Prinzipien halten, desto mehr Einsicht, Gelassenheit und Stärke

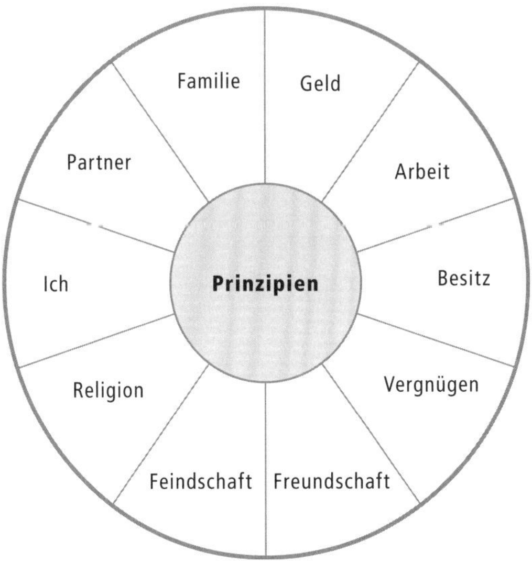

gewinnen wir. Das gilt besonders für Situationen, in denen es leicht wäre, uns von anderen Dingen wie Arbeit, Geld, Besitz oder sogar der Familie selbst beherrschen zu lassen. Sandra und ich sind überzeugt: Ohne diese Entscheidung wäre unser Gefühl der inneren Sicherheit viel stärker von den Stimmungen des anderen oder von unserer Beliebtheit bei unseren Kindern abhängig gewesen.

Dass wir Prinzipien an die erste Stelle gesetzt haben, hat alles andere an die richtige Position gerückt. Diese Entscheidung ist zur Richtschnur unseres ganzen Lebens geworden. Sie hat uns das Gefühl vermittelt, dass wir dafür verantwortlich sind, wie wir mit allem umgehen. Und sie hat uns geholfen, zu erkennen, dass die Familie selbst ein Prinzip ist – universell, zeitlos und offensichtlich.

Damals im Park sprachen Sandra und ich auch über die Kinder, die wir uns wünschten. Wir überlegten, auf welche Prinzipien wir uns bei der Kindererziehung stützen wollten. Immer wieder fragten wir uns: »Welche Stärken und Fähigkeiten brauchen unsere Kinder, um glückliche und erfolgreiche Menschen zu werden?« Schließlich kristallisierten sich zehn Dinge heraus, die wir unseren Kindern mit auf den Weg geben wollten: die Fähigkeit, zu arbeiten, zu lernen, mit anderen zu kommunizieren, Probleme zu lösen, den Glauben nicht zu verlieren, sich zu entschuldigen, anderen zu verzeihen, sich für andere einzusetzen, in der Wildnis zu überleben und Spaß zu haben.

Zu unserer Vision gehörte auch, dass wir uns am Ende jedes Tages am Esstisch versammeln würden, um uns zu erzählen, was wir erlebt hatten. Jeden Abend wollten wir miteinander lachen, unsere familiäre Bindung vertiefen und über unsere Werte zu sprechen. Unsere Kinder sollten sich richtig gut verstehen, viel gemeinsam unternehmen und gerne zusammen sein.

Als die Kinder größer wurden, wies diese Vision unserer Familie den Weg. Wir planten alle Urlaube und Freizeitaktivitäten mit Blick auf die Fähigkeiten, die wir uns für unsere Kinder wünschten. Zu den zehn Punkten auf unserer Liste gehörte, dass die Kinder auch unter widrigen Umständen überleben können. Deshalb buchten wir für unsere Familie Survival-Programme. Nach dem entsprechenden Training wurden wir in der Wildnis »ausgesetzt«. Hier waren wir tagelang auf uns allein gestellt. Wir lernten, wie wir selbst bei großer Kälte, extremer Hitze und ohne Wasser überleben können.

Ein anderer wichtiger Punkt war, dass alle Kinder eine gute Ausbildung bekamen. Sie sollten gerne zur Schule gehen und viel lernen.

Daher organisierten wir unser Familienleben so, dass die Kinder feste Zeiten und einen ruhigen Platz für ihre Hausaufgaben hatten. Wir interessierten uns dafür, was sie in der Schule lernten. Zudem gaben wir ihnen immer wieder die Gelegenheit, uns das beizubringen, was sie selbst gelernt hatten. Dabei hielten wir uns an das Motto: Der Lehrer lernt viel mehr als der Schüler. Wichtig war uns auch, dass unsere Kinder nicht schummelten oder versuchten, mit möglichst wenig Aufwand gute Noten oder Abschlüsse zu bekommen. Also konzentrierten wir uns vor allem auf die Freude am Lernen und nicht auf die Noten. Tatsächlich mussten wir unsere Kinder nur selten daran erinnern, ihre Hausaufgaben zu machen.

Dass wir das Ende im Sinn hatten und uns auf Prinzipien konzentrierten, hatte großen Einfluss auf das Miteinander und die Ziele in unserer Familie. Vor vielen Jahren stießen wir dann in ganz neue Dimensionen vor. Damals begannen wir mit unserer Arbeit an den 7 Wegen. Schon bald erkannten wir: Alle effektiven, erfolgreichen Organisationen haben Leitbilder. Diese Leitbilder nutzen sie als wichtiges Kriterium bei allen Entscheidungen. Wir fanden heraus, was inzwischen auch durch wissenschaftliche Studien belegt ist: Ein Leitbild, das ehrlich gemeint und aktiv gelebt wird, ist ein entscheidender Erfolgsfaktor von Organisationen, die Spitzenleistungen erzielen. Das Leitbild wirkt sich nicht nur positiv auf die Produktivität und den Erfolg der Organisationen aus, sondern auch auf die Zufriedenheit und das Glück der Mitarbeiter.[1]

Viel zu wenige Familien haben ein Leitbild.

Uns wurde klar, dass viel zu wenige Familien ein Leitbild haben. Dabei ist die Familie doch die wichtigste, fundamentalste Organisation der Welt, das Fundament unserer Gesellschaft. Ihren Zusammenbruch hat noch keine Zivilisation überlebt, ihren Sinn und ihre Aufgabe kann nichts und niemand sonst erfüllen. Keine andere Organisation hat so starke Auswirkungen – im Guten wie im Schlechten. Trotzdem gibt es in den meisten Familien keine gemeinsame Vision. Nur ein Bruchteil der Familien macht sich die Mühe, gemeinsam ein Leitbild und ein Wertesystem zu entwickeln.

Je mehr wir uns mit dem Thema befassten, desto überzeugter waren wir, dass wir ein »Leitbild für unsere Familie« brauchten. Wir wollten eine Vision für unsere Familie schaffen. Eine Vision, wie unsere Familie sein sollte, an welchen Prinzipien und Werten wir uns orientieren und wofür wir stehen wollten. Diese Vision sollte allen in unserer Familie gehören – nicht nur Sandra und mir.

Also fingen wir an, an unserer Vision zu arbeiten. Wir alle setzten uns einmal in der Woche zusammen, um über unsere Familienvision zu sprechen. Durch spielerische Aktivitäten halfen wir unseren Kindern, eigene Ideen einzubringen. In der Zeit zwischen den Familientreffen dachte jeder für sich über unsere Vision nach. Zudem sammelten wir spontane Einfälle. Manchmal sprachen wir auch zu zweit oder beim Essen mit der ganzen Familie über unsere Ideen. Eines Abends wollten wir von unseren Kindern wissen, wie wir bessere Eltern werden könnten. Nachdem sie uns geradezu mit Vorschlägen und Ideen bombardiert hatten, sagten wir: »Schon gut, wir haben es verstanden!«

Allmählich begannen wir, uns mit tiefergehenden Punkten zu befassen. Wir fragten unsere Kinder:

Was für eine Familie wollen wir wirklich sein?
Was ist euch an eurer Familie peinlich?
Wie soll unser Zuhause sein?
Weshalb fühlt ihr euch hier wohl?
Warum kommt ihr gern nach Hause?
Wieso habt ihr Vertrauen zu uns Eltern und seid für unsere Vorschläge offen?
Weshalb sind wir für eure Ideen offen?
Wofür wollen wir in Erinnerung bleiben?

Wir baten die Kinder, die schon schreiben konnten, alles zu notieren, was ihnen wichtig war. Beim nächsten Familientreffen brachten sie ihre Listen mit. Gemeinsam führten wir eine offene Diskussion darüber, weshalb den Kindern bestimmte Punkte besonders wichtig waren. Schließlich verfasste jedes Kind ein eigenes Leitbild. Wir lasen sie dann gemeinsam und sprachen darüber. Die Leitbilder der Kinder waren alle voller guter Ideen und etwas ganz Besonderes. Über das von Sean mussten wir ein bisschen schmunzeln. Er war damals ein begeisterter Footballspieler und hatte sein Leitbild sehr sportlich formuliert: »Wir sind ein tolles Team und spielen uns den Ball gegenseitig zu!«

Die Entwicklung unseres Familienleitbilds dauerte ungefähr acht Monate. Alle beteiligten sich daran – sogar meine Mutter. Mittlerweile haben wir auch unsere Enkelkinder einbezogen. Unser Familienleitbild umfasst jetzt also schon vier Generationen.

Ein Ziel und ein Kompass für Ihre Familie

Die Entwicklung unseres Leitbilds hat sich so stark auf unsere Familie ausgewirkt, dass ich es kaum in Worte fassen kann. Deshalb ist es am besten, wenn ich wieder auf die Flugzeug-Metapher zurückgreife: Durch unser Leitbild hat unsere Familie ein *Ziel* und einen *Kompass* bekommen.

Ein Leitbild gibt Ihnen eine klare Vision für Ihre Familie!

Wir verdanken dem Leitbild *eine klare, gemeinsame Vision von dem Ziel*, das wir als Familie erreichen wollen. Es weist unserer Familie jetzt schon seit vielen Jahren den Weg. Es hängt in unserem Wohnzimmer an der Wand. Wir sehen es uns oft gemeinsam an und fragen uns: »Wie gut setzen wir das in unserem Leben um, was wir sein und tun wollen? Ist unser Zuhause ein Ort der Liebe? Oder verurteilen wir andere? Ignorieren wir uns? Kommunizieren wir nicht mehr richtig miteinander? Geben wir anderen auch etwas zurück oder nehmen wir nur?«

Wenn wir unser Handeln mit unserem Leitbild vergleichen, sehen wir sehr gut, ob wir vom Kurs abgekommen sind. So können wir nötigenfalls Korrekturen vornehmen, damit wir unsere Vision verwirklichen und unser Ziel erreichen können.

Natürlich gibt es auch in unserer Familie immer wieder Probleme. Dennoch haben wir alle das Gefühl, dass in unserem Zuhause Liebe, Ehrlichkeit, Glück und Freude herrschen. Wir bemühen uns, uns gegenseitig zu unterstützen. Zudem versuchen wir, unseren Beitrag für die Gesellschaft zu leisten. Besonders dankbar sind wir, dass sich all das auch im Leben unserer Kinder zeigt, die mittlerweile ihre eigenen Familien und Leitbilder haben.

Die Entwicklung unseres Familienleitbilds hat uns außerdem ermöglicht, *unsere vier einzigartigen Gaben als »Kompass« zu nutzen*, der uns hilft, auf Kurs zu bleiben. Wir hatten zwar schon am Anfang einige *Prinzipien* erkannt, nach denen wir leben wollten. Doch als wir uns mit der ganzen Familie zusammensetzten und darüber sprachen, erreichten wir eine neue Dimension des Verstehens und der inneren Verpflichtung, unser Leben nach diesen Prinzipien auszurichten.

Aus unserer *Selbstwahrnehmung* wurde eine *Familienwahrnehmung* und aus unserem *Gewissen* ein *Familiengewissen*. Bei der gemeinsamen Arbeit an unserem Leitbild wurde unsere *Vorstellungskraft* zu *kreativer*

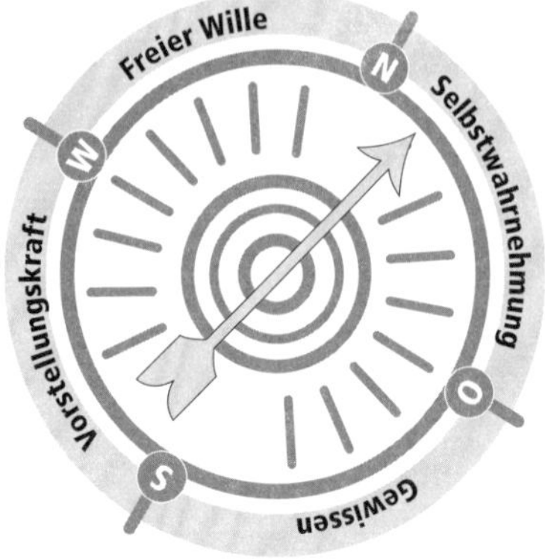

Synergie. Und als wir uns alle innerlich dazu verpflichteten, unserem Leitbild zu folgen, wurde unser *freier Wille* zu einem gemeinsamen *Willen*.

Dieser gemeinsame Wille, dieses »Wir«-Gefühl, gehört zu den wichtigsten Dingen, die bei der Arbeit an unserem Familienleitbild entstanden sind. Das hier ist *unsere* Entscheidung, *unser* Ziel. So wollen *wir* sein. Das wollen *wir* tun.

So erstellen Sie ein Leitbild für Ihre Familie

Wie können Sie ein eigenes Leitbild für Ihre Familie verfassen? Auf Grundlage meiner eigenen Erfahrungen und der Erfahrungen von Tausenden von Familien auf der ganzen Welt habe ich ein einfaches, aus drei Schritten bestehendes Konzept entwickelt:

1. Schritt: Finden Sie heraus, worum es in Ihrer Familie geht

Zunächst geht es darum, dass alle ihre Gefühle, Gedanken und Ideen bei der Entwicklung Ihres Leitbilds einbringen. Beginnen wir mit einem Leitbild für Paare:

Ein Leitbild für Paare

Besteht Ihre Familie derzeit nur aus Ihnen und Ihrem Partner? Dann können Sie irgendwohin fahren, wo Sie ein paar Tage oder vielleicht auch nur einige Stunden ungestört sind. Genießen Sie es, Zeit füreinander zu haben. Überlegen Sie gemeinsam, wie Ihre Beziehung in 10, 25 oder 50 Jahren aussehen soll. Vielleicht sind die Worte, die bei Ihrer Eheschließung gesprochen wurden, eine gute Inspiration? Sie sind nicht verheiratet? Dann holen Sie sich Anregungen bei Hochzeiten von anderen Paaren. Hier werden Sie beispielsweise folgende Sätze hören:

Seid euch treu.

Ihr sollt euch lieben, achten und ehren alle Tage eures Lebens.

Euch möge ein langes, glückliches gemeinsames Leben beschieden sein.

Wenn Sie diese Worte tief in Ihrem Herzen ansprechen, können sie die Grundlage für ein starkes Leitbild werden. Auch Lebensweisheiten oder Zitate können hilfreich sein. Sandra und ich haben uns von folgendem Quäker-Spruch inspirieren lassen: *Du wirst mich erheben und ich dich – gemeinsam werden wir emporsteigen.*

Natürlich könnten Sie auch über wichtige Fragen sprechen und so Ihr Leitbild entwickeln:

Wie wollen wir miteinander umgehen?
Wie wollen wir Meinungsverschiedenheiten beilegen?
Wie wollen wir finanzielle Angelegenheiten regeln?
Wollen wir Kinder haben?
Was für Eltern wollen wir sein?
Wie wollen wir unsere Kinder erziehen?
Welche Prinzipien wollen wir unseren Kindern für ihr Leben mitgeben?
Wie können wir jedem Kind helfen, seine Talente auszuschöpfen?
Wer von uns soll welche Rollen in welchem Bereich übernehmen?
Wer kümmert sich um die Finanzen, den Garten oder den Haushalt?
Wie können wir am besten gute Beziehungen zur Familie des anderen aufbauen?
Welche Rituale und Traditionen bringen wir aus den Familien mit, in denen wir aufgewachsen sind?
Welche Familientraditionen wollen wir beibehalten?
Mit welchen Dingen, die bislang von einer Generation zur nächsten weitergegeben wurden, sind wir zufrieden?
Was wollen wir nicht an unsere Kinder weitergeben?

Bitte denken Sie daran, dass der Entstehungsprozess des Leitbilds genauso wichtig ist wie das Ergebnis! Nehmen Sie sich ausreichend Zeit. Füllen Sie Ihre emotionalen Beziehungskonten auf. Sorgen Sie für einen tiefgreifenden, intensiven Austausch. Keiner von Ihnen sollte irgendetwas verschweigen oder zurückhalten.

Warum ist ein Leitbild in einer Partnerschaft so entscheidend? Alle Menschen sind unterschiedlich. Diese Unterschiede können ein Paar schnell auseinanderbringen. Deshalb ist es wichtig, dass Sie den Unterschieden auf den Grund gehen, eine gemeinsame Basis schaffen und eine Vision für Ihre Paarbeziehung entwickeln.

Der Entstehungsprozess des Leitbilds ist genauso wichtig wie das Ergebnis.

Nehmen wir einfach ein Paar als Beispiel. Nennen wir die beiden Sally und Paul. Sie wollen heiraten. Paul kommt aus einer Familie, die ihn unterstützt und ihm immer Halt gegeben hat. Wenn er in seiner High-School-Zeit nach Hause gekommen wäre und gesagt hätte: »Schlechte Nachrichten. Ich bin leider nicht ins Leichtathletik-Team aufgenommen worden!« Was hätte seine Mutter dann geantwortet? Sie hatte erwidert: »Ach, wie schade! Du bist sicher sehr enttäuscht. Wir sind stolz darauf, dass du es versucht hast. Wir lieben dich!« Und wenn er erzählt hätte, dass er die Wahl zum Schulsprecher gewonnen hat? Dann hätte seine Mutter gesagt: »Oh, ich freue mich so für dich! Wir lieben dich und sind stolz auf dich.« Ob Erfolg oder Misserfolg: Für Pauls Eltern spielte das keine Rolle. Sie liebten ihren Sohn *bedingungslos.*

Sally hingegen kommt aus einer Familie, die ihr keinen Halt gab. Ihre Eltern sind kühl und zurückhaltend. Sie lieben Sally nur *bedingt.* Hätte Sally ihrer Mutter gesagt, dass sie nicht ins Leichtathletik-Team aufgenommen wurde, hätte sie erwidert: »Ich hab dir gleich gesagt, dass du härter trainieren musst! Deine Schwester war so eine erfolgreiche Läuferin. Aber sie war auch viel ehrgeiziger und viel fleißiger als du. Was soll ich jetzt bloß deinem Vater sagen?« Und wenn Sally ihrer Mutter erzählt hätte, dass sie zur Schulsprecherin gewählt wurde? Dann hätte ihre Mutter gejubelt: »Oh, toll! Ich habe wirklich eine tolle Tochter! Ich kann es gar nicht abwarten, es deinem Vater und allen meinen Freundinnen zu erzählen.«

Paul und Sally sind in völlig unterschiedlichen Familien aufgewachsen. Paul hat gelernt, bedingungslos zu lieben; Sally kann aber nur bedingt lieben. Sie begegnen sich, werden ein Paar und ziehen zusammen. Doch schon bald haben sie Probleme.

Da Sally ihm nur ihre bedingte Liebe zeigt, sagt Paul: »Du liebst mich nicht!«

»Was soll das heißen?«, fragt sie. »Ich koche für dich, ich mache sauber und ich bringe auch Geld nach Hause. Wie kannst du behaupten, ich würde dich nicht lieben?«

Können Sie sich vorstellen, was für ein Berg von Problemen sich im Laufe der Zeit auftürmen würde, wenn die beiden keine gemeinsame Definition von Liebe finden?

Die Situation würde sich noch verschärfen, wenn man in Pauls und Sallys Familie völlig anders mit Problemen umgegangen wäre. Vielleicht hat Pauls Familie sich Problemen nicht gestellt, sondern sie immer nur unter den Teppich gekehrt? Eventuell hat Pauls Familie aber auch nie gelernt, wirklich miteinander zu kommunizieren, weil alles immer so gut lief?

Und bei Sally? Schreien, Brüllen, Vorwürfe und Anschuldigungen oder Weglaufen und Türenknallen: Nehmen wir an, dass Sallys Familie auf Probleme und Meinungsverschiedenheiten nach der Devise »kämpfen oder fliehen« reagiert hat. Dann hätten die beiden nicht nur ein komplett anderes Verständnis von Liebe, sondern auch zwei völlig unterschiedliche Vorgehensweisen im Umgang mit Problemen von ihren Familien mit auf den Weg bekommen.

In der Partnerschaft von Sally und Paul könnte es also leicht zu großen Schwierigkeiten kommen. Die Kluft, die durch die Unterschiede entsteht, könnte immer tiefer werden. Da ist es einfach, den beiden zur Trennung zu raten. Allerdings kann eine Trennung noch größeres Leid mit sich bringen.

Deshalb ist es so wichtig, dass Sally und Paul eine gemeinsame Vision entwickeln. Wenn ihre Vision auf Prinzipien beruht, haben die beiden eine solide Grundlage, um die Unterschiede zu bewältigen oder sogar davon zu profitieren.

Die meisten Konflikte beruhen auf unterschiedlichen Rollenerwartungen und Problemlösungsstrategien.

Sieht man sich die Probleme von Paaren einmal genauer an, stellt man fest: Die meisten Konflikte werden durch *unterschiedliche Rollenerwartungen* ausgelöst und durch *unterschiedliche Problemlösungsstrategien* noch weiter verschärft.

So wird aus einem kleinen Problem ein großes und aus einer Mücke ein Elefant. Und wie ist es bei Ihnen? Vielleicht beruhen die Probleme in Ihrer Beziehung ja auch auf unterschiedlichen Rollenerwartungen und Problemlösungsstrategien?

Unterschiede treten vor allem in zwei eng miteinander verknüpften Bereichen hervor: bei unseren Werten und bei unseren Zielen. Oft ist ein Problem für den einen Partner wirklich schwerwiegend, für den anderen ist es jedoch nur eine Kleinigkeit. Vielleicht wünscht sich der eine Partner eine Zwei-Generationen-Familie, die nur aus Eltern und Kindern besteht. Für den anderen umfasst das Konzept der »Familie« dagegen mehrere Generationen und beinhaltet auch gemeinsame Aktivitäten mit Tanten und Onkeln, Nichten und Neffen oder den Großeltern. Der eine Partner könnte gelernt haben, dass Liebe ein Gefühl ist. Doch der andere glaubt, dass man hart für die Liebe arbeiten muss. Der eine könnte Probleme durch »Kämpfen oder Fliehen« lösen. Aber der andere will darüber sprechen und alles ausdiskutieren. Wie wir all diese Dinge sehen, hängt von unserer Erziehung und unseren Erfahrungen ab.

Deshalb sollten Paare unbedingt eine *»Co-Mission«* erstellen. Was damit gemeint ist? Die Partner tauschen sich über die Rollenerwartungen, die Problemlösungsstrategien, die Vision und die Werte in ihrer Beziehung aus. Anschließend einigen sie sich auf einen gemeinsamen Kurs. Dabei werden die Leitbilder oder Ziele beider Partner miteinander verschmolzen. Am Ende haben beide dasselbe Ziel. Das vertieft die Bindung zwischen den Partnern ungemein. Das Ergebnis ist weit mehr als »dein Weg« und »mein Weg«. Es ist ein neuer, höherer Weg – *»unser Weg«*.

Dass Ehepaare eine Co-Mission erstellen, ist schlicht und einfach unerlässlich. Es wirkt sich extrem stark auf die Beziehung und die ganze Familie aus. Viele Paare behalten ihr »Beziehungsleitbild« auch bei, nachdem sie Kinder bekommen und ein Leitbild für ihre Familie erstellt haben. Auch Sandra und ich gehören dazu. Denn unser Beziehungsleitbild liegt uns sehr am Herzen. Es spiegelt die einzigartige Verbindung zwischen uns.

Wenn Sie schon etwas älter und Ihre Kinder bereits erwachsen sind, beschäftigen Sie sich vielleicht mit völlig anderen Fragen:

Wie können wir die Weiterentwicklung und das Glück unserer Kinder und Enkel fördern?
Wie können wir zur Erfüllung ihrer Wünsche beitragen?
Welche Prinzipien sollen unsere Beziehung zu ihnen prägen?
Wie können wir angemessen an ihrem Leben teilhaben?
Wie können wir ihnen helfen, eigene Leitbilder für ihre Familien zu erstellen?

Natürlich können Sie auch ein Leitbild entwickeln, das drei Generationen umfasst. Ob Urlaube, Feiertage oder Geburtstagsfeiern: Denken Sie darüber nach, an welchen Aktivitäten sich alle drei Generationen beteiligen können. Es ist nie zu spät, gute Eltern für seine erwachsenen Kinder zu sein! Ihre Kinder brauchen Sie immer noch – und das wird das ganze Leben lang so bleiben. Wer Kinder großzieht, zieht auch Enkelkinder groß. Viele Denk- und Verhaltensweisen werden häufig von einer Generation zur nächsten weitergegeben.

Ein Leitbild für Familien

Paare, die Kinder haben, sollten unbedingt ein Familienleitbild erstellen. Das Leitbild hilft den Kindern, ein Gefühl für die Identität, die Werte und die Vision ihrer Familie zu bekommen.

Gerade jüngere Kinder sind meist mit Begeisterung dabei, wenn es um die Entwicklung eines Familienleitbildes geht. Sie lieben es, ihre Ideen einzubringen und mitzuhelfen, etwas zu schaffen, was ihnen ein familiäres Wir-Gefühl vermittelt.

Ein Ehemann und Vater hat uns erzählt, wie wichtig das Leitbild für seine Familie ist:

ALLE KÖNNEN OFFEN ÜBER IHRE GEFÜHLE SPRECHEN

Vor ungefähr vier Jahren haben meine Frau und ich, unsere beiden Kinder und meine Schwiegermutter, die bei uns wohnt, ein Familienleitbild entwickelt. Kürzlich haben wir uns dann überlegt, was wir noch verbessern können.

Bei diesem Gespräch sagte unsere 11-jährige Tochter Sarah etwas sehr Wichtiges. Sie meinte, dass ein einziges Familienmitglied ziemlichen Stress in die Familie bringen kann, der sich dann auf alle anderen auswirkt. Das bezog sich vor allem auf ihre Großmutter. Sie macht gerade eine schwierige Zeit durch und ist dann manchmal sehr schroff zu den Kindern. Ihre Großmutter sagte sofort: »Du hast vollkommen Recht. Ich will mich unbedingt bessern.« Meine Frau und ich erwiderten schnell: »Wir müssen uns alle bessern!« Deshalb enthält unser Familienleitbild jetzt den Satz: »Wenn wir unter Stress stehen, werden wir das erkennen und unseren Frust nicht an den anderen auslassen.«

Ich bin überzeugt, dass allein die Entwicklung eines Leitbilds sehr gut für die Familie ist. Denn die Arbeit am Leitbild bietet einen geschützten Raum, in dem sich alle öffnen können. Dieser Raum entsteht jedoch nicht von selbst. Meist neigt man ja dazu, andere zu kritisieren oder sich zu verteidigen. Doch wenn man sagt: »Lasst uns darüber reden, wie unsere Familie sein soll«, spricht man nicht über Menschen, sondern über Dinge. Man schafft einen geschützten Raum, in dem keiner persönlich angegriffen wird. So können alle in der Familie offen über ihre Gefühle und Ideen sprechen.

Für Kinder ist es eine tolle Erfahrung, wenn sie sehen, dass sie eine wichtige Rolle dabei spielen, ihre Familie zu dem zu machen, was sie sein kann! Allerdings ist es nicht immer leicht, ein Leitbild zu entwickeln, wenn pubertierende Teenager zur Familie gehören. Auch bei uns waren die älteren Kinder anfangs nicht wirklich begeistert. Sie wollten das Ganze möglichst schnell hinter sich bringen. Ihnen war nicht klar, warum es uns so wichtig war, ein Leitbild für unsere Familie zu haben. Deshalb achteten wir darauf, dass den Kindern die Arbeit an unserem Leitbild viel Spaß machte. So konnten wir ihr Interesse schnell wecken.

UNSER SOHN SEAN

Als wir unser Familienleitbild entwickelten, war ich auf der High School. Der Wortlaut war mir damals gar nicht wichtig. Doch die Tatsache, dass meine Eltern eine Vision und ein Ziel hatten, gab mir ein Gefühl der Sicherheit. Ich musste mir keine Sorgen machen, dass etwas nicht in Ordnung war. Schließlich hatten wir unser Leitbild, unsere Vision und unsere Ziele fest im Blick.

Ein Vater von zwei Teenagern hat uns folgende Geschichte erzählt:

WIR HABEN ES BESIEGELT!

Mein 50. Geburtstag stand vor der Tür und ich wollte etwas ganz Besonderes mit meiner Familie unternehmen. Also habe ich beschlossen, meine beiden Töchter in die Entwicklung unseres Familienleitbildes einzubeziehen und sie zusammen mit meiner Frau für eine Woche nach Hawaii einzuladen. Diese Woche sollte ganz im Zeichen der 7 Wege stehen. Ich stellte mir vor, dass wir immer den halben Tag etwas über einen der 7 Wege lesen und darüber sprechen würden. Die restliche Zeit würden wir dann ganz normal Urlaub machen.

Als ich den Mädchen davon erzählte, waren sie nicht gerade begeistert: »Oh, toll! Osterferien mit der Nase in einem Buch. Was soll ich da bloß meinen Freundinnen erzählen?«

»Ist das mal wieder so eine Selbsthilfe-Sache von dir, die ja doch schnell wieder vorbeigeht?«

Ich ließ mich nicht beirren: »Ich verspreche euch, dass es sehr interessant wird. Und außerdem ist das nun mal das Geburtstagsgeschenk, das ich mir von euch wünsche. Seid ihr dabei?«

Zwei tiefe Seufzer.

Die eine sagte: »Na gut.« Doch im Stillen dachte sie: Das zieht er ja doch nicht durch. Wir werden sicher viel am Strand sein.

Die andere schloss sich ihrer Schwester an – nach dem Motto: So was Komisches habe ich ja noch nie gehört. Aber wenn er sich das nun mal wünscht, will ich ihm den Gefallen tun.

»Toll!«, rief ich. Aber in Wirklichkeit dachte ich: Oh je, was habe ich mir da bloß wieder ausgedacht!

Als wir im Flugzeug saßen, drückte ich allen eine Ausgabe der 7 Wege und einen Marker in die Hand. Es dauerte eine Weile, doch schließlich hielten sie sich an unsere Vereinbarung, legten ihre Zeitschriften weg und fingen an zu lesen. Schon nach kurzer Zeit kamen die ersten Fragen:

»Papa, was ist ein Pa-ra-dig-ma?«

»Das bedeutet, wie du die Dinge siehst – deine Perspektive, dein Standpunkt.«

»Papa, ich habe ein paar Kapitel gelesen und finde es interessant. Ich möchte aber pro-aktiv sein und dir sagen, dass wir nicht 24 Stunden am Tag darüber sprechen müssen.«

Schließlich döste ich mit dem Gefühl ein, dass die ganze Sache etwas hatte, was mir gefiel.

Nach unserer Ankunft auf Hawaii verbrachten wir jeden Tag einige Stunden mit Lesen und einige Stunden am Strand. Bei den Mahlzeiten sprachen wir mit den Mädchen über das, was sie gelesen hatten. Schon nach drei Tagen spürten wir alle, wie stark die 7 Wege sind. Die Mädchen fingen an, von sich aus darüber zu reden. Bald gab es kein anderes Thema mehr.

An unserem letzten Abend verfassten wir unser Familienleitbild. Ich besorgte alles, was wir dafür brauchten: Papier, Schreibzeug und Popcorn. »Lasst uns jetzt unser Leitbild entwickeln!«, sagte ich zuversichtlich. »Es muss alles enthalten, was jeder von uns von dieser Familie erwartet. Wer möchte anfangen?«

Die Mädchen waren überzeugt, dass meine Frau und ich ihre Vorschläge wirklich hören wollten. Deshalb zögerten sie nicht, offen zu sprechen. Die Ideen sprudelten nur so aus ihnen heraus. Das Leitbild war »ihr Ding«, nicht bloß etwas, was wir ihnen diktierten. Keiner ihrer Vorschläge wurde kurzerhand vom Tisch gefegt. Die Sache war wichtig. Deshalb griffen wir alle ihre Gedanken und Ideen mit Respekt und Wertschätzung auf.

Es machte uns viel Freude, darüber zu sprechen, wie unsere Familie sein sollte. Wir arbeiteten hart daran, ein Leitbild zu verfassen, das die Werte und Wünsche von uns allen zum Ausdruck brachte. Als wir fertig waren, fragte ich die anderen: »Hat jeder von euch das Gefühl, dass dieses Leitbild alles enthält, was er will und erwartet?«

Eine meiner Töchter meinte: »Das ist ein tolles Familienleitbild!«

Die andere sagte: »Das hat Spaß gemacht! Alle Vorschläge sind gleich behandelt worden – egal, von wem sie kamen.«

Auch meine Frau war begeistert: »Wir haben es besiegelt!«

Auf dem Heimflug sprachen die Mädchen darüber, dass die 7 Wege und die Arbeit am Leitbild sie dazu gebracht haben, gründlicher über viele Dinge nachzudenken. Sie meinten sogar: »Papa, dein Geburtstagsgeschenk war in Wirklichkeit ein Geschenk für uns!«

Einige Zeit später sagte der Familienvater zu mir: »Ich kann gar nicht beschreiben, wie stark sich das Leitbild auf jeden Einzelnen von uns, aber auch auf uns als Familie ausgewirkt hat!« Da bat ich ihn, mir ein Beispiel zu nennen:

Kurz nach unserer Rückkehr mussten meine Frau und ich ein paar Tage geschäftlich verreisen. Ich fragte die Mädchen, ob in dieser Zeit jemand bei ihnen wohnen sollte. Ihre Antwort werde ich nie vergessen: »Hängt unser Familienleitbild am Kühlschrank auf! Dann haben wir Prinzipien, an die wir uns halten können, wenn ihr weg seid.«

Wollen auch Sie ein Leitbild mit Ihrer Familie erstellen? Dann könnten Sie ein »Familientreffen« einberufen, um den anderen die Idee des Leitbilds vorzustellen. Wenn Sie mit der Entwicklung Ihres eigenen Familienleitbilds beginnen, sollten Sie dafür sorgen, dass alle mit Spaß und Begeisterung dabei sein können. Bei kleinen Kindern könnten Sie mit Buntstiften, Postern und Bildern arbeiten. Denken Sie daran, dass Kinder sich nicht allzu lange konzentrieren können. Wenn Sie ein paar Monate lang jede Woche einige unterhaltsame Minuten mit der Ausarbeitung Ihres Leitbilds verbringen, werden Sie wesentlich mehr erreichen als mit langen Diskussionsrunden.

Natürlich können Sie mit älteren Kindern auch tiefgründigere Diskussionen führen. Dennoch sollte auch hier der Spaßfaktor nicht zu kurz kommen. Sie können alle bitten, Blöcke und Stifte mitzubringen. Alternativ können Sie auch jemanden zum »Protokollführer« ernennen. Wichtig ist, dass sich alle wohlfühlen und keine Hemmungen haben, sich einzubringen.

Befürchten Sie, dass Sie bei Ihren älteren Kindern auf Widerstand stoßen? Sprechen Sie zunächst bei einem gemeinsamen Essen ganz locker über das Konzept des Familienleitbilds. Gehen Sie dabei nicht allzu sehr auf Details ein. Natürlich können Sie den einzelnen Familienmitgliedern das Leitbild auch in Vieraugen-Gesprächen erläutern – zum Beispiel, wenn Sie gemeinsam im Garten oder im Haushalt arbeiten. So können Sie jeden für sich fragen, wie er zu seiner Familie steht und was seiner Ansicht nach verbessert werden sollte. Dadurch bringen Sie alle dazu, über Ihre Familie nachzudenken. Wichtig ist, dass Sie geduldig sind. Es können mehrere vorbereitende Zweier-Gespräche nötig sein, bis Sie das Gefühl haben, dass jetzt alle gemeinsam über die Entwicklung eines Familienleitbilds sprechen können.

Bei der Erstellung eines Familienleitbilds darf der Spaßfaktor nicht zu kurz kommen!

Sobald der richtige Zeitpunkt gekommen ist, sollten Sie Ihre Familie zu einem Gespräch zusammenrufen. Achten Sie darauf, dass die Stimmung bei Ihnen und bei allen anderen gut ist. Wenn Sie angespannt, gestresst oder wütend sind oder mitten in einer Familienkrise stecken, ist das definitiv nicht der richtige Zeitpunkt. Ideal ist es, ein Familienessen oder einen Familienurlaub für das Gespräch zu wählen. Überstürzen Sie nichts. Falls Sie zu großen Widerstand spüren, brechen Sie nichts übers Knie. Sprechen Sie lieber zu einem späteren Zeitpunkt noch einmal über Ihr Leitbild. Lassen Sie den Dingen Zeit!

Wenn Sie dann mit der Arbeit an Ihrem Leitbild beginnen, sollten Sie vorab etwas Wichtiges betonen. Verdeutlichen Sie, dass Sie ein Leitbild erarbeiten möchten, das Ihre Familie zusammenschweißt. Stellen Sie den anderen Fragen, die sie dazu bringen, über Ihre Familie nachzudenken:

Was für eine Familie wollen wir sein?
Was wollen wir gemeinsam tun?
Wie soll die Atmosphäre bei uns zu Hause sein?
Wie sollen unsere Beziehungen zueinander sein?
Wie wollen wir miteinander umgehen und reden?
Was ist für uns als Familie wirklich wichtig?
Welche Ziele stehen für unsere Familie an oberster Stelle?
Welche einzigartigen Talente, Gaben und Fähigkeiten haben die einzelnen Familienmitglieder?
Welche Verantwortlichkeiten haben wir als Mitglieder unserer Familie?
Von welchen Prinzipien und Richtlinien wollen wir uns als Familie leiten lassen?
Wer sind unsere großen Vorbilder? Was gefällt uns an ihnen?
Welche Familien finden wir toll? Weshalb bewundern wir sie?
Wie können wir als Familie einen Beitrag für andere und für die Gesellschaft leisten?

Wenn Sie über diese Fragen sprechen, werden Sie viele unterschiedliche Antworten bekommen. Denken Sie daran, dass *alle in der Familie* und *alle Vorschläge wichtig sind*. Beurteilen Sie die anderen nicht, sondern respektieren Sie sie. Jeder muss seine Meinung offen und ehrlich äußern können. Versuchen Sie nicht, gleich alle Probleme zu lösen! Zunächst geht es nur darum, sich erste Gedanken zu machen. Man könnte auch sagen, dass Sie die ersten Saatkörner ausbringen. Für die Ernte ist es jetzt noch zu früh!

3 Grundregeln für die Arbeit an Ihrem Familienleitbild

Damit Ihre Gespräche über Ihr Familienleitbild gut verlaufen, sollten Sie folgende drei Grundregeln festlegen:

Andere Meinungen respektieren

Achten Sie darauf, dass jeder seine Vorschläge einbringen kann. Nur wenn alle das Gefühl haben, dass ihre Ideen und Wünsche in das Familienleitbild einbezogen werden, werden sie es später auch umsetzen. Oder anders ausgedrückt: *Ohne Einbindung keine innere Verpflichtung!* Sorgen Sie dafür, dass jeder weiß, dass seine Meinung wichtig ist. Erklären Sie Ihren Kindern, wie man anderen mit Respekt zuhört. Machen Sie ihnen deutlich, dass die anderen dann im Gegenzug auch ihre Ideen respektieren werden.

Dem anderen zeigen, dass man ihn versteht

Wie zeigt man dem anderen, dass man ihn versteht? Am besten geht das, indem man seine Meinung noch mal mit eigenen Worten wiederholt. Ermutigen Sie alle in der Familie, die Ideen der anderen entsprechend wiederzugeben. Das ist besonders bei Meinungsverschiedenheiten wichtig. So steigt die Bereitschaft, sich zu verstehen und gemeinsam Lösungen zu finden.

Ideen schriftlich festhalten

Hier geht es noch nicht darum, einzelne Vorschläge zu beurteilen oder zu vergleichen. Zunächst werden alle Ideen gesammelt. Damit nichts verlorengeht, könnten Sie jemanden bitten, als »Schreiber« der Familie zu fungieren und alles zu notieren. Wenn alle ihre Vorschläge eingebracht haben, folgt der nächste Schritt. Jetzt geht es darum, alles zu ordnen und zu priorisieren: Was ist das wichtigste Ziel? Und das zweitwichtigste? Welcher Wert kommt an erster Stelle? Welcher ist die Nummer 2? … Manche Familien lassen alle ihre fünf wichtigsten Werte und Ziele aufschreiben. Dann streicht jeder so lange Punkte von seiner Liste, bis nur noch ein Wert und ein Ziel übrig sind. So müssen alle intensiv darüber nachdenken, was ihnen am wichtigsten ist.

Leitbilder haben noch einen anderen großen Vorteil: Sie konzentrieren sich auf Möglichkeiten, nicht auf Einschränkungen. Man rechtfertigt nicht seine Schwächen. Vielmehr tritt man für das ein, was möglich ist und was man sich vorstellen kann. Und alles, wofür Sie sich mit ganzer Kraft einsetzen, können Sie auch erreichen.

Der Entwicklungsprozess eines Leitbilds hat auch sehr positive Auswirkungen auf die emotionalen Beziehungskonten. Die gemeinsam verbrachte Zeit, das Bemühen, sich zuzuhören und sich zu verstehen, und die Stärkung der familiären Bindung sind riesengroße Einzahlungen.

Zudem kann die Ausarbeitung eines gemeinsamen Leitbilds sehr viel Freude machen. Anfangs fühlt man sich vielleicht ein bisschen unsicher. Man muss seine Komfortzone verlassen und hat wahrscheinlich noch nie so tiefgründige, nachdenkliche Gespräche mit der ganzen Familie geführt. Aber wenn Sie sich darauf einlassen, wird die Kommunikation immer offener und die familiäre Bindung immer tiefer. Langsam und zunächst kaum merklich kristallisieren sich dann die wesentlichen Inhalte des Leitbilds fast von selbst heraus.

2. Schritt: Das Leitbild aufschreiben

Im zweiten Schritt geht es darum, das Leitbild aufzuschreiben und einen Text zu verfassen, mit dem sich alle Familienmitglieder identifizieren können. Es ist sehr wichtig, alles auf Papier festzuhalten: Der Schreibprozess ordnet die Gedanken und fasst die gewonnenen Erkenntnisse einprägsam in Worte. Außerdem verstärkt er den Lerneffekt und mündet in einen Text, den alle in der Familie sich immer wieder vor Augen halten können.

Gehen Sie nicht davon aus, dass der erste Text gleich die perfekte Fassung ist. Das ist auch gar nicht nötig. Entscheidend ist, dass Sie zunächst einen Rohentwurf entwickeln. Die Familienmitglieder sollten diesen Entwurf immer wieder lesen, darüber nachdenken, darüber sprechen und Änderungen daran vornehmen. Nach einer Weile haben Sie dann ein Leitbild, dem alle zustimmen: »Ja, darum geht es in unserer Familie! Das ist unser Leitbild. Wir glauben daran. Wir nehmen es an. Wir sind bereit, uns innerlich darauf zu verpflichten und danach zu leben.«

Die folgenden Familienleitbilder haben alle diesen Prozess durchlaufen. Jedes Leitbild ist einmalig. Alle spiegeln die Werte und Überzeugungen der Menschen, die es verfasst haben. Natürlich sollen das keine Musterbeispiele für Ihr Leitbild sein! Es sind nur Anregungen. Ihr Leitbild soll Ihre eigenen Wünsche, Werte und Überzeugungen wiedergeben.

WORUM ES IN UNSERER FAMILIE GEHT:

Ein Zuhause schaffen, in dem jeder von uns Unterstützung und Bestärkung zum Erreichen seiner Lebensziele bekommt.

Die einzigartige Persönlichkeit jedes Einzelnen respektieren und akzeptieren.

Geduld und Verständnis füreinander haben.

Konflikte immer lösen und keine Wut aufstauen.

Eine liebevolles, freundliches und glückliches Miteinander fördern.

Gemeinsam als Familie dazu beitragen, die Gesellschaft zu verbessern.

Unser Familienleitbild

Einander lieben …

Einander helfen …

Aneinander glauben …

Miteinander zum Wohl anderer beitragen …

Einander verbunden bleiben …

für immer!

Unser Zuhause wird ein Ort sein, an dem unsere Familie, Freunde und Gäste Freude, Trost, Frieden und Glück finden. Wir werden danach streben, eine saubere und ordentliche Umgebung zu schaffen, in der wir uns wohlfühlen. Unsere Entscheidungen, was wir zu Hause essen, lesen oder tun wollen, werden wir klug und besonnen treffen. Wir wollen unsere Kinder lehren, zu lieben, zu lernen, zu lachen und zu arbeiten und ihre einzigartigen Talente auszuschöpfen.

Leitbilder müssen keine ellenlangen Abhandlungen sein. Sie können aus einem Wort, einem Satz, aber auch aus einem Bild oder einem Symbol bestehen. Manche Familien komponieren auch ein kleines Lied, das alles umfasst, was ihnen besonders am Herzen liegt. Andere drücken ihre Vision in einem Gedicht aus oder geben ihrem Leitbild eine besondere Struktur, indem sie beispielsweise mit den Buchstaben ihres Nachnamens Sätze bilden. Eine Familie hat mir erzählt, dass ihr

Unsere Familie ist glücklich und hat Spaß zusammen.

Wir haben alle das Gefühl, sicher und geborgen zu sein und dazuzugehören.

Wir unterstützen uns gegenseitig bei der Entfaltung unserer einzigartigen Talente und Fähigkeiten.

Wir zeigen in unserer Familie bedingungslose Liebe füreinander.

Wir sind eine Familie, in der wir mental, körperlich, sozial, emotional und spirituell immer weiter wachsen können.

Wir besprechen und entdecken alle Seiten des Lebens gemeinsam.

Wir respektieren alle Lebewesen und schützen die Umwelt.

Wir sind eine Familie, die anderen Familienmitgliedern und der Gesellschaft dient.

Wir sind eine Familie, in der Sauberkeit und Ordnung herrschen.

Wir glauben, dass die Vielfalt der Rassen und Kulturen ein Geschenk ist.

Wir hoffen, dass wir an zukünftige Generationen weitergeben können, wie stark und wichtig Familien sind.

Leitbild ein etwa 1,25 Meter langer Stock ist. Der Stock ist glatt, aber oben gewunden und knorrig. Er erinnert die Familie immer daran, dass man nicht das eine Ende des Stocks aufheben kann, ohne das andere anzuheben. Die Botschaft hinter dem Stock lautet: Alle unsere Entscheidungen haben Konsequenzen, so dass wir sie sehr sorgfältig treffen sollten. Das ist der Familie sehr wichtig. Deshalb haben sie den Stock als Leitbild gewählt.

Ihr Leitbild muss nicht perfekt ausformuliert zu sein. Wichtig ist, dass es das wiedergibt, was in den Herzen und Köpfen aller Familienmitglieder vor sich geht. Dann wird es Ihre Familie inspirieren, ihr Kraft und Stärke geben und sie fest zusammenschweißen.

3. Schritt: Das Leitbild nutzen, um auf Kurs zu bleiben

Das Familienleitbild ist kein Punkt auf Ihrer To-do-Liste, den Sie einfach abhaken können. Es soll die Verfassung für Ihr Familienleben sein – etwas, das Ihre Familie über Jahrzehnte und vielleicht sogar über Generationen hinweg eint und zusammenhält.

Wie Sie aus Ihrem Leitbild eine Verfassung machen können, werden wir im Rahmen des 3. Weges ausführlich besprechen. Jetzt möchte ich Ihnen zeigen, wie ein Vater einer Patchwork-Familie die drei Schritte bei der Entwicklung seines Familienleitbilds praktisch umgesetzt hat:

SCHRITT FÜR SCHRITT ZUM FAMILIENLEITBILD

Wir haben unser Familienleitbild in einem Zeitraum von mehreren Wochen entwickelt. In der ersten Woche riefen wir unsere Kinder zusammen und sagten: »Wenn wir alle in eine andere Richtung gehen und uns immer streiten, wird unser Zusammenleben nicht wirklich funktionieren.« Wir erklärten ihnen, dass alles viel einfacher sein würde, wenn wir ein gemeinsames Wertesystem hätten. Dann gaben wir jedem Kind einige Karteikarten. Auf die Karten sollten sie Wörter notieren, die ihrer Ansicht nach die ideale Familie beschrieben.

Als wir die Karten durchgesehen und die Doppelnennungen aussortiert hatten, blieben 28 Wörter übrig. In der nächsten Woche baten wir die Kinder, die Bedeutung dieser Wörter näher zu erläutern. Unsere achtjährige Tochter hatte beispielsweise das Wort »cool« auf eine ihrer Karten geschrieben. Sie sollte uns nun sagen, wie eine »coole« Familie ihrer Meinung nach aussehen sollte.

In der folgenden Woche schrieben wir die Wörter dann auf eine große Flipchart. Die Kinder bekamen jeweils zehn Stimmen. Pro Wort konnten sie bis zu drei Stimmen vergeben. So fanden wir heraus, dass zehn Begriffe für alle besonders wichtig waren.

Beim nächsten Treffen stimmten wir über diese zehn Punkte ab und reduzierten unsere Liste auf sechs. Dann bildeten wir zwei Gruppen, die kurz definieren sollten, was drei dieser Wörter für sie bedeuteten. Danach versammelten wir uns wieder am Esstisch und lasen uns gegenseitig unsere Ergebnisse vor.

In der folgenden Woche sprachen wir noch einmal über die Bedeutung der Wörter. Wir diskutierten so lange darüber, bis wir sicher waren, dass sie wirklich genau das besagten, was wir meinten. Anschließend formulierten wir unser Leitbild:

Unser Familienleitbild

Freundlich und respektvoll zueinander sein.

Uns gegenseitig unterstützen.

Ehrlich und offen miteinander umgehen.

Uns gegenseitig bedingungslos lieben.

Die Verantwortung dafür übernehmen, ein glückliches, gesundes und erfüllendes Leben zu führen.

Unser Haus zu einem wirklichen Heim für uns machen.

Es war ein tolles Erlebnis. Alle brachten sich ein. Das Leitbild bestand aus unseren eigenen Worten und Gedanken – und das konnten wir sehen.

Wir hängten unser Leitbild dann in einem schönen Rahmen über dem Kamin auf und sagten: »Wer es auswendig kann, bekommt einen großen Schokoriegel!«

Jetzt erzählt jede Woche einer von uns den anderen, was eines der Wörter oder einer der Sätze aus unserem Leitbild für ihn bedeutet. Das dauert immer nur ein paar Minuten, macht das Leitbild aber lebendig. Außerdem nutzen wir unser Leitbild, um uns Ziele zu setzen. Dadurch wird es ein wichtiger Bestandteil in unserem Leben.

Die Entwicklung des Leitbilds war ein enorm hilfreicher Prozess. In einer »normalen« Familie setzt man meist bestimmte Verhaltensweisen voraus. Bei einer Patchwork-Familie muss man allerdings völlig unterschiedliche Ansichten über die Erziehung von Kindern miteinander in Einklang bringen. Unser Leitbild hat uns eine Struktur, Werte und eine gemeinsame Richtung gegeben.

Dieses Beispiel zeigt: Aufschreiben und visualisieren sind die beiden wichtigsten Faktoren, um Dinge zu verinnerlichen. Beide kommen bei der Entwicklung von Leitbildern zum Tragen. Dadurch setzen sich Inhalte schnell im Unterbewusstsein fest und dringen tief in unsere Herzen und unsere Seelen vor, so dass wir leichter auf Kurs bleiben können.

So stark kann ein Familienleitbild sein

Viele Familien sagen, dass ihr Leitbild enorm positive Auswirkungen auf ihre Kinder hat. Das gilt besonders, wenn die Kinder sehen, dass ihre Ideen willkommen sind und sie tatsächlich Einfluss darauf haben, welche Richtung ihre Familie einschlägt. Natürlich bringt ein Familienleitbild auch viele Vorteile für die Eltern. Wenn alle in den Entwicklungsprozess einbezogen werden, haben die Eltern keine Angst mehr, Entscheidungen zu treffen. Sie versuchen dann nicht, faule Kompromisse einzugehen, um sich bei ihren Kindern beliebt zu machen. Auch Widerstände und Zurückweisung nehmen sie nicht persönlich. Sie sind nicht emotional davon abhängig, dass ihre Kinder sie akzeptieren. Denn sie haben ein Leitbild, an dem sie sich orientieren können.

Mit einem Familienleitbild müssen Eltern keine faulen Kompromisse mehr eingehen!

Wenn es eine gemeinsame Vision, gemeinsame Werte und gemeinsame Ziele gibt, können die Eltern auch höhere Maßstäbe an die Erziehung ihrer Kinder anlegen. Dann ist es viel einfacher, Kinder für ihr Verhalten verantwortlich zu machen und sie die Konsequenzen spüren zu lassen. Gleichzeitig können die Eltern liebevoller und einfühlender sein. Denn sie respektieren die Individualität jedes Kindes und ermöglichen es allen, im Rahmen ihrer Erfahrung und ihres Wissens, eigene Entscheidungen zu treffen.

Außerdem schaffen Leitbilder eine starke Bindung zwischen Eltern und Kindern, die ohne eine gemeinsame Vision, gemeinsame Werte und gemeinsame Ziele so nicht möglich wäre. Das zeigt auch die folgende Geschichte:

HALT UND HOFFNUNG IN SCHWEREN ZEITEN

Vor 20 Jahren zog mein Mann aus und ich stand von einem Tag auf den anderen mit vier Kindern im Alter von vier, sechs, acht und zehn Jahren alleine da. Ich war am Boden zerstört, lag tagelang nur im Bett und weinte mir die Augen aus. Der Schmerz ging unendlich tief. Ich hatte riesengroße Angst vor der Zukunft. Wie sollte ich das bloß alles alleine hinbekommen? Manchmal lebte ich nur von einer Stunde zur anderen und dachte: »In dieser Stunde habe ich nicht geweint. Mal sehen, ob ich das auch in den nächsten 60 Minuten schaffe.«

Doch die Kinder gaben mir schließlich die Kraft, mich wieder zu fangen. Mir wurde klar: Wenn ich mich nicht zusammenriss, würde nicht nur ich selbst vor die Hunde gehen. Ich würde auch die vier Menschen, die ich am meisten liebte, mit in den Abgrund reißen. Die Kinder waren also meine wahre Motivation, der Grund für meine Entscheidung. Allmählich erkannte ich, dass wir eine Vision brauchten. Wir waren ja keine »traditionelle« Familie mehr. Da unsere Familie nicht mehr so aussah wie bisher, musste sich bei uns einiges ändern.

Wir sprachen dann über diese neue Familienstruktur und trafen einige grundlegende Entscheidungen. Natürlich ließ sich nicht abstreiten, dass unserer Familie nun ein wichtiger Bestandteil fehlte. Doch wir konnten gemeinsam noch immer viel Schönes unternehmen und Werte und Prinzipien in unserem Leben verankern.

Bei meinen persönlichen Gefühlen gegenüber dem Vater meiner Kinder hatte ich einen Punkt erreicht, an dem ich seine guten Seiten anerkennen und auch diejenigen Dinge akzeptieren konnte, mit denen ich nicht einverstanden war. Dennoch wollte ich ihm nicht verzeihen. Ich wollte nicht, dass die Kinder etwas mit ihm unternahmen. Mein Gewissen, mein besseres Ich, sagte mir jedoch, dass diese Einstellung falsch war. Ich wusste, dass mein Hass und meine Wut mich auffressen und meine Familie zerstören würden.

Daher versuchte ich, das Richtige zu tun. Leicht war es nicht! Es gab Zeiten, in denen ich so wütend war, dass ich meinen Ex-Mann am liebsten auf den Mond geschossen hätte – vor allem, weil sein Verhalten die Kinder immer wieder verletzte. Im Laufe der Jahre gelang es mir jedoch, meine Wut zu verarbeiten.

Inzwischen haben auch meine Kinder gelernt, ihren Vater so zu nehmen, wie er nun mal ist.

Am meisten hat uns geholfen, dass wir ein neues Ende im Sinn hatten. Wir hatten unser Leitbild und eine klare Vision, wie unsere Familie sein würde. Das hat uns auch in schweren Zeiten Halt und Hoffnung gegeben.

So stark kann ein Familienleitbild sein! Die Entwicklung einer gemeinsamen Vision führt dazu, dass die Familie auf Kurs bleibt. Sie erzeugt eine intensive Bindung, ein Gefühl der Einigkeit über die gemeinsamen Ziele, ein tiefes, brennendes »Ja!«. Das ist ungemein motivierend und schweißt die Familie im Namen eines höheren Zwecks zusammen. So gewinnt die Familie die Kraft, die negativen Textbücher aus der Vergangenheit und alle Herausforderungen des Alltags zu überwinden.

»Liebe« ist eine innere Verpflichtung

Wie kommt es, dass Familienleitbilder so stark sind? Die Mutter einer Patchwork-Familie hat uns etwas Interessantes erzählt:

HEUTE IST ZUM GLÜCK ALLES ANDERS

Ich glaube, Familienleitbilder sind so wichtig, weil es Regeln oder Prinzipien gibt, die uns innerlich verpflichten. Das führt dazu, dass wir uns nicht so leicht davonstehlen können. Wenn ich dieses Fundament schon bei meiner ersten Ehe gehabt hätte, hätte ich mich völlig anders verhalten. Doch wir hatten keine gemeinsame Vision, keine innere Verpflichtung, keinen Grund, uns zu fragen: »Warum sollte ich in dieser Partnerschaft bleiben? Was kann ich tun, damit sie funktioniert?« Stattdessen sagte ich: »Mir reicht's. Ich habe die Nase voll. Jetzt bin ich weg!« Und dann war es vorbei. Ich hatte nie das Gefühl, innerlich an diese Beziehung, an eine gemeinsame Vision gebunden zu sein.

Heute ist zum Glück alles anders. Meine Beziehung zu Bonnie ist ein gutes Beispiel dafür. Sie ist nicht meine »Stieftochter«, sondern meine Tochter. Wir haben eine Vereinbarung geschlossen: »Wir sind alle eine Familie – und wir haben alle gleich viel zu sagen.«

Angesichts unserer unterschiedlichen Persönlichkeiten könnte unsere Familie sehr leicht auseinanderfallen. Dass wir eine gemeinsame Vision haben, hat uns jedoch die Kraft und die innere Verpflichtung gegeben, als Familie zusammenzubleiben, wie eine Einheit zu handeln und eins zu sein.

Sie haben ja bereits gelesen, dass Liebe vom Tun kommt. Liebe ist aber auch eine innere Verpflichtung. Ein Familienleitbild macht die Bedeutung dieser Verpflichtung greifbar.

Ich habe schon beim 1. Weg darauf hingewiesen, dass unsere wichtigsten Versprechen diejenigen sind, die wir den Mitgliedern unserer Familie geben: unser Eheversprechen und unser Versprechen gegenüber unseren Kindern, sie zu lieben und für sie zu sorgen. Mit einem Familienleitbild können Sie Ihren Kindern zeigen, dass Sie immer für

Die wichtigsten Versprechen sind die, die wir unserer Familie geben!

sie da sein werden. Sie können ihnen klarmachen, dass das Band zwischen Ihnen nie reißen wird und dass nichts passieren kann, was es zerstören wird. Sie können zu Ihren Kindern sagen: »Meine Liebe wird niemals aufhören. Ich werde euch nie verraten oder im Stich lassen. Ich werde immer zu euch stehen, was ihr auch tut. Ich möchte, dass ihr das wisst. Ich werde es euch auch immer wieder durch meine Worte und Taten zeigen. Meine Liebe zu euch ist bedingungslos.«

Wenn Kinder eine so starke Liebe und innere Verpflichtung spüren, wenn sie ihnen beständig durch Worte und Taten vermittelt wird, sind sie auch bereit, Grenzen zu akzeptieren, Verantwortung zu übernehmen und die Konsequenzen ihres Verhaltens zu tragen.

Durch die Entwicklung eines Leitbilds können Sie und Ihre Familie Ihre gegenseitigen Versprechen klären und erneuern. Zudem sehen Sie Ihre Versprechen immer vor sich. Dadurch werden sie fest in Ihrem Verstand und in Ihrem Herzen verankert, so dass sie sich darauf auswirken, wie Sie Ihr Leben Tag für Tag führen.

Leitbilder reichen weit über die Kernfamilie hinaus

Leitbilder geben allen Familien Kraft und eine gemeinsame Richtung. Das gilt natürlich auch für größere, mehrere Generationen überspannende Familien.

Dies zeigt auch die folgende Geschichte eines Ehemanns und Vaters:

UNTERSTÜTZUNG FÜR NICHTEN UND NEFFEN

Als ich an meinem persönlichen Leitbild arbeitete, wurde mir klar, wie wichtig mir mein Bruder, meine Schwestern und deren Kindern sind. Ich erinnere mich noch genau daran, wie ich als Kind einige der großen Kriege zwischen meinen Eltern miterlebte. Es gab Zeiten, in denen mein Vater alles im Haus zertrümmerte. Er schleuderte einfach alles, was er finden konnte, gegen die Wand. Es schien Hunderte von Nächten zu geben, in denen meine Mutter am Fenster stand und weinte. Das hinterließ tiefe Spuren in meiner Seele.

Das alles hatte auch großen Einfluss auf das Leben meiner Schwestern. Sie haben entweder sehr dominante oder sehr passive Männer geheiratet. Einige dieser Ehen haben nicht gehalten.

Als ich über mein Leitbild nachdachte, spürte ich große Verantwortung gegenüber ihren Kindern und den starken Wunsch, ihnen ein gutes Vorbild zu sein. Ich sehe mir mein Leitbild jede Woche an und überlege mir dann immer, was ich für meine Neffen oder Nichten tun kann.

Und seine Frau fügte hinzu:

Das Leitbild hat meinem Mann geholfen, in seiner Familie entscheidende Veränderungen anzustoßen. Er hat eine von Alkoholismus und emotionalen Misshandlungen geprägte Familienkultur durchbrochen. Zudem gibt er seinen Nichten und Neffen sehr viel Zuwendung und setzt einen hohen Standard bei ihrer Erziehung.

Wir laden unsere Nichten und Neffen oft zu uns ein. Dann erleben sie, wie wir unser Familienleben gestalten: Wir sitzen abends nicht vor dem Fernseher oder dem Computer, die Schule ist bei uns sehr wichtig, alle Kinder spielen Instrumente und treiben viel Sport. Unsere Kinder, aber auch unsere Nichten und Neffen sehen, dass wir auf langfristige Ziele hinarbeiten. Das zeigt bei allen Wirkung.

Seine Vision und seine Werte halfen diesem Mann, über seine Kernfamilie hinaus eine pro-aktive Rolle zu übernehmen. Er konnte positive Veränderungen in Gang setzen und arbeitete dabei von innen nach außen. Können Sie sich vorstellen, wie stark sich das auf das Leben seiner Nichten und Neffen auswirken wird?

Wenn Sie eine klare Vision von Ihrem Ziel, Ihrer Rolle und Ihren Möglichkeiten haben, können Sie in Ihrer Familie viel Gutes bewirken. Gerade Großeltern können hier einiges erreichen. Beispielsweise können sie die Bindung zwischen ihren Kindern und Enkeln stärken. Mein Bruder John und seine Frau Jane waren bereits Großeltern, als sie ihr Leitbild entwickelten. Einige ihrer Kinder waren schon verheiratet, andere wohnten noch bei ihnen. Alle tauschten sich mehrere Monate lang intensiv über ihr Leitbild aus. Das Ergebnis war ein einziger Satz,

Wenn Sie eine klare Vision haben, können Sie in Ihrer Familie viel Gutes bewirken.

der in wenigen Worten zusammenfasst, was sie denken und fühlen: »Keine leeren Stühle!«

Diese drei einfachen Worte haben für ihre Familie eine große Bedeutung. Sie stehen für die bedingungslose Liebe und die tiefe innere Verpflichtung, die die Familienmitglieder sich entgegenbringen: »Wir werden uns gegenseitig unterstützen. Wir werden keinen von uns scheitern lassen. Wir werden füreinander da sein!«

Wie bei allen anderen Verbesserungen des Familienlebens kann der Erfolg auch beim 2. Weg nur von innen nach außen kommen. Deshalb sollten Sie nicht sofort mit Ihrem Familienleitbild starten. Verfassen Sie zuerst Ihr eigenes Leitbild. Machen Sie sich klar, was in Ihrem Leben an erster Stelle stehen soll. Ihr persönliches Leitbild wird Ihnen eine große Hilfe dabei sein, zu wissen und zu tun, was am wichtigsten ist.

Ein Vater erzählte uns:

DAS LEITBILD HAT WUNDER GEWIRKT

Früher war ich sehr laut, direkt und ein bisschen schroff. Als ich mein Leitbild verfasste, erkannte ich, dass ich für einen ruhigeren, einfühlsameren Ton in unserem Zuhause sorgen musste. Das hat Wunder gewirkt! Jetzt bemühe ich mich, nicht mehr laut zu werden und Gespräche nicht an mich zu reißen.

Mein Leitbild hilft mir, die richtige Perspektive zu bewahren. Wenn man kleine Kinder hat, fährt man manchmal viel zu schnell aus der Haut. Seit ich ein Leitbild habe, versuche ich, erst mal innezuhalten und nachzudenken: Ist die Sache tatsächlich wichtig? Heute weiß ich, dass es nicht gut für meine Kinder ist, wenn ich wegen einem verschütteten Glas Milch oder einer Zeichnung auf der Tapete explodiere.

Die Herausforderung, ein Familienleitbild zu entwickeln, ist der ideale Zeitpunkt, um seine persönliche Vision und seine eigenen Werte zu klären. Zudem ist es sinnvoll, nicht nur ein persönliches Leitbild, sondern auch ein »Ehe- oder Partnerschaftsleitbild« auszuarbeiten. Mit einer gemeinsamen Vision, gemeinsamen Werten und gemeinsamen Zielen stellen Sie sicher, dass Sie und Ihr Partner dieselbe Richtung einschlagen und demselben Weg folgen.

3 Tipps für die Erstellung Ihres Familienleitbilds

Wollen Sie, dass alle bei der Arbeit an Ihrem Familienleitbild mit Begeisterung dabei sind? Dann halten Sie sich an die drei folgenden Tipps:

Das Leitbild gemeinsam entwickeln

Alle Familienmitglieder bei der Entwicklung des Leitbildes einzubeziehen, kostet Zeit und Geduld. Dennoch sollten Sie nicht einfach ohne Ihren Partner und Ihre Kinder ein Leitbild entwickeln. Wenn die anderen nicht das Gefühl haben, dass es »ihr« Leitbild ist, werden sie sich ihm nicht verschreiben. Sie wissen ja: Ohne Einbindung keine innere Verpflichtung. Eine Mutter hat mal ganz richtig gesagt: »Jeder muss das Gefühl haben, dass das Leitbild ihm gehört. Um Dinge, die uns nicht gehören, kümmern wir uns nicht mit richtig. Es ist wie mit einem Leihwagen. Den wäscht und putzt man ja auch nicht.« Nehmen Sie sich also genügend Zeit und sorgen Sie dafür, dass jeder aus Ihrer Familie einbezogen wird und sich innerlich auf das Leitbild verpflichtet.

Nichts überstürzen

Drängen Sie die anderen bei der Entwicklung des Leitbildes nicht zur Eile. *Der Entwicklungsprozess ist ebenso wichtig wie das Ergebnis.* Wenn das Leitbild die Gedanken und Gefühle aller Familienmitglieder wiedergeben soll, sind offener Meinungsaustausch, gegenseitiges Zuhören und intensive Zusammenarbeit unerlässlich. Das geht nicht über Nacht, sondern es braucht Zeit.

Das Leitbild fest im Alltag verankern

»Schon am Anfang das Ende im Sinn haben« ist eine Gewohnheit, kein einmaliges Ereignis. *Das Niederschreiben Ihres Familienleitbilds ist nur der erste Schritt.* Wirklich reiche Früchte können Sie erst ernten, wenn Sie Ihr Leitbild im Alltag umsetzen. Deshalb sollten Sie dafür sorgen, dass alle das Leitbild permanent im Blick haben. Drucken Sie es aus und geben Sie jedem eine Kopie oder rahmen Sie es und hängen Sie es an die Wand. So werden alle immer wieder daran erinnert, was für eine Familie Sie sein und welche Ziele Sie gemeinsam erreichen wollen.

Was tun, wenn nicht alle in der Familie mitmachen wollen?

Mehrere Elternpaare haben mir erzählt, dass sie mit ihrem Vorschlag, ein Familienleitbild zu entwickeln, bei Jugendlichen auf Widerstand stießen. Besonders betroffen waren Patchwork-Familien. Einige Teenager sagten: »Wir haben uns diese Familie nicht ausgesucht. Das war nicht unsere Idee. Weshalb sollten wir hier mitmachen?«

Allen Eltern, die auf Widerstand stoßen, möchte ich Folgendes sagen: Es wird eine Ihrer größten Stärken sein, wenn Sie ein persönliches Leitbild und ein Leitbild für Ihre Partnerschaft entwickelt haben und sich auch in schwierigen Situationen daran halten. Möglicherweise fühlen die Jugendlichen sich unsicher, vielleicht sind sie orientierungslos und haben keinen Halt. *Sie* können in ihrem Leben das einzig *Sichere sein.* Wie Sie das erreichen? Der Schlüssel dazu ist, dass Sie sich über Ihren Weg und Ihre Prinzipien im Klaren sind und sich im Umgang mit Ihren Kindern konsequent darauf stützen. Dann werden Ihre Kinder diesen festen Halt früher oder später spüren. Und auch Sie gewinnen Halt, Sicherheit und Stärke, wenn Sie sich in turbulenten Zeiten prinzipientreu verhalten.

Geben Sie Ihr Vorhaben, ein Familienleitbild zu entwickeln, nicht auf. Befassen Sie sich so viel wie möglich gemeinsam als Familie mit Ihrem Leitbild. Beschäftigen Sie sich mit den Kindern, die nicht mitmachen wollen, auf Eins-zu-Eins-Ebene. Zeigen Sie ihnen, dass Sie sie bedingungslos lieben. Machen Sie immer wieder Einzahlungen auf ihre emotionalen Beziehungskonten. Arbeiten Sie gleichzeitig mit Ihren anderen Kindern weiter an Ihrem Leitbild. Es kann sein, dass Ihr Familienleitbild nur die Ideen, Anregungen und Wünsche der Kinder beinhaltet, die sich aktiv einbringen. Geben Sie nicht auf. Strecken Sie den anderen einfach immer wieder in bedingungsloser Liebe die Hand entgegen.

Sorgen Sie dafür, dass Ihre Vision klar bleibt. Handeln Sie prinzipientreu. Lieben Sie bedingungslos. So können Sie auch bei Kindern, die sich zunächst ablehnend verhalten, Interesse für Ihr Familienleitbild wecken. Selbst wenn Sie sich das im Augenblick kaum vorstellen können, habe ich es doch immer wieder erlebt.

Wie Sie den Inhalt dieses Kapitels an Erwachsene und Jugendliche weitergeben

Das Visionsprinzip: Alles wird zweimal geschaffen

- Sprechen Sie über die folgende wichtige Aussage zum 2. Weg: »Alles wird zweimal geschaffen – zunächst in Gedanken und dann in der Realität. Und wenn Sie sich keine Gedanken machen, übernimmt das ein anderer für Sie. Dann haben Sie das Steuer nicht mehr selbst in der Hand!« Fragen Sie: »Inwiefern beschäftigen wir uns mit der ersten Schöpfung?«
- Sprechen Sie über Beispiele für die erste und zweite Schöpfung – beispielsweise die Anfertigung von Plänen vor dem Bau oder die Erstellung von Flugplänen vor dem Start. Ob bei der Arbeit, in der Schule, zu Hause, beim Sport, bei der Gartenarbeit oder beim Kochen: Welche gedanklichen Schöpfungen sind im Alltag erforderlich?

Die Kraft einer Vision

- Sprechen Sie darüber, wie wichtig eine gemeinsame Vision für Sie und Ihre Familie ist. Diskutieren Sie auch darüber, welche Fähigkeiten Ihre Kinder brauchen, um erfolgreiche und glückliche Menschen zu werden.
- Nennen Sie einige Vorteile, die sich aus der Entwicklung einer Vision ergeben. Beispiele könnten gemeinsame Ziele, ein besseres Gespür für zukünftige Möglichkeiten oder die Konzentration auf Chancen statt auf Probleme sein.

Die Erstellung eines Familienleitbilds

- Sprechen Sie über den aus drei Schritten bestehenden Prozess zur Entwicklung eines Familienleitbilds. Lesen Sie dazu noch einmal gemeinsam die Beschreibung der drei Schritte ab Seite 82.
- Diskutieren Sie über die drei Grundregeln zur Erstellung eines Familienleitbilds auf Seite 93.
  - Wenden Sie den Prozess und die Tipps für die Erstellung Ihres eigenen Leitbilds an. Am besten, Sie legen gleich einen konkreten Termin fest, wann Sie mit Schritt 1 beginnen.

Buchtipp

Eltern sollten unbedingt ein persönliches Leitbild haben, das ihnen als Fundament für ihr Familienleitbild dient. Wie Sie ein persönliches Leitbild erstellen? Eine Schritt-für-Schritt-Anleitung finden Sie in folgendem Buchtipp: Stephen R. Covey »Das Leitbild deines Lebens. Sinn finden. Ziele setzen. Träume verwirklichen«.

Wie Sie Kindern den Inhalt dieses Kapitels vermitteln

Warum ist Planung so wichtig?

- Fragen Sie Ihre Kinder, was sie einpacken würden, wenn Sie morgen mit ihnen wegfahren würden. Bitten Sie Ihre Kinder, eine Liste zu erstellen. Sagen Sie ihnen nicht, wohin die Reise geht oder wie lange sie dauert. Fragen Sie die Kinder, wenn sie mit ihrer Liste von den Dingen, die sie mitnehmen würden, fertig sind: »Welchen Unterschied hätte es gemacht, wenn ich euch gesagt hätte, dass es zum Nordpol geht und wir einen Monat lang in einem Iglu leben?«
- Fragen Sie Ihre Kinder: »Ist es sinnvoll, ein Kleid zu nähen, ohne dass man ein Schnittmuster hat? Ohne Rezept zu kochen? Ohne Bauplan ein Haus zu bauen?« Helfen Sie Ihren Kindern, zu begreifen, dass auch Familien Pläne brauchen.
- Bitten Sie Ihre Kinder, sich vorzustellen, wie ihre Zukunft aussehen soll. Helfen Sie ihnen, diese Vision in Worte oder Bilder zu »übersetzen«. Diese Ideen werden sehr hilfreich sein, wenn Sie mit der Entwicklung Ihres Familienleitbilds beginnen.

Entdecken Sie die Stärken Ihrer Kinder

- Legen Sie Zeiten fest, in denen alle Familienmitglieder von einer Stärke erzählen, die sie bei einem der Kinder bemerkt haben. Machen Sie damit weiter, bis alle Kinder an der Reihe waren. Schreiben Sie alle Stärken auf. Denken Sie an diese Stärken, wenn Sie an Ihrem Familienleitbild arbeiten.
- Bitten Sie Ihre Kinder, etwas zu Ihrem Familienleitbild beizutragen. Geben Sie ihnen Karteikarten, auf die sie Aspekte Ihres Familienlebens, die sie glücklich machen, Aktivitäten mit der Familie, die sie besonders gerne mögen, und alle guten Dinge,

die sie in anderen Familien sehen und gern übernehmen würden, schreiben oder zeichnen sollen. Sehen Sie sich die Karten immer wieder an, wenn Sie Ihr Familienleitbild entwickeln.

- Basteln Sie eine Familienflagge, wählen Sie ein Familienmotto, verfassen Sie ein Familiengedicht oder komponieren Sie ein Familienlied.

3. Weg
Das Wichtigste zuerst tun

Ich weiß schon, was Sie zu hören bekommen werden:
»Dafür haben wir keine Zeit!« Was ist, wenn Sie nicht
einen Abend oder zumindest eine Stunde in der Woche
Zeit haben, um als Familie zusammenzukommen?
Dann hat die Familie bei Ihnen keine Priorität!
OPRAH WINFREY

In diesem Kapitel geht es vor allem um zwei Dinge. Diese beiden Dinge werden Ihnen helfen, Ihrer Familie in der turbulenten Welt von heute den richtigen Stellenwert einzuräumen und Ihr Leitbild zu Ihrer »Verfassung« zu machen.

Das erste ist die *wöchentliche Familienzeit.* Als die legendäre Talkmasterin Oprah Winfrey in ihrer Show mit mir über dieses Buch sprach, sagte sie etwas sehr Wichtiges zu ihrem Publikum: »Was ist, wenn Sie nicht einen Abend oder zumindest eine Stunde in der Woche Zeit dafür haben, als Familie zusammenzukommen? Dann hat die Familie bei Ihnen keine Priorität!«

Das zweite ist *Zeit zu zweit mit den einzelnen Familienmitgliedern* zur Stärkung der familiären Bindung. Meiner Ansicht nach sind diese beiden Dinge der Schlüssel, um Ihrer Familie die richtige Priorität einzuräumen und Ihnen zu helfen, dass Sie »das Wichtigste zuerst tun«.

Was passiert, wenn das Wichtigste nicht zuerst kommt?

Wie fühlt man sich, wenn man erkennt, dass das Wichtigste im Leben auf den zweiten oder dritten Platz oder sogar noch weiter nach hinten gedrängt wird? Für mich gehört das zum Schlimmsten, was einem passieren kann.

Ich erinnere mich sehr gut an das schmerzliche Gefühl, mit dem ich einmal in einem Hotel in Chicago ins Bett ging. Als ich meinen Vortrag hielt, hatte meine 14-jährige Tochter Colleen gerade die Generalprobe für die West Side Story. Sie war die zweite Besetzung für die Hauptrolle, so dass sie bei den meisten Aufführungen nicht auf der Bühne stehen würde.

Doch dieser Abend gehörte ihr, heute würde sie der Star sein. Ich hatte sie angerufen, um ihr alles Gute zu wünschen. So gerne wäre ich bei Colleen gewesen! Ich hätte meinen Terminplan darauf abstimmen können. Aber irgendwie hatte ich die Generalprobe über all dem Stress vergessen. Deshalb war ich jetzt hier, über 2000 Kilometer weit weg, während meine Tochter auf der Bühne stand und ihr Bestes gab.

An jenem Abend habe ich zwei Dinge gelernt. Zum einen, dass es egal ist, ob ein Kind die Hauptrolle spielt oder im Chor singt, Stamm-Quarterback ist oder zur Ersatzmannschaft gehört. Wichtig ist nur, dass man für sein Kind da ist.

Zum anderen habe ich gelernt, dass man vorausplanen und stark sein muss, wenn man seiner Familie wirklich Priorität einräumen will. Es reicht nicht, zu sagen, dass uns die Familie viel bedeutet. Wenn sie wirklich an oberster Stelle stehen soll, müssen wir uns auch entsprechend verhalten.

Es reicht nicht, dass einem die Familie viel bedeutet. Man muss auch entsprechend handeln!

Kürzlich kam ein Werbespot, den ich schon oft gesehen habe. Ein kleines Mädchen geht auf den Schreibtisch seines Vaters zu. Er ist sehr beschäftigt. Überall liegen Zettel. Er schreibt konzentriert in seinen Terminplaner. Seine Tochter stellt sich neben ihn. Doch er bemerkt sie gar nicht. Schließlich sagt sie: »Papa, was machst du da?«

Er blickt nicht einmal auf. »Ach, nichts weiter, Schätzchen! Nur ein bisschen Planen und Organisieren. Hier im Terminkalender stehen die Namen von all den Leuten, mit denen ich sprechen muss, und all die wichtigen Sachen, die ich erledigen muss.«

Nach einer kurzen Pause fragt das kleine Mädchen: »Stehe ich da auch drin, Papa?«

Der Werbespot zeigt: Wenn wir unserer Familie keine Priorität in unserem Leben einräumen, werden wir hier auch keinen Erfolg haben.

Genau das ist der Kern des 3. Weges. Der 2. Weg sagt uns, was »das Wichtigste« ist. Beim 3. Weg geht es darum, dass wir diesen Dingen tatsächlich den Vorrang in unserem Leben geben.

Warum tun wir das Wichtigste nicht zuerst?

Die meisten Menschen haben das Gefühl, dass ihre Familie ganz klar Priorität in ihrem Leben hat. Sie stellen ihre Familie im Zweifelsfall auch über ihre Gesundheit und über ihr Leben. Ja, viele würden sogar für ihre Familie sterben. Aber was ist, wenn sie sich genauer ansehen, womit sie den Großteil ihrer Zeit verbringen? Oft ist das ziemlich schockierend. Die meisten ordnen die Familie anderen Dingen unter – etwa der Arbeit, ihren Freunden oder Hobbys.

Wir haben mehr als eine Viertelmillion Menschen auf der ganzen Welt zu den 7 Wegen befragt. Die Teilnehmer unserer Studie haben sich für jeden der 7 Wege Noten gegeben. Das Ergebnis: Der 3. Weg ist derjenige, bei dem die meisten die größten Defizite haben. Bei vielen kommt das, was ihnen wirklich wichtig ist, im Alltag viel zu kurz.

Aber warum ist das so?

Nach einem Vortrag sprach mich ein Zuhörer an:

»Ich weiß nicht, ob ich glücklich über das bin, was ich in meinem Leben gemacht habe. Um dorthin zu kommen, wo ich heute bin, habe ich einen hohen Preis bezahlt. War es das wert? Ich soll bald Vorstandsvorsitzender werden. Aber ich frage mich, ob ich das überhaupt will. Ich bin Mitte 50 und könnte das Unternehmen wohl noch viele Jahre leiten. Doch das würde mich auffressen. Ich weiß, wie viel Kraft das kostet!

Mir tut vor allem leid, dass ich die Kindheit meiner Kinder verpasst habe. Ich war nicht für sie da. Selbst wenn ich zu Hause war, war ich nicht wirklich bei meiner Familie. In Gedanken habe ich mich mit anderen Dingen beschäftigt. Da ich kaum Zeit für meine Kinder hatte, habe ich versucht, mich bei ihnen freizukaufen. Ich habe ihnen alle Wünsche erfüllt. Falls ich doch mal Zeit hatte, habe ich tolle Dinge mit ihnen unternommen. Aber zu einer echten Bindung ist es nie gekommen.

Es ist genau so, wie Sie sagen: Ich habe die Erfolgsleiter erklommen.

Jetzt habe ich die oberste Sprosse fast erreicht, aber ich habe bemerkt, dass die Leiter an der völlig falschen Mauer steht! In unserer Familie gibt es den Zusammenhalt und die gemeinsamen Ziele, von denen Sie gesprochen haben, nicht. Dabei habe ich das Gefühl, dass genau darin der wahre Reichtum liegt – nicht im Geld, nicht in Statussymbolen oder in Positionen.«

Er zog einen großen Bogen Papier aus seiner Aktentasche und breitete ihn vor mir aus. »Ich möchte Ihnen etwas zeigen, was mir sehr am Herzen liegt!« Es war der Plan für ein Haus, das er »Heim für drei Generationen« nannte. An diesen Ort sollten seine Kinder und Enkel kommen können, um gemeinsam schöne Tage zu verbringen. Er baute es in Georgia, in Savannah, direkt am Meer.

»Wissen Sie, was ich daran besonders schön finde? Dass sich meine Kinder unglaublich über meine Idee mit dem Haus freuen. Sie haben auch das Gefühl, dass ihnen eine Kindheit mit ihrem Vater entgangen ist. Ihnen fehlt etwas – und das wollen wir jetzt gemeinsam nachholen.«

Er rollte das Blatt wieder zusammen und steckte es in seine Aktentasche. »Diese Sache ist mir ungeheuer wichtig! Ich habe beschlossen, den Posten nicht anzunehmen. Ich möchte endlich genügend Zeit für meine Kinder und Enkel haben!«

Für diesen Mann stand die Familie lange Zeit nicht an erster Stelle. Jetzt hatte er erkannt, wie wichtig die Familie ist. Er gab ihr sogar Vorrang vor der Position als Chef eines großen internationalen Unternehmens!

Die Familie an die erste Stelle zu setzen, heißt natürlich nicht, dass Sie ein neues Haus bauen oder Ihren Job aufgeben müssen. Es bedeutet aber, dass Sie darauf achten, dass die Familie in Ihrem Leben klar Vorrang hat.

Viele Eltern stehen im Beruf enorm unter Druck. Dabei übersehen sie, wie wichtig die Familie ist. Doch das Berufsleben ist zeitlich begrenzt. Wenn Sie in den Ruhestand gehen, wird man Sie ersetzen. Das Unternehmen wird auch ohne Sie weiter existieren. Aber Ihr eigenes Leben wird sich einschneidend verändern, wenn Sie nicht mehr Tag für Tag zur Arbeit gehen.

Ihre Rolle in der Familie hingegen wird nie enden. Dort kann man Sie nicht einfach ersetzen. Man wird Sie immer brauchen. Auch nach Ihrem Tod werden Ihre Kinder, Enkel und Urenkel noch darüber sprechen, was Sie als Eltern, Großeltern oder Urgroßeltern geleistet haben.

Die Familie ist eine der wenigen dauerhaften Rollen im Leben – vielleicht sogar die einzige überhaupt.

Was passiert, wenn Sie nicht dafür sorgen, dass Ihre einzige dauerhafte Rolle im Leben ausreichend Beachtung findet? Dann verlieren Sie etwas Grundlegendes und Unersetzliches: die tiefe, anhaltende Befriedigung, die wir nur aus unseren Familienbeziehungen gewinnen können.

Die Familie ist eine der wenigen dauerhaften Rollen im Leben – vielleicht sogar die einzige.

Was wichtig ist, lehrt uns letztlich das Leben: die Familie. Viele Menschen, die im Sterben liegen, bereuen Dinge, die in ihrer Familie nicht gut waren. Helfer in Hospizen berichten, dass in vielen Fällen ungelöste Familienangelegenheiten dazu führen, dass Menschen sich an ihr Leben klammern. Erst ein Eingeständnis, eine Entschuldigung oder die Möglichkeit, zu verzeihen, bringt ihnen Frieden und Erlösung.

Warum begreifen wir nicht schon eher, wie wichtig die Familie ist? Wieso erinnern wir uns nicht daran, wenn die Herausforderungen des Lebens uns voll und ganz beanspruchen?

Rabindranath Tagore hat das sehr treffend beschrieben: »Das Lied, das ich singen wollte, bleibt ungesungen. Ich habe meine Tage ausschließlich damit zugebracht, die Saiten meines Instruments zu spannen.«[1]

Unser ganzes Leben lang sind wir unglaublich beschäftigt. Wir funktionieren, aber wir erreichen nie den Punkt, an dem die Musik dann auch erklingt.

Die Familie: Haupt- oder Nebensache?

Es gibt viele Gründe, warum wir der Familie nicht den gebührenden Stellenwert einräumen. Der erste Grund geht auf den 2. Weg zurück: Wir haben unsere Prioritäten nicht wirklich im Sinn. Viele haben das Gefühl, dass die Familie zuerst kommen sollte. Sie wollen ihr auch Vorrang geben. Solange sie ihre Prioritäten nicht ernst nehmen und die Familie nicht an die oberste Stelle setzen, wird ihnen das aber nicht gelingen. Stattdessen werden sie von anderen Dingen angetrieben, abgelenkt und von ihrem Kurs abgebracht.

Die meisten glauben, dass die Arbeit nicht verhandelbar ist. Hier sollten Sie Ihre Denkrichtung ändern. Gehen Sie davon aus, dass die Familie nicht verhandelbar ist. Sie werden sehen, das öffnet den Weg für unzählige kreative Lösungen.

Die Psychologin Mary Pipher erzählt in ihrem Bestseller *Die intakte Familie* die Geschichte eines Paares, das von seinem stressigen Lebensstil komplett aufgerieben wurde.[2] Beide Partner arbeiteten hart, um den Lebensstandard der Familie zu sichern. Sie hatten kaum Zeit für ihre Beziehung und für ihre dreijährigen Zwillinge. Sie waren traurig, dass sie die ersten Worte und Schritte ihrer beiden Jungs nicht miterleben konnten. Als dann bei den Zwillingen auch noch Verhaltensauffälligkeiten festgestellt wurden, waren die Eltern tief betroffen. Beide hatten das Gefühl, sich nicht mehr zu lieben. Zudem machte die Frau sich Vorwürfe, weil sie keine Zeit für die Pflege ihrer krebskranken Mutter aufbringen konnte.

Die Situation war für beide Partner unerträglich. Schließlich suchten sie Hilfe bei einer Familienberatung. Das veränderte ihr Leben von Grund auf. Zunächst reservierten sie die Sonntagabende für ihre Familie und für sich. Der Mann sagte seinem Chef, dass er samstags nicht mehr arbeiten könne. Die Frau kündigte und blieb zu Hause bei den Jungs. Zudem baten sie ihre Mutter, zu ihnen zu ziehen. So konnte die Großmutter etwas zum Lebensunterhalt beisteuern und die Jungs hatten immer jemanden, der ihnen Geschichten erzählte. Natürlich musste die Familie sich auch in vielen Bereichen einschränken. Der Mann fuhr jetzt mit dem Bus zur Arbeit. Zudem kauften sie nur noch wirklich wichtige Dinge und gingen nicht mehr in Restaurants.

Mary Pipher schreibt: »Die beiden haben erkannt, dass sie mehr Zeit oder mehr Geld haben können – aber nicht beides. Am Ende haben sie sich für die Zeit entschieden.« Diese Entscheidung brachte ihnen eine völlig neue Lebensqualität. Sie waren glücklicher, zufriedener, nicht mehr so gestresst – und sie liebten sich mehr denn je.

Das zeigt: Es gibt immer Alternativen. Sie können sich einschränken, sich eine andere Stelle suchen, auf Teilzeit umsteigen, Jobsharing machen oder sich zu Hause ein virtuelles Büro einrichten … Wenn die Familie bei Ihnen wirklich Priorität hat, brauchen Sie keine Ausreden mehr. Dann werden Sie kreative Lösungen finden.

Eltern sein: Die größte und wichtigste Aufgabe im Leben

Es steht außer Frage, dass mehr Geld Ihnen und Ihren Kindern einen besseren Lebensstil ermöglicht. Sie können dann vielleicht die angesagtesten Klamotten tragen, die neusten Smartphones und Tablets haben oder teuren Hobbys nachgehen. Doch die Elternrolle ist einzigartig. Unsere größte Verantwortung im Leben. Sie bedeutet, dass uns ein besonderer Mensch anvertraut wurde, dessen Potential wir fördern müssen. Gibt es irgendeine Aufgabe im Leben, die höher anzusiedeln wäre?

Für die besondere Beziehung zwischen Eltern und Kind gibt es keinen Ersatz – auch wenn wir das manchmal gern glauben würden. Falls wir uns beispielsweise dafür entscheiden, ein Kind in eine Tagesbetreuung zu geben, wollen wir einfach glauben, dass das gut ist. Wenn jemand eine positive und fürsorgliche Einstellung zu haben scheint, hoffen wir, dass er den Charakter und die Kompetenz hat, unser Kind großzuziehen. Sollten Sie tatsächlich eine Tagesmutter für Ihre Kinder brauchen, müssen Sie diese Person wesentlich sorgfältiger aussuchen als ein Haus oder ein Auto. Sehen Sie sich ihre Referenzen und ihre bisherige Tätigkeit genau an. Stellen Sie sicher, dass die Tagesmutter dieser verantwortungsvollen Aufgabe tatsächlich gerecht werden kann. Und: Klären Sie die Erwartungen und die Verantwortungen genau ab.

Für die besondere Beziehung zwischen Eltern und Kind gibt es keinen Ersatz.

Selbst bei einer guten Betreuung sollten alle Eltern genau nachdenken, wie oft sie diese Stellvertretung in Anspruch nehmen wollen. Eine gute Bekannte von Sandra und mir sagt: »Ich habe gelernt, dass ich meine Interessen – im Beruf, im Zusammenhang mit meiner persönlichen Entwicklung oder meinen Hobbys – in den Jahren, in denen ich meine Kinder großziehe, zurückstellen muss. Meine wichtigste Aufgabe besteht darin, in dieser entscheidenden Phase für meine Kinder da zu sein.« Sie fügte noch hinzu, dass das manchmal sehr schwer für sie ist. Dennoch ist sie fest entschlossen, ihre Interessen erst einmal zurückzustellen. Sie weiß, dass das der Schlüssel für die Zukunft ihrer Kinder ist.

Um die Familie an die erste Stelle zu setzen, brauchen wir eine Vision und den festen Vorsatz, sie auch wahr werden zu lassen. Und wenn die Familie immer wieder zu kurz kommt? Dann sollten Sie noch mal zum 2. Weg zurückkehren und sich fragen: Hat unser Leitbild wirklich genügend Tiefe?

Gesellschaftliche Veränderungen: Neue Herausforderungen für Familien

Wenn wir unsere Aufgaben im Rahmen des 2. Wegs gut erledigt haben, müssen wir uns die Welt, in der wir leben, einmal genauer ansehen. In Kapitel 1 habe ich ja schon einige der großen Trends kurz erwähnt. Jetzt werden wir uns etwas näher mit wichtigen Veränderungen und ihren Auswirkungen auf die Familien befassen.

Technologischer Wandel und Digitalisierung in den Familien

In nahezu jedem Haushalt gibt es heute Smartphone, Tablet, PC und Internet-TV. Unsere Kinder wachsen umgeben von Bildschirmen auf. Schon die Kleinsten können das alles mühelos bedienen. Zuhause oder unterwegs: Elektronische Medien sind die ständigen Begleiter von Jugendlichen. Jugendliche verbringen inzwischen circa 3,5 Stunden täglich online. Vor allem Soziale Medien wie WhatsApp, Instagram, Snapchat und Facebook sind sehr beliebt. Das hat natürlich auch Auswirkungen auf das Familienleben. Während Kinder und Jugendliche immer mehr Zeit mit Online-Aktivitäten verbringen, verbringen sie immer weniger Zeit mit der Familie.

Aber auch die Eltern sind vor den Verlockungen der modernen Technik nicht gefeit. Ob beim Essen oder auf dem Spielplatz: Viele können im Alltag nur schwer auf ihr Smartphone verzichten. Die Konzentration auf die eigenen Kinder kommt so leider oft zu kurz.

Natürlich hat die moderne Technologie auch Vorteile. Beispielsweise ermöglicht sie uns globale Kommunikation und den Zugang zu wertvollen Informationen. Doch sie konfrontiert uns auch mit einer Unmenge stark wirkender Bilder – dazu gehören auch Pornographie und drastische Szenen von Blutvergießen und Gewalt. Darüber hinaus haben die neuen Medien – unterstützt von der allgegenwärtigen Werbung – zu einer wahren Revolution unserer materiellen Wünsche geführt.

Was ist also zu tun? Natürlich liefern uns wissenschaftliche Studien Antworten auf diese Frage. Doch es könnte eine noch bessere Quelle geben: uns selbst. Was sagt Ihr Herz zu den Auswirkungen von Internet, Netflix, WhatsApp und Co. auf Sie und Ihre Kinder? Macht Sie das freundlicher, rücksichtsvoller und fürsorglicher? Hilft es Ihnen, in Ihrer Familie starke Beziehungen aufzubauen? Oder lenkt es Sie ab und raubt Ihnen die Zeit?

Ob Smartphone, Tablet, PC oder auch Fernseher: Ein Großteil der Zeit, die wir vor dem Bildschirm verbringen, ist sinnlos vertan. Die Medien müssten uns schon enorme Vorteile bringen, um die Zeit aufzuwiegen, die wir stattdessen zusammen mit unserer Familie verbringen könnten!

Die wirklich bedeutsamen Dinge lernen Kinder nicht im Internet oder von Netflix-Serien.

Die wirklich bedeutsamen Dinge lernen Kinder nicht im Internet oder von Netflix-Serien, sondern von einer liebevollen Familie, die mit ihnen liest, sich mit ihnen beschäftigt, ihnen zuhört, sich mit ihnen austauscht und viele glückliche Stunden mit ihnen verbringt. Nur wenn Kinder sich wirklich geliebt fühlen, können sie sich weiterentwickeln und ihr volles Potential entfalten.

Was waren die schönsten Familienzeiten in Ihrem Leben? Wenn Sie jetzt auf dem Sterbebett liegen würden, würden Sie sich tatsächlich wünschen, dass Sie mehr Zeit vor irgendwelchen Bildschirmen oder im Internet verbracht hätten?

Die Arbeit als Zufluchtsort

Bei vielen haben das Zuhause und der Arbeitsplatz die Rollen getauscht. Die Soziologin Arlie Hochschild weist in ihrer Analyse *Keine Zeit* darauf hin, dass das Zuhause vor allem von dem hektischen Bemühen geprägt ist, im Zeitplan zu bleiben. So hat die durchschnittliche Familie morgens nur 15 Minuten Zeit, um gemeinsam zu frühstücken, bevor alle aus dem Haus stürzen. Oder man muss versuchen, die familiäre Bindung in der halben Stunde vor dem Schlafengehen aufzubauen und zu vertiefen. Am Arbeitsplatz hingegen kann man mit den Kollegen plaudern und sich auch mal bei einer Kaffeepause entspannen. *Da wirkt die Arbeit wie ein Zufluchtsort,* wie ein sicherer Hafen.

Manche Leute haben nichts gegen längere Arbeitstage einzuwenden. Ihr Beruf macht ihnen mehr Freude als ihr Zuhause und ihre Familie. Arlie Hochschild schreibt: »Bei diesem neuen Modell des Familien- und Berufslebens flüchten sich erschöpfte Eltern aus einer Welt voll ungelöster Streitigkeiten und schmutziger Wäsche in die zuverlässige Ordnung ihrer Arbeit.«[3]

Nicht nur, dass sich die Einstellung gegenüber dem Zuhause ändert – der Beruf bietet auch sehr viel Bestätigung. Ob Lob und Anerkennung, Beförderungen oder Prämien: Es gibt zahlreiche Dinge, die unser Selbstwertgefühl steigern. Um die aus harter Arbeit resultierende Zufriedenheit zu erlangen, müssen wir enge Zeitpläne einhalten und ein hohes Pensum erledigen. Doch das führt oft dazu, dass wir das vernachlässigen, was in Wirklichkeit am wichtigsten ist – unsere Familie.

In der heutigen Gesellschaft gibt es nur wenig Lob und Anerkennung für uns Eltern. Wir werden nicht dafür bezahlt und die Elternrolle bringt uns kein Ansehen. Die größte Belohnung für Eltern ist die innere Zufriedenheit darüber, dass sie eine wichtige Rolle dabei spielen, das Leben ihrer Kinder nachdrücklich zu beeinflussen. Diese Aufgabe kann niemand anders übernehmen. Das ist eine pro-aktive Entscheidung, die nur aus unserem Herzen kommen kann.

Drahtseilakt ohne Netz

Der Ort, wo die gesellschaftlichen Veränderungen uns alle am persönlichsten und tiefsten treffen, ist unsere Familie. Wer heute Kinder großziehen will, muss einen wahren Drahtseilakt vollbringen. Diese Aufgabe verlangt enorme Geschicklichkeit – und es gibt kein Sicherheitsnetz!

Die starken gesellschaftlichen Einflüsse verändern unser Empfinden für Recht und Unrecht von Grund auf. Wir verlieren unsere moralische Orientierung und laufen Gefahr, unsere Prinzipien den neuen, allgegenwärtigen gesellschaftlichen »Werten« unterzuordnen. Um noch mal die Flugzeug-Metapher aufzugreifen: Uns wird schwindlig. Das passiert hin und wieder Piloten, die ohne die Unterstützung von Instrumenten fliegen und eine Wolkenbank durchqueren müssen. Sie können sich dann nicht mehr am Boden orientieren und wissen nicht mehr, wo oben oder unten ist.

Auf unser Leben übertragen heißt das: Wenn wir extrem starken gesellschaftlichen Einflüssen ausgesetzt sind, verlieren wir schnell die Orientierung. Unser moralischer Kompass zeigt uns dann nicht mehr die richtige Richtung – aber meist merken wir das gar nicht.

Wer soll unsere Kinder erziehen?

Wie wird sich das, was ich eben beschrieben habe, auf das Denken und Handeln von unseren Kindern auswirken? Können wir wirklich davon ausgehen, dass Kinder für die Morde, das Töten und die Grausamkeiten, die sie jeden Tag in den Medien sehen, unempfänglich sind? Können wir den Medienmachern glauben, dass es keine Beweise für den Zusammenhang zwischen der Gewalt und der Unmoral in unserer Gesellschaft und den drastischen Szenen im Internet und auf unseren Bildschirmen gibt? Wie passt es zusammen, dass die Senderchefs gleichzeitig harte wissenschaftliche Fakten dafür anführen, wie stark ein Werbespot von 20 Sekunden das Verhalten der Zuschauer beeinflusst? Ob Gewaltverherrlichung, Pornographie oder Cyber-Mobbing: Können wir tatsächlich annehmen, dass junge Erwachsene, die permanent unter dem Einfluss von Internet und Social Media stehen, auch nur annähernd einen Sinn für die Prinzipien, die gute, dauerhafte Beziehungen und ein glückliches Leben ermöglichen, entwickeln?

Das bringt uns zur alles entscheidenden Frage, von der unsere und die Zukunft unserer Kinder abhängt:

**Wer soll meine Kinder erziehen –
die Gesellschaft und die neuen Medien mit all ihren
negativen Einflüssen oder die Eltern?**

Unsere Kinder brauchen uns Eltern dringend!

Wir können uns nicht mehr darauf verlassen, dass unseren Kindern tragfähige Prinzipien durch die Gesellschaft vermittelt werden. Wenn das geschieht, sind wir natürlich dankbar. Doch wir dürfen nicht darauf bauen. Wir müssen in unseren Familien selbst für Orientierung sorgen. Unsere Kinder brauchen uns Eltern dringend! Sie brauchen unsere Unterstützung und unseren Rat, unsere Erfahrung, unsere

Kraft und Entschlossenheit. Die Frage ist: Wie können wir unseren Familien all das geben? Wie können wir unsere Familien an die oberste Stelle setzen und sie erfolgreich führen?

Strukturen in der Familie aufbauen

Die tiefgreifenden Veränderungen, über die wir gesprochen haben, wirken sich in allen Bereichen unserer Gesellschaft aus. Die meisten Institutionen, Organisationen und Berufe werden derzeit umstrukturiert, damit sie auch weiterhin bestehen können. In der Familie ist aber noch keine derartige Umstrukturierung erfolgt. Deshalb sind die Familien den enormen Herausforderungen unserer Zeit nicht mehr gewachsen.

Was also tun? Wir müssen *die Familie neu erfinden*. Die einzige erfolgreiche Antwort auf Veränderungen sind neue, passgenaue Strukturen. Aber was denken Sie beim Wort »Struktur«? Viele lehnen Strukturen grundsätzlich ab, weil sie diese als Einengung und Beschränkung betrachten. Doch was sagt Ihr innerer Kompass? Wie stehen Sie zu den folgenden Worten von Winston Churchill? »In den ersten 25 Jahren meines Lebens wollte ich Freiheit. In den nächsten 25 Jahren wollte ich Ordnung. In den folgenden 25 Jahren erkannte ich, dass Ordnung Freiheit ist.«

Was sagen Sie, wenn in Ihrem Leben Durcheinander herrscht? »Ich muss mich organisieren und alles in Ordnung bringen!« Das bedeutet, dass Sie eine Struktur schaffen und Prioritäten setzen müssen. Was machen Sie, wenn in Ihrer Wohnung Chaos herrscht? Sie verstauen alles in Schränken und Schubladen – organisieren Ihre Sachen also innerhalb bestimmter Strukturen.

Was aber bedeutet Ordnung im Hinblick auf die Familie? Es bedeutet, dass man der Familie Priorität einräumt und Strukturen aufbaut, die sicherstellen, dass alle an einem Strang ziehen. Der 2. Weg und die Entwicklung eines Leitbilds liefern die Grundstrukturen für das Familienleben. Wie bereits erwähnt, gibt es daneben zwei weitere wichtige Organisationsstrukturen, mit denen Sie der Familie im täglichen Leben den Vorrang geben können: wöchentliche »Familienzeiten« und »Zeit zu zweit« zur Stärkung der familiären Bindung.

Der bekannte Ehe- und Familientherapeut William Doherty schreibt: »In der heutigen Welt zerren Kräfte an den Familien, die einfach zu stark sind. Wir müssen uns entscheiden, ob wir unser Schiff selbst steuern wollen oder uns einfach von der Strömung treiben lassen. Der Schlüssel zum erfolgreichen Steuern ist, auf Familienrituale zu setzen.«[4]

Wöchentliche Familienzeiten

Jede Woche eine feste Zeit nur für die Familie zu reservieren, ist meiner Ansicht nach die wichtigste Struktur, um die Familie an die erste Stelle zu rücken. Man kann das »Familienzeit«, »Familienstunde«, »Familienrat« oder auch »Familienabend« nennen. Entscheidend ist, dass es einmal in der Woche eine feste Zeit gibt, in der die ganze Familie zusammenkommt, sich austauscht oder gemeinsam etwas unternimmt.

Eine 34-jährige Frau aus Oregon betont, wie wertvoll und wichtig Familienzeiten sind:

FAMILIENZEITEN SIND EINFACH HERRLICH

Bei uns gab es einmal in der Woche ein paar Stunden für Familienaktivitäten, bei denen wir Kinder uns aussuchen durften, was wir machen wollten. Das verdanken wir unserer Mutter. Wir gingen dann zum Beispiel Schlittschuhlaufen, zum Bowling oder ins Kino. Das fanden wir einfach herrlich! Am Schluss aßen wir immer in unserem Lieblingsrestaurant in Portland. Nach diesen Tagen hatte ich immer das Gefühl großer Nähe und Verbundenheit. Ich spürte, dass wir alle ein wichtiger Teil unserer Familie waren.

An diese Zeiten denke ich sehr gern zurück. Meine Mutter ist leider schon sehr früh verstorben. Das war für mich ein sehr traumatisches Ereignis. Doch mein Vater hat dafür gesorgt, dass wir uns seit ihrem Tod alle einmal im Jahr für mindestens eine Woche treffen. Wirklich alle – auch die Partner und Kinder meiner Geschwister sind dabei!

Wenn dann alle wieder nach Hause fahren, bin ich traurig. Ich fühle mich aber zugleich reich beschenkt. Eine Familie, die zusammen unter einem Dach gelebt hat, ist ungeheuer stark. Und die neuen Familienmitglieder schmälern unser Zusammengehörigkeitsgefühl nicht. Im Gegenteil: Sie steigern es sogar.

Meine Mutter hat ein beachtliches Lebenswerk geschaffen. Ich selbst bin nicht verheiratet. Aber meine Geschwister haben selbstverständ-

lich auch ihre wöchentlichen Familienzeiten mit ihren Kindern. Und »unser« Restaurant in Portland ist immer noch der Treffpunkt für uns alle.

Sehen Sie, was für eine starke Bindung wöchentliche Familienzeiten aufbauen können? Und wie sie die emotionalen Beziehungskonten füllen?

Die folgende Geschichte stammt von einer Frau aus Schweden:

DIE FAMILIENZEITEN BEREICHERN UNSER LEBEN

Als ich fünf oder sechs war, erzählte ein Bekannter meinen Eltern, wie wichtig regelmäßige Familienzeiten sind. Und so führten wir dieses Ritual auch in unserer Familie ein.

Ich erinnere mich noch gut an das erste Mal, als mein Vater mit uns über eines der Lebensprinzipien sprach. Das war ein beeindruckendes Erlebnis für mich. Bis dahin hatte ich ihn noch nie in der Rolle eines »offiziellen« Lehrers erlebt. Er war ein sehr erfolgreicher Manager und hatte nicht viel Zeit für uns Kinder. Wir waren alle total begeistert, dass er sich die Zeit nahm, sich mit uns zusammenzusetzen und uns seine Ansichten über das Leben zu erläutern.

Einmal luden meine Eltern sogar einen berühmten Chirurgen aus den USA zu unserer Familienzeit ein. Er erzählte uns, welche Erfahrungen er mit seinem Beruf gemacht und wie er Menschen auf der ganzen Welt geholfen hatte. Zudem beschreib er, wie er es geschafft hatte, seine Ziele zu erreichen und mehr zu werden, als er sich je erträumt hatte. Seine Worte, dass man Herausforderungen immer »Schritt für Schritt« angehen sollte, habe ich nie vergessen.

Heute habe ich selbst Kinder. Wir laden fast jeden Monat einen »Fremden« zu uns ein, um mit ihm zu reden und etwas von ihm zu lernen. Das hat sich unmittelbar aus dem ergeben, was ich in meiner Kindheit erleben durfte. Die Besuche dieser Leute bei uns zu Hause haben unser Leben bereichert und zu engen Freundschaften mit Menschen auf der ganzen Welt geführt.

Bei Sandra und mir haben wöchentliche gemeinsame Abende schon von Anfang an zum Familienleben gehört. Solange die Kinder noch klein waren, nutzten Sandra und ich diese Abende für tiefgreifende Gespräche und unsere gemeinsame Planung. Als die Kinder dann größer wurden, verbrachten wir unsere Familienzeit damit, unseren Kindern etwas beizubringen, mit ihnen zu spielen oder sie in wichtige Familienentscheidungen einzubeziehen. Hin und wieder konnte einer von uns oder eines der Kinder nicht dabei sein. Doch wir haben uns sehr bemüht, immer mindestens einen Abend in der Woche für unsere Familienzeit zu reservieren.

Bei einem typischen Familienabend gingen wir zunächst unseren Kalender mit allen anstehenden Ereignissen und Terminen durch, so dass jeder über alles Bescheid wusste. Dann hielten wir Familienrat, sprachen über Probleme und Schwierigkeiten und fällten gemeinsam Entscheidungen. Danach brachten wir unseren Kindern die Dinge bei, die uns wichtig waren. Nach einer kurzen lehrreichen Lektion folgte eine Familienaktivität und dann gab es etwas Leckeres zu essen. Außerdem veranstalteten wir gerne Talent-Shows, bei denen die Kinder uns zeigten, welche Fortschritte sie bei ihren Musik- oder Tanzstunden gemacht hatten.

Die vier Hauptfaktoren erfolgreicher Familienzeiten sind Planen, Problemlösung, Lehren und Spaß.

So brachten wir die vier Hauptfaktoren erfolgreicher Familienzeiten unter einen Hut: *Planen*, *Problemlösung*, *Lehren* und *Spaß*.

Gerade zu Beginn muss die Familienzeit gar nicht so umfangreich sein. Sie können beispielsweise damit beginnen, ein paar der genannten Dinge bei einem besonderen Familienessen zu machen. Lassen Sie Ihrer Kreativität freien Lauf und sorgen Sie dafür, dass alle Spaß haben! Je öfter Sie so etwas in Ihrer Familie machen, desto leichter wird es, auch komplexere Familienzeiten abzuhalten.

Ein Freund von mir hat in seiner Dissertation analysiert, wie regelmäßige Familienzeiten sich auf das Selbstbild von Kindern auswirken. Seine Studien ergaben, dass sie einen extrem guten Einfluss haben. Zudem hat er noch etwas anderes, sehr Überraschendes herausgefunden: Die Familienzeiten haben auch positive Auswirkungen auf die Eltern:

Wöchentliche Familienzeiten sind eine starke, pro-aktive Antwort auf die Herausforderungen, vor denen Eltern heute stehen. Sie sind eine sehr praktische Methode, um die Familie an die erste Stelle zu setzen. Allein die zeitliche Fixierung im Terminplan zeigt den Kindern, wie wichtig die Familie ist. Die Treffen füllen die emotionalen Beziehungskonten, stärken den Zusammenhalt und helfen uns, ein

Sicherheitsnetz für unsere Familie aufzuspannen. Viele Eltern haben mir bestätigt, dass die Familienzeit ein enorm wertvolles und gut durchführbares Instrument ist. Alle sagten, dass sie keine andere Methode kennen, die so einfach und zugleich so wirkungsvoll ist.

Das Familienleitbild als »Verfassung«

Die Familienzeit ist eine gute Gelegenheit, um über Ihr gemeinsames Leitbild zu sprechen. Wenn Sie Ihr Leitbild fertig haben, können Sie es zur »Verfassung« Ihrer Familie machen.

SANDRA

Bei einem unserer Familienabende haben wir darüber gesprochen, was für eine Familie wir gerne sein wollten. Daraus entwickelte sich eine lebhafte Diskussion über das Engagement für andere. Alle waren sich einig, dass es wichtig ist, etwas für andere zu tun – für die Familie, für die Nachbarn und für die Gesellschaft.

Wir sprachen auch darüber, dass wir unglaublich tolle Nachbarn hatten. Diesen Nachbarn wollten wir gerne etwas zurückgeben. Also riefen wir die »Phantom-Familie« ins Leben. Wir machten ungefähr drei Monate lang an jedem Familienabend etwas Leckeres – kandierte Äpfel, Tassenkuchen, Krapfen … Wir entschieden uns für eine der Nachbarsfamilien, stellten unser Geschenk vor die Haustür und legten einen Zettel dazu. Auf dem Zettel stand: »Wir sind froh, dass wir so tolle Nachbarn haben. Danke für alles!« Die Unterschrift lautete: »Die Phantom-Familie schlägt wieder zu!« Nachdem wir geklingelt hatten, verschwanden wir blitzschnell.

Das machten wir jede Woche. Erwischt wurden wir nie. Einer der Nachbarn rief allerdings die Polizei, weil er uns für Einbrecher hielt!

Schon bald sprach die ganze Nachbarschaft über die Phantom-Familie. Wir taten so, als würden wir uns wie alle anderen fragen, wer wohl dahintersteckte. Trotzdem hatten unsere Nachbarn schließlich eine Ahnung. Eines Abends stand vor unserer Tür ein Korb mit vielen leckeren Sachen und einem Zettel: »Für die Phantom-Familie – von den dankbaren Nachbarn!«

Die Planung, die Durchführung und die Geheimniskrämerei machten das alles zu einem großen Abenteuer. Außerdem konnten wir so mehr über das Prinzip des Engagements für andere herausfinden und einen wichtigen Teil unseres Familienleitbilds stärker in unserem Alltag verankern.

Wir haben festgestellt, dass alle Ideen in unserem Leitbild eine sehr gute Grundlage für Diskussionen und Aktivitäten in unserer Familienzeit bilden. So können wir unser Leitbild sehr leicht in unserem Familienalltag umsetzen. Zudem lernen wir alle etwas dabei und haben auch noch viel Spaß.

Wenn Familien ein Leitbild entwickeln und ihr Leben danach ausrichten, werden die Prinzipien aus den 7 Wegen in ihrer Familienstruktur und -kultur verankert. Das Leitbild wird dann mit der Verfassung eines Staates vergleichbar: Es dient als höchste Instanz, an der sich alle in der Familie orientieren können.

Familienzeit zum Planen

Ein Ehemann und Vater hat uns die folgende Geschichte erzählt:

DIE PLANUNG WAR FÜR ALLE EIN GEWINN

Vor ein paar Jahren fiel meiner Frau und mir auf, dass wir in den Sommerferien nicht mehr so viel Zeit mit den Kindern verbrachten, wie wir uns das eigentlich gewünscht hatten. Deshalb hielten wir direkt nach Ferienbeginn einen Familienabend ab. Dabei fragten wir unsere Kinder, was sie in den kommenden Wochen am liebsten tun würden. Sie zählten völlig verschiedene Dinge auf – beispielsweise ins Eiscafé gehen, eine Wanderung auf einen Berg in der Nähe machen oder einen Tag im Spaßbad verbringen. Es machte allen viel Freude, den anderen zu erzählen, was sie gerne unternehmen wollten.

Als alle Vorschläge auf dem Tisch lagen, wurde uns klar, dass wir unsere Liste abspecken mussten. Also diskutierten wir darüber, was allen besonders viel Spaß machen würde. Dann holten wir einen Kalender und legten Termine fest. Für die größeren Aktivitäten reservierten wir einige Samstage, für die kleineren Dinge Abende unter der Woche. Natürlich trugen wir auch unseren Familienurlaub ein: eine Woche am Lake Tahoe.

Die Kinder waren begeistert, weil wir die Aktivitäten ausgesucht hatten, die ihnen wirklich wichtig waren. Aber auch wir Eltern waren mit der Planung total zufrieden. Die Kinder fragten uns nicht mehr ständig, wann wir denn endlich dies oder das machen würden. Sie wussten es ja, denn es stand in unserem Kalender.

Auch für mich war die Planung ein Gewinn. Endlich konnte ich das tun, was ich mir schon immer vorgenommen hatte, aber wegen dringender anderer Dinge dann doch wieder verschoben hatte. Manchmal wäre ich trotzdem gerne länger im Büro geblieben. Mir war aber klar, dass das eine riesige Abhebung von den emotionalen Beziehungskonten der anderen Familienmitglieder gewesen wäre. Dann hätte ich das Versprechen gebrochen, das ich ihnen gegeben hatte. Ich musste mich also an unsere Abmachung halten – und ich tat es auch.

Dieser Mann hat entdeckt, dass die Familienzeit hervorragend geeignet ist, um zu planen. Viele Familien nutzen ihre Familienzeit auch für ihre Wochenplanung. Eine Mutter hat uns Folgendes berichtet:

JETZT HABEN WIR ENDLICH EINEN ÜBERBLICK

Die Planung nimmt bei unserer Familienzeit immer einen wichtigen Platz ein. Wir gehen die Ziele und Aktivitäten jedes Einzelnen durch. Dann heften wir das Ganze an eine Magnettafel, die bei uns an der Tür hängt. So können wir gemeinsam Unternehmungen mit der Familie planen. Außerdem sammeln wir so die nötigen Informationen, um Fahrdienste und Babysitter zu organisieren und zeitliche Überschneidungen zu vermeiden. Besonders gut an unserem Kalender ist auch, dass wir immer genau wissen, wer von uns gerade wo ist. Wenn ein Anruf für jemanden aus unserer Familie kommt, kann also jeder von uns sagen: »Oh, tut mir leid, sie ist nicht da. Sie hat gerade eine Theaterprobe, müsste aber um fünf wieder hier sein.«

Ob wöchentliche Familienzeit, Zeit zu zweit oder gemeinsame Unternehmungen: Ein Familienkalender macht Ihnen die Planung viel leichter. Außerdem fühlt sich so jeder eng mit der Familie verbunden. Es ist nicht der Kalender des Vaters oder der Mutter, sondern der Terminplan aller Familienmitglieder.

Wenn Sie jede Woche eine feste Zeit für Ihre Familie einplanen, reduziert das auch Ihren Stress. Sie wissen, dass Sie Ihrer Verantwortung für Ihre Familie nachkommen. Sie können sich Ihrer Familie, aber auch Ihrer Arbeit und anderen Aktivitäten besser widmen, weil Sie ausreichend Zeit für die wichtigsten Dinge eingeplant haben. All das können Sie mit einfachen Hilfsmitteln wie einem Wandkalender und regelmäßigen Zusammenkünften für die Planung erreichen.

Wenn Sie jede Woche eine feste Zeit für Ihre Familie einplanen, reduziert das Ihren Stress.

Familienzeit zum Lösen von Problemen

Die folgende Geschichte hat uns eine Frau aus Dänemark erzählt:

SCHWERE ZEITEN GEMEINSAM DURCHSTEHEN

Schon als unsere Kinder noch klein waren, haben wir uns bemüht, uns wöchentlich mit ihnen zusammenzusetzen. Diese Familienzeiten haben wir für viele verschiedene Zwecke genutzt. Hin und wieder haben wir auch die Karten offen auf den Tisch gelegt und unseren Kindern erzählt, dass es Probleme in unserem Leben gab: Als mein Mann seinen Job verlor, erklärten wir ihnen, was passiert war. Wir sagten ihnen, dass es gewöhnlich sechs Monate dauert, eine neue Stelle zu finden. Dann zeigten wir ihnen, wie viel Geld wir auf der Bank hatten und dass wir es in sechs Portionen aufteilen mussten – für jeden Monat eine. Von dem Geld für die einzelnen Monate zogen wir das ab, was wir für Lebensmittel, die Raten für unser Haus, Gas, Strom und so weiter brauchen würden.

So konnten die Kinder genau sehen, wohin das Geld ging und wie wenig übrigblieb. Wir wollten aber nicht, dass sie deswegen in Panik gerieten. Deswegen sagten wir ihnen, dass es eine Herausforderung sein würde und dass wir sie bestehen würden. Die Kinder sollten aber wissen, wofür wir das Geld ausgeben mussten. Wir wollten ihnen nicht immer wieder erklären, weshalb wir uns momentan keine neue Kleidung oder Kinokarten leisten konnten.

Dann sprachen wir mit ihnen darüber, dass all das eine große Belastung für ihren Vater war und dass wir zu Hause alles tun sollten, um ihm das Ganze ein wenig zu erleichtern. Wir beschlossen, Reibungspunkte möglichst zu umgehen: Die Kinder erklärten sich bereit, im Haus Ordnung zu halten und ihre Schultaschen, Jacken und Schuhe nicht einfach auf den Boden zu werfen. Wir alle wollten zusammenhalten und die schwierige Zeit, die vor uns lag, gemeinsam durchstehen.

In den nächsten sechs Monaten backten wir jede Menge Kuchen, um uns aufzuheitern. Wir unternahmen nur Dinge, die nichts kosteten, und kauften ausschließlich das Notwendigste. Die Kinder versuchten, ihren Vater aufzumuntern. Sie bemühten sich nach Kräften, ihm zu zeigen, dass sie großes Vertrauen in ihn hatten.

Als er schließlich eine neue Stelle fand, freuten sich die Kinder fast noch mehr als wir. Wir haben uns enorm viele Sorgen erspart, weil wir uns die Zeit nahmen, unseren Kindern die Situation zu erklären und mit ihnen darüber zu sprechen, wie wir sie gemeinsam meistern konnten.

Diese Geschichte zeigt: Die Familienzeit ist eine hervorragende Gelegenheit, auch schwierige Probleme anzusprechen. Das gibt uns die Chance, die ganze Familie einzubeziehen und gemeinsam Lösungen zu finden, denen sich alle verpflichtet fühlen.

UNSERE TOCHTER MARIA

Ich erinnere mich an einen Familienabend, bei dem mein Vater uns eine Liste mit allen Aufgaben vorlas, die zu erledigen waren. Dann ging er die einzelnen Punkte durch und fragte, wer sie übernehmen wollte.

»Wer will Geld verdienen?« Als sich niemand meldete, sagte er: »Dann werde ich das wohl machen müssen. Wer will die Steuern zahlen?« Auch diese Aufgabe fiel ihm zu. »Wer will das Baby füttern?« Dafür kam nur unsere Mutter in Frage. »Wer will sich um den Garten kümmern?«

Als er die Liste durchging, wurde uns Kindern klar, wie viel meine Mutter und er für unsere Familie taten. Und er zeigte uns auch, dass alle Familienmitglieder ihren Teil beitragen konnten und mussten.

Familienzeit zum Lehren

Die Familienzeit ist auch eine gute Gelegenheit, Kindern die Grundprinzipien des Lebens zu vermitteln. Sandra und ich haben einige sehr schöne Familienzeiten damit verbracht, unsere Kinder mit den Prinzipien vertraut zu machen, auf denen die 7 Wege beruhen.

SANDRA

Vor einigen Jahren wurde im Zentrum von Salt Lake City ein riesiges Einkaufszentrum gebaut. Bei einem unserer Familienabende sagte Stephen, er habe einen der Architekten kennengelernt und wir würden uns mit ihm auf der Baustelle treffen. Direkt vor Ort würde uns der Architekt einige Einzelheiten zu diesem gigantischen Projekt erklären.

Der Architekt fuhr mit uns im Fahrstuhl auf das Dach eines Nachbarhauses. Von dort konnten wir gut erkennen, wie groß der neue Gebäudekomplex war. Wir waren tief beeindruckt von der Planung, die ein derartiges Projekt erforderte. Der Architekt sagte uns, dass man auch hier schon am Anfang das Ende im Sinn haben und dass man alles zweimal erschaffen müsse.

Wir sahen gebannt zu, als er uns die Teile des Gebäudes mit dem Fernglas zeigte und erklärte, was dort alles entstand. Dann ging er mit uns in einen großen Raum und zeigte uns Hunderte von Plänen: Pläne für das Heizungssystem und die Klimaanlage, die Innen- und Außenbeleuchtung, die Treppen, Fahrstühle, Ausgänge, Stromleitungen, Fenster …

Es war unfassbar, wie viele Vorüberlegungen, wie viel Vorstellungskraft und Planung für dieses Projekt nötig waren!

Stephen und ich ergriffen die Gelegenheit und sprachen mit unseren Kindern darüber, wie das Prinzip »Schon am Anfang das Ende im Sinn haben« sich auf unsere Entscheidungen und Pläne auswirkt.

Wenn jemand beispielsweise studieren will, muss er erst mal fleißig in der Schule sein, sich auf Klassenarbeiten und Prüfungen vorbereiten und einen guten Abschluss machen. Wer im Sport etwas erreichen will, muss viel trainieren. Wir müssen uns also immer selbst motivieren, wir müssen daran glauben, dass wir es schaffen, Rückschläge und Verletzungen wegstecken, unsere Erfolge genießen und aus Niederlagen lernen. Von selbst passiert gar nichts! Wir müssen eine Vision von unseren Zielen haben, Pläne machen und auch bereit sein, den Preis dafür zu bezahlen, dass wir unsere Ziele verwirklichen können.

An diesem Familienabend konnten wir unseren Kindern ein wichtiges Prinzip vermitteln. Es war ein Abend, an den wir uns alle noch lange erinnern werden.

Bei Familienzeiten kann man den Kindern auch sehr gut Kompetenz in praktischen Dingen vermitteln. Das zeigt zum Beispiel die Geschichte dieser Frau:

Ich erinnere mich besonders gut an eine Familienzeit, bei der unsere Kinder spielerisch einige Prinzipien zum Umgang mit Geld lernten.

Wir brachten an verschiedenen Stellen im Zimmer Schilder an: »Bank«, »Kaufhaus«, »Kreditinstitut« und »Wohltätigkeitseinrichtung«. Dann gaben wir jedem Kind etwas, was eine Arbeit darstellte, mit der es Geld verdienen konnte. Unsere achtjährige Tochter bekam ein paar kleine Handtücher, die sie zusammenlegen konnte, unser zehnjähriger Sohn einen Besen, um den Boden zu fegen.

Als das Spiel begann, fingen alle an zu arbeiten. Nach ein paar Minuten läuteten wir eine Glocke. Dann wurden alle »bezahlt«. Jeder bekam zehn Zehn-Cent-Münzen für seine Arbeit. Nun mussten die Kinder entscheiden, was sie mit ihrem Geld machen wollten. Sie konnten es auf die Bank bringen, einen Teil für wohltätige Zwecke spenden oder etwas in unserem »Kaufhaus« kaufen. Wenn jemand unbedingt etwas aus dem Kaufhaus haben wollte, aber nicht genug Geld hatte, konnte er sich den Rest der Summe beim Kreditinstitut leihen.

Das wiederholten wir einige Male. Dann ließ mein Mann eine Pfeife ertönen und wir sagten: »Zeit für die Zinsen!« Wer Geld auf die Bank gebracht hatte, bekam Zinsen. Wer sich Geld geliehen hatte, musste welche zahlen. Die Kinder erkannten schnell, dass es viel klüger ist, Zinsen zu bekommen, als sie zu zahlen.

Im weiteren Verlauf des Spiels sahen die Kinder auch, dass diejenigen, die einen Teil ihres Geldes spendeten, dazu beitrugen, dass bedürftige Menschen Essen, Kleidung und andere lebenswichtige Dinge bekamen.

Als wir unsere Kinder später fragten, an welche Familienzeiten sie sich besonders gut erinnerten, nannten sie vor allem dieses Spiel. Inzwischen sind sie erwachsen, und wenn sie Mails mit dem faulen Versprechen »Jetzt kaufen, später bezahlen!« bekommen, sehen sie sie im richtigen Licht.

Für diese Kinder war es ein echter Gewinn, dass sie zu Hause die Grundprinzipien für den Umgang mit Geld lernten – nicht zuletzt angesichts der Tatsache, dass finanzielle Probleme und private Insolvenzen eine immer größere Rolle spielen.

Die Familienzeit ist die ideale Gelegenheit ist, unseren Kindern wesentliche Dinge beizubringen. Durch die Umbrüche in unserer Gesellschaft ist das wichtiger denn je. Wenn wir nicht die Lehrer unserer Kinder sind, wird die Gesellschaft diese Rolle übernehmen. Und dann werden nicht nur unsere Kinder, sondern auch wir Eltern mit den Ergebnissen leben müssen.

Wenn wir nicht die Lehrer unserer Kinder sind, wird die Gesellschaft diese Rolle übernehmen.

Familienzeit zum Spaßhaben

SANDRA

Ich glaube, die Familienabende, an denen wir uns so richtig austoben konnten, mochten alle am liebsten. Stephen verriet uns vorher nie, was wir machen würden. Es konnte sein, dass wir zuerst im Garten Volleyball spielten, dann ins Schwimmbad und danach zum Pizzaessen fuhren. Es konnte aber auch auf den Golfplatz gehen, wo jeder mit einem Eimer voller Bälle den Abschlag üben durfte, dann ins Kino und schließlich wieder nach Hause, wo wir den Tag mit Unmengen von Gingerale ausklingen ließen. Manchmal wanderten wir auch mit einer anderen Familie durch den Rock Canyon und machten dann ein Lagerfeuer. Wir gingen ins Kunst-, Technik- oder Dinosauriermuseum oder sahen uns Filme von unserer Familie an und aßen dabei Popcorn. Im Sommer machten wir eine Floßfahrt und schwammen im Fluss. Im Winter standen Schlittschuhlaufen, Skifahren, Rodeln oder eine Schneeballschlacht auf dem Programm. Wir wussten nie, welche Abenteuer auf uns warteten – und das war schon der halbe Spaß.

Besonders wichtig bei Familienzeiten ist es, gemeinsam Spaß zu haben. Spaß vereint alle und lässt eine stärkere Bindung zwischen den einzelnen Familienmitgliedern entstehen. Zudem sorgt Spaß dafür, dass alle Freude am Zusammensein haben. Das hat auch dieser Vater entdeckt:

AUSZEIT VOM ALLTAG

Die Familienzeit gibt uns die Möglichkeit, etwas zu tun, zu dem wir in der Hektik des Alltags nicht kommen würden. Wir nehmen uns eine Auszeit, um ein paar schöne Stunden miteinander zu verbringen. Es gibt ja immer so viel zu tun: Stress im Job, Haus- und Gartenarbeit, einkaufen und kochen, Hausaufgaben mit den Kindern machen ... Dabei vergisst man, sich Zeit zu nehmen, um das Zusammensein mit der Familie ganz entspannt zu genießen.

Wir haben festgestellt, dass es uns richtig guttut, mit den Kindern herumzualbern, Witze zu erzählen und zu lachen. Ich glaube, wenn alles zu ernst ist, fragen die Kinder sich, ob wir sie wirklich mögen und gern mit ihnen zusammen sind. Durch die regelmäßigen Familienzeiten wissen sie, dass wir die Zeit mit ihnen genießen. Sie setzen »gemocht werden« mit »Spaß haben« gleich.

Die Kinder freuen sich mehr auf die Familienzeit als auf alles andere in der Woche. Weil wir dann so viel Spaß zusammen haben, erinnern sie uns immer schon Tage vorher daran.

Selbst wenn in der Familienzeit nicht allzu viel auf dem Programm steht, hat die bloße Freude darüber, zusammen zu sein, eine enorm positive Wirkung auf die emotionalen Beziehungskonten in der Familie.

Sich innerlich verpflichten

Vielleicht haben Sie schon einmal eine Sendung über die Apollo-11-Mission gesehen. Wer die Ereignisse damals am Bildschirm miterlebte, war bis in die Haarspitzen fasziniert. Wir trauten unseren Augen kaum – wir sahen tatsächlich Menschen auf dem Mond herumlaufen!

Wofür wurde bei dieser legendären Reise ins Weltall wohl die meiste Kraft und Energie aufgewendet? Für den etwa 400 000 Kilometer langen Flug zum Mond? Für die Rückkehr zur Erde? Für die Umkreisung des Mondes? Für die Trennung der Mondfähre vom Mutterschiff und das Manöver zum Wiederandocken? Für das Abheben vom Mond?

Nein, für keines dieser Dinge. Nicht einmal für alle zusammen. Die meiste Energie war für das Abheben von der Erde nötig. In den ersten Minuten, auf den allerersten Kilometern der Reise wurde mehr Energie verbraucht als für die Bewältigung einer unendlich viel größeren Strecke in den folgenden Tagen!

Auf diesen ersten Kilometern war die Schwerkraft ungeheuer stark. Um in den Weltraum zu kommen, war ein Antrieb erforderlich, der die Schwerkraft und den Widerstand der Erdatmosphäre überwinden konnte. Danach aber war nicht mehr allzu viel Energie nötig.

Warum ich das alles erzähle? Wenn wir wöchentliche Familienzeiten einrichten wollen, müssen wir alte Gewohnheiten hinter uns lassen und neue schaffen. Das kann man sehr gut mit dem Flug zum Mond vergleichen. Die Schwerkraft der Erde entspricht unseren tief eingeschliffenen Gewohnheiten. Die Erdatmosphäre können wir mit unserer schnelllebigen, familienunfreundlichen Gesellschaft vergleichen. Diese beiden Kräfte sind sehr stark. Um abheben zu können, brauchen wir also einen freien, sozialen Willen, der stärker ist als beide zusammen.

Wenn Sie diesen Willen aufbringen und abheben, werden Sie erstaunt sein, wie viel Freiheit Sie und Ihre Familie plötzlich haben. Der große amerikanische Philosoph und Psychologe William James sagte, wenn wir Veränderungen erreichen wollten, müssen wir den festen Entschluss dazu fassen und den ersten Schwung nutzen, um sie umzusetzen. Dabei dürfen wir keine Ausnahmen gelten lassen. Der wichtigste Schritt ist, sich innerlich darauf zu verpflichten. Legen Sie also gemeinsam mit Ihrer Familie fest: »Ganz egal, was passiert, wir werden jede Woche eine Familienzeit abhalten!«

Ganz egal, was passiert, wir werden jede Woche eine Familienzeit abhalten!

Reservieren Sie nach Möglichkeit einen bestimmten Wochentag für Ihre Familienzeit. Dadurch steigen Ihre Chancen auf regelmäßige Treffen deutlich. Tragen Sie den Termin in Ihren Familienkalender ein. Wahrscheinlich werden Sie hin und wieder auf einen anderen Tag ausweichen müssen. In dem Fall sollten Sie sofort einen neuen Termin ansetzen. Und noch etwas ist wichtig: Vermitteln Sie Ihren Kindern, bevor sie größer werden und immer mehr eigene Pläne für ihre Freizeit haben, wie wertvoll Ihre gemeinsame Familienzeit ist.

Geben Sie nicht auf, wenn Ihre Familienzeiten Ihre Erwartungen nicht immer erfüllen. Bei uns haben manchmal zwei unserer neun Kinder auf der Couch geschlafen, während andere sich auf dem Boden balgten. Manchmal werden Sie sich sicher fragen, ob die Familienzeit Ihren Kindern überhaupt etwas bringt. Vielleicht werden Sie die Ergebnisse viele Jahre lang kaum erkennen. Doch auch die kleinste Richtungsänderung, um die Sie sich heute bemühen, wird nach einiger Zeit sehr viel bewirken.

Ich muss zugeben, dass ich bei unseren Familienzeiten manchmal schwierig war. Doch später, als ich längst erwachsen war und mein eigenes Leben führte, habe ich oft an Dinge gedacht, die ich dabei gelernt habe. Sie haben sehr viel Positives in meinem Leben bewirkt. Das macht mir Mut. Denn heute sehe ich meine eigenen Kinder und frage mich: »Nehmen sie irgendwas aus unseren Familienzeiten mit?« Dann wird mir klar, dass sie das tun, auch wenn es nicht immer so scheint. In den Familienzeiten werden Grundlagen gelegt, die später von großer Bedeutung sein werden. Allein die Tatsache, dass wir regelmäßig Familienzeiten haben, dass wir es überhaupt versuchen, ist ungeheuer wichtig.

Wir halten jetzt schon seit vielen Jahren jede Woche Familienzeiten ab. Wenn ich zurückblicke und mit unseren erwachsenen Kindern darüber spreche, bin ich mir ganz sicher, dass sie zu den stärksten Kräften gehören, die unserer Familie helfen, auf Kurs zu bleiben.

Zeit zu zweit für die familiäre Bindung

Wenn wir Zeit mit jemandem verbringen, den wir lieben, tut uns das selbst auch gut. Es hilft uns, ruhiger und gelassener zu werden. Ein Tag mit Ihrem Partner oder ein Nachmittag mit einem Ihrer Kinder: In dieser entspannten Atmosphäre sollten Sie den anderen vollkommen in den Mittelpunkt rücken. Achten Sie darauf, dass Sie wirklich »bei ihm« sind. Vergessen Sie Ihre Sorgen und Ängste. Stellen Sie Ihre eigenen Interessen und Bedürfnisse in den Hintergrund. Seien Sie voll und ganz für Ihren Mann, Ihre Frau, Ihren Sohn oder Ihre Tochter da.

Die Zeit zu zweit war für unser Familienleben von entscheidender Bedeutung. Deshalb kann ich ohne den geringsten Zweifel sagen: *Die zweite grundlegende Familienstruktur, die wir unbedingt schaffen sollten, ist Zeit zu zweit.* Hier erfolgen das tiefste Lernen und die engste Bindung.

Zeit zu zweit mit dem Partner

Ich kann Ihnen gar nicht beschreiben, welchen Wert meine Zeit zu zweit mit Sandra hat. Wir nehmen uns schon seit vielen Jahren jeden Tag Zeit füreinander. Wenn ich nicht beruflich unterwegs bin, steigen wir auf unsere Honda. Wir lassen dann alles hinter uns, was uns stören oder ablenken könnte: das Handy, das Büro, aber auch unsere Kinder ... Sandra und ich fahren in die Berge und sprechen einfach miteinander. Ganz ungestört erzählen wir uns, was in unserem Leben gerade alles passiert. Wir reden über Probleme oder machen Rollenspiele zu Situationen in der Familie, die uns momentan am meisten beschäftigen. Falls wir nicht zusammen sein können, telefonieren wir miteinander – oft mehrmals am Tag. Diese intensive Kommunikation, diese Bindung, stärkt unsere Ehe, so dass wir mit inniger Liebe, großem Respekt voreinander und einem Gefühl tiefer Verbundenheit in unsere Familien-Arena steigen.

Freunde von uns genießen ihre Zeit zu zweit auf andere Weise. Sie sorgen jeden Freitagabend dafür, dass ihre Kinder in guter Obhut sind. Dann verbringen sie einige Stunden miteinander, die allein ihnen und ihrer Beziehung gehören. Sie gehen in ein Restaurant, ins Kino oder in die Berge. Das machen sie schon seit fast 30 Jahren. Außerdem verreisen sie ein- oder zweimal im Jahr nur zu zweit. Sie fliegen am liebsten nach Kalifornien, wo sie barfuß am Strand laufen, den Wellen zuschauen, das Leitbild für ihre Ehe überarbeiten und an ihren Zielen fürs nächste Jahr arbeiten. Danach kehren sie mit neuem Schwung und neuen Zielen ins Familienleben zurück. Die ungestörte gemeinsame Zeit ist eine enorme Bereicherung für ihre Beziehung. Deshalb übernehmen sie regelmäßig die Betreuung ihrer Enkel, damit auch ihre verheirateten Kinder Zeit zu zweit mit ihren Partnern verbringen können.

Paare sollten sich unbedingt zusammensetzen, um ihre Zukunft zu planen. Planung ist nicht einfach. Sie erfordert Zeit. Doch viele von uns stehen so unter Stress und Termindruck, dass intensive Gespräche mit dem Partner viel zu selten sind. Man spricht höchstens kurz über die aktuellen Anforderungen und Probleme des Alltags. Dabei sollte Planung gerade im Hinblick auf die Familie eine zentrale Rolle spielen. Das bringt allen große Vorteile: Wenn ein Paar sich zusammensetzt, um wichtige Themen – vor allem im Zusammenhang mit den Kindern – durchzusprechen, öffnet es Tür und Tor für neue Erkenntnisse, bessere Lösungen und größere Entschlossenheit. Dadurch entsteht eine fast unglaubliche Bindung und Einheit in der Beziehung.

Bei der Arbeit an diesem Buch habe ich festgestellt, dass Paare die unterschiedlichsten Möglichkeiten finden, um regelmäßig Zeit zu zweit miteinander zu verbringen. Eine Mutter, deren Kinder schon etwas älter sind, erzählte zum Beispiel:

UNSERE ZEIT ZU ZWEIT MACHT DIE FAMILIE STÄRKER

Drei bis vier Abende in der Woche ziehen wir uns schon eine Stunde, bevor die Kinder ins Bett gehen, in unser Zimmer zurück. Dann reden wir miteinander. Wir erzählen uns, was wir bei der Arbeit erlebt haben, oder sprechen Familienangelegenheiten durch. Manchmal hören wir auch einfach nur Musik oder sehen uns einen Film an.

Diese gemeinsame Zeit macht einen großen Unterschied für unser Familienleben. Wenn wir von der Arbeit kommen, konzentrieren wir uns auf die Familie und die Kinder. Wir haben ein offenes Ohr für unsere Kinder und ihre Anliegen. Natürlich kümmern wir uns auch darum, dass das Haus aufgeräumt, die Wäsche gemacht und der Hund ausgeführt wird. Unsere eigenen Bedürfnisse rücken wir in den Hintergrund. Wir wissen ja, dass wir später noch Zeit für uns haben werden.

Die Kinder verstehen das und lassen uns dann in Ruhe. Nur wenn es etwas wirklich Wichtiges gibt, klopfen sie an unsere Tür. Sie rufen nicht nach uns, sie versuchen nicht, hereinzukommen. Und sie beklagen sich auch nie darüber. Ihnen ist klar, was diese Zeit für uns bedeutet und dass unsere Familie stärker ist, wenn wir ein starkes Paar sind.

Für uns funktioniert das besser, als wenn wir ausgehen würden. Dann würden wir andere Leute treffen und hätten keine Zeit für uns allein. Doch so würde uns etwas Wesentliches fehlen. Wir nutzen unsere Zeit zu zweit, um uns immer wieder zu bestätigen, weshalb wir zusammen sind, uns ineinander verliebt und uns als Partner ausgesucht haben. Sich jeden Tag daran zu erinnern, ist meiner Ansicht nach das größte Geschenk, das Paare sich machen können. Im Alltag ist man ja so beschäftigt und konzentriert sich so sehr auf andere Dinge, dass man allmählich gar nicht mehr erkennt, was man am anderen schätzt. Unsere gemeinsame Zeit am Abend vereint uns und zeigt uns, was uns der andere bedeutet.

Auch Sandra und ich haben festgestellt, dass unsere Zeit zu zweit unsere Familie enorm stärkt. Ein kluger Kopf hat mal gesagt: »Das Größte, was wir für unsere Kinder tun können, ist, unseren Partner zu lieben.« Die Stärke der partnerschaftlichen Bindung gibt der ganzen Familie ein Gefühl der Sicherheit. Mehr noch: Von der Qualität der Beziehung zwischen den Eltern hängt die Qualität des gesamten Familienlebens ab. Es ist sehr wichtig, dass die Eltern auch dann respektvoll und fair miteinander umgehen, wenn es Probleme gibt oder ihre Beziehung zerbrochen ist.

> **»Das Größte, was wir für unsere Kinder tun können? Unseren Partner lieben!«**

Als ich einmal sagte, dass ich einen Bekannten nicht leiden könne, fragte mich mein sechsjähriger Sohn Joshua: »Magst du mich denn, Papa?« Das hieß im Grunde: »Wenn du jemand anderen nicht magst, was ist dann mit mir? Magst du mich auch nicht? Ich will sicher sein, dass das nicht so ist!«

Das Sicherheitsgefühl von Kindern resultiert zum Großteil daraus, wie ihre Eltern miteinander umgehen. Daher hat der Aufbau der elterlichen Beziehung erhebliche Auswirkungen auf die gesamte Familienkultur.

Zeit zu zweit mit den Kindern

Zeit zu zweit mit den Kindern ist fast genauso wichtig wie gemeinsame Zeit mit dem Partner. Im Idealfall sollte sich das Kind wünschen dürfen, was es während der gemeinsamen Zeit mit seinem Vater oder seiner Mutter machen möchte. Denken Sie daran, dass die Anwesenheit einer dritten Person die Dynamik verändert. Manchmal kann das durchaus von Vorteil sein. Dann können beide Elternteile Zeit mit einem der Kinder verbringen oder zwei Kinder mit einem der Eltern. Im Allgemeinen sollte dieser besondere Beziehungsaufbau jedoch eins zu eins erfolgen. Wenn man das oft und gut macht, kann man auch die Rivalität zwischen Geschwistern mindern.

Zeit zu zweit sollte man für Unternehmungen, durch die sich die emotionale und soziale Beziehung vertiefen lässt, nutzen. Dann entsteht ein unerschütterliches Gefühl der bedingungslosen Liebe, der Wertschätzung und des Respekts. Dass Kind gewinnt die Gewissheit, dass es sich auf die Beziehung verlassen kann, wenn es Schwierigkeiten oder Probleme hat. Diese Sicherheit hilft dem Kind, besser mit den ständigen äußeren Veränderungen umzugehen.

UNSERE TOCHTER CATHERINE

Mit zehn war ich ein absoluter Fan von Star Wars. Das war einfach das Größte für mich! Dann war ich mit einer Zeit zu zweit mit meinem Vater dran. Ich wollte unbedingt gemeinsam mit ihm Star Wars ansehen, obwohl ich den Film schon viermal gesehen hatte.

Mir fiel allerdings ein, dass das ein Problem sein könnte, weil mein Vater sich wohl lieber einen Zahn ziehen lassen würde, als sich einen Science-Fiction-Film anzuschauen. Als er mich fragte, was ich an meinem Abend mit ihm machen wolle, dachte er aber an meine Interessen, nicht an seine eigenen. Er sagte: »Wir machen das, was du möchtest, Catherine! Das ist dein Abend!«

In den Ohren eines zehnjährigen Mädchens klang das, als sei ein Traum wahr geworden: ein Abend ganz allein mit meinem Vater – und das auch noch im Kino, bei meinem Lieblingsfilm! Also sagte ich ihm, dass ich gerne Star Wars sehen wollte. Nach kaum merklichem Zögern sagte er lächelnd: »Star Wars! Das hört sich toll an. Du kannst mir dann ja alles erklären.«

Also zogen wir los. Als wir es uns – bestens mit Popcorn und Konfekt ausgestattet – auf unseren Plätzen bequem machten, hatte ich ein wunderbares Gefühl: Ich war meinem Vater wirklich wichtig! Dann setzte die Musik ein, das Licht erlosch und ich begann, meinem Vater leise alles zu erklären. Ich erzählte ihm, dass es um den nie endenden Kampf zwischen der hellen und der dunklen Seite der Macht ging. Ich erläuterte ihm den ganzen Film hindurch die Planeten, die Droiden, die Raumschiffe – alles, was ihm fremd oder seltsam erschien. Er saß schweigend da, nickte immer wieder und hörte mir zu.

Danach gingen wir in die Eisdiele. Dort setzte ich meine Erklärungen mit glühenden Wangen fort und beantwortete meinem Vater seine unzähligen Fragen.

Als wir wieder zu Hause waren, bedankte er sich bei mir für diesen Abend und dafür, dass ich ihm die Science-Fiction-Welt ein Stückchen nähergebracht hatte. Und ich dankte Gott vor dem Einschlafen aus tiefstem Herzen dafür, dass er mir einen Vater geschenkt hatte, der Anteil nahm, der mir zuhörte und mir das Gefühl gab, wichtig für ihn zu sein. Ich weiß bis heute nicht, ob Star Wars ihm so gut gefiel wie mir.

Aber ich wusste, dass er mich liebte. Und das ist das Einzige, worauf es ankommt!

Schenken Sie Ihren Kindern Zeit! Nichts zeigt einem Kind deutlicher, wie wichtig es Ihnen ist. Eine Frau hat uns erzählt, was ihre wunderbarste Erinnerung an ihre Kindheit ist: dass ihr Vater fast zehn Jahre lang jede zweite Woche mit ihr gemeinsam frühstückte. Danach setzte er sie immer an der Schule ab und fuhr zur Arbeit.

Schenken Sie Ihren Kindern Zeit! Nichts zeigt einem Kind deutlicher, wie wichtig es Ihnen ist.

Und auch die folgende Mutter konnte durch regelmäßige Zeit zu zweit eine tiefe Bindung zu ihren Söhnen aufbauen:

DIE ZEIT ZU ZWEIT MACHT UNS ZU FREUNDEN

Vor einiger Zeit habe ich meinen 22-jährigen Sohn Brandon in ein Restaurant eingeladen. Beim Essen sprachen wir über alles Mögliche in seinem Leben, auch über sein Studium und seine Zukunftspläne. Plötzlich sagte er lachend: »Mama, ich weiß echt nicht, was ich werden will, wenn ich erwachsen bin!«

Ich erwiderte: »Na, ich weiß auch noch nicht, was ich werden will, wenn ich erwachsen bin! Das Leben verändert uns mit den Jahren. Aber manchmal muss man sich auf eine bestimmte Sache konzentrieren und offen für Neues bleiben.«

Wir führten dann ein wunderbares Gespräch darüber, was er aus seiner Zukunft machen könnte. Dabei kamen wir auf eine Idee, die er bis dahin noch nicht in Betracht gezogen hatte: internationale Wirtschaft zu studieren, mit Portugiesisch als Nebenfach, und sich geschäftliche Verbindungen nach Brasilien aufzubauen.

Es war ein großartiger gemeinsamer Abend. Als ich später darüber nachdachte, wurde mir klar, dass das nicht einfach so passiert war. Ich hatte vor Jahren mein persönliches Leitbild verfasst und mir dabei zum Ziel gesetzt, jeden Monat besondere Zeit zu zweit mit jedem meiner Söhne zu verbringen. Mit dieser Tradition hatte ich schon angefangen, als sie noch zur Grundschule gingen. Das hatte sich entscheidend auf unsere Beziehungen ausgewirkt. Ich glaube nicht, dass so ein Gespräch mit dem 22-jährigen Brandon möglich gewesen wäre, wenn ich nicht damit begonnen hätte, als er jünger war.

Mir ist bewusst geworden, dass wir Eltern einen Übergang vollziehen müssen, wenn unsere Kinder älter werden: Wir müssen dann ihre besten Freunde werden. Durch meine Zeit zu zweit mit meinen Söhnen war dieser Übergang viel leichter – wir waren ja schon Freunde!

Oft lassen sich Zeiten zu zweit im Voraus planen. Allerdings ist das nicht immer möglich. Das hat auch eine Frau erkannt, mit der wir gesprochen haben:

UNSERE KINDER BRAUCHEN UNS!

Natürlich gab es bei uns geplante Zeiten zu zweit. Manchmal merkten mein Mann oder ich aber, dass einem unserer Söhne etwas auf dem Herzen lag. Dann sorgten wir dafür, dass wir in Ruhe mit ihm sprechen konnten: Dave ging mit ihm zum Angeln oder ich lud ihn in ein Restaurant ein. Dave und ich versuchten, uns dabei abzuwechseln. Es sollten immer Zweier-Gespräche sein, damit die Jungs nicht das Gefühl hatten, dass ihre Eltern sich gegen sie verbündeten.

Während der Zweier-Gespräche erzählten uns unsere Söhne, was sie beschäftigte. Manchmal gefiel ihnen irgendetwas im Zusammenhang mit ihren Brüdern nicht und manchmal gab es auch ein Problem in der Schule.

Wir fragten dann: »Sollen wir dir dabei helfen?« Wir überließen die Entscheidung immer ihnen. Uns war klar, dass sie lernen mussten, selbst Entscheidungen zu treffen und ihre Probleme zu lösen. Wir wussten aber auch, dass wir alle jemanden brauchen, mit dem wir sprechen können, der einen weiteren Standpunkt einbringt und uns bei der Abwägung unserer Möglichkeiten hilft.

Zeit zu zweit kann man nicht immer planen. Als liebevolle, besorgte Eltern müssen wir unseren Kindern ansehen, dass etwas nicht stimmt und dass Zeiten zu zweit nötig sind. Um das zu ermöglichen, ist es wichtig, dass wir unsere Familie an die erste Stelle setzen. Unsere Kinder brauchen uns!

Bei unserer Zeit zu zweit mit den Kindern halten Sandra und ich uns an einige Grundregeln. Eine dieser Regeln ist, dass wir die Kinder immer so lange über alles reden lassen, wie sie wollen. Sie können sich über irgendetwas aufregen, sich beklagen oder nach Herzenslust jammern – wir dürfen ihnen erst Ratschläge geben, wenn sie uns darum bitten. Anders ausgedrückt: Sandra und ich versuchen, unsere Kinder zu verstehen. Wir hören einfach zu und zeigen unseren Kindern, dass sie das Wichtigste in unserem Leben sind. Damit stärken wir unsere Beziehung zu den Kindern. Zudem schaffen wir so die Voraussetzung, um die Zeit zu zweit auch zu nutzen, um unseren Kindern etwas beizubringen. Dabei haben wir den folgenden Satz immer im Hinterkopf:

»Mich interessiert nicht, wie viel du weißt – solange ich nicht weiß, wie viel du dir aus mir machst!«

Wenn Sandra und ich mit einem unserer Kinder ungestört Zeit verbringen und ihm unsere volle Aufmerksamkeit widmen, staunen wir immer wieder, wie effektiv wir diese Zeit nutzen können. Wenn wir dagegen unter Zeitdruck oder aus irgendeiner Notwendigkeit heraus versuchen, unseren Kindern etwas zu vermitteln oder ihnen Ratschläge zu geben, sind wir meist enttäuschend ineffektiv.

Eine der größten Chancen für Eltern ist, dass sie ihren Kindern die Prinzipien vermitteln können, die ihnen letztlich das wahre Glück und den größten Erfolg im Leben bringen. Das kann allerdings aber nur gelingen, wenn die Beziehung wirklich gut ist.

UNSERE TOCHTER JENNY

An den Sommer 1996 erinnere ich mich besonders gern, weil ich damals viele wunderschöne Zeiten zu zweit mit meinem Vater verbringen durfte. Er weckte mich jeden Morgen um sechs und radelte mit mir in den Bergen. Wir fuhren eine ganze Stunde lang nebeneinander her, sprachen über alles Mögliche und erzählten uns Geschichten. Er lehrte mich sehr viel, und ich konnte ihm alles sagen. Am Schluss sahen wir uns immer den Sonnenaufgang an und tranken glasklares Wasser aus einer Quelle. Ich denke oft an diese Radtouren zurück!

Die großen Steine zuerst!

Wöchentliche Familienzeiten und Zeit zu zweit sind die Grundlage für starke, effektive Familien. Aber die Frage ist: Wie finden Sie genügend Zeit für wöchentliche Treffen und regelmäßige gemeinsame Unternehmungen mit allen in Ihrer Familie?

Mit diesem einfachen Trick haben Sie mehr Zeit für Ihre Familie!

Stellen Sie sich bitte Folgendes vor: Auf einem Tisch steht ein großes Glasgefäß. Das Gefäß ist fast bis zum Rand mit kleinen Kieselsteinen gefüllt. Daneben liegen mehrere faustgroße Steine.

Das Glasgefäß symbolisiert die nächste Woche in Ihrem Leben. Die Kieselsteine stehen für alles, was Sie normalerweise in dieser Woche machen würden. Die großen Steine neben dem Gefäß sind Ihre Familienzeit, die Zeiten zu zweit und andere Dinge, die Ihnen wirklich wichtig sind – etwa Sport, die Arbeit an Ihrem Familienleitbild oder gemeinsame Aktivitäten, die allen Spaß machen. Bisher haben Sie diese Dinge nicht in Ihrem Zeitplan unterbekommen. Dabei wissen Sie genau, dass sie sehr wichtig sind. Also versuchen Sie, möglichst viele große Steine in das Glasgefäß zu legen. Sie wollen die Steine noch irgendwie hineinquetschen. Das funktioniert allerdings nicht. Sie bringen nur zwei Steine unter.

Was tun? Vielleicht passen ja mehr große Steine ins Gefäß, wenn Sie andere nehmen? Sie holen die beiden großen Steine, die Sie eben hineingelegt haben, wieder aus dem Gefäß. Dann vergleichen Sie alle Steine. Jetzt wählen Sie andere Steine aus. Nach einigem Hin und Her schaffen Sie es, drei große Steine unterzubringen. Das war es dann auch. Sosehr Sie sich anstrengen, es passt kein weiterer Stein hinein.

Wie fühlen Sie sich? Das Gefäß ist randvoll. Aber da sind noch viele wichtige Dinge, die Sie nicht untergebracht haben. Und das ist jede Woche so. Vielleicht sollten Sie mal was völlig anderes probieren?

Plötzlich haben Sie eine Idee: Sie nehmen die drei großen Steine wieder heraus. Dann kippen Sie die ganzen kleinen Kieselsteine in einen Eimer. Danach legen Sie alle großen Steine in das Gefäß. Wie viele große Steine passen nun in Ihr Gefäß? Viel mehr als vorher! Die Kieselsteine können Sie jetzt einfach dazuschütten. Sie haben noch genügend Platz in den Lücken zwischen den großen Steinen.

Der entscheidende Punkt ist, dass Sie die großen Steine zuerst in Ihr Gefäß legen. Genauso ist es mit Ihrer Zeitplanung. Auch hier müssen Sie die wirklich wichtigen Dinge immer zuerst in Ihren Kalender eintragen und feste Termine dafür blocken!

Obwohl mein Vater oft geschäftlich unterwegs war, hat unsere Familie mehr zusammen gemacht als die meisten. Ich hatte mehr gemeinsame Zeit zu zweit mit ihm als meine Freundinnen mit ihren Vätern, die immer pünktlich um fünf Uhr aus dem Büro kamen.

Ich glaube, dafür gab es zwei Gründe. Zum einen plante mein Vater immer im Voraus. Er glaubte wirklich an Pro-Aktivität – daran, dass man schon am Anfang das Ende im Sinn haben und selbst dafür sorgen muss, dass alles so läuft, wie man es sich wünscht.

Wenn ein neues Schuljahr begann, wollte er gleich am ersten Tag wissen, wann die Footballspiele der Jungs und die Aktivitäten von uns Mädchen anstanden. Er hat so gut wie nie etwas Wichtiges verpasst. An den Familienabenden war er fast immer da, an den Wochenenden immer, so dass wir etwas zusammen unternehmen konnten.

Manchmal sagten die Leute: »Ach, dein Vater ist schon wieder verreist?« Aber bei meinen Freundinnen, deren Väter regelmäßige Arbeitszeiten hatten, saßen abends oft alle vor dem Fernseher und sprachen überhaupt nicht miteinander.

Heute ist mir klar, wie viel Mühe es meinen Vater kostete, dass wir gemeinsame Familienzeiten haben konnten. Er war beruflich sehr eingespannt, wir Kinder waren auf fünf verschiedenen Schulen – da hatten meine Eltern alle Hände voll zu tun. Doch sie schafften es. Der entscheidende Punkt ist, dass unsere Familienzeiten ihnen wichtig waren.

Der zweite Garant für unsere gemeinsame Zeit waren unsere Familienregeln. Bei uns ging man am Sonntag nirgendwohin – dieser Tag gehörte der Familie. Auch den Montagabend durfte man nie verpassen, denn das war unser Familienabend. Gewöhnlich unternahmen wir auch an einem Abend am Wochenende etwas gemeinsam. Das war einfach Pflicht. Als wir im Teenager Alter waren, haben wir uns manchmal ein bisschen darüber geärgert. Aber es war ein fester Bestandteil unserer Familienkultur und wurde von allen akzeptiert.

Als ich den Theateraufführungen, Football-Spielen und anderen wichtigen Aktivitäten unserer Kinder noch keine besonders hohe Priorität zumaß, brachte mir das einige schmerzhafte und frustrierende Erfahrungen ein. Schließlich machte ich es mir zur Gewohnheit, die großen Steine immer zuerst in meinem Terminplan unterzubringen. Sandra und ich fragen am Anfang des Schuljahrs sofort nach allen wichtigen

Ereignissen, an denen unsere Kinder oder Enkel teilnehmen wollen. Wir legen großen Wert darauf, diese Termine frühzeitig einzuplanen, damit wir dabei sein können. Und: Familienabende und Zeit zu zweit sind uns auch heute noch heilig.

Wir haben festgestellt, dass unser größtes Glück daraus erwächst, dass wir der Familie den Vorrang geben. Natürlich gibt es auch in unserem Leben viel Gegenwind. Daher ist es nicht immer einfach, die Familie in den Vordergrund zu stellen. Es nicht zu tun, ist aber noch viel schwieriger! Wenn man nicht genügend Zeit in den Aufbau der Beziehungen und die Organisation der Familie investiert, muss man später einen hohen Preis dafür bezahlen. Dann muss man sehr viel Zeit dafür aufbringen, zerbrochene Beziehungen zu kitten, Ehen zu retten oder auf Kinder einzuwirken, die auf die schiefe Bahn geraten sind.

Wer Zeit für die wichtigen Dinge haben will, muss konsequent sein und vorausplanen.

Denken Sie jetzt: »Dafür haben wir aber wirklich keine Zeit!« Dann möchte ich Ihnen sagen: »Sie haben nicht die Zeit, es nicht zu tun!« *Der Schlüssel liegt darin, konsequent zu sein und vorauszuplanen.* »Wo ein Wille ist, ist auch ein Weg!« Wenn Sie die großen Familiensteine zuerst in Ihr Gefäß legen, erspart Ihnen das letztlich sehr viel Stress. Sie fühlen sich dann nicht mehr ständig zwischen Ihrer Familie und Ihrer Arbeit hin- und hergerissen. Zudem können Sie dann die Prinzipien eines effektiven Familienlebens viel besser umsetzen. So können Sie enge, vertrauensvolle Beziehungen und ein tolles Miteinander in Ihrer Familie schaffen. Wenn man am Rand steht und eine solche Familienkultur nicht kennt, lässt man sich leicht ablenken und in andere Richtungen ziehen. Wenn man diese Kultur aber lebt, kann man nur sagen: »Es gibt nichts Schöneres!«

Stellen Sie Ihre wichtigsten Rollen in den Mittelpunkt

Sandra und ich wählen nicht einfach irgendwelche Aktivitäten aus. Wir achten genau darauf, die großen Steine zuerst in unserem Leben unterzubringen. Dabei hat uns sehr geholfen, dass wir unsere wichtigsten Rollen – auch die in unserer Familie – als Grundlage für unsere Planung nutzen. Zudem setzen wir uns jede Woche für jede Rolle klare

Ziele. Manchmal nehmen uns ein oder zwei Ziele so in Anspruch, dass wir uns in einer Woche ganz auf sie konzentrieren. Wenn Sandra beispielsweise eine Woche lang einer unserer Töchter hilft, die ein Baby bekommen hat, dann hält sie in dieser Zeit keine Vorträge und lässt auch alle anderen Projekte bei uns zu Hause ruhen. Da sie diese Entscheidung bewusst getroffen hat, verspürt sie dann innere Ruhe. Sie weiß ja, dass sie sich in der nächsten Woche wieder alle ihre Rollen ansehen und sich neue Ziele setzen wird. *Seit wir unsere Ziele an unsere Rollen gekoppelt haben, herrscht in unserem Leben eine deutlich bessere Balance.* Jetzt ist sichergestellt, dass wir uns um alle unsere Rollen kümmern. Und die Gefahr, dass wir uns dem Druck der zahllosen dringenden Dinge unseres Alltags beugen, ist wesentlich geringer.

Ein Blick zurück und einer nach vorn

An dieser Stelle möchte ich kurz innehalten, um zurückzublicken und die Wege 1 bis 3 aus einer breiteren Perspektive zu betrachten.

Pro-aktiv sein: Der 1. Weg ist die wichtigste Entscheidung überhaupt. Von ihr hängt ab, ob Sie Verantwortung übernehmen oder ein Opfer sein wollen.

Falls Sie sich entscheiden, Verantwortung zu übernehmen, die Initiative zu ergreifen und selbst die kreative Kraft in Ihrem Leben zu werden, kommt der nächste Schritt. Jetzt müssen Sie darüber nachdenken, worum es in Ihrem Leben gehen soll. Das ist dann der 2. Weg: *Schon am Anfang das Ende im Sinn haben.* Im Mittelpunkt steht die Entwicklung eines Leitbilds für Ihre Familie. Dies ist eine strategische Überlegung, von der alle weiteren Entscheidungen abhängen.

Das Wichtigste zuerst tun: Der 3. Weg ist dann vor allem eine Frage der Planung. Wie kann man dafür sorgen, dass die wichtigen Dinge tatsächlich passieren? Dazu haben Sie zwei wirksame Werkzeuge: die wöchentliche Familienzeit und Zeit zu zweit für die familiäre Bindung. Beides sollten Sie konsequent nutzen. Je komplizierter und unbeständiger die Welt um uns herum wird, desto entschlossener müssen wir neue Strukturen schaffen, um auf dem richtigen Kurs zu bleiben.

Sie allein sind der Experte oder die Expertin für Ihre Familie!

Wenn Sie nun darüber nachdenken, wie Sie diese drei Wege in Ihrer Familie umsetzen können, sollten Sie immer im Hinterkopf haben, dass Sie der Experte oder die Expertin für Ihre Familie sind. *Sie allein wissen, wie Ihre familiäre Situation aussieht!*

Vielleicht halten Sie ein Familienleitbild oder Strukturen für sinnvoll, haben aber das Gefühl, dass manche dieser Dinge Sie momentan noch überfordern? Das ist völlig in Ordnung. Fangen Sie dort an, wo Sie gerade stehen. Quälen Sie sich nicht mit Schuldgefühlen, falls Sie noch nicht so weit sind, alles umzusetzen. Für den Anfang genügt es, wenn Sie einige der eben genannten Ideen in Ihrer Familie verwirklichen. Es macht nichts, wenn Sie sich zunächst nicht mehr zutrauen, als ein Versprechen zu geben und zu halten oder sich ein einfaches Ziel zu setzen und zu versuchen, es zu erreichen. Nach einer Weile können Sie dann ja ein anderes, etwas größeres Ziel anpeilen. So können Sie sich Schritt für Schritt an die Ausgestaltung eines Familienleitbilds und die Einführung wöchentlicher Familienabende und besonderer Zeiten zu zweit herantasten.

Kein Kleinkind kann laufen, bevor es krabbeln kann. Manche Dinge müssen einfach vor den anderen kommen. Seien Sie also geduldig mit sich! Vielleicht denken Sie jetzt: »Aber meine Situation ist ganz anders! Das alles ist einfach zu schwierig. Die Herausforderung ist zu groß. Ich kann das nicht!«

Doch: Ich bin sicher, Sie werden es schaffen, die Wege 1 bis 3 in Ihrer Familie umzusetzen. Damit legen Sie dann auch die Grundlage, um ein starkes »Wir«-Gefühl in Ihrer Familie aufzubauen. Wie das genau geht? Das erfahren Sie gleich, wenn wir über die Wege 4 bis 6 sprechen.

Wie Sie den Inhalt dieses Kapitels an Erwachsene und Jugendliche weitergeben

So setzen Sie Ihre Familie an die erste Stelle

- Fragen Sie die anderen in Ihrer Familie: »Wie wichtig ist uns die Familie? Wie viel Zeit haben wir in der letzten Woche mit gemeinsamen Aktivitäten verbracht? Wie sehen unsere Gefühle der Familie gegenüber aus? Steht bei uns die Familie tatsächlich an erster Stelle?«
- Sprechen Sie über das Konzept der Familienzeiten und der Zeiten zu zweit. Fragen Sie: »Inwiefern könnte wöchentliche Familienzeit für uns hilfreich sein?« Entwickeln Sie gemeinsam Ideen für Aktivitäten in Ihren Familienzeiten.
- Lesen Sie die Passage über die »große Steine« auf Seite 143 noch einmal gemeinsam. Führen Sie das Stein-Experiment dann mit Ihrer Familie durch. Sprechen Sie darüber, was die »großen Steine« für jeden Einzelnen und für die ganze Familie sind.

Welche Rolle spielen die Eltern?

- Diskutieren Sie über folgende Aussage: »Das könnte sogar die größte Rolle der Eltern sein: ihren Kindern zu helfen, ihre Talente und Fähigkeiten zu entdecken und sich weiterzuentwickeln.« Wie können Sie diese Rolle bei Ihren Kindern ausfüllen?

Tipp für mehr Familienzeit

Damit Ihnen genügend Zeit für Ihre Lieben bleibt, sollten Sie mit einem Wochenplan arbeiten. Eine kostenlose Vorlage steht zum Download für Sie bereit unter: www.stephen-covey.de

Wie Sie Kindern den Inhalt dieses Kapitels vermitteln

Spaß für alle!

- Setzen Sie sich mit Ihrer Familie zusammen und planen Sie gemeinsame Aktivitäten für die nächsten ein oder zwei Monate: Unternehmungen an den Wochenenden, Zeit zu zweit, Sportveranstaltungen, Nachmittage im Park … Achten Sie darauf, dass auch die Kinder ihre Ideen einbringen.
- Basteln Sie zusammen mit Ihren Kindern eine Collage, die sie an ihre Aufgaben und Pflichten, aber auch an die schönen Dinge, die Sie jede Woche mit ihnen machen werden, erinnert.
- Führen Sie das Experiment mit den »großen Steinen« durch. Bitten Sie alle Kinder, ihre eigenen großen Steine zu ermitteln. Fragen Sie die Kinder: »Was sind die wichtigsten Dinge, die ihr in dieser Woche machen müsst?« Das können beispielsweise die Klavierstunde, das Fußballtraining, die Geburtstagsfeier von einem Freund und die Hausaufgaben sein. Sie können Walnüsse oder Marshmallows als große Steine und Gummibärchen als Kieselsteine benutzen. Natürlich können die Kinder auch echte Steine verwenden, die sie gefunden und dann bemalt haben.
- Sprechen Sie darüber, welche gemeinsamen Aktivitäten den einzelnen Familienmitgliedern besonders gut gefallen würden. Planen Sie jede Woche Zeit zu zweit mit einem Ihrer Kinder ein.
- Gestalten Sie gemeinsam ein Fotobuch mit Ihren schönsten Familienbildern.

4. Weg
Win-Win-Denken

In diesem Kapitel möchte ich Ihnen zunächst einen Überblick über die Wege 4 bis 6 geben. Diese drei Wege sind eng miteinander verzahnt. Alle drei werden Ihnen helfen, die Dinge zu verwirklichen, über die wir bisher gesprochen haben.

Die Wege 4 bis 6 sind der Schlüssel, um gemeinsam mit anderen Probleme zu lösen und Ziele zu erreichen. Um Ihnen zu zeigen, wie gut das funktioniert, möchte ich Ihnen ein Experiment schildern, das ich oft bei meinen Veranstaltungen durchführe. Ich suche mir einen Mann aus dem Publikum aus, der jung, groß, stark und sichtlich fit ist. Dann fordere ich ihn auf, im Armdrücken gegen mich anzutreten. Wenn er dann auf dem Weg nach vorn zu mir ist, erzähle ich ihm, dass ich noch nie verloren habe und es auch jetzt nicht vorhabe. Ich sage ihm, dass er verlieren wird und sich schon mal darauf einstellen soll. Sobald er vor mir steht, stecke ich ihm praktisch meine Nase ins Gesicht, wiederhole das alles und werde dabei ziemlich aufdringlich, aggressiv und unangenehm. Ich erzähle ihm, dass er in wenigen Sekunden platt auf dem Boden liegen wird – was ganz offensichtlich ein bisschen übertrieben ist. Ich sage ihm, dass ich den schwarzen Gürtel habe und dass ich ihn vernichten werde. Mein provokantes Verhalten macht den anderen fast immer wütend und bestärkt ihn in seinem Entschluss, mich zu schlagen.

Dann frage ich die Leute in der ersten Reihe, ob sie bereit sind, den Wettkampf zu sponsern: Wenn ich seinen Arm hinunterdrücke, bekomme ich einen Dollar; im umgekehrten Fall erhält er einen Dollar. Die Leute erklären sich so gut wie immer dazu bereit. Der Wettkampf dauert 30 Sekunden. Ich bitte jemanden in der Nähe, als Zeitnehmer zu fungieren. Er soll uns ein Startsignal geben und dann die 30 Sekunden laut mitzählen. Schließlich packe ich meinen Gegner an der rechten Hand, stelle mich dicht vor ihn und sehe ihn mit einer einschüchternden Grimasse an. Wenn der Zeitnehmer das Signal gibt, ist der andere fest entschlossen, mich zu besiegen. Ich lockere meinen Arm sofort, so dass mein Gegner ihn mühelos hinunterdrücken kann. Die meisten versuchen dann, meinen Arm unten zu halten. Manche sind ein bisschen verunsichert und lassen zu, dass ich meinen Arm wieder ein Stück hebe. Doch sie drücken ihn sofort wieder nach unten, was ich auch zulasse. Dann kämpfe ich darum, meinen Arm wieder zu heben. Dabei stoße ich erneut auf Widerstand. Sobald mein Arm oben ist, drückt der andere ihn wieder runter.

Nach ein paar Sekunden sage ich zum anderen: »Weshalb gewinnen wir nicht beide?« Gewöhnlich versteht er, was ich meine, und lässt zu, dass ich seinen Arm einmal nach unten drücke. Er ist aber immer noch angespannt. Dann lockere ich meinen Arm wieder, so dass er ihn nach unten drücken kann. Dann dauert es nur noch wenige Sekunden, bis wir zusammenarbeiten und unsere Arme abwechselnd nach oben und nach unten gehen.

Schließlich schaue ich zur ersten Reihe und frage: »Na, wie viel schulden Sie uns denn jetzt?« Gleich darauf brüllen alle vor Lachen – sie haben die Botschaft verstanden.

Am Ende dieses Experimentes passiert also etwas völlig anderes als zu Beginn. Zunächst herrscht totale Gegnerschaft, eine Gewinn-Verlust-Einstellung: »Ich gewinne – Sie verlieren!« Es gibt keine Zusammenarbeit, kein Streben nach einer Lösung, die für uns beide gut ist. Stattdessen herrscht verbissenes Konkurrenzdenken. Jeder will den anderen schlagen.

Aus dieser Einstellung entstehen die typischen Streitereien in der Familie, die Auseinandersetzungen zwischen Mann und Frau, zwischen Eltern und Kindern.

Am Ende des Experiments steht eine grundlegende Veränderung. Das Motto lautet jetzt nicht mehr: »Ich gewinne – Sie verlieren!« Nun heißt es: »Wir können beide gewinnen, und zwar im großen Stil!« Jeder versucht, den anderen zu verstehen. Beide arbeiten kreativ zusammen. Dadurch können sie etwas erreichen, das sie alleine niemals zustande gebracht hätten!

Familien, die diese Einstellung haben, setzen bei der Lösung von Problemen eine unglaubliche Kreativität frei. Sie erleben ein ungemein starkes Gefühl der Einheit und der Freude über die gemeinsam vollbrachten Leistungen.

In allen Familien gibt es Situationen, die dem Anfang meines Experiments ähneln. Doch je mehr wir uns bemühen, dass alle Familienmitglieder gewinnen, desto stärker und effektiver wird unsere Familie!

Ich verstehe die Wege 4 bis 6 als *Wurzel, Pfad* und *Frucht*:

- *Win-Win-Denken:* Der 4. Weg ist die *Wurzel.* Er ist die »goldene Regel«. Hier geht es um das Streben nach dem beiderseitigen Vorteil. Dabei wird der Grundstein für eine fürsorgliche Einstellung gelegt, aus der Verstehen und Synergie erwachsen.
- *Erst verstehen, dann verstanden werden:* Der 5. Weg ist der *Pfad,* um in die Gedanken und Herzen anderer vorzudringen und sie wirklich zu verstehen.
- *Synergie schaffen:* Der 6. Weg ist die *Frucht,* das Ergebnis, der große Lohn für das Bemühen, Lösungen zu finden, die für alle Beteiligten ein Gewinn sind. Diese Lösungen sind echte Alternativen – weder Ihr Weg noch der des anderen, sondern ein besserer, höherer Weg.

Zusammen schaffen diese drei Wege etwas, das zu den größten Wundern im Familienleben zählt: die Fähigkeit, gemeinsam neue Ideen und Lösungen zu entwickeln, die besser sind als alles, worauf die einzelnen Familienmitglieder alleine für sich gekommen wären. Außerdem verankern diese drei Wege die Prinzipien des gegenseitigen Respekts, des Verstehens und der kreativen Kooperation in unseren Familien.

Genau das macht den Unterschied! Wenn wir wieder auf unsere Flugzeug-Metapher zurückgreifen, können wir sagen: Es ist schon schwer genug, das Ziel zu erreichen, wenn außerhalb des Flugzeugs stürmisches Wetter herrscht. Doch noch viel schwerer ist es, wenn sich die Turbulenzen im Inneren der Maschine ausbreiten. Sobald es zu Konkurrenz, Unstimmigkeiten und Streit unter den Piloten oder zwischen den Piloten und der Crew kommt, ist es kaum noch möglich, auf Kurs zu bleiben und ans Ziel zu gelangen.

Die Schaffung eines guten sozialen Klimas im Cockpit steht im Mittelpunkt der Wege 4 bis 6. Im Wesentlichen geht es darum, allen in der Familie zu helfen, eine Frage zu stellen und eine Verpflichtung einzugehen:

- Die Frage lautet: »Bist du bereit, eine Lösung zu suchen, die besser ist als das, was jeder Einzelne von uns im Augenblick vorschlägt?«

- Die Verpflichtung lautet: »Ich will dir zuhören, um dich wirklich zu verstehen!«

Wenn Sie den festen Willen haben, diese beiden Dinge konsequent zu tun, können Sie den 4., 5. und 6. Weg in Ihrem Leben verankern. Das liegt größtenteils in Ihrem Einflussbereich. Das kann man sehr gut am Experiment mit dem Armdrücken zeigen: *Um die Situation zu verändern, reicht es, wenn einer der Beteiligten eine Win-Win-Einstellung hat – nur einer, nicht beide!* Es ist also nur ein pro-aktiver Mensch erforderlich, der ehrlich und ernsthaft eine Gewinn-Gewinn-Lösung anstrebt.

Es genügt auch, wenn zunächst nur einer versucht, den anderen zu verstehen. Beim Armdrücken demonstriere ich das, indem ich sofort lockerlasse und zuerst im Interesse des anderen handle. Im alltäglichen Leben bedeutet das: Handeln Sie erst im Interesse des anderen. Versuchen Sie, seine Bedürfnisse, Wünsche und Befürchtungen zu verstehen.

Die Wege 4 und 5 kann ein einziger pro-aktiver Mensch umsetzen. Beim 6. Weg – *Synergie schaffen* – sind dagegen zwei Personen erforderlich. Hier geht es um die Herausforderung, zusammen mit einem anderen etwas Neues zu schaffen, das aus dem Win-Win-Denken und dem Verstehen erwächst, zu denen die Wege 4 und 5 uns führen.

Das Tolle an Synergie ist, dass sie nicht nur neue Alternativen hervorbringt, sondern auch eine enorm starke Bindungswirkung für Beziehungen hat – schließlich schafft man das Neue ja gemeinsam.

Genau das passiert auch, wenn ein Paar ein Kind bekommt. Das Kind wird dann zu einem stark verbindenden Element, das die Eltern zusammenschweißt. Es gibt ihnen eine gemeinsame Vision, ein Ziel und eine Verantwortung. Das macht die Beziehung wirklich stark und bringt das emotionale Beziehungskonto weit ins Plus!

In der Familie geht es um die tiefe innere Wandlung vom »Ich« zum »Wir«.

Die Wege 4 bis 6 repräsentieren das Wesen der »Familie«: die tiefe innere Wandlung vom »Ich« zum »Wir«. Den Schritt vom »Ich« zum »Wir« wollen wir uns jetzt genauer ansehen und dabei mit dem 4. Weg – *Win-Win-Denken* – beginnen.

Niemand verliert gern!

Ein Vater hat mir erzählt, wie er es geschafft hat, zu verstehen, warum sein Sohn so unglücklich war:

WENN DU GEWINNST, DANN VERLIERE ICH

Die Beziehung zwischen unseren beiden Söhnen war stark von Konkurrenz geprägt, so dass sich die beiden sehr oft stritten. Als sie zwölf und zehn Jahre alt waren, fuhren wir alle gemeinsam in den Urlaub. Wir alle hatten uns schon sehr auf die gemeinsame Zeit gefreut. Doch dann eskalierte der Konflikt zwischen den beiden. Dies wirkte sich negativ auf die Stimmung der ganzen Familie aus.

Meiner Ansicht nach war das Ganze vor allem die Schuld unseres älteren Sohns. Deshalb machte ich einen Spaziergang mit ihm, um unter vier Augen mit ihm zu reden. Auf meine Kritik an seinem Verhalten erwiderte er schroff: »Weißt du, was du nicht verstehst? Ich kann meinen Bruder einfach nicht leiden!«

Ich fragte ihn nach dem Grund. Er antwortete: »Er sagt immer Sachen zu mir, die mich ärgern. Hier im Urlaub sind wir dauernd zusammen. Das halte ich nicht aus. Kauft mir eine Busfahrkarte und lasst mich nach Hause fahren, damit ich ihn nicht mehr sehen muss!«

Dass seine negativen Gefühle gegenüber seinem Bruder so stark waren, war ein Schock für mich. Nichts, was ich sagte, brachte ihn dazu, seine Meinung zu ändern.

Wir gingen zu unserem Zelt zurück. Nun bat ich meinen jüngeren Sohn, einen Spaziergang mit mir zu machen. Als er jedoch merkte, dass sein Bruder mitkommen sollte, weigerte er sich. Auch der Ältere wollte nicht. Doch ich überredete die beiden. Wir liefen dann auf einen Hügel in der Nähe, setzten uns ins Gras und fingen an, miteinander zu reden.

Ich wandte mich zuerst an meinen älteren Sohn: »Du hast einige Dinge über deinen Bruder erzählt. Jetzt ist er hier – und ich möchte, dass du ihm das persönlich sagst.«

Er nahm kein Blatt vor den Mund: »Dieser Urlaub ist schrecklich für mich. Ich will nach Hause, nur damit ich von dir wegkomme!«

Diese harten Worte verletzten den Kleinen. Ihm kamen die Tränen. Er fragte leise: »Aber warum denn?«

Die Antwort kam schnell und bestimmt: »Weil du dauernd Sachen sagst, die mich ärgern. Ich will einfach nicht in deiner Nähe sein!«

Der Jüngere seufzte: »Das mache ich nur, weil du immer gewinnst, wenn wir etwas spielen.«

»Ist doch klar, dass ich gewinne!«, erwiderte sein Bruder. »Ich bin besser als du!«

Der Kleine konnte kaum noch sprechen. Doch er sagte aus der Tiefe seines Herzens: »Ja, aber immer, wenn du gewinnst, dann verliere ich. Deshalb sage ich Sachen, um dich zu ärgern. Aber ich will nicht, dass du nach Hause fährst! Eigentlich bin ich gern mit dir zusammen. Ich kann es nur nicht ertragen, immer zu verlieren!«

Die unter Tränen hervorgestoßenen Worte gingen dem Älteren sehr nahe. Seine Stimme wurde weicher, als er sagte: »Ist gut, ich fahre nicht nach Hause. Aber bitte hör auf, immer so blöde Sachen zu sagen, die mich wütend machen.«

»In Ordnung! Hörst du aber bitte auf, immer gewinnen zu wollen?«

Dieses kurze, offene Gespräch rettete unseren Urlaub. Danach war die Situation zwar nicht perfekt, aber doch erträglich. Ich glaube, unser älterer Sohn hat die Worte seines kleinen Bruders nie vergessen: »Ich kann es nur nicht ertragen, immer zu verlieren!«

Ich werde diese Worte auch nie vergessen. Wenn wir immer oder sehr oft verlieren, sagen und tun wir schnell dumme Sachen, die andere und sogar uns selbst wütend machen.

Gewinn-Verlust und die Folgen

Niemand verliert gern – insbesondere in der Familie. Doch oft legen wir eine Gewinn-Verlust-Einstellung an den Tag. Häufig bemerken wir das nicht mal. Viele von uns kommen aus einem Zuhause, wo sie ständig mit ihren Geschwistern oder anderen Kindern verglichen wurden. Auch in der Schule herrscht oft großer Konkurrenzdruck. Unsere Gesellschaft wird von Gewinn-Verlust-Denken geprägt. Ob beim Sport, im Job, in der Politik, bei Schönheitswettbewerben, bei Gerichtsverfahren oder in Talk-Shows und Diskussionsrunden: Das Gewinn-Verlust-Denken ist allgegenwärtig!

Das Gewinn-Verlust-Denken ist allgegenwärtig!

Das alles beeinflusst natürlich auch unser Familienleben. Daher verfallen wir fast automatisch in Verhaltensmuster, die auf Gewinn-Verlust abzielen, etwa wenn Teenager sich mehr Freiheiten wünschen, Geschwister um die Aufmerksamkeit der Eltern wetteifern oder Ehepaare sich streiten.

Doch wie wirkt sich so etwas auf das emotionale Beziehungskonto aus? Was passiert, wenn wir immer nur Gewinn-Verlust denken? Und wie sieht es mit der Partnerschaft aus? Was geschieht, wenn das Verhalten innerhalb der Familie allein auf Gewinn-Verlust abzielt?

Einer meiner Bekannten arbeitete in einem Beruf, für den sich seine Frau nicht interessierte. Sie mochte seine Arbeit und seine Kollegen nicht. Als seine Arbeitsgruppe eine Weihnachtsfeier plante, fragte er sie, ob sie mitkommen würde. Sie lehnte das rundweg ab. Er musste allein zu der Feier gehen. Sie hatte gewonnen und er verloren.

Zwei Monate später organisierte der Literaturclub der Frau einen Vortrag eines bekannten Autors. Danach sollte ein Empfang stattfinden, bei dem sie als Gastgeberin fungierte. Sie ging fest davon aus, dass ihr Mann sie begleiten würde. Als er ihr morgens sagte, dass er nicht mitkommen würde, war das ein echter Schock für sie. Verärgert fragte sie ihn: »Warum kommst du denn nicht mit?« Er antwortete schroff: »Ich will genauso wenig mit deinen Freunden zusammen sein, wie du bei der Weihnachtsfeier mit meinen Kollegen zusammen sein wolltest.« Diesmal gewann er und sie verlor.

Als er am späten Nachmittag von der Arbeit kam, sprach sie kein Wort mit ihm. Sie fuhr zu dem Empfang, ohne sich von ihm zu verabschieden. Er setze sich allein ins Wohnzimmer.

Doch wie wirkt es sich auf die Beziehung und die Familie aus, wenn eine Partnerschaft von Ego-Kämpfen geprägt ist? Was passiert, wenn es den Partnern wichtiger ist, ihren Willen durchzusetzen, als ihre Beziehung zu pflegen? Gibt es dann überhaupt Gewinner?

Verlust-Gewinn ist auch keine Lösung

Nun wollen wir uns ansehen, was passiert, wenn in den Familien Verlust-Gewinn-Denken vorherrscht.

Eine Frau hat uns ihre erschütternde Geschichte erzählt:

DAS IST ALLES NUR MEINE SCHULD

In der Schule hatte ich viel Erfolg – ich war Herausgeberin des Jahrbuchs, leitete den Debattier-Club und spielte die erste Klarinette im Or-

chester. Scheinbar gelang mir alles mühelos. Als ich dann zur Uni ging, merkte ich, dass ich mir keine berufliche Karriere wünschte. In meinen Augen war das Wichtigste und Beste, was ich in meinem Leben machen konnte, eine gute Ehefrau und Mutter zu sein.

Nach meinem ersten Jahr an der Uni heiratete ich Steve. Wir kannten uns, seit ich 14 war. In sehr kurzer Zeit bekam ich vier Kinder. Doch von all den Aufgaben, die eine so große Schar kleiner Kinder mit sich brachte, fühlte ich mich regelrecht erschlagen. Das Schlimmste war, dass ich von meinem Mann kaum Unterstützung bekam. Er war beruflich viel unterwegs. Wenn er dann doch mal zu Hause war, vertrat er die Auffassung, dass er dafür zuständig war, uns finanziell zu versorgen. Um den Haushalt und die Kinder kümmerte er sich nicht. In seinen Augen war das allein meine Sache.

Meine Vorstellungen von der Ehe hatten ganz anders ausgesehen. Ich hatte gedacht, wir würden ein Team sein. Ja, ich blieb zu Hause, um mich um unsere Kinder zu kümmern. Aber ich hatte geglaubt, dass wir als Mann und Frau gemeinsam den Kurs für unsere Familie und unser Leben festlegen würden.

Zudem hatte mein Mann extrem hohe Erwartungen. Ich sollte die ideale Hausfrau und Mutter sein. Wenn er von seinen zahlreichen Dienstreisen nach Hause kam, musste alles perfekt sein. Doch sosehr ich mich auch anstrengte, es schien nie gut genug zu sein. Ich bekam nie Lob, sondern immer nur Kritik. Ich kam mir so wertlos vor. Ich glaubte, versagt zu haben.

Schließlich fing er auch noch an, mich zu schlagen. Er wurde immer gewalttätiger. Außerdem war er mir nicht treu. Irgendwann bat ich ihn, mit mir zu einer Eheberatung zu gehen. Er stimmte schließlich zu, aber ohne wirkliches Interesse. An einem Abend war er besonders ärgerlich. Als wir hereinkamen und uns setzten, sagte der Berater zu ihm: »Sie wirken heute sehr aufgebracht. Beschäftigt Sie irgendwas?«

Mein Mann antwortete: »Ja! Ich habe es satt, ständig allen hinterherräumen zu müssen!«

Ich hatte das Gefühl, dass etwas in mir starb. All die Arbeit und Energie, all die Jahre, die ich dafür aufgewendet hatte, das perfekte Heim zu schaffen! Was hätte ich denn noch alles tun sollen?

Der Berater sagte zu Steve: »Können Sie mir genauer beschreiben, was Sie ständig wegräumen müssen?« Es folgte langes Schweigen. Ich konnte spüren, dass Steve sehr angestrengt nachdachte. Schließlich rief er erbost: »Als ich heute Morgen geduscht habe, hatte irgendjemand die

Shampoo-Flasche nicht zugemacht!« Ich saß da und hatte das Gefühl, immer mehr zu schrumpfen.

Der Berater fragte meinen Mann: »Was haben Sie denn heute noch alles wegräumen müssen?« Wieder folgte langes Schweigen. Man konnte spüren, wie angestrengt Steve nachdachte. Dann sagte er: »Das reicht doch wohl!«

An diesem Punkt hatte ich das Gefühl, nur noch fünf Zentimeter groß zu sein. Zum ersten Mal wurde mir klar: Egal, was ich machte, er würde immer weiter an mir herumnörgeln und sich grundlos aufregen. Plötzlich erkannte ich, dass das Ganze sein Problem war, nicht meins.

In jenen Jahren machte ich viele innere Kämpfe durch. Ich versuchte immer wieder, Steve zu gefallen und mich zu »bessern«. Schließlich sah ich keinen Ausweg mehr. Ich ging in eine Klinik und bat die Leute dort, mich aufzunehmen. Als sie mich fragten, weshalb ich das für nötig hielt, antwortete ich: »Ich habe eine Lösung für mein Problem gefunden. Aber vor dieser Lösung habe ich Angst.«

Sie wollten wissen, was ich damit meinte. Und ich sagte es ihnen: »Ich habe einen Entschluss gefasst und alles gekauft, was ich brauche, um meine Kinder zu erschießen, wenn sie aus der Schule kommen. Danach werde ich die Waffe gegen mich selbst richten. Mein Leben ist unerträglich.«

Damals dachte ich, dass die Welt ein schlechter und böser Ort ist und dass es das Beste für meine Kinder wäre, sie mit in den Tod zu nehmen. Als ich das erkannte, packte mich unbeschreibliche Angst. Zum Glück war ich noch klar genug, um in die Klinik zu gehen.

Wenn ich heute zurückblicke, wundere ich mich, dass ich meinen Mann nicht erschießen wollte. Doch damals dachte ich, dass alles allein meine Schuld wäre.

Letztlich erkannte die Frau, dass die Sache das Problem ihres Mannes war. Sie machte ihren Universitätsabschluss, zog in eine andere Stadt und baute sich dort ein neues Leben auf – ohne ihren Mann. Beinahe hätten all die Jahre, in denen sie von ihrem Verlust-Gewinn-Denken geprägt war, jedoch in einer Tragödie geendet.

Für die meisten Menschen sieht die Verlust-Gewinn-Einstellung folgendermaßen aus: »Ich bin ein Opfer! Trample ruhig auf mir herum. Das machen alle anderen ja auch.« Doch welche Auswirkungen hat so eine Einstellung auf Beziehungen? Kann aus diesem Muster eine dauerhafte Verbindung voller Vertrauen und Liebe entstehen?

Gewinn-Gewinn: Die einzig sinnvolle Alternative

Gewinn-Verlust und Verlust-Gewinn werden letztlich mit Verlust-Verlust enden. Die einzig sinnvolle Alternative ist Win-Win-Denken. Diese Einstellung bildet den Kern einer starken, effektiven Familie.

Wenn Sie Kinder haben, wird eine permanente Gewinn-Verlust-Einstellung die emotionalen Beziehungskonten tief ins Minus treiben. Kurzfristig können Sie Ihren Willen vielleicht durchsetzen. Das gilt besonders, wenn die Kinder noch klein sind. Schließlich sind Sie ja größer und stärker. Aber was passiert, wenn Ihre Kinder älter werden? Werden sie dann verantwortungsbewusste Heranwachsende sein, die eigenständig gute Entscheidungen treffen? Oder werden sie so sehr darauf fokussiert sein, zu »gewinnen«, dass sie keine Chance haben, sich positiv zu entwickeln?

Win-Win ist die einzige tragfähige Grundlage für Effektivität in der Familie.

Und was ist, wenn Sie eine Verlust-Gewinn-Einstellung haben? Wenn Sie den Weg des geringsten Widerstands wählen und anderen ihren Willen lassen? Wahrscheinlich werden Sie eine Weile gut mit anderen klarkommen. Doch so gibt es keine gemeinsame Vision, keine Prinzipien, keine Werte und keinen Respekt.

Und wie sieht es mit der Partnerschaft aus? Wie wirkt es sich auf die Beziehung aus, wenn die Partner ständig Ego-Kämpfe miteinander ausfechten. *Wenn es beiden mehr darum geht, wer Recht hat, als darum, was richtig ist?* Oder wenn einer der Partner zum Fußabtreter wird, zum Opfer? Auch daraus kann sich kein Gewinn ergeben – letztlich werden alle in der Familie verlieren.

Wenn Ihnen ein anderer sehr am Herzen liegt, werden Sie manchmal auch etwas tun, was zunächst nach Verlust-Gewinn aussehen mag. Hier lautet das Prinzip: »Meine Liebe zu dir ist so groß, dass ich mich nicht gut fühlen würde, wenn ich meinen Willen bekäme, du aber unglücklich wärst!«

Das bedeutet nicht, dass Sie nachgeben oder kapitulieren. Sie verlagern Ihren Fokus lediglich auf den Wert der Person, die Sie lieben, und die Qualität Ihrer Beziehung zu ihr. Dadurch kann das, was zunächst wie Verlust-Gewinn scheint, in Wirklichkeit Gewinn-Gewinn werden.

Manchmal ist die Sache, die dem anderen sehr am Herzen liegt, auch für Sie selbst wirklich wichtig. In diesem Fall sollten Sie Synergie schaffen und ein Ziel finden, das Sie eint. So wird die Freisetzung aller kreativen Kräfte möglich. Gemeinsam können Sie einen besseren Weg entdecken, um Ihr Ziel zu erreichen. Dann stehen der Weg zum Ziel und das Ergebnis im Zeichen einer Gewinn-Gewinn-Einstellung.

Win-Win ist die einzige tragfähige Grundlage für Effektivität in der Familie, das einzige Denk- und Verhaltensmuster, aus dem dauerhafte Beziehungen voller Vertrauen und bedingungsloser Liebe entstehen können.

Vom »Ich« zum »Wir«

Ein Mann hat uns erzählt, wie es ihm gelang, in seiner Familie tiefgreifende Veränderungen anzustoßen:

DAS WOHL DER FAMILIE STEHT ÜBER ALLEM

Vor ein paar Jahren sind meine Mutter und mein Stiefvater bei einem Flugzeugunglück ums Leben gekommen. Meine Frau und ich waren am Boden zerstört. Zur Beerdigung kamen Angehörige aus dem ganzen Land. Danach fiel uns die traurige Aufgabe zu, das Hab und Gut unserer Eltern aufzulösen. Dabei wurde offensichtlich, dass einige meiner Geschwister unbedingt bestimmte Dinge haben wollten:

- *»Wieso bildest du dir ein, dass du die Kommode bekommst?«*
- *»Er glaubt doch wohl nicht, dass er das antike Gemälde kriegt!«*
- *»Guck dir bloß mal an, wie habgierig sie ist. Dabei ist sie nur angeheiratet.«*

Ich erkannte, dass die Streitigkeiten zu einer tiefen Spaltung der Familie führen und große Verletzungen hinterlassen könnten. Um das zu verhindern, beschloss ich, mich auf die Dinge zu konzentrieren, die ich positiv beeinflussen konnte.

Als Erstes sagte ich den anderen, dass wir uns Zeit nehmen sollten, bevor wir festlegten, wer was bekam. Zudem schlug ich vor, dass wir gemeinsam einen Weg für die Aufteilung suchen, der uns als Familie enger zusammenschweißte, unsere Beziehungen stärkte und es uns ermöglichte, Dinge zu bekommen, über die wir uns wirklich freuten.

Das schien allen zu gefallen, denn sie stimmten zu. So einfach war es dann aber doch nicht. In den folgenden Monaten musste ich mich immer wieder davor hüten, zu denken: »He, Augenblick mal! Das wollte ich doch auch haben.« Aber ich erinnerte mich jedes Mal sofort wieder an das Ende, das ich im Sinn hatte. Ich sagte: »Was ist uns am wichtigsten? Unsere Beziehungen und der Familienfrieden. Wie gehen wir also so vor, dass es für alle ein Gewinn ist?«

Schließlich erstellten wir eine Liste der Besitztümer von Mama und John. So wussten alle, was vorhanden war. Jeder bekam eine Kopie – und einen Zettel, auf dem wir an unser Ziel als Familie erinnerten: »Würdet ihr diese Liste bitte durchgehen und die fünf Dinge, die ihr am liebsten hättet, kennzeichnen? Denkt dabei bitte auch an die anderen in der Familie. Wir wollen, dass alle glücklich und zufrieden sind!«

Als der Tag der Aufteilung kam, wurde mir klar, dass die Sache trotz all unserer guten Absichten immer noch schiefgehen konnte. Deshalb erinnerte ich alle noch mal eindringlich an unser Ziel: »Denkt bitte daran, dass wir hier sind, weil wir diese beiden Menschen lieben und uns gegenseitig auch! Die nächsten Stunden sollen so verlaufen, dass sie Mama und John glücklich machen würden, wenn sie hier wären.«

Alle waren sich einig: »Wir werden hier erst weggehen, wenn wir alle damit zufrieden sind, was jeder bekommen hat.«

Wir erklärten reihum, was wir auf unsere Liste gesetzt hatten und weshalb diese Dinge uns wichtig waren. Als wir uns von den Erinnerungen erzählten, die wir damit verbanden, sprachen wir auch über unsere Erlebnisse mit Mama und John. Trotz unserer Trauer hatten wir Freude daran, zusammen zu sein und über unsere Erinnerungen zu reden.

Nachdem alle an der Reihe waren, stellten wir fest, dass es kaum Überschneidungen gab. Und wenn zwei Leute gern denselben Gegenstand haben wollten, sagte einer von ihnen: »Ach, das steht auch auf meiner Liste. Aber jetzt weiß ich ja, weshalb es dir so viel bedeutet. Ich möchte, dass du es bekommst!«

Am Ende waren wir von Liebe füreinander und von Liebe und Dankbarkeit für Mama und John erfüllt. Es war, als hätten wir uns ihnen zu Ehren zusammengesetzt.

Dieser Mann traf die pro-aktive Entscheidung, das Wohl der ganzen Familie über alles andere zu stellen. Er dachte wirklich Win-Win!

Die meisten in seiner Familie hatten das, was wir als Mangel-Mentalität bezeichnen könnten: die Überzeugung, dass es nur einen Kuchen gibt. Wenn ein anderer sich ein größeres Stück nimmt, bekommt man selbst nur noch ein kleines bisschen vom Kuchen ab. Aber mit dieser Einstellung kann es nur Gewinn-Verlust geben.

Der Mann hat es geschafft, eine Überfluss-Mentalität zu entwickeln. Er war überzeugt: Es ist genug für alle da. Wir haben unendlich viele Alternativen, die Dinge so zu regeln, dass alle in der Familie gewinnen.

Die Überfluss-Mentalität ist der Grundgedanke der Familie und der Partnerschaft. Hier steht das »Wir« an erster Stelle und nicht das »Ich«.

Manche glauben: »Wenn man heiratet oder Kinder bekommt, verändert das das ganze Leben. Man kann sich dann nicht mehr nur auf die eigenen Pläne und Prioritäten konzentrieren, sondern muss Opfer bringen. Man muss an andere denken, an ihre Wünsche und Bedürfnisse, an ihr Glück. Das ist manchmal sehr schwierig!«

Das ist richtig. Gute Partnerschaften und starke Familien erfordern Opfer. Wenn man sich aber aufrichtig liebt und gemeinsam ein »Wir« schaffen will, dann bedeuten Opfer nur, etwas Kleines zugunsten von etwas Großem aufzugeben. Eine echte Gewinn-Gewinn-Einstellung, wahres Glück und tiefe Erfüllung erwachsen aus Opfern. *Die Verlagerung der Perspektive vom »Ich« auf das »Wir« macht Familien erst zu starken, effektiven und glücklichen Familien!*

Es ist ebenso traurig wie erstaunlich, dass Ehen, die mit unendlich viel Liebe und Romantik geschlossen wurden, in Bitterkeit und Rachsucht enden. Die mit der Ehe und vor allem mit Kindern verbundenen Anforderungen übersteigen alles, was die Partner sich bei der Hochzeit vorstellen können. Doch wenn es bei beiden ein beständiges persönliches und gemeinsames Wachstum gibt, werden die zunehmenden Verantwortlichkeiten und Pflichten für eine tiefe Bindung zwischen den Partnern sorgen. Andernfalls werden sie sie letztlich auseinanderreißen.

Das Ehe- und Familienleben ist die »höhere Schule« des Menschseins.

Bei Trennungen sind meist beide Partner überzeugt, dass sie selbst im Recht sind und der andere im Unrecht. Doch unabhängige Denk- und Verhaltensweisen funktionieren in der Partnerschaft und in der Familie nicht.

Das Ehe- und Familienleben ist in der Tat die »höhere Schule« des Menschseins.

Ein Mann, der mit 30 geheiratet hatte, hat das so beschrieben:

ES GEHT NICHT UM MICH. ES GEHT UM UNS!

Bei der Hochzeit hielt ich mich für einen besonders freundlichen, großzügigen, aufgeschlossenen, selbstlosen Menschen. Später habe ich jedoch erkannt, dass ich sehr eigensüchtig und egozentrisch bin. Darauf werde ich ständig wieder mit der Nase gestoßen: Soll ich das tun, von dem ich weiß, dass ich es tun sollte? Oder das, was ich spontan tun will?

Ich komme von der Arbeit nach Hause. Es war ein langer Tag, ich bin müde und würde mich am liebsten einfach nur verkriechen. Jetzt will ich mir keine Gedanken über meine Beziehung oder mein Familienleben machen. Ich will einfach nur entspannen und abschalten.

Andererseits weiß ich, dass ich mich auf meine Beziehung konzentrieren und Zeit mit meiner Familie verbringen sollte. Ich muss erkennen, dass meine Frau und meine Kinder Bedürfnisse und Wünsche haben, und ich muss ihnen zuhören.

30 Jahre lang ging es in meinem Leben nur um mich – um niemanden sonst! Jetzt, wo ich eine Familie habe, ist mir klar geworden, dass es nicht mehr nur um mich gehen kann. Es geht um uns!

Natürlich muss ich mich persönlich weiterentwickeln und brauche auch Zeit für mich. Doch wenn ich wirklich will, dass meine Ehe funktioniert und meine Familie glücklich ist, muss ich genügend Zeit und Mühe dafür aufwenden – auch dann, wenn ich müde, gereizt oder schlecht gelaunt bin.

Catherine Johnson berichtet in ihrem Buch *Lucky in Love: The Secrets of Happy Couples and How Their Marriages Thrive*[1] über ihre Forschung zu den Faktoren, die Ehen glücklich und beständig machen. Dabei hebt sie zwei sehr wichtige Dinge hervor:

1. Beide Partner hören auf, im Herzen allein zu sein. Sie verbinden ihre Herzen durch die Ehe. Ihre Seelen werden eins. Jeder betrachtet den anderen als seinen besten Freund oder seine beste Freundin.
2. Dass die Beziehung sich gut entwickelt, ist beiden Partnern wichtiger, als bei Meinungsverschiedenheiten zu gewinnen. Sie

denken über sich und ihr Verhalten nach. Zudem besitzen sie die nötige Selbstwahrnehmung, um sich aus der Perspektive des Partners zu betrachten.

Genau das ist das wahre Win-Win-Denken. Im Grunde genommen ist es sogar Win-Win-Win – ein Gewinn für den Einzelnen, für die Ehe und die Familie. Aber auch ein großer Gewinn für die Gesellschaft, die glückliche Individuen und starke Familien braucht.

So entsteht Win-Win-Denken in der Familie

Win-Win-Denken bedeutet, dass man versucht, bei allen Interaktionen in der Familie eine Gewinn-Gewinn-Einstellung zu schaffen. Man will immer das, was für alle Beteiligten das Beste ist.

Als Mutter oder Vater wissen Sie, dass Ihre Kinder hin und wieder Dinge tun wollen, die ihnen keinen Gewinn bringen werden. Junge, unerfahrene Menschen handeln oft aus ihren momentanen Gefühlen und Wünschen heraus. Eltern sind da gewöhnlich erfahrener und klüger. Daher treffen Eltern oft Entscheidungen, die bei ihren Kindern nicht gut ankommen und auf den ersten Blick wie Gewinn-Verlust aussehen.

Wenn man Kinder hat, geht es nicht darum, beliebt zu sein.

Wenn man Kinder hat, geht es jedoch nicht darum, beliebt zu sein und allen ihren Launen und Wünschen nachzugeben. Es geht vielmehr darum, echte Gewinn-Gewinn-Entscheidungen zu treffen, auch wenn die Kinder das im Augenblick vielleicht noch nicht erkennen.

Als Eltern werden Sie immer wieder erleben, dass Ihre Kinder ihre Unzufriedenheit zum Ausdruck bringen. Denken Sie immer daran, dass über all das, was Sie tun, um Ihren Kindern Glück und Sicherheit zu vermitteln, meist nicht gesprochen wird. Glauben Sie nicht, dass die Unmutsäußerungen Ihrer Kinder etwas über Ihre Leistung als Vater oder Mutter aussagen.

Der Schlüssel ist immer die Beziehung zu Ihren Kindern. Wenn Sie das Win-Win-Denken in Ihrer Familie fördern, schaffen Sie die Basis, damit Ihre Kinder Entscheidungen, die für sie wie Gewinn-Verlust aussehen, verstehen und akzeptieren. Hier sind ein paar Tipps für Sie:

3 Tipps, um das Win-Win-Denken zu fördern

Lassen Sie Ihre Kinder bei den kleinen Dingen gewinnen

Solange die Kinder klein sind, sind auch 90 Prozent der Dinge, die es zu regeln gilt, keine große Sache. Wenn unsere Kinder eine Schaukel im Wohnzimmer anbringen oder wochenlang eine Burg im Haus stehen lassen wollten, haben wir ihnen das erlaubt. Das war ein Gewinn für sie und auch für uns, denn es stärkte unsere Beziehung.

Versuchen Sie, gemeinsam Lösungen zu finden

So zeigen Sie Ihren Kindern, dass es Ihnen nicht darum geht, sich durchzusetzen. Versuchen Sie, wichtige Probleme immer gemeinsam zu lösen. Machen Sie Ihren Kindern klar, dass Sie offen für ihre Lösungsideen sind. Vielleicht haben Ihre Kinder ja sogar eine Idee, die wirklich besser ist als Ihre eigene. Eventuell finden Sie gemeinsam auch Alternativen, die besser sind als Ihre Lösung oder die Vorschläge Ihrer Kinder.

Vermeiden Sie Konkurrenzdenken

Ich habe meiner Enkelin bei einem sehr wichtigen Fußballspiel zugesehen. Sie ist eine gute Spielerin und wir waren alle aufgeregt, weil es das entscheidende Match um die Meisterschaft war. Das Spiel stand lange auf des Messers Schneide. Am Ende gab es schließlich ein Unentschieden. Für unseren Trainer war das nicht ganz so schlimm wie eine Niederlage, aber auch nicht viel besser.

Nach dem Spiel schüttelten die Spielerinnen sich die Hände und sagten dabei mechanisch: »Gutes Spiel, gutes Spiel!« Doch unsere Mannschaft war niedergeschlagen – das konnte man deutlich an den Gesichtern sehen. Der Trainer versuchte, die Mädels ein bisschen aufzuheitern. Doch sie wussten, dass auch er tief enttäuscht war. So schlichen sie mit gesenkten Köpfen über den Platz.

Als sie zu uns kamen, sagte ich voller Begeisterung: »Wunderbar, Mädels! Das war ein tolles Spiel. Ihr hattet ja fünf Ziele: euer Bestes zu geben, Spaß zu haben, als Team zusammenzuarbeiten, zu lernen und zu gewinnen. Viereinhalb davon habt ihr erreicht. Das sind 90 Prozent! Das ist großartig! Glückwunsch!«

Man konnte richtig sehen, dass ihre Augen aufleuchteten. Bald darauf feierten sie zusammen mit ihren Eltern, dass sie 90 Prozent ihrer Ziele erreicht hatten.

Selbst in Gewinn-Verlust-Situationen wie beim Sport kann man etwas tun, um eine Win-Win-Einstellung aufzubauen. Wir haben in unserer Familie entdeckt, dass uns vieles mehr Spaß macht, wenn wir ein »Team«-Ergebnis anstreben.

SANDRA

Da Kinder völlig verschiedener Altersstufen zu unserer Familie gehörten, war es schwierig, etwas zu finden, was allen Spaß machte. Manchmal fuhren wir ins Bowling-Center. Alle gaben ihr Bestes. Doch die Gewinner waren immer dieselben – die Kinder, die älter, größer, stärker und geschickter waren.

Wie konnten wir das Bowling für alle zu einem Gewinn machen? Wir fanden tatsächlich ein gutes System. Wir hörten auf, denjenigen zum Sieger zu erklären, der die meisten Punkte für sich erspielt hatte. Stattdessen setzten wir uns eine bestimmte Punktzahl als Ziel, die wir erreichen mussten, um gemeinsam als Familie zu gewinnen. Wenn wir die Punktzahl erreichten, gab es als Belohnung Eis oder Pizza für alle. So ärgerte sich niemand mehr, wenn ein anderer besser war. Wir feuerten uns alle gegenseitig an, damit wir unser gemeinsames Ziel erreichten.

Das wurde ein echter Gewinn für die ganze Familie: Es gab keine Gewinner und Verlierer mehr. Jetzt hatten wir ja ein gemeinsames Ziel. Wir hofften, dass jeder möglichst viele Punkte machen würde. Jeder Punkt zählte. Denn ein einziger Punkt konnte darüber entscheiden, ob wir in die Eisdiele oder zum Italiener gehen konnten oder gleich nach Hause fahren mussten.

Die Rivalität zwischen Geschwistern kann man auch entschärfen, wenn man ein Kind zum Lehrer des anderen macht. So respektieren und schätzen die Kinder die Leistungen des anderen – schließlich sind sie ja beide daran beteiligt.

SANDRA

Sean und David sind nur 18 Monate auseinander. Manchmal herrschte große Rivalität zwischen den beiden. Als David lesen lernte, äffte Sean ihn oft nach. David quälte sich mit dem Satz »Das Vögelchen flog auf den Baum«. Die Worte kamen ihm nur mühsam und stockend über die Lippen. Sean kam aus seinem Versteck und machte David nach: »Das … Vögelchen … flog … auf … den … Baum.« Er ärgerte seinen kleinen Bruder und lachte ihn aus, bis David schließlich in Tränen ausbrach.

Wir versuchten, ihn davon abzubringen: »Sean, dein kleiner Bruder lernt doch gerade erst lesen. Du hast es auch lernen müssen und weißt, wie schwer das ist. Hör auf, David zu ärgern. Bring ihn nicht zum Weinen. Lass ihn bitte in Ruhe.«

Nach einer Weile fanden wir aber eine viel bessere Lösung. Wir sagten zu Sean: »Würdest du eine Aufgabe übernehmen? Du bist ja älter als David und kannst schon ziemlich gut lesen. Glaubst du, dass du es David beibringen könntest? Das wäre wirklich toll von dir. Setz dich doch jeden Tag eine halbe Stunde mit ihm hin und sieh mal, ob du ihm besser helfen kannst als wir.«

Sean überlegte sich das und beschloss, es zu machen. Nach ein paar Tagen kam er mit David an der Hand zu uns und rief: »Hört euch mal an, wie David jetzt liest! Ich habe jeden Tag mit ihm geübt. Er hört sich mittlerweile wirklich gut an!« David schlug sein Buch auf und las: »Das … Vögelchen … flog … auf … den … Baum.« Er war noch genauso langsam und unsicher wie vorher.

Doch wir sagten: »Herzlichen Glückwunsch, Sean! Du hast David das Lesen beigebracht.« Sean strahlte vor Stolz darüber, dass er so ein guter Lehrer war. Und auch David war glücklich, weil sein Bruder fand, dass er sich großartig anhörte. Es war also für beide ein Gewinn.[2]

Es gibt viele Möglichkeiten, Win-Win-Situationen in der Familie zu schaffen.

Es gibt viele Möglichkeiten, auch für ganz kleine Kinder Win-Win-Situationen zu schaffen. Kleine Kinder durchlaufen verschiedene Entwicklungsphasen. Wenn wir Eltern diese Entwicklungsphasen kennen, können wir unseren Kindern helfen, Gewinn-Gewinn zu erzielen.

SANDRA

Unsere zweijährige Tochter war immer ein bisschen eifersüchtig, wenn ich ihren kleinen Bruder stillte. Schließlich sagte ich zu ihr: »Warum holst du nicht dein Lieblingsbuch? Dann kann ich dir etwas vorlesen, während ich das Baby stille. Das Baby ist ja noch so klein. Es trinkt bloß und schläft dann gleich ein. Du und ich, wir haben dann die ganze Zeit für uns!« Von da an las ich ihr beim Stillen immer eine Geschichte vor, und das Problem war gelöst.

Gewinn-Gewinn-Vereinbarungen

Die größten Einzahlungen und Abhebungen in der Familie beruhen darauf, wie wir mit unseren Erwartungen umgehen. Obwohl wir oft nicht darüber sprechen, sind sie da. Wenn unsere Erwartungen nicht erfüllt werden, ist das eine hohe Abhebung. Um das zu vermeiden, sollten Sie die Erwartungen von vornherein klar benennen. Dabei können »Gewinn-Gewinn-Vereinbarungen« sehr hilfreich sein. Wichtig ist, dass die Vereinbarungen fünf Punkte enthalten:

Die 5 Elemente einer Gewinn-Gewinn-Vereinbarung

1. Ergebnis: Was wollen wir erreichen? Was ist für beide Seiten ein echter Gewinn?
2. Richtlinien: An welche Regeln werden wir uns halten, um unser Ziel zu erreichen?
3. Ressourcen: Welche Hilfsmittel oder Unterstützung von anderen brauchen wir, um das gewünschte Ergebnis zu erreichen?
4. Verantwortlichkeit: Wie und wann halten wir uns über unsere Fortschritte auf dem Laufenden?
5. Konsequenzen: Welche positiven Veränderungen können wir bewirken, wenn wir die Vereinbarung erfüllen? Welche negativen Konsequenzen wird es haben, wenn wir die Vereinbarung brechen und unser gemeinsames Ziel nicht erreichen?

Eine Frau hat uns erzählt, wie sie gemeinsam mit ihrer Tochter, die einen bedenklichen Weg eingeschlagen hatte, eine Gewinn-Gewinn-Vereinbarung aufstellte:

UNSERE TOCHTER IST WIE VERWANDELT

Wir haben eine Tochter, die sehr gerne mit anderen Leuten zusammen ist. Ob Sport, Theater oder Tanzen und Musik: Ihr machen die verschiedensten Aktivitäten viel Freude.

Als sie auf die High School kam, fühlte sie sich wie im siebten Himmel. Dort boten sich ihr so viele Gelegenheiten, sich mit anderen zu treffen und Spaß zu haben. Es dauerte nicht lange, bis ihre Noten sich verschlechterten und sie kaum noch zu Hause war.

Wir machten uns große Sorgen. Schließlich setzten wir uns mit ihr zusammen und erklärten ihr, was eine Gewinn-Gewinn-Vereinbarung ist und wie sie funktioniert. Wir baten sie, darüber nachzudenken. Am nächsten Abend wollten wir dann gemeinsam eine Vereinbarung entwerfen, mit der wir alle leben konnten.

Als es so weit war, trafen wir uns alle im Wohnzimmer und legten unsere Blöcke bereit. Als Erstes baten wir unsere Tochter, uns von ihren Bedürfnissen zu erzählen. Sie nannte unzählige Punkte: Unsere Tochter wollte sich an noch mehr Aktivitäten in der Schule beteiligen und später nach Hause kommen, sie brauchte mehr Freiheit, Geld für die Disco, schönere Kleidung, Eltern, die verständnisvoller und nicht so »altmodisch« waren … Wir hörten ihr zu und merkten, dass ihr alle diese Dinge momentan sehr wichtig waren.

Dann fragten wir sie, ob wir ihr auch sagen dürften, was uns wichtig war. Unsere Liste war genauso lang wie ihre: befriedigende Noten, Zukunftsplanung, Mithilfe im Haushalt, dass sie rechtzeitig nach Hause kam, nett zu ihren Geschwistern war …

Natürlich hatte sie gegen vieles, was wir anführten, Einwände. Dass wir eine Zusammenkunft einberufen hatten und eine Lösung finden wollten, mit der wir alle glücklich waren, gefiel ihr aber sehr gut. Wir konnten dann schnell eine Gewinn-Gewinn-Vereinbarung aufsetzen – es war ein beiderseitiges Geben und Nehmen. Unsere Tochter bestand darauf, dass wir alle die Vereinbarung unterschrieben. Jetzt bewahrt sie ihren »Vertrag« mit uns in ihrem Zimmer auf.

Seitdem ist sie wie verwandelt. Unsere Tochter scheint niemandem mehr beweisen zu müssen, dass sie älter wird und neue Grenzen braucht. Nun hat sie keinen Grund mehr, sich gegen uns aufzulehnen und uns zu zeigen, dass sie im Recht ist.

Unsere Tochter hält sich sehr genau an unsere Vereinbarung. Und wenn wir etwas vergessen, zu dem wir uns verpflichtet haben? Dann erinnert sie uns daran. Unsere Gewinn-Gewinn-Vereinbarung hat ihr Sicherheit gegeben. Sie weiß jetzt, wo sie steht. Zudem hat es sie beeindruckt, dass wir bereit waren, mit ihr zu verhandeln, uns zu ändern und zu versuchen, sie zu verstehen.

Eine Gewinn-Gewinn-Vereinbarung beruht auf gegenseitigem Verstehen.

Erkennen Sie, wie durch die Vereinbarung eine Gewinn-Gewinn-Einstellung geschaffen wurde? Sehen Sie auch, dass die Vereinbarung die emotionalen Beziehungskonten enorm aufgestockt hat?

Eine Gewinn-Gewinn-Vereinbarung beruht auf gegenseitigem Verstehen. Sie hilft bei der Entwicklung einer gemeinsamen Vision, klärt die Erwartungen, beinhaltet Verpflichtungen und baut Vertrauen auf. Wenn diese Punkte erfüllt sind, bringt sie für alle Beteiligten echte Vorteile.

Die Gewinn-Gewinn-Vereinbarung als Leitstern

Eine Mutter schaffte es durch eine Gewinn-Gewinn-Vereinbarung, nicht mehr an ihren Kindern herumzunörgeln und ihnen beizubringen, selbst Verantwortung zu übernehmen:

ZUNÄCHST LIEF ALLES REIBUNGSLOS ...

Solange unsere Kinder klein waren, achtete ich immer darauf, dass ihre Kleidung sauber und ordentlich gefaltet im Schrank lag. Als sie älter wurden, brachte ich ihnen bei, die Wäsche zu sortieren und ihre Sachen selbst wegzuräumen. Dann wurden sie Teenager und wir dachten, es wäre an der Zeit, ihnen die volle Verantwortung für ihre Kleidung zu übertragen. Daher besprachen wir das bei einer unserer Familienzeiten. Wir entschieden gemeinsam darüber, was ein Gewinn für sie und was ein Gewinn für uns sein würde. Dann setzten wir eine entsprechende Vereinbarung auf.

Wir erklärten uns bereit, den Kindern jede Woche einen bestimmten Betrag als »Kleidergeld« zu geben. Zudem wollten wir sie zum Einkaufen fahren, wenn sie sich etwas Neues kaufen wollten. Auch beim Nähen und Ausbessern wollten wir ihnen helfen. Dafür würden sie ihre Wäsche jede Woche waschen, zusammenlegen und wegräumen, für Ordnung und Sauberkeit in ihren Schubladen und Schränken sorgen und keine Kleidungsstücke herumliegen lassen. Wir stellten eine Kiste auf, in die alles kam, was herumlag. Wer etwas zurückhaben wollte, das in der Kiste gelandet war, musste 25 Cent zahlen.

Außerdem vereinbarten wir, jede Woche eine Verantwortlichkeitssitzung abzuhalten. Die Kinder würden uns dann einen Zettel geben, auf dem stand, wie viel Taschengeld sie sich durch die Erledigung von Aufgaben im Haushalt verdient hatten und ob sie ihre Wäsche gemacht hatten.

Zunächst lief alles reibungslos. Wir zeigten den Kindern, wie man eine Waschmaschine bedient. Sie freuten sich darüber, dass sie sich ihre Kleidung jetzt von ihrem eigenen Geld kaufen konnten. In den ersten

Wochen trugen sie nur saubere, ordentliche Kleidung. Doch dann nahm die Schule sie vermehrt in Anspruch und sie übersprangen immer mal wieder eine Woche. Schließlich kam der Punkt, an dem sie ihre Wäsche nur noch sehr selten machten.

Die Versuchung, mich darüber aufzuregen und zu schimpfen, war groß. Manchmal ließ ich mich auch dazu hinreißen. Den Kindern tat es dann immer leid und sie nahmen sich vor, in Zukunft mehr Disziplin zu zeigen. Nach einer Weile wurde mir jedoch klar, dass ich ihnen die Verantwortung, die ich ihnen übertragen hatte, wieder abnahm. Solange ich sie ermahnte, war die Sache mein Problem, nicht ihres.

Also biss ich mir auf die Zunge und verließ mich darauf, dass die Vereinbarung die gewünschte Wirkung haben würde. Ich setzte mich jede Woche mit ihnen zusammen und las ihre Zettel. Ich zahlte ihnen ihr Taschengeld aus. Wenn sie ihre Wäsche erledigt hatten, gab ich ihnen ihr Kleidergeld – wenn nicht, bekamen sie eben nichts.

Es dauerte nicht lange, bis Kleidungsstücke unansehnlich und Schuhe zu klein wurden. Die Kinder sagten immer öfter: »Ich brauche wirklich was Neues zum Anziehen!«

Und ich antwortete: »Prima! Ihr habt ja euer Kleidergeld. Wohin soll ich euch denn zum Einkaufen fahren?«

Plötzlich erkannten sie, dass ihre Entscheidungen, was sie mit ihrer Zeit anfangen wollten, wohl nicht immer besonders klug gewesen waren. Doch sie konnten sich nicht beklagen, schließlich hatten sie unserer Vereinbarung zugestimmt. Und so machten sie ihre Wäsche schon bald sehr gewissenhaft.

Das Beste an der ganzen Sache war, dass die Vereinbarung mir half, ruhig zu bleiben und die Kinder ihre eigenen Erfahrungen machen zu lassen. Sie trafen ihre Entscheidungen selbst und mussten mit den Konsequenzen leben. Ich war liebevoll und unterstützte sie, kam ihnen aber nicht in die Quere. Ich wurde nicht mit Forderungen nach neuen Pullovern oder Hosen bombardiert. Die Vereinbarung stand und sie wussten, dass sie nicht zu mir kommen und mich um Geld für Kleidung bitten konnten.

Diese Mutter verließ sich bei ihrer Beziehung zu ihren Kindern auf die Gewinn-Gewinn-Vereinbarung. Das ermöglichte ihr, Problemen pro-aktiv entgegenzutreten. Die Vereinbarung gab ihr ein Gefühl der Sicherheit, so dass sie liebevoller und freundlicher sein konnte, als die Kinder Schwierigkeiten hatten.

Dass das Ganze nicht in einen Machtkampf ausartete, verdankte die Familie in erster Linie ihrer Gewinn-Gewinn-Vereinbarung. Die Mutter tat das, wozu sie sich in der Vereinbarung bereit erklärt hatte. Zudem ließ sie ihre Kinder aus den Konsequenzen ihrer eigenen Entscheidungen lernen. So konnte sie auch liebevoll und mitfühlend sein, als die Kinder sich nicht mit der nötigen Sorgfalt um ihre Wäsche kümmerten.

Die Mutter konnte ihren Kindern durch die Gewinn-Gewinn-Vereinbarung außerdem mehrere wichtige Prinzipien vermitteln. Sie war ihnen ein echtes Vorbild: Viele Jahre lang hatte sie für ordentliche und saubere Kleidung gesorgt. Sie hatte ihren Kindern auch gezeigt, wie man Wäsche sortiert und eine Waschmaschine bedient. Schließlich hatte sie ihnen durch die Vereinbarung die Verantwortung übertragen und sie nicht wieder selbst übernommen. Voller Liebe und Geduld hat sie es ihren Kindern ermöglicht, ihre eigenen Erfahrungen zu machen.

Worauf kommt es bei einer Gewinn-Gewinn-Vereinbarung an?

Vor ein paar Jahren machten Sandra und ich eine interessante Erfahrung. Dabei lernten wir viel darüber, worauf wir bei Gewinn-Gewinn-Vereinbarungen mit unseren Kindern achten müssen. Unsere wichtigste Erkenntnis? Man kann andere nicht für die Ergebnisse verantwortlich machen, wenn man ihnen vorschreibt, wie sie ihre Aufgaben erledigen sollen.

Die Geschichte, die ich Ihnen jetzt erzählen möchte, ist meine bekannteste und beliebteste. Sie war schon Grundlage ganzer Tagungen. Ergebnis, Richtlinien, Ressourcen, Verantwortlichkeit und Konsequenzen: Achten Sie bitte darauf, wie hier alle fünf Elemente von Gewinn-Gewinn-Vereinbarungen ins Spiel kommen:

GRÜN UND SAUBER

Unser kleiner Sohn Stephen hatte sich bereit erklärt, sich um unseren Garten zu kümmern. Bevor ich ihm diese Aufgabe anvertraute, starteten wir ein gründliches Trainingsprogramm. (Bitte beachten Sie beim Lesen der nächsten Zeilen, wie wir die gewünschten Ergebnisse ermitteln.)

Er sollte ein klares Bild davon haben, wie ein sauberer Garten aussah. Also ging ich mit ihm nach nebenan. »Siehst du, wie schön grün und sauber der Garten von unseren Nachbarn ist, Stephen? Genau das wollen wir auch: grün und sauber. Schau dir jetzt unseren Garten an. Siehst du die verschiedenen Farben? Das wollen wir nicht, das ist nicht grün! Grün und sauber, das wollen wir. (Achten Sie jetzt bitte darauf, wie wir die Richtlinien festlegen.) *Wie du unseren Garten grün bekommst, ist deine Sache. Das kannst du machen, wie du willst, bloß anstreichen darfst du ihn nicht. Ich sage dir aber, wie ich es machen würde, wenn es meine Aufgabe wäre.«*

»Wie denn, Papa?«

»Ich würde den Rasensprenger einschalten. Aber du kannst natürlich auch einen Eimer oder einen Schlauch benutzen. Wichtig ist nur, dass der Garten grün ist. In Ordnung?«

»In Ordnung!«

»Dann kommen wir jetzt zu sauber. Sauber bedeutet, dass nichts herumliegt, was nicht in den Garten gehört – kein Papier, keine Tüten, Stöcke oder sonst was … Ich sage dir, was wir jetzt tun: Wir machen eine Hälfte des Gartens sauber und sehen uns dann den Unterschied an.«

Also holten wir zwei große Papiertüten und sammelten alles ein, was in der einen Hälfte lag. »Schau dir diese Seite jetzt an – und dann die andere! Siehst du den Unterschied? Das nennt man sauber.«

»Moment!«, rief er. »Hinter dem Busch da liegt noch Papier!«

»Oh, gut, das habe ich nicht gesehen. Bevor wir jetzt entscheiden, ob du diese Aufgabe übernehmen willst, möchte ich dir noch ein paar Dinge sagen. Wenn du dich um den Garten kümmerst, dann werde ich das nicht mehr tun. Das ist dann wirklich deine Sache. Ich würde dir die Verantwortung für den Garten übertragen und darauf vertrauen, dass du diese Aufgabe gut erledigst. Und rate mal, wer dein Boss sein wird?«

»Du, Papa?«

»Nein, nicht ich. Du bist dein eigener Boss! Oder gefällt es dir, wenn Mama und ich ständig an dir herumnörgeln?«

»Nee.«

»Wir tun das auch nicht gern. Deshalb bist du dein eigener Boss. (Jetzt klären wir, wie seine Ressourcen aussehen.) *Und rate mal, wer dein Helfer ist!«*

»Wer denn?«

»Ich! Du bist mein Boss!«

Das gefiel ihm.

»Wirklich?«

»Ja. Ich kann dir allerdings nicht immer helfen. Manchmal bin ich ja nicht da. Wenn ich aber hier bin, sagst du mir, wie ich dir helfen kann. Ich werde alles tun, was du mir sagst.«

»Ist gut!«

»Rate mal, wer deine Arbeit beurteilen wird.«

»Wer denn?«

»Du beurteilst dich selbst.«

»Wirklich?«

»Ja. (Nun legen wir die Verantwortlichkeit fest.) *Wir beide werden zweimal in der Woche durch den Garten gehen, und du zeigst mir dann, wie du vorankommst. Wonach wirst du deine Arbeit beurteilen?«*

»Grün und sauber!«

»Genau!«

Ich trainierte ihn zwei Wochen lang mit diesen beiden Wörtern. Dann hatte ich das Gefühl, dass er so weit war, die Aufgabe zu übernehmen. Und schließlich kam der große Tag.

»Wir haben eine Abmachung, Stephen?«

»Ja, haben wir.«

»Was ist die Aufgabe?«

»Grün und sauber!«

»Was heißt grün?«

Er betrachtete unseren Garten, der wirklich anfing, besser auszusehen. Dann zeigte er auf den Rasen unserer Nachbarn. »Die Farbe, die der Garten dort hat.«

»Und was bedeutet sauber?«

»Dass nichts herumliegt.«

»Wer ist der Boss?«

»Ich.«

»Und wer ist dein Helfer?«

»Das bist du – wenn du Zeit hast.«

»Wer beurteilt, ob du deine Sache gut gemacht hast?«

»Ich. Wir beide gehen zweimal in der Woche durch den Garten. Dann zeige ich dir, wie ich vorankomme.«

»Und wie soll der Garten sein?«

»Grün und sauber.«

Ich versprach Stephen keine Belohnung für seine Arbeit – ich wollte

ihm helfen, zu verstehen, dass eine gut erledigte Aufgabe große innere Zufriedenheit bringt. (Erläuterung der Konsequenzen.)
Zwei Wochen, zwei Worte. Ich dachte, er sei so weit.

Es war Samstag – und er tat nichts. Sonntag – auch nichts. Montag – immer noch nichts. Als ich mich am Dienstagmorgen auf den Weg zur Arbeit machte, brannte die Julisonne schon stechend heiß. Ich betrachtete den gelben Rasen, auf dem alles Mögliche herumlag, und dachte: »Heute macht er es bestimmt!« Dass er am Samstag nichts gemacht hatte, konnte ich mir erklären: Da hatten wir unsere Vereinbarung ja erst getroffen. Und der Sonntag – gut, der war für andere Dinge da. Aber den Montag konnte ich nicht erklären. Und heute war schon Dienstag … Heute würde er es bestimmt machen. Es waren ja Ferien, da hatte er doch sonst nichts zu tun!

Ich konnte es den ganzen Tag über kaum abwarten, endlich nach Hause zu kommen und zu sehen, was er gemacht hatte. Dann bog ich um die Ecke … Alles sah noch genauso aus wie am Morgen – und mein Sohn war im Park auf der anderen Straßenseite und spielte!

Zwei Wochen Training, all die Verpflichtungen, und jetzt das! Ich war verärgert und enttäuscht. Wir hatten viel Mühe und Geld in den Garten gesteckt. Aber jetzt ging alles den Bach hinunter! Außerdem war der Garten unserer Nachbarn sauber und schön. Unser Garten wurde mir allmählich wirklich peinlich.

Ich war so weit, mich wieder selbst zum Boss zu machen. Am liebsten hätte ich gebrüllt: »Junge, du kommst jetzt sofort her und sammelst den Müll da auf, sonst …« Doch was würde dann mit Stephens innerer Verpflichtung passieren?

Also setzte ich ein falsches Lächeln auf und rief über die Straße: »Hallo, Stephen! Wie steht's?«

»Gut!«

»Und wie geht es mit dem Garten voran?« Mir war sofort klar, dass ich gegen unsere Vereinbarung verstoßen hatte. So hatten wir die Verantwortlichkeiten nicht festgelegt. Es war nicht das, was wir ausgemacht hatten.

Prompt fühlte er sich berechtigt, ebenfalls gegen unsere Vereinbarung zu verstoßen. »Prima, Papa!«

Ich biss mir auf die Zunge und wartete bis nach dem Abendessen. Dann sagte ich: »Stephen, lass uns jetzt das machen, was wir vereinbart haben. Lass uns zusammen in den Garten gehen. Zeig mir, wie du mit der Aufgabe, die ich dir anvertraut habe, zurechtkommst.«

Wir gingen also zur Tür. Sein Kinn fing an zu zittern und ihm kamen die Tränen. Als wir die Mitte des Gartens erreicht hatten, wimmerte er.

»Es ist so schwer, Papa!«

»Was ist denn so schwer?«, dachte ich. »Du hast ja überhaupt nichts gemacht!« Doch ich wusste, was schwer war: Selbstmanagement, Selbstdisziplin. Also fragte ich ihn: »Kann ich dir irgendwie helfen?«

»Würdest du das wirklich machen, Papa?«, schniefte er.

»Was haben wir vereinbart?«

»Du hast gesagt, dass du mir hilfst, wenn du Zeit hast.«

»Ich habe Zeit.«

Er rannte ins Haus und kam mit zwei Tüten zurück. Eine gab er mir. »Hebst du bitte das Zeug da auf?« Er zeigte auf den Müll vom Grillen am Samstagabend. »Das sieht wirklich schlimm aus!«

Ich machte genau das, wozu er mich aufforderte. Und in diesem Moment unterzeichnete mein Sohn unsere Vereinbarung in seinem Herzen. Es wurde sein Garten – von nun an fühlte er sich wirklich dafür verantwortlich.

Stephen bat mich den ganzen Sommer über nur noch zwei- oder dreimal um Hilfe. Mein Sohn kümmerte sich so gut um den Garten, dass er grüner war und sauberer aussah als in der Zeit, als ich dafür verantwortlich war. Er schimpfte sogar mit seinen Geschwistern, wenn sie auch nur ein Kaugummipapier auf dem Rasen liegen ließen.

Für uns beide war es schwer, uns an die Vereinbarung zu halten, die wir geschlossen hatten! Doch ich lernte, wie stark Gewinn-Gewinn-Vereinbarungen sind, wenn sie alle fünf Elemente umfassen. Tatsache ist, dass wir uns früher oder später mit diesen fünf Elementen beschäftigen müssen. Wenn wir uns nicht dafür entscheiden, das von vornherein zu tun, müssen wir es spätestens in Krisenzeiten machen Denn dann bekommen wir Sätze wie diese zu hören:

- »Keiner hat mir gesagt, dass ich das bis heute erledigen muss!«
- »Ach, hätte ich das tun sollen? Das war mir gar nicht klar!«
- »Weshalb hast du mir denn nicht gesagt, dass ich es nicht so machen sollte?«
- »Ich wusste nicht, wo die Bedienungsanleitung ist.«
- »Wieso darf ich denn heute Abend nicht weggehen? Du hast mir nicht gesagt, dass ich das nicht darf, wenn ich es nicht fertig

habe. Sharon ist auch nicht mit ihrer Arbeit fertig – und sie kann trotzdem weggehen!«

Natürlich erfordert es Zeit und Aufwand, alle fünf Elemente zu berücksichtigen. Aber es ist viel effektiver, sich früh genug darum zu kümmern, als sich später mit den Folgen von Unterlassungssünden herumschlagen zu müssen.

Das »große Bild« – der Schlüssel zum Win-Win-Denken

Win-Win-Denken bildet den Kern der Familie. Allerdings kann es unglaublich schwer sein, wenn wir in den Gefühlen und im Verhalten des Augenblicks stecken. Dann ist die Pause zwischen dem, was gerade passiert, und unserer Reaktion besonders wichtig.

Sandra und ich haben entdeckt, was der Schlüssel zur Umsetzung des 4. Weges in unserer Familie ist: Wir nutzen die Pause zwischen Reiz und Reaktion, um uns das »große Bild« wieder in Erinnerung zu rufen.

Vor ein paar Jahren hat Sandra eine ganze Wand in unserem Wohnzimmer mit Bildern von unserer Familie geschmückt: Es gibt Bilder von unseren Vätern, Müttern, Großeltern und Urgroßeltern, Schwarzweißfotos, die direkt nach unserer Heirat aufgenommen wurden, Baby- und Schulfotos von unseren neun Kindern, Bilder, auf denen sie Sommersprossen, Pickel oder Zahnlücken haben, Fotos aus ihrer High-School-Zeit, Fotos von Hochzeiten, von den Enkeln und sogar Aufnahmen von mir aus der fernen Zeit, als ich noch Haare hatte!

Sandra hat diese Familienwand angelegt, damit alle in der Familie sich gegenseitig so sehen können, wie sie selbst sie sieht. Wenn sie sich das Foto von unserem 33-jährigen Sohn anschaut, der längst verheiratet ist und vier Kinder hat, sieht sie auch den vierjährigen Jungen, der ins Haus gelaufen kam, um sich trösten zu lassen und sich ein Pflaster für sein aufgeschrammtes Knie zu holen; den 12-Jährigen, der sich seiner Angst stellte, als sein erster Tag an der Junior High School gekommen war; den 17-jährigen Quarterback, der unerschrocken weiterkämpfte, als sein Team bei einem Spiel um die Meisterschaft zurücklag; den 19-Jährigen, der sein Zuhause verließ, um zwei Jahre im Ausland zu verbringen; den 23-Jährigen, der seine Frau nach der Hochzeit umarmte; und den jungen Vater, der sein erstes Kind im Arm hielt.

Für Sandra gibt es bei jedem in unserer Familie viel mehr, als man gegenwärtig sehen kann. Und das wollte sie den anderen mit der Familienwand zeigen.

Ich wünschte, wir könnten auch Fotos von der Zukunft an unserer Bilderwand aufhängen. Es wäre wunderbar, uns selbst und die nachfolgenden Generationen in 10, 20 oder sogar 50 Jahren zu sehen – die Herausforderungen, vor denen sie stehen werden, die Stärke, die sie entwickeln werden, die Beiträge, die sie leisten werden … Es würde sich sehr positiv auf unsere Beziehungen auswirken, wenn wir über das momentane Verhalten hinausblicken könnten. Dann würden wir bei jedem in der Familie nicht nur das sehen, was er im Augenblick ist. Stattdessen könnten wir alles, was er war und was er mit unserer Hilfe werden kann, berücksichtigen.

Bei jedem in der Familie gibt es viel mehr, als man gegenwärtig sehen kann.

Als Eltern sollten wir nach dieser Vision handeln und nicht aus unseren momentanen Gefühlen heraus. Das macht einen riesigen Unterschied. Wir wollen einen wichtigen Punkt als Beispiel nehmen: die Disziplinierung von Kindern. Zu den wesentlichen Dingen, die Sandra und ich gelernt haben, gehört der Unterschied zwischen *Bestrafen* und *Disziplinieren*. Diesen Unterschied kann man sehr gut anhand der gängigen Praxis, Kinder in ein Auszeitzimmer zu schicken, veranschaulichen.

Viele Eltern sehen das Auszeitzimmer als Ort, an den man ein »ungezogenes« Kind schickt, bis es sich beruhigt hat. Eine Bestrafung wäre es, zu dem Kind zu sagen: »Du musst jetzt 30 Minuten lang ins Auszeitzimmer gehen!« Eine Disziplinierung wäre es, zu sagen: »Du gehst so lange ins Auszeitzimmer, bis du dich dafür entschieden hast, dich an das zu halten, was wir vereinbart haben.« Es spielt dann keine Rolle, ob das Kind eine Minute oder eine ganze Stunde in dem Zimmer bleibt. Ausschlaggebend ist, dass es pro-aktiv die richtige Entscheidung trifft.

Wenn sich beispielsweise ein Kind offensichtlich nicht an eine Vereinbarung hält, muss es ins Auszeitzimmer, bis es sich entschließt, sein Verhalten zu ändern. Aber was ist, wenn das Kind sein Verhalten nicht ändern will? Dann muss man mit dem Kind darüber sprechen. Der entscheidende Punkt ist, dass man dem Kind respektvoll und ruhig erklärt, dass es sich für das Verhalten entscheiden kann, das der

Vereinbarung entspricht. Disziplinierung ist keine Gefühlssache. Man geht sehr sachlich damit um und zieht die Konsequenzen, auf die man sich vorher mit dem Kind geeinigt hat.

Schon am Anfang das Ende im Sinn haben: Bei der Erziehung von Kindern ist es besonders wichtig, an den 2. Weg zu denken und sich klarzumachen, was man erreichen will. Welches Ende haben Eltern im Sinn? Ihr Kind zu einem verantwortungsvollen Menschen zu erziehen. Sie wollen ihm helfen, zu lernen, zu wachsen und innere Disziplin zu entwickeln. Denn das ist der Schlüssel, um trotz schlechter Einflüsse von außen die richtigen Entscheidungen zu treffen.

Damit Ihrem Kind das gelingt, sollten Sie es mit dem 1. Weg vertraut machen. Zeigen Sie ihm, was es bedeutet, pro-aktiv zu sein und Verantwortung zu übernehmen. Machen Sie deutlich, dass es um das Verhalten geht, nicht um das Kind. Bestätigen Sie Ihrem Kind seine Fähigkeit, Entscheidungen zu treffen – statt sie ihm abzusprechen.

Sandra und ich haben festgestellt, dass unsere Kinder sich völlig anders verhalten, wenn sie diese Art von Disziplinierung erleben. Ihre Energie ist dann darauf gerichtet, sich mit ihrem Gewissen zu befassen und nicht mit uns. Sie werden offener und empfänglicher für unsere Ratschläge. Oft füllt die Disziplinierung auch unsere emotionalen Beziehungskonten. Denn in der Beziehung herrschen Wohlwollen und guter Wille, keine Ablehnung und Strenge.

Die Fähigkeit, das »große Bild« zu sehen, macht einen gewaltigen Unterschied. Wir sollten uns vorstellen, dass alle in unserer Familie ein T-Shirt mit der Aufschrift »Hab Geduld – ich bin noch nicht fertig!« tragen. Zudem sollten wir den anderen immer gute Absichten unterstellen. *Wir sollten davon ausgehen, dass die anderen versuchen, das aus ihrer Sicht Beste zu tun.* So können wir sie ermutigen, wirklich das Beste aus sich herauszuholen.

Denken Sie immer daran, dass wir alle uns verändern, dass wir alle wachsen und in gutem Glauben handeln. Behalten Sie immer das Ende im Sinn. Dann werden Sie die Motivation und die Kraft haben, grundsätzlich um Gewinn-Gewinn bemüht zu sein.

Wie Sie den Inhalt dieses Kapitels an Erwachsene und Jugendliche weitergeben

Lernen, Gewinn-Gewinn zu denken

- Sprechen Sie über mein Experiment mit dem Armdrücken zu Beginn dieses Kapitels. Weshalb ist eine Gewinn-Gewinn-Einstellung nicht nur beim Armdrücken, sondern auch für die Beziehungen in der Familie wichtig?
- Reden Sie darüber, wie ein Einzelner mit einer Gewinn-Gewinn-Einstellung eine Situation verändern kann.
- Fragen Sie die anderen: »Weshalb ist interne Konkurrenz für die Familie schädlicher als Druck von außen?«

Gemeinsam bessere Lösungen finden

- Fragen Sie die anderen in Ihrer Familie: »Wie können wir gemeinsam nach Lösungen suchen, die besser sind als alles, auf das jeder von uns allein kommen könnte?«
- Sprechen Sie über die Konsequenzen von Gewinn-Verlust- und Verlust-Gewinn-Denken.

Vom »Ich« zum »Wir« gelangen

- Blättern Sie zurück zur Seite 161. Lesen Sie die Geschichte *»Das Wohl der Familie steht über allem«* von der Aufteilung des Erbes unter den Geschwistern noch mal durch. Wie ist es dem Mann gelungen, eine schwierige Situation mit einer Vision und einem Plan am Ende doch noch zu Gewinn-Gewinn zu machen? Sprechen Sie darüber, wie Sie selbst in einer konkreten Situation eine Gewinn-Gewinn-Einstellung entwickeln und vorleben können.
- Diskutieren Sie über den Unterschied zwischen einer »Mangel-

Mentalität« und einer »Überfluss-Mentalität« Versuchen Sie, eine Situation zu finden, in der eine Überfluss-Mentalität für Ihre Familie von Vorteil ist. Probieren Sie das Überfluss-Denken eine Woche lang aus. Sprechen Sie darüber, wie sich das auf die Beziehungen in Ihrer Familie auswirkt.

Gewinn-Gewinn-Vereinbarungen mit Familienmitgliedern aufsetzen

- Sprechen Sie über die Geschichten in diesem Kapitel, bei denen es um die Entwicklung von Gewinn-Gewinn-Vereinbarungen in der Familie geht. Diskutieren Sie über die Unterschiede, die solche Vereinbarungen für Kinder und Eltern machen. Versuchen Sie, mit einem der Familienmitglieder eine Gewinn-Gewinn-Vereinbarung zu schließen. Halten Sie sich eine Woche lang daran und reden Sie dann über die damit verbundenen Vorteile und Herausforderungen.
- Diskutieren Sie darüber, was es bedeutet, das große Bild zu sehen. Wie kann es Ihnen helfen, Gewinn-Gewinn zu denken, wenn Sie über das augenblickliche unliebsame Verhalten eines Familienmitglieds hinausblicken?

Buchtipp

Ob in der Familie oder im Job: Wie Sie das Win-Win-Denken praktisch nutzen, um Probleme und Konflikte kreativ zu lösen, erfahren Sie im Bestseller »Die 3. Alternative« von Stephen R. Covey.

Wie Sie Kindern den Inhalt dieses Kapitels vermitteln

Es ist genug für alle da!

- Spielen Sie ein Spiel. Sagen Sie Ihren Kindern, dass »gewinnen« dieses Mal bedeutet, dass alle als Sieger vom Platz gehen. Legen Sie neue Regeln fest, nach denen es wichtiger ist, den anderen gegenüber freundlich und rücksichtsvoll zu sein, als die meisten Punkte zu ergattern. Sprechen Sie mit Ihren Kindern nach dem Spiel darüber, wie sie sich gefühlt haben, als sie versuchten, einen Gewinn für alle zu erzielen. Helfen Sie ihnen, zu verstehen, dass auf der Welt Platz für viele Gewinner ist.
- Wählen Sie einen Punkt, der zwischen Ihnen und Ihren Kindern umstritten ist – die Schaukel, die sie sich so sehr wünschen, einen Besuch im Vergnügungspark oder etwas, was sie tun wollen, zu dem Sie ihnen aber nicht gern die Erlaubnis geben wollen. Setzen Sie sich zusammen und sprechen Sie darüber. Finden Sie gemeinsam heraus, was für die einzelnen Beteiligten ein Gewinn wäre. Versuchen Sie dann eine echte Gewinn-Gewinn-Lösung zu finden.
- In welchen Bereichen Ihres Familienlebens sind mehr Teamwork und eine bessere Gewinn-Gewinn-Einstellung erforderlich? Schreiben Sie alle Vorschläge auf Zettel und werfen Sie sie in eine Schachtel. Lassen Sie die Kinder die Zettel einzeln ziehen und erklären, was sie tun würden, damit diese Situation für alle ein Gewinn wird.

5. Weg

Erst verstehen, dann verstanden werden

Zu Beginn des fünften Weges möchte ich Sie bitten, ein kleines Experiment zu machen: Schauen Sie sich das obige Bild ein paar Sekunden lang an.

Betrachten Sie nun das nächste Bild und beschreiben Sie genau, was Sie sehen.

Sehen Sie eine junge Frau? Wie sieht sie aus? In welche Richtung schaut sie?

Wahrscheinlich werden Sie sagen, dass die junge Frau eine Kette und einen Hut mit einer Feder trägt und nach links blickt.

Und wenn ich Ihnen jetzt sagen würde, dass Sie sich irren? Dass das Bild gar keine junge Frau, sondern eine sehr alte Frau zeigt? Eine alte Frau, die eine markante Nase hat und ein Kopftuch trägt?

Wer hat Recht? Schauen Sie sich das Bild noch einmal an. Können Sie die alte Frau jetzt erkennen? Sehen Sie die ausgeprägte große Nase und das Kopftuch?

Wenn wir uns jetzt persönlich gegenübersitzen würden, könnten wir über das Bild sprechen. Sie könnten mir beschreiben, was Sie sehen. Ich könnte Ihnen erklären, was ich sehe. Wir könnten so lange miteinander reden, bis wir uns gegenseitig erklärt hätten, was genau wir sehen.

Leider geht das nicht. Deshalb bitte ich Sie, sich nun das Bild auf Seite 224 anzusehen. Betrachten Sie dann das Bild auf Seite 185 noch einmal. Können Sie die alte Frau jetzt sehen? Es ist wichtig, dass Sie sie klar und deutlich erkennen, bevor Sie weiterlesen.

Seit vielen Jahren nutze ich solche Bilder, um zu zeigen, dass nicht alle Menschen die Welt auf dieselbe Weise sehen. Es sieht überhaupt niemand die Welt so, wie sie ist. Wir sehen die Welt so, wie wir sind.

Niemand sieht die Welt so, wie sie ist. Wir sehen die Welt so, wie wir sind.

Das kann man gut mit einer Brille vergleichen. Wir betrachten die Welt alle durch unsere eigenen Brillen. Diese Brillen passen nur uns. Sie prägen unser Wertesystem, unsere Erwartungen, unsere Annahmen, wie die Welt ist und wie sie sein sollte. Denken Sie nur an das Experiment mit den beiden Bildern, das wir gerade gemacht haben. Das erste Bild hat Ihren Verstand dazu gebracht, das zweite auf ganz ähnliche Weise zu »sehen« und zu interpretieren. Dennoch konnte man es auch noch auf eine völlig andere, aber genauso zutreffende Weise sehen.

Deshalb ist es ungemein wichtig, zu verstehen, wie andere die Welt sehen. Wenn das nicht der Fall ist, reden Sie gegen eine Wand. Dann wird niemand auf Sie hören und Sie können keinen positiven Einfluss auf andere ausüben.

Einer der Hauptgründe für Fehlschläge bei der Kommunikation ist, dass die Beteiligten dieselben Ereignisse ganz unterschiedlich interpretieren. Wenn sie nicht berücksichtigen, dass sie die Dinge unterschiedlich sehen, fangen sie an, sich gegenseitig zu beurteilen. Nehmen wir eine so unbedeutende Sache wie die Zimmertemperatur als Beispiel. Das Thermometer an der Wand zeigt 23 Grad. Der eine jammert: »Es ist zu heiß!«, und öffnet das Fenster. Der andere klagt: »Es ist zu kalt!«, und macht das Fenster wieder zu. Wer hat Recht? Ist es nun zu heiß oder zu kalt? Beide haben Recht! Die Logik würde sagen: Wenn zwei Menschen unterschiedlicher Ansicht sind und der eine Recht hat, muss der andere Unrecht haben. Hier geht es aber nicht um Logik, sondern um Psychologie. Beide haben Recht – von ihrem jeweiligen Standpunkt aus gesehen.

Wir übertragen unsere bisherigen Erfahrungen auf die Welt und nehmen an, dass wir die Welt so sehen, wie sie tatsächlich ist. Das stimmt aber nicht! Wir müssen lernen, unsere eigene Brille abzusetzen und die Welt mit den Augen der anderen zu sehen. Nur so können wir authentische Beziehungen aufbauen und andere auf positive Weise beeinflussen. Und genau darum geht es beim 5. Weg!

Was zählt, ist wirkliches Verstehen

Vor Jahren hatte ich ein wirklich aufrüttelndes Erlebnis, das mir das Wesen des 5. Weges sehr deutlich machte. Ich lebte damals für ungefähr 15 Monate mit meiner Familie auf Hawaii. Sandra und ich hatten mit etwas begonnen, was dann eines der großen Rituale in unserem Leben wurde. Ich holte sie immer kurz vor Mittag auf meinem alten roten Motorrad ab. Wir nahmen unsere beiden noch nicht schulpflichtigen Kinder mit. Dann fuhren wir in die Zuckerrohrfelder hinter meinem Büro. Dort rollten wir etwa eine Stunde langsam dahin und sprachen miteinander. Meist landeten wir irgendwann in einer einsamen Bucht, stellten das Motorrad ab und gingen zu einem abgeschiedenen Fleckchen, wo wir ein Picknick machten. Die Kinder spielten in der Brandung und Sandra und ich sprachen intensiv über so ziemlich alles.

Eines Tages kam ein Thema zur Sprache, bei dem wir beide sehr empfindlich waren: Ich ärgerte mich schon lange darüber, dass Sandra immer nur Haushaltsgeräte von Frigidaire kaufen wollte. In meinen Augen war sie davon regelrecht besessen. Das konnte ich absolut nicht verstehen. Geräte anderer Firmen zu kaufen, kam einfach nicht in Frage für sie. Selbst in unserer frühen Zeit, als das Geld bei uns noch sehr knapp war, bestand sie darauf, dass wir nur Geräte von Frigidaire kauften.

Dass sie die Geräte von Frigidaire mochte, war allerdings gar nicht der entscheidende Punkt. Ich regte mich vor allem darüber auf, dass sie zu diesem Thema immer wieder völlig unlogische und unhaltbare Dinge sagte. Wenn sie zugegeben hätte, dass ihre Vorliebe für Geräte von Frigidaire rein emotional war, hätte ich wohl damit umgehen können. Doch ihre Rechtfertigungen machten mich wütend. Die Sache war so heikel, dass wir an dem Tag, an dem wir sie endlich besprachen, viel länger in den Zuckerrohrfeldern blieben als gewöhnlich.

Wir fingen an, über unsere Haushaltsgeräte auf Hawaii zu sprechen. Ich sagte: »Ich weiß, dass du lieber welche von Frigidaire hättest …«

»Stimmt! Aber die hier scheinen auch ganz gut zu funktionieren.« Dann begann sie zu erzählen: Als junges Mädchen hatte sie erkannt, dass ihr Vater sehr hart arbeitete, um die Familie zu ernähren. Er war Lehrer an einer High School. Doch weil das Geld nicht reichte, eröffnete er noch ein Geschäft, in dem er Haushaltsgeräte verkaufte. Er hatte auch viele Geräte von Frigidaire im Angebot. Wenn er spätabends nach einem anstrengenden Tag an der High School und im Laden nach Hause kam, legte er sich immer auf die Couch. Sandra massierte ihm die Füße und sang ihm etwas vor. Er erzählte Sandra dann oft von seinen geschäftlichen Sorgen. Immer wieder betonte er, wie dankbar er Frigidaire war. Als sein Laden sehr schlecht lief, hatte Frigidaire seine Lagerbestände finanziert, so dass er diese schlimme Zeit durchstehen konnte.

Ohne wirkliches Verstehen gibt es keine tiefen, liebevollen Beziehungen in der Familie.

Sandra erzählte mir das mit langen Pausen. Ich wusste, dass sie den Tränen nahe war. Für sie war diese Sache mit sehr intensiven Gefühlen verbunden. Endlich begann ich zu verstehen. Ich hatte es ihr nie möglich gemacht, offen darüber zu sprechen. Ich hatte kein Mitgefühl aufgebracht. Ich hatte sie einfach nur beurteilt! Ich war mit meiner Logik, meinen Ratschlägen und meiner Missbilligung über sie hergefallen. Ich hatte mich nicht bemüht, sie wirklich zu verstehen.

Ohne wirkliches Verstehen gibt es keine tiefen, liebevollen Beziehungen in der Familie. Die Beziehungen können dann nur oberflächlich sein. Ja, sie können funktionieren. Doch wirklich erfüllend können sie nur sein, wenn sie auf der Grundlage echten Verstehens aufgebaut sind.

Ein Nachbar hat mir von einer Erfahrung mit seiner jüngsten Tochter, die noch zur Grundschule geht, erzählt. Seine anderen Kinder waren alle sehr intelligent. Das Lernen fiel ihnen leicht. Deshalb war er sehr überrascht, als seine kleine Tochter plötzlich in Mathe zurückfiel. Die Klasse beschäftigte sich gerade mit dem Subtrahieren. Aber seine Tochter schien das einfach nicht zu begreifen. Sie kam immer wieder völlig in Tränen aufgelöst nach Hause.

Der Vater beschloss, dem Problem auf den Grund zu gehen. Er erklärte ihr genau, wie man subtrahiert. Dann stellte er ihr ein paar Aufgaben. Sie verstand es aber immer noch nicht richtig.

Also legte der Vater fünf glänzende rote Äpfel nebeneinander. Dann nahm er zwei Äpfel weg – und ihr Gesicht leuchtete auf. Es war so, als wäre ihr ein Licht aufgegangen. Sie rief: »Warum hat mir denn niemand gesagt, dass wir Wegnehmen machen?« Niemand hatte gemerkt, dass sie einfach nicht wusste, dass subtrahieren »wegnehmen« bedeutet.

Von diesem Augenblick an hatte sie es begriffen. Dieses Beispiel zeigt: Bei kleinen Kindern müssen wir verstehen, was sie denken. Denn ihnen fehlen oft noch die Worte, um es zu erklären.

In der Regel machen wir unsere Fehler gegenüber unseren Kindern, unserem Partner und überhaupt allen in der Familie nicht aus böser Absicht. Wir verstehen sie einfach nicht richtig – wir sehen nicht in ihr Herz.

Wenn die ganze Familie die Art von Offenheit entwickeln könnte, über die wir hier sprechen, könnten über 90 Prozent aller Schwierigkeiten und Probleme sehr einfach gelöst werden.

Warum pflegen wir unsere Vorurteile?

Unsere Zufriedenheit hängt vor allem von unseren Erwartungen ab. Wer das begreift und bei seinen Erwartungen berücksichtigt, hat sehr viel Kontrolle über seine Zufriedenheit. Hier ein einfaches Beispiel: Ich kannte ein Paar, das mit völlig unterschiedlichen Erwartungen in die Ehe ging. Sie erwartete eitel Sonnenschein und dass sie bis an ihr Lebensende glücklich sein würden. Als die Realität des Ehe- und Familienlebens über sie hereinbrach, war sie oft enttäuscht, frustriert und unzufrieden. Ihr Mann hingegen hatte damit gerechnet, dass die Ehe und die Familie so manche Herausforderung für ihn bringen würden. Für ihn war jeder Augenblick der Freude eine positive Überraschung, die ihn glücklich machte und für die er sehr dankbar war.

Unsere Erwartungen bilden auch die Grundlage für unsere Urteile. Wenn Sie beispielsweise wissen, dass Kinder in der Wachstumsphase von sechs oder sieben Jahren stark zu Übertreibungen neigen, werden Sie damit kein Problem haben. Es ist also wichtig, Wachstumsphasen und die damit verbundenen emotionalen Bedürfnisse zu verstehen.

Wer versteht, urteilt nicht. Aber weshalb fällen wir überhaupt Ur-

Wer versteht, urteilt nicht.

teile über andere? Weil uns das Schutz bietet. Wir brauchen uns dann nicht näher mit dem anderen zu befassen. Und: Wenn wir von vornherein nichts erwarten, werden wir auch nie enttäuscht.

Wissen Sie, was das große Problem ist, wenn wir andere beurteilen? Wir fangen an, alles so auszulegen, dass es unser Urteil bestätigt. Dann pflegen wir unsere »*Vor*urteile«. Haben Sie ein Kind als undankbar abgestempelt? Dann werden Sie unbewusst nach Verhaltensweisen suchen, die Ihr Urteil bestätigen. Ob das Verhalten tatsächlich undankbar ist, spielt keine Rolle. So entsteht nach und nach eine sich selbst erfüllende Prophezeiung.

Wenn Sie Ihr Kind für faul halten und es entsprechend behandeln, wird es Sie wahrscheinlich als streng und miesepetrig ansehen. Ihr Verhalten wird dann Widerstand bei Ihrem Kind wecken. Das werden Sie wiederum als weiteren Beweis für seine Faulheit betrachten. Sie werden dann noch strenger und noch miesepetriger. So entwickelt sich eine Abwärtsspirale, die immer stärker wird. Irgendwann sind beide Seiten felsenfest davon überzeugt, dass sie Recht haben.

Deshalb ist die Neigung, Urteile über andere zu fällen, ein so großes Hindernis für gute Beziehungen. Dann legen wir nämlich alles immer nur so aus, dass es unser Urteil bestätigt.

Die beiden Hauptprobleme bei der Kommunikation sind die Wahrnehmung und die Semantik: Die Art und Weise, wie Menschen etwas interpretieren und ein und dasselbe Wort definieren, führt immer wieder zu Missverständnissen. Mit einfühlsamem Zuhören und Verstehen kann man das aber sehr gut verhindern.

Die wichtigste Einzahlung: Den anderen verstehen wollen

Ein Vater hat uns erzählt, wie er sich bemühte, seine Tochter zu verstehen, und wie stark sich das auf beide auswirkte:

»HÖRT MIR BITTE ZU!«

Als unsere Tochter Karen 16 geworden war, fing sie an, uns sehr respektlos zu behandeln. Sie machte viele bissige und abschätzige Bemerkungen über uns und auch über ihre jüngeren Geschwister.

Zuerst nahm ich das relativ gelassen hin, doch eines Abends wurde es mir dann doch zu viel. Meine Frau, meine Tochter und ich waren in unserem Schlafzimmer. Karen ließ einige höchst unangebrachte Bemerkungen vom Stapel. Jetzt reichte es mir!

Ich sagte: »Hör mal, Karen. Ich werde dir jetzt sagen, wie das Leben in diesem Haus funktioniert.« Dann hielt ich ihr eine lange Predigt, dass sie ihre Eltern respektvoll zu behandeln hatte. Ich zählte auf, was wir in letzter Zeit alles für sie getan hatten. Ich redete immer weiter – und die Liste war sehr eindrucksvoll. Als ich fertig war, erwartete ich beinahe, dass Karen auf die Knie fallen und ihre Eltern anbeten würde. Stattdessen sagte sie ziemlich provokant: »Na und?«

Da riss mir der Geduldsfaden. Ich fuhr sie an: »Karen, du gehst jetzt in dein Zimmer! Deine Mutter und ich werden darüber sprechen, welche Konsequenzen das hat. Wir sagen dir später, zu welchem Ergebnis wir gekommen sind.« Sie stürmte in ihr Zimmer und knallte die Tür hinter sich zu. Ich kochte förmlich vor Wut und lief wie ein gereizter Tiger auf und ab.

Plötzlich wurde mir klar, dass ich nichts getan hatte, um Karen zu verstehen. Ich hatte nicht Gewinn-Gewinn gedacht, sondern nur meine eigenen Absichten verfolgt. Diese Erkenntnis veränderte meine Denkweise und meine Gefühle gegenüber Karen völlig.

Nach ein paar Minuten ging ich in ihr Zimmer und entschuldigte mich. Ich sagte: »Sieh mal, ich merke doch, dass hier irgendwas nicht stimmt. Aber ich weiß nicht, was.« Ich zeigte ihr, dass ich sie wirklich verstehen wollte. So konnte ich eine Atmosphäre schaffen, in der sie bereit war, zu reden.

Zögerlich erzählte sie mir, wie es für sie war, ganz neu an der High School zu sein. Es war ein Kampf, gute Noten zu bekommen und neue Freundinnen zu finden. Außerdem hatte sie gerade einen neuen Job angetreten und fragte sich, ob ihr Chef mit ihrer Arbeit zufrieden war. Und sie nahm Klavierunterricht und gab auch selbst Klavierstunden. Ihr Zeitplan war extrem voll.

Schließlich sagte ich: »Karen, du fühlst dich total erdrückt!« Volltreffer! Jetzt hatte ich sie verstanden. Sie hatte das Gefühl, von all diesen Anforderungen überwältigt zu werden. Ihre bissigen Bemerkungen und die Respektlosigkeit gegenüber ihrer Familie waren ein Schrei nach Aufmerksamkeit. Eigentlich wollte sie damit sagen: »Hört mir bitte zu!«

Ich tastete mich weiter vor: »Als ich sagte, dass du uns mehr Respekt entgegenbringen sollst, hat sich das für dich so angehört, als wäre es noch etwas, was du tun musst!«

»Genau!«, erwiderte sie. »Noch was, was ich tun muss. Dabei habe ich schon viel zu viel am Hals!«

Nun holte ich meine Frau dazu. Wir setzten uns zu dritt hin und überlegten, wie Karen sich das Leben leichter machen konnte. Schließlich beschloss sie, keine Klavierstunden mehr zu nehmen und auch selbst keine mehr zu geben. Danach fühlte sie sich viel besser. In den folgenden Wochen war sie wie ausgewechselt.

Diese Erfahrung gab ihr Zutrauen zu ihrer Fähigkeit, Entscheidungen zu treffen. Sie wusste, dass ihre Eltern sie verstanden und sie unterstützen würden. Bald darauf gab sie ihren Job auf, weil er doch nicht so gut war, wie sie sich das erhofft hatte. Sie fand dann woanders einen viel besseren Job.

Ich glaube, dass ihr Selbstvertrauen zu einem großen Teil daher stammte, dass wir nicht sagten: »Für dieses Verhalten gibt es keine Entschuldigung! Dafür bekommst du Hausarrest!« Es hat ihr sehr gutgetan, dass wir uns die Zeit nahmen, sie wirklich zu verstehen.

Karens Vater gelang es, sich nicht von seiner Unzufriedenheit über das Verhalten seiner Tochter blockieren zu lassen. Stattdessen versuchte er, ihre Gedanken und Gefühle zu verstehen. So konnte er herausfinden, worum es wirklich ging.

Der Streit zwischen Karen und ihren Eltern war nur eine oberflächliche Sache. Karens Verhalten verschleierte ihr eigentliches Problem. Solange die Eltern sich jedoch nur auf ihr Verhalten konzentrierten, konnten sie dieses Problem nicht erkennen. Doch dann legte der Vater seine Rolle als Richter ab. Er wurde ein aufrichtig besorgter Zuhörer. Karen spürte, dass er sie wirklich verstehen wollte. Nun fühlte sie sich sicher genug, um sich zu öffnen. Nachdem sie sich wirklich verstanden fühlte, nahm sie auch die Ratschläge ihrer Eltern an.

Solange wir in der Rolle des Richters verharren, haben wir so gut wie nie den Einfluss, den wir uns wünschen. Erinnern Sie sich noch an die Geschichte von meinem Freund, der große Probleme mit seinem Sohn hatte, die ich Ihnen zu Beginn des 1. Wegs erzählt habe? Die Beziehung war tief im Minus, sie litt unter großen Spannungen und dem Fehlen von aufrichtigem Verständnis. Es gab keine echte Kommunikation. Doch dann hörte der Vater auf, seinen Sohn zu beurteilen. Er versuchte wirklich, ihn zu verstehen. Das war der Wendepunkt. Jetzt konnte er etwas bei seinem Sohn bewirken. Vielleicht haben Sie ja Lust, die Geschichte auf Seite 14 noch mal zu lesen? Sie ist ein sehr gutes Beispiel dafür, wie stark der 5. Weg sein kann.

»Psychische Luft« geben

Verstehen zu wollen, ist die größte und wichtigste aller Einzahlungen, weil es dem anderen »psychische Luft« gibt.

Was ich damit meine? Sie haben sicher auch schon hin und wieder nach Luft geschnappt, weil es Ihnen den Atem verschlagen hat. Luft ist lebensnotwendig. War Ihnen dann noch irgendwas anderes wichtig?

Verstanden zu werden heißt, emotional und psychisch Luft zu bekommen. Wenn jemand nach Luft – oder nach Verständnis – ringt, ist das erst mal das Einzige, was für ihn zählt. Oder anders ausgedrückt: Wenn andere das Bedürfnis haben, verstanden zu werden, interessieren sie sich nicht für das, was wir zu sagen haben.

Weshalb brüllen Menschen sich denn an? Weil sie verstanden werden wollen. Im Grunde schreien sie dann: »Versteh mich doch! Hör mir zu! Respektiere mich!« Doch das Schreien führt dazu, dass der andere sich in die Defensive gedrängt fühlt und nur noch wütender wird. So entsteht ein Kreislauf, der immer schlimmer wird. Schließlich können die Beteiligten gar nicht mehr vermitteln, worum es ihnen eigentlich geht. Die Beziehung ist beschädigt und die Lösung der Probleme erfordert viel Zeit und Mühe. Das alles hätte man sich ganz leicht sparen können. Man hätte von vornherein dem 5. Weg folgen und genügend Geduld aufbringen müssen, um erst mal richtig zuzuhören.

Wir alle sehnen uns danach, verstanden zu werden.

Die richtigen Einzahlungen kennen

Wir haben eine Freundin, die glücklich verheiratet ist. Ihr Mann sagte ihr immer wieder, dass er sie liebte. Zudem brachte er ihr öfter eine einzelne wunderschöne Rose mit. Sie freute sich darüber, dass er ihr seine Liebe auf diese besondere Weise zeigte. Das war eine Einzahlung auf ihr emotionales Beziehungskonto.

Sie war aber manchmal enttäuscht, dass er Dinge, die ihrer Ansicht nach im Haus gemacht werden mussten, auf die lange Bank schob: Gardinen aufhängen, Wände streichen, den Fußboden ausbessern … Wenn er diese Arbeiten dann doch irgendwann erledigte, verhielt sie sich, als sei das eine viel höhere Einzahlung als seine Rosen.

Das ging jahrelang so. Keiner der beiden verstand, was da eigentlich passierte. Eines Abends sprach sie voller Zuneigung von ihrem Vater. Sie erzählte, dass er immer im Haus herumgewerkelt hatte. Plötzlich erkannte sie, dass das Verhalten ihres Vaters in ihren Augen ein inniger Beweis seiner Liebe zu ihrer Mutter war. Ihr Vater machte immer irgendetwas für ihre Mutter. Beispielsweise half er ihr und verschönerte das Haus, um ihr eine Freude zu bereiten. Er brachte ihr keine Rosen mit, sondern pflanzte Rosenstöcke. Seine Sprache der Liebe war, etwas für sie zu tun.

Ohne es zu bemerken, hatte unsere Freundin das auf ihre eigene Ehe übertragen. Wenn ihr Mann sich nicht sofort mit den Dingen befasste, die im Haus erledigt werden mussten, war das eine große Abhebung von ihrem Beziehungskonto. Doch das erkannte keiner von beiden. Seine Liebeserklärungen und die Rosen waren ihr zwar wichtig, wogen diese Abhebungen aber nicht auf.

Als sie das herausfanden, änderten beide ihr Verhalten. Unsere Freundin schätze die Liebesbeweise ihres Mannes höher ein. Ihr Mann versuchte, mehr im Haus und im Garten für sie zu tun.

Diese Geschichte macht deutlich, dass es noch aus einem weiteren Grund wichtig ist, den anderen wirklich zu verstehen: *Solange wir das nicht tun, können wir nicht wissen, was wirklich eine Einzahlung auf sein emotionales Beziehungskonto ist.*

UNSERE TOCHTER MARIA

Ich habe eine tolle Geburtstagsfeier für meinen Mann organisiert, ohne ihm das zu verraten. Natürlich hatte ich erwartet, dass er begeistert sein würde. Doch da hatte ich mich gründlich geirrt. Diese Überraschung gefiel ihm gar nicht. Er wollte nicht, dass so viel Tamtam um ihn gemacht wurde. Viel lieber wäre er nur mit mir in ein schönes Restaurant und danach noch ins Kino gegangen. Das hat mir wieder einmal gezeigt: Wir müssen erst herausfinden, was dem anderen wirklich wichtig ist, bevor wir versuchen, Einzahlungen bei ihm zu machen.

Wir neigen dazu, unsere eigenen Gefühle und Motive auf das Verhalten anderer zu projizieren. »Da mir diese Sache wirklich am Herzen liegt, muss es dem anderen doch auch etwas bedeuten!« Was für andere eine Einzahlung ist, können wir aber erst wissen, wenn wir verstehen, was ihnen wichtig ist. *Jeder von uns lebt in seiner eigenen Welt.* Unser persönliches Leitbild könnte für andere völlig nebensächlich sein. Vielleicht bedeutet es ihnen sogar überhaupt nichts …

Ein Vater hat mir erzählt, wie die Erkenntnis, dass man den anderen erst verstehen muss, bevor man nach Lösungen sucht, in seiner Familie viel Positives bewirkte:

EINFACH NUR ZUHÖREN

Meine zehnjährige Tochter Amber liebt Pferde über alles. Vor einiger Zeit lud ihr Großvater sie zu einem großen Viehtreiben ein. Sie war so aufgeregt! Sie freute sich riesig darauf, nicht zuletzt, weil sie dann einen ganzen Tag lang mit ihrem Großvater zusammen sein konnte, der ebenfalls ein großer Pferdenarr ist.

Als ich am Abend vor dem großen Ereignis nach Hause kam, lag Amber mit einer Grippe im Bett. Ich erkundigte mich, wie es ihr ging.

Sie sah mich an: »Ach, ganz schlecht!«, und brach in Tränen aus.

Ich sagte: »Oh, du musst dich ja richtig krank fühlen!«

»Das ist es nicht!«, schniefte sie. »Aber jetzt kann ich morgen nicht mit zum Viehtreiben!« Sie begann wieder zu weinen.

Mir schossen all die Dinge durch den Kopf, die ein Vater meiner Ansicht nach hätte sagen sollen: »Ach, das ist doch nicht so schlimm! Du kannst ja später mal mitreiten. Wir machen dann eben was anderes Schönes.« Doch ich saß nur da, hielt sie im Arm und sagte gar nichts. Dabei dachte ich an Zeiten, als ich selbst bitter enttäuscht war. Ich drückte sie einfach an mich und spürte ihren Schmerz.

Da brach der Damm. Sie zitterte am ganzen Körper und ich hielt sie ein paar Minuten lang fest an mich gedrückt. Dann war der Sturm vorbei. Sie gab mir einen Kuss auf die Wange und sagte: »Danke, Papa!« Damit war die Sache erledigt.

Ich dachte wieder an all die aufmunternden Dinge, die ich hätte sagen können, an all die Ratschläge, die ich ihr hätte geben können. Aber das war nicht das, was sie wollte. Sie brauchte jemanden, der sagte: »Wenn man eine Enttäuschung erlebt, darf man ruhig traurig sein und weinen.«

Auch diese Geschichte zeigt: Da wir alle einzigartig sind, muss jeder von uns auf seine ganz besondere Weise geliebt werden. Der Schlüssel für Einzahlungen ist daher, die Sprache der Liebe des anderen zu verstehen und auch zu sprechen.

Tief in unserem Inneren sind wir sehr verletzlich

Vor ein paar Jahren hat mir jemand einen wunderschönen Text geschickt – anonym. Wenn ich ihn vorlese, sind meine Zuhörer immer zutiefst bewegt. Diese Zeilen erfassen das Wesen des 5. Weges und seine Stärke einfach wunderbar. Ich möchte Sie bitten, diesen Text jetzt langsam und aufmerksam zu lesen und sich dabei eine Situation vorzustellen, in der sich Ihnen jemand öffnet, der Ihnen sehr am Herzen liegt:

LASS DIR NICHTS VORMACHEN!

Lass dich nicht von der Maske täuschen, die ich trage. Ja, ich trage eine Maske, sogar tausend Masken, die ich nicht abzulegen wage. Doch das sind alles nur Masken! Mich zu verstellen, ist mir in Fleisch und Blut übergegangen. Lass dich also nicht täuschen.

Ich mache den Eindruck, dass bei mir alles eitel Sonnenschein ist; dass ich voller Selbstvertrauen und Gelassenheit bin; dass ich die Kontrolle habe und niemanden brauche. Glaub mir das bitte nicht!

Ja, an der Oberfläche wirke ich ruhig, doch das ist nur eine Maske – eine Maske, die das Wesentliche verbirgt. Darunter liegt keine Gelassenheit, keine Zufriedenheit, sondern mein wirkliches Ich. Mein Ich ist unsicher, verängstigt und einsam. Doch das verberge ich. Ich will nicht, dass es irgendjemand bemerkt. Bei dem Gedanken, dass meine Schwäche entdeckt werden könnte, gerate ich in Panik. Deshalb schaffe ich mir so verzweifelt eine Maske, hinter der ich mich verstecken kann, eine unbekümmerte, strahlende Fassade, die es mir ermöglicht, anderen etwas vorzumachen, mich vor ihrem wissenden Blick zu verbergen. Doch gerade dieser Blick ist meine Rettung, meine einzige Rettung. Und das weiß ich. Nur er kann mich von mir selbst befreien, nur er kann die Gefängnismauern niederreißen, die ich um mich errichtet habe. Aber das sage ich dir nicht. Ich wage es nicht. Ich habe Angst davor.

Ich habe Angst davor, dass deinem Blick auf mein wahres Ich keine Liebe und keine Akzeptanz folgen könnten. Ich habe Angst davor, dass du dann nicht mehr so viel von mir halten wirst, dass du lachst und dass dein Lachen mich verletzt. Ich habe Angst davor, dass ich tief in mir gar nichts bin, dass ich einfach nichts wert bin, und dass du das sehen und mich ablehnen wirst. Deshalb mache ich dir etwas vor. Ich gaukle dir eine Selbstsicherheit vor, obwohl ich in meinem Inneren ein zitterndes Kind bin. Und so beginnt das Maskenspiel. Das prachtvolle, aber leere Maskenspiel. Und mein Leben wird zur Fassade.

Ich plaudere fröhlich mit dir. Doch das ist nur oberflächliches Gerede. Ich erzähle dir alles Mögliche. Aber gar nichts von dem, was in mir schreit. Lass dich also nicht von dem täuschen, was ich sage, wenn ich meine übliche Maskerade abziehe. Hör mir bitte genau zu. Versuch, das zu hören, was ich NICHT sage. Das, was ich gern sagen würde. Das, was ich sagen muss, wenn ich überleben will, aber doch nicht sagen kann. Ich mag dieses Versteckspiel nicht. Ehrlich nicht! Ich wäre lieber ganz ich selbst.

Ich würde so gern spontan und authentisch sein. Bitte hilf mir. Du musst mir helfen, indem du mir deine Hand entgegenstreckst, auch wenn es das Letzte zu sein scheint, was ich brauche oder will. Immer, wenn du freundlich, sanft und ermutigend bist, wenn du versuchst, mich zu verstehen, weil dir wirklich etwas an mir liegt, wachsen meinem Herzen Flügel. Ganz, ganz kleine Flügel. Doch es sind Flügel! Wenn du einfühlsam bist, mir deine Zuneigung zeigst und mich verstehst, kann ich es schaffen.

Du kannst mir Leben einhauchen. Das wird nicht leicht für dich sein. Aus der Überzeugung, nichts wert zu sein, entstehen im Laufe der Zeit dicke Mauern. Liebe ist jedoch stärker als die dicksten Mauern. Das gibt mir Hoffnung. Versuch bitte, diese Mauern mit festen, aber zugleich sanften Händen niederzureißen!

Du fragst dich jetzt, wer ich bin? Ich bin jemand, den du sehr gut kennst: Ich bin jeder Mann, jede Frau, jedes Kind, einfach jeder Mensch, der dir begegnet.

In unserem Inneren sind wir alle sehr verletzlich. Manche haben gelernt, sich vor dieser großen Verletzlichkeit zu schützen – gewisse Seiten an sich zu verbergen, sich zu verstellen und eine selbstsichere »Maske« zu tragen. Bedingungslose Liebe und Freundlichkeit können diese äußere Schicht jedoch durchdringen. Deshalb ist es so wichtig, zu Hause eine liebevolle, fürsorgliche und unterstützende Umgebung zu schaffen. Eine Umgebung, in der niemand Angst davor haben muss, verletzlich und offen zu sein. Das gilt nicht nur für unsere Kinder, sondern auch für unsere Ehepartner, unsere Tanten, Onkel, Nichten, Neffen, Cousinen, Cousins und Enkel – für alle! Der Aufbau eines Gefühls der bedingungslosen Liebe und der Fürsorge ist das Wichtigste überhaupt. Damit legt man die Grundlage für alles andere!

Ballast abwerfen und negative Gefühle loslassen

Es kann sehr schwierig sein, dieses Gefühl der Liebe und Fürsorge zu schaffen – insbesondere, wenn man sich mit dem Ballast der Vergangenheit und den negativen Gefühlen der Gegenwart herumschlagen muss.

Ein Mann hat uns erzählt, wie ihm das dennoch gelang:

DIE VERGANGENHEIT HINTER SICH LASSEN

Als ich meine jetzige Frau kennenlernte, hatte sie einen sechs Monate alten Sohn, Jared. Jane und ihr erster Mann Tom waren bei der Heirat beide noch sehr jung gewesen und keiner von ihnen war auch nur halbwegs auf die Ehe vorbereitet. Die Realität und der Stress des Ehelebens trafen sie hart. Es kam auch zu Handgreiflichkeiten. Tom verließ Jane, als sie im fünften Monat schwanger war.

Zu dem Zeitpunkt, als ich Jane kennenlernte, hatte Tom die Scheidung eingereicht. Zudem hatte er das gemeinsame Sorgerecht für das Kind, das er noch nie gesehen hatte, beantragt. Es war eine schwierige Situation, mit vielen bitteren Gefühlen auf beiden Seiten. Das Urteil fiel dann weitgehend zugunsten von Jane aus.

Nach unserer Hochzeit nahm ich eine Stelle an, für die wir in einen anderen Bundesstaat ziehen mussten. Tom kam jeden zweiten Monat, um Jared zu besuchen. In den Monaten dazwischen brachten wir den Kleinen zu Tom nach Kalifornien.

Allmählich spielte sich das ein und oberflächlich betrachtet schien alles in Ordnung zu sein. Die Kommunikation zwischen Jane und Tom lief allerdings größtenteils über mich. Bei den meisten Anrufen von Tom legte Jane einfach auf. Wenn Tom seinen Sohn abholen wollte, fuhr sie oft vorher weg und überließ es mir, Jared zu verabschieden. Tom rief mich häufig an und fragte: »Soll ich mit dir über diese Sache sprechen oder lieber mit Jane?« Das war eine schwierige Situation für mich.

In diesem Frühjahr sagte Tom am Telefon zu mir: »Jared wird doch im August fünf und darf dann allein fliegen. Ich würde gern die Flugtickets bezahlen, wenn ihr ihn herkommen lassen würdet. Bei euch habe ich doch keine Freunde und auch kein Auto, so dass ich bei meinen Besuchen immer im Hotelzimmer hocke.« Ich versprach ihm, mit Jane darüber zu reden.

Sie lehnte Toms Vorschlag rundweg ab: »Das kommt überhaupt nicht in Frage! Jared ist doch noch so klein. Er kann im Flugzeug ja nicht mal allein auf die Toilette gehen!« Sie war nicht bereit, mit mir darüber zu diskutieren – und mit Tom schon gar nicht. Sie sagte nur: »Überlass das einfach mir! Ich kümmere mich darum.« Doch dann verstrichen die Monate, ohne dass sich in dieser Hinsicht etwas tat. Schließlich rief Tom mich wieder an und fragte mich, ob Jared denn nun zu ihm fliegen dürfe.

Ich war überzeugt, dass sowohl in Jane als auch in Tom sehr viel Gutes steckte. Wenn sie sich darauf konzentrieren könnten, das zu tun, was das Beste für Jared war, würden sie miteinander sprechen, sich gegenseitig verstehen und eine Lösung finden. Es gab aber so viel persönliche Feindseligkeit und Verbitterung zwischen ihnen, dass sie das einfach nicht schafften.

Ich versuchte, sie dazu zu bringen, in Ruhe miteinander zu reden. Ich sagte beiden, dass es für dieses Gespräch strenge Regeln geben müsse, damit es nicht zu verbalen Angriffen kam. Da sie mir vertrauten, erklärten sie sich schließlich dazu bereit. Dann wurde ich aber zunehmend nervös. Ich befürchtete, dass mir das Gespräch aus der Hand gleiten würde, weil ich Jane zu nahestand. Außerdem hatte ich das Gefühl, dass mich am Ende mindestens einer von beiden hassen würde. Jane hatte mir schon in der Vergangenheit immer wieder vorgeworfen, dass ich Partei für Tom ergreifen würde. Tom hingegen war der Ansicht, dass Jane und ich am gleichen Strang zogen. Ich wusste nicht, was ich tun sollte.

Schließlich entschied ich mich, einen Freund und Kollegen hinzuzuziehen. Adam, der sich sehr gut mit den 7 Wegen auskennt, war einverstanden. Bei dem Gespräch erklärte er Tom und Jane zunächst das Prinzip des einfühlsamen Zuhörens. Er sagte ihnen, wie wichtig es ist, die eigene Biographie beiseitezulegen und genau auf die Worte und Gefühle, die der andere zum Ausdruck bringt, zu hören. Nachdem Jane eine Weile über ihre Gefühle gesprochen hatte, fragte er Tom: »Was hat Jane gerade zu Ihnen gesagt?« Er antwortete: »Dass sie Angst vor mir hat. Sie hat Angst, dass ich eines Tages die Beherrschung verlieren und Jared schlagen könnte.«

Jane sah ihn mit großen Augen an. Ihr wurde klar, dass er viel mehr gehört hatte als nur ihre Worte. Sie sagte: »Ja, genau diese Angst habe ich tief in meinem Herzen. Dass du eines Tages ausrasten und Jared verletzen könntest.«

Nachdem auch Tom über seine Gefühle gesprochen hatte, fragte Adam Jane: »Was hat Tom gerade gesagt?« Sie erwiderte: »Dass er Angst davor hat, zurückgewiesen zu werden und allein zu sein. Er befürchtet, dass er niemandem wichtig ist.«

Obwohl Jane und Tom sich seit 15 Jahren kannten, hatte sie nicht gewusst, dass sein Vater die Familie verlassen hatte, als Tom noch sehr klein war. Deshalb war Tom fest entschlossen war, das seinem eigenen Sohn nicht anzutun. Für Tom war die Scheidung von Jane so, als wäre er erneut verlassen worden. Sie erkannte allmählich, wie einsam er in den letzten fünf Jahren gewesen sein musste. Und sie erfuhr, dass er aufgrund eines früheren Konkurses keine Kreditkarte mehr bekam und sich daher keinen Leihwagen nehmen konnte, wenn er Jared besuchte. Er saß dann allein in seinem Hotelzimmer, ohne Freunde, ohne Auto. Und wir hatten Jared immer einfach bei ihm abgesetzt …

Als Jane und Tom sich wirklich verstanden fühlten und über die Besuchsregelungen sprachen, entdeckten sie, dass auf ihrer jeweiligen Liste nichts stand, was der andere nicht auch wollte. Sie redeten dann dreieinhalb Stunden lang miteinander. Beide sagten später unabhängig voneinander zu mir: »Weißt du, es geht gar nicht um Jared. Es geht um das Vertrauen zwischen uns. Wenn wir dieses Problem gelöst haben, wird sich alles andere wie von selbst regeln.«

Als wir Tom mit Jared in seinem Hotel absetzten, fragte Jane: »Wann sollen wir den Jungen morgen abholen?«

Er antwortete: »Mein Bus zum Flughafen fährt um vier.«

Sie bot ihm an, dass wir ihn hinbringen könnten.

»Es wäre toll, wenn ihr das machen würdet!«

»Kein Problem«, erwiderte sie.

Und ich dachte: »Das ist wirklich eine große Wende!«

Zwei Wochen später flog Jane mit Jared nach Kalifornien. Es hatte sehr an ihr genagt, dass Tom nie zugegeben hatte, was er ihr angetan hatte. Jetzt entschuldigte er sich zum ersten Mal für alles bei ihr. »Es tut mir leid, dass ich dich an den Haaren gerissen habe! Es tut mir leid, dass ich Drogen genommen habe! Es tut mir leid, dass ich dich sitzen gelassen habe!« Daraufhin entschuldigte sie sich auch bei ihm.

Nach den nächsten Telefongesprächen mit Tom sagte Jane, sie hätten sich fast wie alberne Schulkinder unterhalten. Das Verstehen, das Loslassen, das Verzeihen waren eine ungeheure Befreiung!

Jetzt läuft alles sehr gut. Jane hat mir sogar vorgeschlagen, Tom bei seinen Besuchen eines unserer Autos zu geben. Daran hatte ich selbst schon oft gedacht. Aber ich hatte nicht gewagt, Jane danach zu fragen. Meine Angst war, dass sie sagen würde: »Wie kannst du das wagen! Du versuchst ja, es dem Feind bequem zu machen!« Jetzt hat sie es von sich aus angesprochen. Und sie hat mich gefragt: »Was hältst du davon, wenn wir Tom in unserem Gästezimmer schlafen lassen, damit seine Besuche nicht so teuer für ihn werden?« Ich dachte: »Ist das wirklich Jane?« Es war eine Wende um 180 Grad.

Ich bin sicher, dass nicht immer alles so reibungslos gehen wird. Doch die Grundlage ist gelegt. Das, was die beiden für eine angemessene Kommunikation brauchen, ist da. Sie zeigen jetzt Respekt voreinander und wollen wirklich das Beste für den anderen – und natürlich für Jared.

Tom und Jane gelang es, den Hass und die Vorwürfe hinter sich zu lassen. Sie schafften es, den Konflikt beizulegen und auf der Basis von tragfähigen Prinzipien zu handeln, statt nur aufeinander zu reagieren. Doch wie war das möglich?

Sie versuchten, sich gegenseitig zu verstehen. So bekamen beide psychische Luft. Sie brauchten sich jetzt nicht mehr zu bekämpfen, sondern konnten ihre vier einzigartigen menschlichen Gaben einsetzen – vor allem ihr Gewissen und ihre Wahrnehmung. Beide konnten ihren Anteil an ihrer Trennung eingestehen, sich entschuldigen und dem anderen verzeihen. Nach dieser Versöhnung konnten sie die Situation für ihr Kind, für sich selbst und für alle anderen Beteiligten enorm verbessern.

Wenn wir nicht versuchen, den anderen zu verstehen, kommt es zu Beurteilung, Ablehnung und Manipulation.

Die Geschichte von Jane und Tom zeigt: Wenn wir nicht versuchen, den anderen zu verstehen, kommt es zu Beurteilung, zu Ablehnung und Manipulation.

Wut und Kränkungen überwinden

Die größten Störfaktoren, die Familien vom richtigen Kurs abbringen und das Entstehen von Synergie verhindern, sind negative Gefühle wie Wut und Gekränktsein. Unsere Unbeherrschtheit bringt uns in Schwierigkeiten – und unser Stolz hält uns dann darin fest. Nach C.S. Lewis ist Stolz ein Konkurrenzgefühl. Stolz zieht keine Freude daraus, etwas zu haben. Beim Stolz geht es darum, mehr zu haben als andere. Was uns stolz macht, ist der Vergleich. Es ist die Freude, über dem anderen zu stehen. Sobald der Konkurrenzgedanke verschwindet, verschwindet auch der Stolz.[1] Eine spezielle Form von Stolz ist der Drang, Recht zu haben und sich durchzusetzen.

Denken Sie immer daran: Selbst wenn Sie Ihrer Wut nur selten freien Lauf lassen, wird sich das negativ auf die Qualität Ihrer Beziehungen auswirken. Denn die anderen können nie sicher sein, dass Sie nicht plötzlich wieder explodieren.

Ich kenne einen Vater, der die meiste Zeit über sehr umgänglich war. Hin und wieder ging jedoch sein heftiges Temperament mit ihm durch. Das überschattete alles. Alle in seiner Familie fürchteten sich vor diesen Wutausbrüchen. Die Familienmitglieder taten alles, um den Vater nicht zu provozieren. Sie wagten es nicht, mit ihm über seine Wutausbrüche zu reden. Da ihm niemand entsprechendes Feedback gab, verlor der Mann völlig den Bezug zu dem, was wirklich in seiner Familie passierte.

Wenn jemand aus der Familie die Beherrschung verliert, sind die Auswirkungen meist sehr verletzend. Die anderen wehren sich, doch das macht das Problem nur noch schlimmer. Manche kapitulieren auch und unterwerfen sich dem Gewinn-Verlust-Denken. Meist sind nicht mal mehr Kompromisse möglich. In der Regel gehen alle ihre eigenen Wege und sind nicht mehr bereit, offen miteinander zu sprechen.

Was können Sie tun, wenn eine derartige Familienkultur entstanden ist? Hier sollte man tief in sich gehen. Dann kann man sich sein negatives Verhalten eingestehen, es überwinden und sich bei den anderen entschuldigen. So können alle langsam wieder Vertrauen fassen.

Noch besser ist es, wenn wir unsere Wut zügeln oder ihr auf produktive Weise Ausdruck verleihen. Der Schlüssel dazu ist, dass wir uns ehrlich eingestehen, dass Wut meist nur ein Überfließen von Schuldgefühlen ist. Dazu kommt es immer dann, wenn uns die Schwäche eines anderen reizt. Außerdem können wir uns entschließen, uns nicht von anderen kränken zu lassen. Das ist ein Punkt, bei dem wir uns frei entscheiden können. Es besteht nämlich ein großer Unterschied zwischen Verletztsein und Gekränktsein. Dass unsere Gefühle verletzt wurden, mag schmerzlich sein. Aber es heißt noch lange nicht, dass wir unser Verletztsein zur Grundlage unseres Handelns machen und zurückschlagen, uns rächen, den anderen im Stich lassen oder ihn verurteilen müssen.

Wenn andere uns verletzen, ist das meist keine Absicht. Selbst wenn es Absicht sein sollte, haben wir immer die Möglichkeit, dem anderen zu verzeihen: *Wir können uns entscheiden, die Initiative zu ergreifen und uns mit dem anderen zu versöhnen.*

Vor allem aber ist Verzeihen die Entscheidung, der Familie einen höheren Stellenwert einzuräumen. Die Familie ist viel zu wichtig, um zuzulassen, dass man nicht mehr miteinander spricht und die Bindung zwischen den einzelnen Familienmitgliedern geschwächt oder zerstört wird.

Verzeihen ist die Entscheidung, der Familie einen höheren Stellenwert einzuräumen.

Sicher ist das alles nicht leicht. Kurzfristig ist es einfacher, sein eigenes Süppchen zu kochen, zu kommen und zu gehen, wann es einem passt, sich nur um seine eigenen Bedürfnisse zu kümmern und möglichst wenig mit den anderen in der Familie zu tun zu haben. Doch dann gehen die wahren Freuden des Familienlebens verloren. Wenn Kinder so aufwachsen, glauben sie, dass Familien nun mal so sind, und der Kreislauf setzt sich fort.

Konflikte und Streitigkeiten kann man nachträglich entschärfen, indem man zugibt, dass man selbst auch dazu beigetragen hat. Es gilt, den anderen einfühlend zuzuhören und zu verstehen, wie sie sich wirklich fühlen. Mit anderen Worten: Wer Verwundbarkeit vorlebt, kann anderen helfen, auch verwundbar zu werden. Aus dieser beiderseitigen Verletzlichkeit erwächst die tiefste familiäre Bindung überhaupt.

Ein »zuverlässiger Übersetzer« werden

Echtes Zuhören wird auch »einfühlsames« Zuhören genannt. Man versucht, die Welt mit den Augen des anderen zu sehen. Insgesamt gibt es fünf verschiedene Arten des Zuhörens. Doch nur das einfühlsame Zuhören versetzt uns in die Lage, den anderen wirklich zu verstehen. Solange wir nicht einfühlsam zuhören, wissen wir nicht, wie die anderen die Welt, sich selbst und auch uns sehen.

5 Einfühlsames Zuhören
In die Welt des anderen eintauchen

4 Aufmerksames Zuhören

3 Selektives Zuhören

2 So tun, als ob man zuhört

1 Ignorieren
In seiner eigenen Welt verharren

Als ich in Jakarta in Indonesien über das Prinzip des einfühlsamen Zuhörens sprach, trugen viele Leute aus dem Publikum Kopfhörer. Da hatte ich eine Idee. Ich sagte: »Ich kann Ihnen ein gutes Beispiel für einfühlsames Zuhören nennen: Denken Sie an das, was der Übersetzer gerade über Ihre Kopfhörer macht!«

Der Übersetzer fungierte als Simultandolmetscher. Er musste auf das hören, was ich im Augenblick sagte, und gleichzeitig wiedergeben, was ich eben geäußert hatte. Das ist unglaublich anstrengend und erfordert viel Konzentration. Deshalb arbeiteten zwei Übersetzer zusammen. Nach meinem Vortrag kamen beide Übersetzer zu mir und sagten, ich hätte ihnen das größte Kompliment gemacht, das sie je bekommen hätten.

Wenn Sie andere wirklich verstehen wollen, dann schlüpfen Sie in die Rolle eines »zuverlässigen Übersetzers«. Treten Sie aus Ihren eigenen Gefühlen heraus. Kommentieren Sie die Aussagen des anderen nicht. Sehen Sie Ihre Aufgabe ausschließlich darin, dem anderen die wesentliche Bedeutung von dem, was er gesagt hat, mit neuen Worten zu übersetzen.

Der Psychologe und Autor John Powell schreibt:

> *Bei Gesprächen bedeutet Zuhören, eher auf die Bedeutungen als auf die Worte zu achten … Wenn wir wirklich zuhören, blicken wir hinter die Worte und finden den Menschen, der sich uns da verbal und nonverbal zeigt. Zuhören ist eine Schatzsuche: die Suche nach dem wahren Menschen. Diese Schatzsuche wird allerdings durch ein Verständnisproblem erschwert: Für Sie haben die Wörter eine völlig andere Bedeutung als für mich.*
>
> *Daher kann ich Ihnen nie sagen,* was Sie gesagt haben, *sondern nur,* was ich gehört habe. *Ich muss das, was Sie gesagt haben, umformulieren und mich davon überzeugen, dass alles ohne Verzerrungen bei mir angekommen ist.*

So funktioniert's: Prinzipien des einfühlsamen Zuhörens

Ich möchte jetzt ein Szenario mit Ihnen durchspielen, das Ihnen hilft, die Rolle des »zuverlässigen Übersetzers« besser zu verstehen.

Nehmen wir an, Sie spüren schon seit Tagen, dass Ihre vierzehnjährige Tochter unglücklich ist. Sie haben gefragt, was denn los sei. Ihre Tochter hat geantwortet: »Nichts. Alles in Ordnung!« Eines Abends, beim gemeinsamen Abwasch, rückt sie dann aber doch mit der Sprache raus:

»Unsere Familienregel, dass ich mich noch nicht mit Jungs verabreden darf, ist total peinlich für mich. Meine Freundinnen machen das schon alle. Sie reden über nichts anderes mehr. Ich habe das Gefühl, nicht mehr dazuzugehören. John fragt mich immer wieder, ob ich mit ihm ausgehen möchte. Aber ich muss ihm jedes Mal sagen, dass ich noch nicht alt genug bin. Ich weiß genau, dass er mich fragen wird, ob ich mit ihm zu der Party am Freitagabend gehe. Wenn ich wieder Nein sage, will er bestimmt nichts mehr mit mir zu tun haben. Und Carol und Mary auch nicht!«

Wie würden Sie sich dann verhalten? Antworten Sie:

- »Mach dir keine Sorgen. So schlimm wird es schon nicht werden!«
- »Bleib einfach bei deiner Linie. Mach dir keine Gedanken darüber, was andere sagen und denken!«
- »Erzähl mir doch, was sie über dich sagen.«
- »Wenn sie so über dich reden, bewundern sie dich in Wirklichkeit für deine Standhaftigkeit. Was du da spürst, ist ganz normale Unsicherheit.«

All das könnten typische Antworten sein, doch keine wird Ihrer Tochter zeigen, dass Sie sie verstehen:

- »Mach dir keine Sorgen. So schlimm wird es schon nicht werden!«

→ Das ist eine *Beurteilung,* die auf Ihren eigenen Werten und Bedürfnissen beruht.

- »Bleib einfach bei deiner Linie. Mach dir keine Gedanken darüber, was andere sagen und denken!«

→ Das ist ein gut gemeinter *Ratschlag,* der die Dinge jedoch allein aus Ihrer Sicht sieht.

- »Erzähl mir doch, was sie über dich sagen.«

→ So *fragen* Sie Ihre Tochter *aus,* um Informationen zu bekommen, die Sie für wichtig halten.

- »Wenn sie so über dich reden, bewundern sie dich in Wirklichkeit für deine Standhaftigkeit. Was du da spürst, ist ganz normale Unsicherheit.«

→ Damit *interpretieren* Sie das, was in Ihrer Tochter und deren Freundinnen vor sich geht, aus Ihrer Sicht.

Die meisten versuchen, zuerst verstanden zu werden.

Die meisten von uns versuchen, zuerst verstanden zu werden. Auch wenn wir uns aufrichtig bemühen, den anderen zu verstehen, bereiten wir beim »Zuhören« meist schon unsere eigene Antwort vor. Häufig *beurteilen* wir das Gesagte, *erteilen* dem anderen *Ratschläge* oder *fragen ihn aus.* Das sind alles keine Antworten, die auf Verstehen beruhen. Sie basieren vielmehr auf unserer Biographie, unserer Welt, unseren Werten.

Wie könnte eine Antwort aussehen, die aus echtem Verstehen erwächst? Mit einer solchen Antwort würden Sie versuchen, die Gefühle und Worte Ihrer Tochter zu reflektieren. Beispielsweise könnten Sie sagen: »Du fühlst dich innerlich zerrissen. Du verstehst unsere Familienregel für Verabredungen mit Jungs. Aber es ist dir peinlich, dass die anderen mit Jungs ausgehen dürfen, nur du nicht. Habe ich das richtig verstanden?«

Vielleicht würde Ihre Tochter dann antworten: »Ja, genau das meine ich.« Und hinzufügen: »Eigentlich habe ich aber vor allem Angst davor, dass ich gar nicht weiß, wie ich mich Jungs gegenüber verhalten soll, wenn ich endlich mit ihnen ausgehen darf. Alle anderen lernen das gerade, ich aber nicht.«

Eine Antwort, die aus Verstehen erwächst, würde das Gesagte erneut reflektieren: »Du hast Angst davor, dass du nicht weißt, was du tun sollst, wenn es so weit ist.«

Sie könnte das bestätigen und eingehender über ihre Gefühle sprechen, oder sagen: »Nein, nicht ganz. Was ich wirklich meine, ist, dass …« Dann würde sie versuchen, Ihnen ein klareres Bild von ihren Gefühlen zu vermitteln.

Wenn Sie einfühlsam zuhören, verstehen Sie und Ihre Tochter besser, was sie wirklich denkt und empfindet. Dann vermitteln Sie ihr die Sicherheit und das Vertrauen, sich zu öffnen. Sie geben ihr die Möglichkeit, ihr Problem zu lösen. Zudem stärken Sie die Beziehung – das wird sich später als enorm hilfreich erweisen.

Wir wollen uns noch ein anderes Beispiel ansehen, das zeigt, wie typische und einfühlende Antworten sich unterscheiden. Es geht um ein Gespräch zwischen Cindy, die zu den Cheerleadern der Schulmannschaft gehört, und ihrer Mutter.

CINDY: Ach, Mama, ich muss dir was sagen. Meggie ist heute bis auf Weiteres vom Unterricht ausgeschlossen worden!

MUTTER: Weshalb das denn?

CINDY: Man hat sie auf dem Schulparkplatz im Auto von ihrem Freund erwischt. Er hatte Alkohol dabei. Wenn jemand auf dem Schulgelände beim Trinken erwischt wird, bekommt er Schwierigkeiten. Aber das ist nicht fair. Meggie hat ja gar nichts getrunken. Nur der Typ!

MUTTER: Ich habe kein Mitleid mit Meggie. Warum treibt sie sich denn mit so einem Typen rum. Ich hab dir ja schon hundertmal gesagt, dass die Leute dich nach deinen Freunden beurteilen. Lass dir das eine Lehre sein. Überleg dir gut, mit wem du dich abgibst! Warum war sie denn nicht im Unterricht? Ich hoffe, du warst dort, als das passiert ist. Oder etwa nicht?

CINDY: Beruhige dich, Mama! Kein Grund, so auszurasten. Ich war das ja gar nicht, es war Meggie. Meine Güte, ich wollte dir bloß was erzählen. Aber du hältst mir gleich einen ellenlangen Vortrag über meine schlechten Freunde. Ich gehe jetzt ins Bett!

Hier wollte Cindys Mutter erst verstanden zu werden. Wenn sie allerdings versucht, erst zu verstehen, sieht die Sache ganz anders aus:

CINDY: Ach, Mama, ich muss dir was sagen. Meggie ist heute bis auf Weiteres vom Unterricht ausgeschlossen worden!

MUTTER: Oh je, das scheint dich ja richtig mitgenommen zu haben.

CINDY: Ich finde das schrecklich. Es war gar nicht ihre Schuld. Ihr Freund war schuld. Er ist ein Vollidiot!

MUTTER: Hmmm. Du magst ihn nicht, oder?

CINDY: Nein, wirklich nicht. Meggie ist total in Ordnung. Aber er zieht sie runter. Das finde ich echt schlimm.

MUTTER: Du hast das Gefühl, dass er einen schlechten Einfluss auf sie hat. Das findest du nicht gut, weil sie magst und sie deine Freundin ist.

CINDY: Ich wäre froh, wenn sie mit diesem Typen Schluss machen würde. Sie sollte sich echt was Besseres suchen. Miese Typen wie der bringen einen doch bloß in Schwierigkeiten!

Hier bemüht sich die Mutter ehrlich, ihre Tochter zu verstehen. Sie versucht nicht, ihrer Tochter von ihren eigenen Erfahrungen und Vorstellungen zu erzählen. Keine Beurteilung, kein Ausfragen, keine Ratschläge, keine Interpretation! Sie geht einfach auf das ein, was ihre Tochter sagt. Da Cindy sich nicht auf ein Gewinn-Verlust-Gespräch mit ihrer Mutter einlassen muss, hat sie die Chance, das wahre Problem selbst zu erkennen.

Die große Masse des Eisbergs

Wer einfühlsam zuhört, muss nicht automatisch das Gesagte nachahmen oder zusammenfassen. Manchmal braucht man gar nichts zu sagen. Vielleicht können Sie dem anderen allein durch Ihren Gesichtsausdruck vermitteln, dass Sie ihn verstehen. Verbeißen Sie sich nicht in die Technik des Zuhörens. Konzentrieren Sie sich darauf, wirklich einfühlsam zu sein.

Manche glauben, dass Zuhörtechniken gleichbedeutend mit Einfühlsamkeit sind. Doch das führt leicht zu Problemen. Sie ahmen den anderen nach, wiederholen mehrmals dieselben Redewendungen oder formulieren das Gesagte so um, dass es manipulativ oder beleidigend wirkt. Vielleicht kennen Sie ja die Geschichte vom Soldaten, der sich beim Militärgeistlichen über das Leben in der Armee beklagt? Der Geistliche erwidert:

»Oh, Sie mögen das Leben in der Armee nicht.«

»Genau! Und dieser fürchterliche Kommandeur! Dem kann man nicht über den Weg trauen.«

»Sie denken, dass Sie dem Kommandeur nicht über den Weg trauen können.«

»Ja. Und das Essen ist so schlecht!«

»Sie meinen, dass das Essen sehr schlecht ist.«

»Und die Leute haben kein Benehmen.«

»Sie haben das Gefühl, dass die Leute kein Benehmen haben.«

»Ja. Und was zum Teufel ist verkehrt daran, wie ich es formuliere?«

Natürlich ist es sinnvoll, die Fertigkeit des Zuhörens zu üben. Denken Sie aber immer daran, dass die Zuhörtechnik nur die Spitze des Eisbergs ist! Seine große Masse ist der tiefe, aufrichtige Wunsch, den anderen wirklich zu verstehen. Dieser Wunsch beruht letztlich auf Respekt vor dem anderen. Dieser Respekt sorgt dafür, dass einfühlsames Zuhören nicht zu einer bloßen Technik verkümmert.

Die Zuhörtechnik ist nur die Spitze des Eisbergs.

Wenn Sie nicht den aufrichtigen Wunsch haben, den anderen zu verstehen, wird er das schnell durchschauen. Dann wird er Ihre Versuche, Einfühlsamkeit zu zeigen, als unehrlich und manipulativ empfinden. Wer sich manipuliert fühlt, wird keine echte Verpflichtung eingehen. Er wird vielleicht Ja sagen, obwohl er Nein meint. Doch das wird später an seinem Verhalten sichtbar. Manipulation ist eine große Abhebung vom emotionalen Beziehungskonto. Der andere wird dann auch alle weiteren Bemühungen als Manipulation auffassen, selbst wenn sie dieses Mal aufrichtig gemeint sind.

Wenn Sie aber bereit sind, Ihre wahren Motive zu offenbaren, wird die Manipulation durch Wahrhaftigkeit und Aufrichtigkeit ersetzt. Er wird sich auch dann nicht immer Ihrer Meinung anschließen. Doch Sie waren ehrlich. Gerade Menschen, die voller Tricks und Falschheit sind, beeindruckt nichts so sehr wie Ehrlichkeit.

Natürlich müssen Sie nicht immer einfühlsam sein. Wenn Sie jemand fragt, wo die Toilette ist, müssen Sie nicht antworten: »Oh, ich verstehe. Es ist offenbar sehr dringend!«

Wenn Sie den anderen wirklich verstehen, werden Sie manchmal auch spüren, dass er will, dass Sie weiter nachfragen. Das kann man sehr gut mit einem Besuch beim Arzt vergleichen. Sie wollen, dass der Arzt nachhakt, dass er Sie nach Ihren Symptomen fragt. Sie wissen, dass seine Fragen nötig sind, damit er die richtige Diagnose stellen kann. In solchen Fällen ist das Nachhaken also einfühlsam. Es hat nichts mit Ausfragen oder Kontrolle zu tun.

Falls Sie das Gefühl haben, dass der andere wirklich will, dass Sie nachfassen, bieten sich folgende Fragen an:

- *Worüber machst du dir Sorgen?*
- *Was ist dir besonders wichtig?*
- *Welche Werte liegen dir am Herzen?*
- *Was sind deine Prioritäten?*
- *Welche Konsequenzen könnte dein Verhalten haben?*

Sie können solche Fragen auch mit einer zusammenfassenden Feststellung verbinden:

- *Ich spüre, dass du dir im Grunde über … Sorgen machst.*
- *Sag mir, falls ich mich irre. Aber ich glaube, dass du …*
- *Ich versuche, es von deinem Standpunkt aus zu sehen. Denkst du, dass …*
- *Du hast das Gefühl, dass …*
- *Ich glaube, dass du … meinst.*

All diese Fragen und Feststellungen zeigen, dass Sie nach Verstehen und Empathie streben. Die Technik des Zuhörens ist dann immer sekundär und ergibt sich aus dem aufrichtigen Wunsch, den anderen zu verstehen.

3 Fragen zum einfühlsamen Zuhören

Im Laufe der Jahre wurden mir unzählige Fragen zum einfühlsamen Zuhören gestellt. Die Antworten auf die wichtigsten Fragen habe ich hier für Sie zusammengefasst:

1. Ist Einfühlsamkeit immer angebracht?

Ja – und zwar ohne Ausnahme. Techniken wie Reflektieren, Zusammenfassen und Spiegeln hingegen sind manchmal ausgesprochen unangebracht und können sogar als Manipulation aufgefasst werden. Deshalb sollten Sie immer daran denken, was der entscheidende Punkt ist: der ehrliche Wunsch, den anderen zu verstehen.

2. Was kann man tun, wenn der andere sich nicht öffnet?

Haben Sie Geduld. Vielleicht werden Sie sogar merken, dass Sie sich entschuldigen oder einen Fehler wiedergutmachen müssen. Wenn Sie spüren, dass das emotionale Beziehungskonto überzogen wurde, sollten Sie geeignete Einzahlungen vornehmen.

3. Kann man Einfühlsamkeit auch anders ausdrücken als durch die Techniken des Reflektierens, Zusammenfassens und Spiegelns?

Tun Sie das, was Ihnen angesichts der jeweiligen Situation richtig erscheint. Auch Schweigen kann einfühlsam sein, ein Nicken oder ein einziges Wort. Einfühlsamkeit zu zeigen, ist ein aufrichtiger, nicht manipulativer, flexibler und demütiger Prozess. Man erkennt an, dass der andere vielleicht noch ein bisschen verwundbarer ist als man selbst.

Vielleicht werden Ihnen auch die folgenden Richtlinien eine Hilfe beim einfühlsamen Zuhören sein:

- Je mehr Vertrauen herrscht, desto leichter können Sie zwischen einfühlsamen und autobiographischen Antworten wechseln – vor allem zwischen Reflektieren und Nachfragen.
- Wenn in einer Beziehung sehr großes Vertrauen herrscht, können Sie extrem offen zueinander sein. Falls Sie sich aber gerade bemühen, das Vertrauen wieder aufzubauen, müssen Sie viel Geduld zeigen. Das gilt auch für den Fall, dass das Vertrauen in der Beziehung nicht sehr stabil ist und der andere nicht riskieren will, Ihnen zu zeigen, wie verletzlich er ist.

- Wenn Sie nicht sicher sind, dass Sie den anderen verstehen, sollten Sie ihm das offen sagen und es noch mal versuchen.
- Konzentrieren Sie sich auf die tiefere Bedeutung des Gesagten. Sie ist in den Gefühlen zu finden und nicht in den Worten. Hören Sie mit den Augen und mit dem »dritten Ohr« – Ihrem Herzen – zu.
- Zeigen Sie in der Familie immer Liebe, Wertschätzung und Respekt füreinander. Seien Sie bereit, sich zu entschuldigen und andere um Verzeihung zu bitten.
- Manchmal ist es angebracht, klar zu sagen, was Sie beabsichtigen: »Ich will versuchen, zu verstehen, was du meinst. Ich werde dich nicht beurteilen, dir nicht zustimmen und dir auch nicht widersprechen. Ich werde nicht versuchen, dich auszufragen. Ich will nur das verstehen, was ich aus deiner Sicht verstehen soll.«

Wenn Sie einfühlsam zuhören, verstehen Sie nicht nur die Worte, die der andere benutzt. Sie erkennen auch, was in der Beziehung und der Kommunikation zwischen Ihnen vor sich geht. Sie verstehen dann den gesamten Kontext. Dieses umfassende einfühlsame Verstehen sollten Sie zur Grundlage Ihres Handelns machen.

Ist die Beziehung bislang von Beurteilungen und Bewertungen geprägt? Dann wird Ihr Bemühen, einfühlsam zu sein, wahrscheinlich erst einmal vor diesem Hintergrund gesehen werden. Damit Sie die Beziehung positiv verändern *können*, müssen Sie jede erdenkliche Gelegenheit ergreifen, um dem anderen zu zeigen, dass Sie ihn nicht beurteilen, sondern wirklich verstehen wollen.

Wenn die Beziehungen gut sind und beide Seiten echtes Verstehen zeigen, kann man mit großer Offenheit kommunizieren. Manchmal genügt es dann schon, einige Male zu nicken. Einem Außenstehenden, der das beobachtet, ohne die Qualität der Beziehung zu verstehen, könnte es so vorkommen, als würden reflektierendes Zuhören, Verstehen und Empathie völlig fehlen. In Wirklichkeit ist die Kommunikation aber sehr einfühlsam und effizient.

Sandra und ich haben diese Kommunikationsebene in unserer Zeit auf Hawaii erreicht. Manchmal sind wir wieder in alte Verhaltensweisen verfallen. Doch wir haben festgestellt, dass wir schnell wieder zu einer tiefen Kommunikation zurückfinden. Wie gut uns das gelingt, hängt immer auch davon ab, um welches Thema es geht, ob intensive

Gefühle entstehen, welche Tageszeit wir haben, wie müde wir sind und wie sehr wir uns bemühen.

Die zweite Hälfte des Weges

Zuerst zuhören und verstehen – wie die Beispiele zeigen, ist das der entscheidende Punkt, um Einfluss auf andere nehmen zu können. Und wenn Sie für den Einfluss der anderen offen sind, werden Sie auch mehr Einfluss auf sie haben.

Wir kommen nun zur zweiten Hälfte des 5. Weges: *»dann verstanden werden«*. Dabei geht es darum, dem anderen zu zeigen, wie Sie selbst die Welt sehen. Sobald Sie versuchen, das zu tun, werden Sie sehen, dass es noch einen sehr praktischen Grund dafür gibt, erst verstehen zu wollen: Wenn wir den anderen wirklich verstehen, ist es nämlich viel leichter, ihm zu zeigen, wie wir die Welt sehen, ihm etwas beizubringen oder ihm Feedback zu geben.

Wenn Sie für den Einfluss der anderen offen sind, werden Sie auch mehr Einfluss auf die anderen haben.

Eine Frau hat uns folgende Geschichte erzählt:

ENDLICH VERSTEHEN WIR UNS!

Mein Mann und ich hatten viele Jahre lang völlig andere Ansichten zum Thema Geldausgeben. Er wollte immer wieder Dinge kaufen, die ich für unnötig und viel zu teuer hielt. Ich konnte ihm aber nicht begreiflich machen, wie schmerzhaft es für mich war, dass unser Schuldenberg immer weiter wuchs und die Zinsen und die Kreditkartengebühren einen immer größeren Teil unseres Einkommens verschlangen.

Schließlich kam ich zu dem Schluss, dass ich auf andere Weise versuchen musste, ihm meinen Standpunkt klarzumachen, um Einfluss auf die Situation zu nehmen. Ich bemühte mich, meinem Mann genauer zuzuhören und zu verstehen, was er dachte. Dabei bemerkte ich, dass er manchmal den Zusammenhang zwischen seinen Kaufentscheidungen und ihren Konsequenzen nicht erkannte.

Wenn er wieder einmal sagte: »Weißt du, es wäre doch wirklich schön, … zu haben!«, stritt ich mich nicht mit ihm, sondern erwiderte:

»Ja, das finde ich auch. Lass uns mal schauen, was passieren würde, wenn wir es kaufen.« Dann holte ich unseren Haushaltsplan hervor und sagte: »Falls wir es kaufen, haben wir kein Geld mehr für …« Wenn er die Konsequenzen seiner Kaufentscheidungen kannte, kam er meist selbst zu dem Schluss, dass es besser war, auf den fraglichen Gegenstand zu verzichten.

Die Sache hatte sogar noch einen anderen Vorteil: Ich entdeckte, dass manche der Käufe, die er plante, sich tatsächlich lohnen würden. Er wollte beispielsweise einen neuen Computer für unsere Firma. Zuerst war ich dagegen. Doch dann ergaben meine Berechnungen, dass wir mit einem neuen Computer sogar mehr Geld verdienen konnten. Ich erkannte, dass meine ablehnende Reaktion aus dem Ballast der Vergangenheit kam, nicht aus der Logik der Gegenwart.

Außerdem stellte ich fest, dass unser neues finanzielles Leitbild uns beiden half, auf Kurs zu bleiben. Da wir jetzt ein gemeinsames Ziel hatten, war es für uns viel leichter, zusammen darauf hinzuarbeiten.

Nachdem dieses Paar gelernt hatte, sich gegenseitig zu verstehen, konnte es gemeinsam bessere Entscheidungen treffen. Da die Frau die Denkweise ihres Mannes verstand, konnte sie sich auch viel effektiver darum bemühen, selbst verstanden zu werden. Sie wusste, dass sie ihre Ideen in der Sprache ausdrücken musste, die er verstand. Dadurch konnte sie wesentlich besser mit ihm kommunizieren.

Feedback geben

Eines Tages sagte die Frau eines Freundes zu ihm: »Unsere verheirateten Kinder haben mir erzählt, dass sie das Gefühl haben, dass du sie zu sehr kontrollierst. Sie lieben dich. Aber sie finden es nicht gut, dass du immer noch versuchst, sie zu lenken.«

Der Mann war am Boden zerstört. Seine erste Reaktion war reine Fassungslosigkeit: »Das haben die Kinder nie und nimmer gesagt! Das stimmt nicht. Ich mische mich nie in ihre Pläne ein. Es ist einfach lächerlich, das zu behaupten. Das weißt du genauso gut wie ich!«

»Sie haben dieses Gefühl aber nun mal!«, erwiderte seine Frau. »Und ich muss dir ganz ehrlich sagen, dass mir das auch aufgefallen ist. Du hast so eine bestimmte Art, Druck auf sie auszuüben, damit sie das tun, was deiner Meinung nach das Beste für sie ist.«

»Wann denn? Wann soll ich das gemacht haben? Nenn mir nur ein einziges Beispiel!«

»Willst du das wirklich?«

»Nein, will ich nicht, denn es stimmt ja nicht.«

Manchmal bedeutet »verstanden werden«, dass wir anderen in der Familie Feedback geben. Und das ist nicht immer leicht. Oft wollen die Leute gar kein Feedback. Es passt nicht zu ihrem Bild von sich. Sie wollen nichts hören, was diesem Bild nicht entspricht.

Jeder von uns hat »blinde Flecken« – Bereiche in seinem Leben, die er nicht sieht, die aber verändert oder verbessert werden sollten. Wenn Sie einen Menschen wirklich lieben, muss er Ihnen so wichtig sein, dass Sie ihn auf diese »blinden Flecken« aufmerksam machen. Das sollte aber immer voller positiver Energie, Liebe und Respekt geschehen. Geben Sie dem anderen Ihr Feedback so, dass das emotionale Beziehungskonto dadurch sogar noch aufgestockt wird.

Wollen Sie einem Menschen, der Ihnen nahesteht, Feedback geben? Dann habe ich fünf wichtige Tipps für Sie:

5 Tipps für konstruktives Feedback

1. Fragen Sie sich immer: »Wird dieses Feedback dem anderen wirklich helfen oder erfüllt es nur mein Bedürfnis, ihm meine Meinung zu sagen und ihn zurechtzuweisen?« Falls Sie Wut in sich spüren, ist dies nicht der richtige Zeitpunkt für Ihr Feedback.
2. Bemühen Sie sich, den anderen erst zu verstehen. Finden Sie heraus, was ihm wichtig ist und wie Ihr Feedback ihm helfen kann, seine Ziele zu erreichen. Und: Versuchen Sie immer, in seiner Sprache zu sprechen.
3. Trennen Sie die Person grundsätzlich von ihrem Verhalten. Wir dürfen nie den Menschen beurteilen! Sein Verhalten können wir beurteilen, indem wir Prinzipien als Maßstab heranziehen. Wir können ihm auch unsere Gefühle beschreiben und ihn auf die Konsequenzen seines Verhaltens hinweisen. Doch wir sollten ihm nie ein Etikett anheften. Das ist für die Beziehung vernichtend. Bezeichnen Sie den anderen nicht als »faul«, »dumm«, oder »egoistisch«. Beschreiben Sie ihm stattdessen, welche Konsequenzen ein derartiges Verhalten hat und welche Gefühle, Sorgen oder Ängste es bei Ihnen hervorruft.
4. Zeigen Sie besonders viel Feingefühl und Geduld gegenüber »blinden Flecken«. Diese Flecken sind »blind«, weil sie Punkte betreffen, die sich keiner gerne bewusst macht. Und: Geben Sie nie Feedback zu Dingen, bei denen der andere realistisch betrachtet nichts verändern kann.
5. Nutzen Sie »Ich«-Botschaften. So zeigen Sie dem anderen, dass Sie ihm Ihre Wahrnehmungen mitteilen, Ihre eigene Sicht der Dinge schildern. Deshalb sollten Sie »Ich«-Bot-

schaften senden: »Ich sehe das so: …«, »Ich befürchte, dass …«, »Das sind meine Gefühle dazu …«, »Ich habe beobachtet, dass …« Vermeiden Sie »Du«-Botschaften wie »Du denkst immer nur an dich!« oder »Du machst so viel Ärger!«. Dadurch erheben Sie sich zum Richter über den anderen. Sie beurteilen ihn und stempeln ihn ab. »Du«-Botschaften signalisieren, dass der Feedback-Geber besser ist als der andere. »Ich«-Botschaften dagegen ermöglichen einen Austausch auf Augenhöhe.

Sandra und ich machten uns Sorgen, weil einer unserer Söhne sich ziemlich egoistisch verhielt. Das ging schon eine ganze Weile und verletzte alle in der Familie. Es wäre leicht für uns gewesen, ihm schnell Feedback zu geben und zu hoffen, dass er sich wieder ändern würde. Hin und wieder taten wir das auch. Doch das änderte nichts. Irgendwann sagte ich mir: »Hier müssen wir wirklich bereit sein, den Preis zu bezahlen. In ihm steckt so viel Gutes, so viel Freundlichkeit und Selbstlosigkeit. Er muss erfahren, welche Gefühle sein egoistisches Verhalten bei uns auslöst.«

Wir waren damals gerade im Familienurlaub an einem See und ich fragte ihn, ob er Lust auf eine Motorradtour mit mir hätte. Wir ließen uns Zeit und verbrachten sehr schöne Stunden miteinander. Gegen Ende der Fahrt sagte ich schließlich zu ihm: »Junge, ich habe diese gemeinsame Zeit mit dir auch gewollt, weil deine Mutter und ich uns Sorgen machen. Darf ich dir davon erzählen?«

Er antwortete: »Ja, natürlich!«

Also schilderte ich ihm unsere Gefühle. Er war nicht verletzt. Ich beschrieb ja uns, nicht ihn. Ich sagte: »Das macht uns Sorgen. So fühlen wir uns. So sehen wir es.« Ich sagte nicht: »Du bist so egoistisch! Du kränkst die ganze Familie!«

Er reagierte sehr positiv: »Ja, Papa, jetzt erkenne ich das auch. Ich habe mich wohl einfach in mich zurückgezogen. Das ist nicht richtig.« Er gab das auch seiner Mutter und den anderen in der Familie gegenüber zu und bemühte sich aufrichtig, sich zu ändern.

Wenn wir jemanden lieben, sollten wir offen und ehrlich zu ihm sein.

Die Menschen, die wir lieben, müssen uns einfach so wichtig sein, dass wir offen und ehrlich mit ihnen kommunizieren. Der Schlüssel zur Entwicklung starker, tiefer Beziehungen ist oft, dem anderen in Liebe die Wahrheit zu sagen und ihm nicht nachzugeben, ihn aber auch niemals aufzugeben. Das erfordert Zeit und Geduld und vor allem viel Mut. Außerdem müssen wir wissen, wann und wie wir »Ich«-Botschaften mit Respekt oder auch mit Nachdruck übermitteln können.

Wenn Sie Feedback geben, sollten Sie die Qualität der Beziehung und den Vertrauensgrad auf dem Beziehungskonto immer gut im Blick haben. Achten Sie darauf, dieses Konto mit »Ich«-Botschaften zu füllen. Solche Botschaften sind für den anderen eine Bestätigung. Das gilt besonders, wenn man konstruktives Feedback mit der schönsten »Ich«-Botschaft überhaupt verbindet: »Ich liebe dich. Für mich bist du ein unendlich wertvoller Mensch. Ich weiß, dass dieses Verhalten nur ein kleiner Teil von allem ist, was du bist. Und ich liebe alles, was du bist!«

»Ich liebe dich!« Die drei Zauberworte sind mit Sicherheit die Botschaft, nach der wir uns alle am meisten sehnen.

Ich erinnere mich daran, wie ich abends nach einem sehr anstrengenden Tag nach Hause kam. Ich war total erschöpft! Als ich ins Haus kam, wartete schon einer meiner Söhne auf mich. Er hatte fast den ganzen Tag damit verbracht, unseren Werkzeugkeller aufzuräumen. Die Arbeit war wirklich hart für ihn gewesen. Er hatte schwere Dinge herumschleppen und sortieren und den »Schrott« wegwerfen müssen. Voller Stolz zeigte er mir den Keller. Doch meine ersten Bemerkungen waren kritisch: »Warum hast du dieses und jenes nicht gemacht?« Heute weiß ich gar nicht mehr, was er nicht gemacht hatte. Ich erinnere mich aber noch genau daran, dass alle Freude, aller Stolz in seinen Augen erlosch. Das werde ich nie vergessen! Mein Sohn war so stolz auf das, was er geleistet hatte. Er hatte sich so sehr nach Lob und Anerkennung gesehnt. Doch ich kritisierte ihn …

Als ich seine Enttäuschung sah, erkannte ich, dass ich einen Fehler gemacht hatte. Sofort versuchte ich, mich bei ihm zu entschuldigen und ihm mein Verhalten zu erklären. Zudem bemühte ich mich, das hervorzuheben, was er gut gemacht hatte. Ich zeigte ihm meine Liebe und meinen Dank für seine Arbeit. Doch es war zu spät.

Durch diesen Vorfall habe ich etwas sehr Wichtiges gelernt: Wenn jemand sein Bestes getan hat, spielt es keine Rolle, ob das Ergebnis unsere Erwartungen erfüllt. Wir müssen ihm sofort Dank und Lob zollen. Sobald jemand etwas geleistet hat, was ihn große Mühe gekostet hat, müssen wir unsere Anerkennung zum Ausdruck bringen. Wir dürfen dann kein negatives Feedback geben – auch wenn es gerechtfertigt wäre, auch wenn wir es konstruktiv formulieren würden und auch wenn es dem anderen helfen könnte, seine Sache beim nächsten Mal besser zu machen.

Konstruktives Feedback können wir später geben, wenn der andere dafür empfänglich ist. Zunächst aber müssen wir die Anstrengung würdigen. Wenn wir den anderen ermutigen, loben und bestätigen, sind wir nicht unaufrichtig oder heuchlerisch. Wir konzentrieren uns dann nur auf etwas, was viel wichtiger ist als hervorragende Leistungen – auf die guten Absichten und das Engagement des anderen.

So setzen Sie den 5. Weg in Ihrer Familie um

Wie bei den anderen Wegen auch liegt der große Gewinn nicht in den momentanen Aha-Effekten, die sich einstellen, wenn wir andere Menschen wirklich verstehen. Der Gewinn liegt im 5. Weg selbst – in der Gewohnheit, sich im täglichen Familienleben darum zu bemühen, zu verstehen und verstanden zu werden. Aber wie schafft man eine Familienkultur, die mit dem 5. Weg im Einklang steht?

In unserer eigenen Familie haben wir festgestellt, dass man das einfühlsame Zuhören durch eine einfache Grundregel gezielt fördern kann: Bei Meinungsverschiedenheiten darf keiner seinen eigenen Standpunkt erläutern, bevor er nicht den Standpunkt des anderen wiedergegeben hat. Wichtig ist, dass der Standpunkt so wiedergegeben wird, dass der andere sich ganz und gar verstanden fühlt. Wenn man spürt, dass die Betreffenden sich schon entschieden haben und sich einfach nur bekämpfen wollen, sollte man eine entsprechende Erklärung vorausschicken: »Wir werden über wichtige Dinge sprechen. Damit die Emotionen nicht überkochen und jeder zu Wort kommt, wollen wir uns auf eine einfache Grundregel einigen: …« Natürlich wird Sie dieses Vorgehen etwas Zeit und Mühe kosten. Aber das wird sich langfristig in Form von Nervenschonung und der Verbesserung der Beziehungsqualität vielfach auszahlen.

Zudem sorgten wir dafür, dass alle bei Einzelgesprächen oder Familientreffen ihren »Tag der Wahrheit« bekommen. Für die Familientreffen hatten wir einen Problemlösungsmodus entwickelt, bei dem derjenige, der ein Anliegen hatte, das Gespräch darüber selbst leitete. Wir brachten einen Zettel am Kühlschrank an, auf den jeder, der über irgendwas reden wollte, das Thema und seinen Namen schrieb. Der Zettel war uns eine Hilfe, wenn wir uns überlegten, worum es bei der Familienkonferenz gehen sollte. Derjenige, der den Punkt auf die Tagesordnung gesetzt hatte, war dann dafür verantwortlich, uns alle durch den Problemlösungsprozess zu führen.

Damals haben wir festgestellt: Wenn die Familienkultur grundsätzlich diejenigen belohnt, die als Erste sprechen und aktiv werden, haben die anderen das Gefühl, ihren »Tag der Wahrheit« nie zu bekommen. Allmählich kehren sich die Gefühle dann immer mehr ins Innere, wo sie unausgedrückt bleiben und sich aufstauen. Doch diese nicht zum Ausdruck gebrachten Gefühle sterben nie. Sie werden lebendig begraben und tauchen später wieder auf – beispielsweise als Beurteilungen, Wut, hitzige verbale und sogar körperliche Attacken oder psychosomatische Krankheiten.

Unausgesprochene Gefühle sterben nie!

Wenn aber alle wissen, dass man auch sie anhören und verstehen wird, brauchen sie nicht ungeduldig zu werden und überzureagieren. Das löst negative Energie auf und hilft ihnen außerdem, innere Geduld und Selbstbeherrschung zu erlangen.

Das ist eine der großen Stärken des 5. Weges. Wenn Sie eine Familienkultur aufbauen können, in der der 5. Weg im Mittelpunkt steht, wird jeder das Gefühl haben, dass er auch an die Reihe kommt. Dadurch verhindern Sie viele der impulsiven Reaktionen, zu denen wir alle neigen, wenn wir das Gefühl haben, dass man uns nicht anhören will.

UNSERE TOCHTER JENNY

Da ich in einer Familie mit neun Kindern aufgewachsen bin, war es für mich manchmal schwierig, mir die Aufmerksamkeit zu verschaffen, die ich brauchte. Bei uns zu Hause war immer viel los. Alle redeten ständig oder machten irgendwas. Um Aufmerksamkeit zu bekommen, winkte ich immer meinen Vater oder meine Mutter zu mir. Dann flüsterte ich das, was ich zu sagen hatte – und zwar so leise, dass sie mir ihre ganze Aufmerksamkeit widmen und alle anderen dazu bringen mussten, still zu sein. Und das hat funktioniert!

Genau darum geht es bei der zweiten Hälfte des 5. Weges: dafür zu sorgen, dass man gehört und verstanden wird.

Entwicklungsphasen kennen und verstehen

Eine Grundvoraussetzung, um den 5. Weg in Ihrer Familie umzusetzen, ist, dass Sie verstehen, wie Ihre Kinder die Welt sehen. Dazu müssen Sie die verschiedenen Entwicklungsphasen von Kindern kennen.

Kinder lernen, sich umzudrehen, zu sitzen, zu krabbeln, zu laufen und zu rennen – und zwar in genau dieser Reihenfolge. Jeder dieser Schritte ist wichtig, keiner kann übersprungen werden. *Manche Schritte müssen vor den anderen kommen.* Das gilt auch für Gefühle und zwischenmenschliche Beziehungen. Deshalb ist es so wichtig, dass wir nicht nur die körperlichen Entwicklungsphasen verstehen, sondern auch die mentalen, emotionalen und spirituellen. Zudem sollten wir nicht versuchen, diese Phasen abzukürzen oder zu umgehen.

Wir sollten uns ernsthaft bemühen, die Entwicklung unserer Kinder zu verstehen und entsprechend mit ihnen zu kommunizieren. Tun wir das nicht, werden wir unrealistische Erwartungen an sie stellen und dann enttäuscht sein, weil wir scheinbar nicht zu ihnen durchdringen können.

Ich erinnere mich an eine Erfahrung mit einem unserer Söhne, der damals noch ziemlich klein war. Ich hatte ihm Vorwürfe gemacht, nachdem er alle seine Kleidungsstücke in seinem Zimmer auf den Boden geworfen hatte: »Ist dir denn nicht klar, dass du das nicht darfst? Verstehst du nicht, dass deine Sachen dann schmutzig werden und zerknittern?« Der Junge protestierte nicht. Er widersprach mir nicht, sondern war offenbar meiner Meinung. Ich spürte, dass er meiner Aufforderung nachkommen wollte. Trotzdem warf er seine Sachen Tag für Tag weiter auf den Fußboden.

Nach einer Weile kam mir der Gedanke, dass er vielleicht gar nicht wusste, wie er seine Sachen richtig aufhängen kann. Er war ja schließlich noch ziemlich klein … Also nahm ich mir eine halbe Stunde Zeit und zeigte es ihm. Wir übten und es machte ihm Spaß!

Das Problem war also nicht, dass mein kleiner Sohn nicht erkannt hätte, wie wichtig es war, seine Sachen ordentlich wegzuräumen. Er wollte es auch tun. Aber er hatte einfach nicht die nötige *Kompetenz* – er wusste nicht, wie er das machen sollte.

Jahre später, als Teenager, hatte dieser Sohn wieder das gleiche Problem. Dieses Mal fehlte es ihm aber nicht an Kompetenz, sondern an *Motivation.* Daher war nun eine Lösung nötig, die seine Motivation förderte.

Einer der Hauptschlüssel zur Lösung von Problemen ist eine zutreffende Diagnose. Wenn Sie ein Problem mit Ihren Knien haben, gehen Sie ja auch nicht zu einem Kardiologen. Und falls das Dach Ihres Hauses undicht ist, rufen Sie keinen Elektriker.

Wenn wir wollen, dass eines unserer Kinder eine Aufgabe in der Familie übernimmt, stellen wir uns immer drei Fragen:

- *Sollte* das Kind es tun? Das ist eine Frage der *Werte.*
- *Kann* das Kind es tun? Das ist eine Frage der *Kompetenz.*
- *Will* das Kind es tun? Das ist eine Frage der *Motivation.*

Die Antworten zeigen uns, wo wir am besten ansetzen können. Bei Wertfragen liegt die Lösung meist darin, das emotionale Beziehungskonto aufzufüllen und das Kind entsprechend zu erziehen. Bei Kompetenzfragen hingegen hilft entsprechendes Training.

Zwischen Erziehung und Training gibt es einen Unterschied. Das englische Wort *education* bedeutet *etwas hervorziehen.* Hier geht es darum, dem Kind eine angemessene Erklärung zu liefern, die in ihm das Gefühl weckt, das Gewünschte zu tun. *Training* hingegen heißt, dem Kind etwas *zu geben.* Ihm also das Wissen zu vermitteln, das es braucht, um eine Aufgabe meistern zu können. Beides ist wichtig! Ob man auf Erziehung oder Training setzen sollte, hängt von der Art des Problems ab.

»Sollte ich jetzt meine Hausaufgaben machen oder mit meinen Freunden weggehen?« Hier handelt es sich um eine Frage der Werte. In dem Fall liegt der Schlüssel zur Lösung in der Art und Weise, wie Werte in Ihrer Familie vermittelt und vorgelebt werden.

Bei Motivationsfragen hingegen ist es angebracht, das gewünschte Verhalten extrinsisch, intrinsisch oder durch eine Kombination aus beidem zu verstärken. Sie können dann extrinsische Belohnungen, wie mehr Taschengeld oder die Erlaubnis, abends später nach Hause zu kommen, anbieten. Sie können aber auch auf intrinsische Belohnungen hinweisen – beispielsweise auf unsere Zufriedenheit, wenn wir etwas tun, weil wir wissen, dass es das Richtige ist. Natürlich können Sie auch beides miteinander verbinden. Während ihres Studiums hat Sandra sich intensiv mit der kindlichen Entwicklung beschäftigt. Durch ihr umfangreiches Wissen auf diesem Gebiet hat sie unsere Familie enorm bereichert. Sie hat früh erkannt, wie wichtig es ist, bei der Kindererziehung auf die natürlichen Entwicklungsphasen zu achten.[2]

SANDRA

Neulich ist mir im Supermarkt eine junge Mutter aufgefallen. Ihr zweijähriger Sohn war völlig außer sich. Sie versuchte, ihn zu trösten und vernünftig mit ihm zu reden. Doch er zitterte am ganzen Körper, schrie, schluchzte und bekam schließlich einen Wutanfall – zum Entsetzen seiner verzweifelten Mutter, der das Ganze offensichtlich sehr peinlich war.

Da ich ja selbst Mutter bin, flog ihr mein Herz zu, als sie sich bemühte, die Situation in den Griff zu bekommen. Mir schossen einige Gedanken durch den Kopf, die ich ihr gern mitgeteilt hätte: Nehmen Sie es nicht persönlich! Tun Sie so, als sei die Sache gar nicht wichtig. So ein Verhalten sollte man nicht belohnen. Lassen Sie nicht zu, dass Ihr Kind aus dieser Situation Vorteile zieht. Denken Sie daran, dass Zweijährige emotional noch nicht mit komplexen Gefühlen wie Erschöpfung, Enttäuschung oder Stress umgehen können. Dann brennt ihnen eine Sicherung durch und der Stromkreis wird durch einen Wutanfall unterbrochen …

Wenn man das einige Male erlebt hat, ist einem klar: Das Verhalten von Kindern beruht zum Teil darauf, dass sie sich in einer bestimmten Entwicklungsphase befinden. Die Entwicklung geht immer schrittweise voran – in einer vorhersagbaren Reihenfolge.

Natürlich ist jedes Kind anders. Jedes Kind ist ein einzigartiges Individuum, das sich von allen anderen unterscheidet. Dennoch scheinen alle den gleichen Weg zu gehen. Kinder müssen sich als Besitzer fühlen, bevor sie teilen können. Sie müssen krabbeln, bevor sie laufen können. Und sie müssen verstehen, bevor sie sprechen können.

Es ist wichtig, dass wir gut über diesen Entwicklungsprozess informiert sind. Nur so können bei unseren Kindern typische Wachstumsmuster und Entwicklungsphasen erkennen. Dann werden wir es auch nicht persönlich nehmen, wenn unser Zweijähriger sich auflehnt, uns ein »Nein!« entgegenschleudert und versucht, sich als unabhängige Person zu behaupten. Wir werden nicht überreagieren, wenn unsere Vierjährige unschöne Fäkalsprache benutzt, um unsere Aufmerksamkeit zu erregen. Wir werden nicht in Tränen aufgelöst unsere Mutter anrufen und ihr erzählen, dass unser Sechsjähriger stiehlt, lügt und betrügt, um der Beste zu sein. Wir werden auch nicht im Erdboden versinken, wenn unsere Neunjährige uns für unehrlich und charakterlos hält, weil wir uns nicht immer an Geschwindigkeitsbeschränkungen halten oder bei einer Notlüge erwischt wurden. Andererseits werden wir ver-

antwortungsloses Verhalten nicht mit »Wachstum und Entwicklung« entschuldigen.

Jede Familie kann lernen, ihre Probleme zu verstehen und zu lösen. Dazu gehört manchmal auch, dass Eltern den Atem anhalten und bis zehn zählen, bevor sie reagieren. Zudem sollten Sie sich immer wieder sagen:

- *»Auch das wird vorbeigehen!«*
- *»Wir dürfen nicht zu viel von unserem Kind verlangen!«*
- *»Irgendwann werden wir darüber lachen!«*

Die Reihenfolge ist entscheidend!

Sie werden erstaunt sein, wie positiv sich der 5. Weg auf Ihre Familie auswirkt. Das hat auch ein Vater von drei Söhnen erfahren:

DAS FUNKTIONIERT WIRKLICH!

Wie wichtig es für die Familie ist, erst zu verstehen, ist mir klar geworden, als ich unsere drei Jungs beim Spielen beobachtet habe.

Jason, der eineinhalb ist, hatte gerade versehentlich Matts Spielsachen umgeworfen. Matt, vier Jahre alt und nicht sehr redegewandt, wollte seinem kleinen Bruder eine verpassen. Da ging Todd, unser Sechsjähriger, zu Matt und sagte: »Du bist jetzt echt sauer, oder? Jason hat gerade deine ganzen Spielsachen umgeworfen. Jetzt bist du so wütend, dass du ihn am liebsten schlagen würdest.« Matt sah Todd einen Augenblick lang an. Dann murmelte er irgendetwas, hob die Hände und ging aus dem Zimmer.

Und ich dachte: »Toll, das funktioniert wirklich!«

Denken Sie daran: Der Schlüssel zum 5. Weg ist die Reihenfolge! Wichtig ist nicht nur, was Sie tun, sondern auch, weshalb und wann Sie es tun. Der 5. Weg hilft uns, aus dem Herzen heraus zuzuhören und miteinander zu kommunizieren. Dadurch ermöglicht er eine außergewöhnliche Synergie in der Familie, über die wir gleich sprechen werden.

Wie Sie den Inhalt dieses Kapitels an Erwachsene und Jugendliche weitergeben

Erst verstehen …

- Sehen Sie sich die Wahrnehmungsübung mit der jungen und der alten Frau zu Beginn dieses Kapitels noch mal an. Diskutieren Sie dann mit Ihrer Familie über die folgende Aussage: »Wir alle sehen die Welt nicht, wie sie ist, sondern wie wir sind.« Überlegen Sie gemeinsam: »Weshalb ist es für unser Miteinander in der Familie ein großer Gewinn, wenn wir das erkennen?«
- Sprechen Sie mit Ihrer Familie über folgende Punkte: »Wie wichtig ist es, alle in der Familie wirklich zu verstehen? Wie gut kennen wir die anderen in unserer Familie? Kennen wir ihre verwundbaren Stellen? Ihre Bedürfnisse und Erwartungen? Ihre Ansichten über das Leben und sich selbst? Ihre Wünsche und Träume? Wie können wir mehr darüber erfahren?«
- Fragen Sie die anderen: »Sehen wir bei uns zu Hause die Folgen des Nicht-Verstehens? Gibt es Enttäuschung wegen unklarer Erwartungen, Beurteilungen, Türenknallen, Vorwürfen und Anschuldigungen, Einsamkeit oder Tränen?«
  - Sprechen Sie darüber, wie Sie dafür sorgen können, dass alle in der Familie die Gelegenheit bekommen, gehört zu werden.

… dann verstanden werden

- Diskutieren Sie miteinander, weshalb man den anderen zuerst verstehen muss, wenn man selbst verstanden werden will. Wie kann Ihnen diese Erkenntnis helfen, besser in der Sprache des anderen zu kommunizieren?
- Überlegen Sie gemeinsam, wie Sie in Ihrer Familie eine Kultur schaffen können, die auf dem 5. Weg beruht.

Wie Sie Kindern den Inhalt dieses Kapitels vermitteln

Jeder sieht die Welt anders …

- Machen Sie die Wahrnehmungsübung mit der jungen und der alten Frau vom Anfang dieses Kapitels mit Ihren Kindern. Sprechen Sie dann darüber, dass es immer mindestens zwei Möglichkeiten gibt, die Dinge zu betrachten. Machen Sie ihnen klar, dass wir nicht immer alles so sehen und erleben wie andere. Bitten Sie Ihre Kinder, Situationen zu beschreiben, in denen sie sich missverstanden fühlten.
- Besorgen Sie sich mehrere Brillen mit verschiedenen Sehstärken. Geben Sie jedem Ihrer Kinder eine Brille. Betrachten Sie dann alle dasselbe Objekt. Je nachdem, welche eine Brille man trägt, könnte es sein, dass alles verschwommen, verzerrt, dunkel, bläulich oder klar aussieht. Erklären Sie Ihren Kindern, dass das Brillen-Experiment unsere verschiedene Sicht der Dinge veranschaulicht. Bitten Sie sie dann, die Brillen zu tauschen. So bekommen alle eine Vorstellung davon, wie es ist, wenn man etwas aus dem Blickwinkel eines anderen sieht.
- Bereiten Sie eine Platte mit Kostproben von verschiedenen Lebensmitteln vor. Jeder soll alles probieren! Vergleichen Sie die Reaktionen. Sprechen Sie darüber, dass manche Leute beispielsweise Radieschen wirklich mögen, während andere sie viel zu scharf finden. Sagen Sie Ihren Kindern, dass es ganz normal ist, dass wir Menschen die Dinge um uns herum unterschiedlich erleben und wahrnehmen. Erklären Sie ihnen, warum es für unsere Beziehungen so wichtig ist, dass wir uns die Unterschiede bewusst machen.
- Spielen Sie »Gefühls-Scharaden«. Wut, Traurigkeit, Glück oder Enttäuschung: Fordern Sie Ihre Kinder auf, eine Gemütsverfassung darzustellen, die die anderen dann erraten müssen. Zeigen Sie Ihren Kindern, dass wir viel über andere Menschen erfahren können, wenn wir ihr Gesicht und ihre Körperhaltung genau beobachten.

6. Weg
Synergie schaffen

Ein Freund hat mir von einer sehr aufschlussreichen Erfahrung mit seinem Sohn erzählt. Überlegen Sie bitte beim Lesen, was Sie an seiner Stelle getan hätten:

GEMEINSAM NEUE, BESSERE LÖSUNGEN FINDEN

Nach einer Woche Training sagte mein Sohn, dass er nicht länger im Basketballteam seiner High School spielen wollte. Ich erwiderte, dass er nicht aufgeben solle. Stattdessen solle er lernen, sich durchzubeißen. Ich erzählte ihm, dass ich in meiner Jugend auch gerne mit verschiedenen Dingen aufgehört hätte. Doch ich hatte es nicht getan – und das hat sich enorm positiv auf mein Leben ausgewirkt hatte. Ich sagte, seinen Brüdern hätten das harte Training und die Teamarbeit beim Basketball sehr geholfen, und ich sei sicher, dass das auch ihm nützen würde.

Der Junge schien mich nicht verstehen zu wollen. Er erwiderte: »Papa, bei meinen Brüdern war das anders. Ich bin beim Basketball nicht gut und habe es satt, dass der Trainer ständig auf mir rumhackt. Ich habe auch noch andere Interessen!«

Ich war so außer mir, dass ich ihn einfach stehen ließ.

In den nächsten Tagen war ich total frustriert, dass der Junge so eine dumme, unverantwortliche Entscheidung getroffen hatte. Meine Beziehung zu ihm war eigentlich gut. Deshalb ärgerte es mich, dass ihm meine Meinung und meine Gefühle anscheinend gleichgültig waren. Ich versuchte mehrmals, mit ihm zu reden. Aber er wollte mir einfach nicht zuhören.

Schließlich überlegte ich, weshalb er diese Entscheidung getroffen hatte. Ich beschloss, das herauszufinden. Zuerst wollte er gar nicht darüber sprechen, so dass ich ihn nach anderen Dingen fragte. Er antwortete mit Ja oder Nein. Mehr sagte er nicht. Nach einer Weile sagte er mit

Tränen in den Augen: »Papa, ich weiß, du glaubst, du verstehst mich. Aber das stimmt nicht. Niemand weiß, wie schlecht ich mich fühle.«

»Das ist sicher sehr hart für dich.«

»Das kannst du laut sagen! Manchmal weiß ich gar nicht, ob sich das alles überhaupt lohnt.«

Dann schüttete er mir sein Herz aus. Ich erfuhr vieles, was ich nicht gewusst hatte. Es tat ihm weh, dass er immer mit seinen Brüdern verglichen wurde. Sein Trainer erwartete von ihm, dass er so gut war wie sie. Er hoffte, dass diese Vergleiche aufhören würden, wenn er einen anderen Weg einschlug. Zudem hatte er das Gefühl, dass seine Brüder meine Lieblinge waren, weil sie mehr Erfolg hatten als er. Außerdem war er furchtbar unsicher – nicht nur beim Basketball, sondern auch sonst. Und seiner Ansicht nach hatten er und ich irgendwie den Kontakt zueinander verloren …

Seine Worte trafen mich hart. Was er über die Vergleiche mit seinen Brüdern gesagt hatte, stimmte tatsächlich. Dafür entschuldigte ich mich aufrichtig bei ihm. Ich sagte aber auch, dass ich immer noch der Meinung war, dass der Sport ihm viel bringen könnte. Deshalb bot ich ihm an, ihn zusammen mit der ganzen Familie zu unterstützen, wenn er weiterspielen wollte. Er hörte mir geduldig zu, rückte aber nicht von seinem Entschluss ab.

Schließlich fragte ich ihn, ob er gern Basketball spielte. Das bejahte er. Allerdings meinte er auch, dass ihm der Druck im High-School-Team zu groß war. Deshalb wollte er sich lieber dem Team in unserem Ort anschließen. Er erklärte mir, dass er beim Spielen einfach Spaß haben und keine Rekorde brechen wollte. Ich war zwar immer noch ein bisschen enttäuscht, weil er nicht mehr zum Schul-Team gehören würde, aber vor allem war ich froh, dass er weiter Basketball spielen wollte.

Er zählte die Namen der Spieler im örtlichen Basketball-Team auf. Ich konnte sein Interesse und seine Freude spüren. Ich erkundigte mich, wann das Team denn spielte, damit ich mal zusehen konnte. Er sagte, das wisse er nicht genau, fügte aber hinzu: »Wir brauchen einen Trainer, sonst werden sie uns gar nicht spielen lassen.«

In diesem Augenblick hatten wir beide die gleiche gute Idee: Ich konnte doch Trainer des Teams werden! Wir sprachen diesen Gedanken fast wie aus einem Mund aus.

Plötzlich war mir ganz leicht ums Herz. Es würde mir viel Spaß machen, das Team und auch meinen Sohn zu trainieren …

Die folgenden Wochen gehörten zu meinen glücklichsten im Sport.

Sie brachten mir auch einige bemerkenswerte Erfahrungen als Vater. Unser Team spielte aus reiner Freude. Natürlich wollten wir gewinnen, und wir schafften auch tatsächlich ein paar Siege. Doch niemand stand unter Druck. Und mein Sohn, der es überhaupt nicht ausstehen konnte, wenn der Coach an der High School ihm etwas zubrüllte, strahlte jedes Mal, wenn ich rief: »Weiter so, Junge! Guter Wurf! Prima Pass!«

Diese Geschichte erfasst den Kern des 6. Weges – Synergie. Und sie zeigt, wie man Synergie schaffen kann.

Zunächst schienen Vater und Sohn sich in einer ausweglosen Gewinn-Verlust-Situation zu befinden. Der Vater wollte, dass sein Sohn Basketball spielte. Dafür hatte er gute Gründe: Er glaubte, dass das für den Jungen auf lange Sicht ein Gewinn sein würde. Für den Sohn sah das aber ganz anders aus. Für ihn war die Zugehörigkeit zum High-School-Team kein Gewinn, sondern ein Verlust. Er wurde ständig mit seinen Brüdern verglichen. Es gefiel ihm nicht, dass er so unter Druck gesetzt wurde. Was tun? Auf den ersten Blick schien es nur »deinen Weg« oder »meinen Weg« zu geben, so dass auf jeden Fall jemand verlieren würde.

Gemeinsam einen besseren Weg finden – genau das ist Synergie!

Dann aber änderte der Vater seine Denkweise. Er versuchte zu verstehen, weshalb das High-School-Team für seinen Sohn kein Gewinn war. Als sie miteinander sprachen, konnten sie sich von ihren starren Positionen lösen und sich mit dem wahren Problem befassen. *Sie fanden gemeinsam einen besseren Weg, eine völlig neue Lösung, die für beide ein Gewinn war. Genau das ist Synergie.*

Synergie – das höchste Gut aller Wege

Synergie ist das *Summum Bonum,* das höchste Gut aller Wege. Sie ist das Magische, das passiert, wenn 1 und 1 nicht 2, sondern 3 oder sogar noch mehr ergibt. Synergie entsteht aus gegenseitigem Respekt und Verstehen bei der Schaffung von etwas völlig Neuem, aber nicht aus Kompromissen.

Ein gutes Beispiel zur Veranschaulichung von Synergie ist unser Körper. Er ist mehr als nur die Summe aus Händen, Armen, Füßen und Beinen, dem Gehirn oder dem Herz. Unser Körper ist ein synergetisches Ganzes, das viele erstaunliche Dinge leistet, weil die einzelnen Teile so gut zusammenarbeiten.

Auch eine gute Partnerschaft ermöglicht Synergie. Gleiches gilt für die Beziehung zwischen Eltern und Kindern. Ob Synergie in einer Familie entsteht, hängt maßgeblich von der Qualität der Beziehungen zwischen den einzelnen Familienmitgliedern ab. Dort liegt die kreative Kraft, die neue Alternativen hervorbringt. Synergie ermöglicht Ihrer Familie die Entwicklung einer gemeinsamen Vision, gemeinsamer Ziele, gemeinsamer Werte, neuer Lösungen und besserer Alternativen. Es geht aber auch um die Verantwortlichkeit gegenüber Normen und Werten. Das bringt moralische oder ethische Autorität in die Familienkultur. Es ermutigt die Familienmitglieder, ehrlicher und offener zu sein und sich auch mit schwierigeren Problemen zu befassen, anstatt vor ihnen davonzulaufen, sie zu ignorieren oder sich zurückzuziehen.

Synergie schafft eine höhere moralische Autorität, die das kollektive Gewissen verkörpert. Sie hält Menschen davon ab, unethisch oder machtgierig zu sein. Solange wir diese höhere Autorität respektieren, betrachten wir Dinge wie Macht, Ansehen, Geld und Status als Bestandteil unserer Verantwortlichkeit – als etwas, was uns anvertraut wurde. Wenn Menschen ihr Leben nicht an dieser höheren Autorität ausrichten, sondern nach ihren eigenen Maßstäben handeln, löst sich das Gefühl dieser »höheren Macht« auf. Dann kommt es zur Entfremdung, die Leute konzentrieren sich nur noch auf ihren Besitz und auf sich selbst. Die magische Kraft der Synergie verschwindet.

Synergie ist ein Abenteuer

Wenn man Synergie schaffen will, muss man sich auf unbekanntes Terrain wagen. Man weiß nicht, was letztlich herauskommen wird. Das »Ende«, das man am Anfang im Sinn hat, ist ja nicht das eigene. Aber eins ist sicher: Das Ergebnis wird viel besser sein als alles, was man selbst eingebracht hat.

Deshalb sind die ersten drei Wege so wichtig. Sie geben Ihnen die innere Sicherheit und den Mut, das Abenteuer Synergie zu wagen. In Beziehungen ist nichts so spannend und so verbindend wie das gemeinsame Schaffen von Synergie. Die Denkweise und die Fähigkeiten dafür bekommen Sie von den Wegen 4 und 5. Damit Synergie entstehen kann, müssen Sie eine Win-Win-Einstellung haben. Zudem müssen Sie erst verstehen und dann verstanden werden. Um die dritte Alternative schaffen zu können, müssen Sie lernen, einfühlsam zuzuhören. Denn die dritte Alternative kann erst entstehen, wenn beide Seiten offen für den Einfluss, das Wissen und die Ideen des anderen sind.

Bei echter Synergie ergibt 1 plus 1 mindestens 3!

Der 6. Weg ist wirklich das Summum Bonum aller Wege – keine gewöhnliche Kooperation, bei der 1 plus 1 genau 2 ist. Er ist auch kein Kompromiss, bei dem 1 plus 1 nur 1½ ist. Erst recht ist er keine feindselige Kommunikation oder negative Synergie, bei der der Großteil der Energie von Kämpfen und Verteidigungsmaßnahmen verschlungen wird, so dass 1 plus 1 nicht einmal mehr 1 ergibt.

Bei echter Synergie ergibt 1 plus 1 mindestens 3. Sie ist die höchste, produktivste und befriedigendste Ebene menschlicher Beziehungen.

Der Schlüssel zur Synergie: Unterschiede schätzen

Der Schlüssel zur Synergie liegt darin, Unterschiede zu schätzen, ja sogar zu lieben. Nehmen wir noch mal unseren Körper als Beispiel: Wenn der Körper nur aus Händen oder Füßen oder dem Herz bestehen würde, könnte er nicht wirklich funktionieren. Gerade die unterschiedlichen Teile ermöglichen es ihm, so ungemein viel zu leisten.

Eine Verwandte hat mir erzählt, wie sie gelernt hat, die Unterschiede zwischen ihr und ihrer Tochter zu schätzen:

ICH BIN DOCH NIE SO GEWESEN!

Zum 11. Geburtstag schenkten mir meine Eltern eine wunderschöne Ausgabe von einem der großen Klassiker unter den Kinderbüchern. Ich las die Seiten voller Hingabe – und als ich die letzte umblätterte, weinte ich. Ich hatte die Geschehnisse in diesem Buch wirklich miterlebt.

Ich bewahrte dieses Buch viele Jahre lang sorgsam auf, um es eines Tages meiner eigenen Tochter zu schenken. Als Cathy 11 war, gab ich es ihr. Sie freute sich sehr darüber und kämpfte sich durch die ersten beiden Kapitel. Dann stellte sie es ins Regal und schlug es monatelang nicht mehr auf. Ich war tief enttäuscht.

Irgendwie hatte ich immer gedacht, dass meine Tochter wie ich sein würde. Dass sie die Bücher lesen würde, die ich als Kind gelesen hatte, dass sie mir ähnlich sein und das mögen würde, was ich auch mochte.

Ihre Lehrer sagten: »Cathy ist ein charmantes, lustiges Mädchen.« Ihre Freundinnen meinten: »Es macht Spaß, mit ihr zusammen zu sein.« Und ihr Vater denkt: »Sie findet das Leben spannend, sie ist so positiv und will allem etwas Schönes abgewinnen.«

Eines Tages erklärte ich meinem Mann: »Das ist wirklich schwierig für mich! Ihr unermüdlicher Drang nach Aktivität und dass sie ständig vor Freude und Lachen übersprudelt. Das ist für mich unbegreiflich. Ich bin doch nie so gewesen!«

Bevor ich ins Teenager-Alter kam, war das Lesen mein einziges echtes Vergnügen. Ich wusste, dass ich über die Unterschiede zwischen uns nicht enttäuscht sein durfte. Doch tief in meinem Herzen war ich es dennoch. Cathy war im Grunde ein Rätsel für mich – und das nahm ich ihr übel.

Kinder spüren solche unausgesprochenen Gefühle schnell. Mir war klar, dass das auch bei Cathy so sein würde. Ich wusste, dass sie verletzt sein würde, vielleicht sogar schon verletzt war. Wie konnte ich nur so hartherzig sein? Meine Enttäuschung über meine Tochter war falsch war. Aber ich konnte nichts daran ändern, obwohl ich Cathy sehr liebte.

Nacht für Nacht, wenn alle schliefen und das Haus dunkel und still war, dachte ich über Cathy und mich nach. Eines Morgens, als ich noch im Bett lag, passierte etwas. Ich sah ein Bild vor mir: Cathy als Erwachsene. Wir waren zwei Frauen, die sich untergehakt hatten und sich anlächelten. Ich dachte an meine Schwester, die auch ganz anders war als ich. Trotzdem hätte ich mir nie gewünscht, dass sie wie ich sein sollte. Ich erkannte, dass Cathy und ich irgendwann beide erwachsen sein würden, wie meine Schwester und ich. Und wirklich gute Freunde brauchen sich ja nicht ähnlich zu sein!

Eine innere Stimme sagte mir: »Versuch nicht, ihr deine Persönlichkeit aufzuzwingen! Freu dich doch über die Unterschiede zwischen euch!«

Dieses Erlebnis veränderte alles. Ich hatte meine Dankbarkeit wiedergefunden. Und meine Beziehung zu meiner Tochter wurde schöner, besser und intensiver als je zuvor!

Die Mutter ging davon aus, dass ihre Tochter genau wie sie sein würde. Das machte sie blind für die Einzigartigkeit ihrer Tochter. Sie musste erst lernen, das Mädchen so zu akzeptieren, wie es war. Erst nachdem sich die Mutter über die Unterschiede zwischen ihr und ihrer Tochter freuen konnte, konnte sie die Beziehung schaffen, die sie sich immer gewünscht hatte. Und das ist bei allen Beziehungen in der Familie so!

Nicht nur Eltern und Kinder, auch Partner können grundverschieden sein. Eine Leserin der 7 Wege hat uns dazu die folgende Geschichte erzählt:

UNSERE PARTNERSCHAFT LEBT VON DEN UNTERSCHIEDEN

Mein Mann und ich haben ganz unterschiedliche Denkstile. Ich denke logischer und strukturierter, benutze also meine linke Hirnhälfte stärker. Im Gegensatz zu meinem Mann sind mir Daten, Zahlen und Fakten wichtig. Er benutzt eher seine rechte Hirnhälfte und sieht alles ganzheitlicher und wesentlich emotionaler.

Am Anfang unserer Ehe verursachte dieser Unterschied einige Probleme. Mein Mann schien seinen Blick immer in die Ferne gerichtet zu haben, auf der Suche nach neuen Alternativen, neuen Möglichkeiten. Wenn er glaubte, einen besseren Weg zu sehen, änderte er einfach den Kurs. Ich dagegen neigte zu Sorgfalt und Genauigkeit. Wenn wir einmal eine klare Richtung hatten, blieb ich dabei – egal, was passierte.

Als wir dann zusammen Entscheidungen treffen mussten, stellte uns das bei allem – von der Festlegung unserer Ziele bis zur Erziehung der Kinder – vor große Herausforderungen. Unsere Liebe war sehr stark, doch wir waren beide in unserer eigenen Denkweise gefangen. Es war unglaublich anstrengend, sich auf eine gemeinsame Linie zu verständigen.

Wir versuchten es dann mit getrennten Verantwortungsbereichen. Wir teilten uns beispielsweise die Finanzen auf. Er kümmerte sich um den größten Teil der langfristigen Planung. Ich war für die aktuellen Rechnungen und Zahlungen zuständig und führte auch unser Haushaltsbuch. Das funktionierte ganz gut. Wir trugen beide etwas zu unserer Ehe und unserer Familie bei, jeder in den Bereichen, in denen er stark war.

Irgendwann entdeckten wir, wie wir unsere Unterschiede nutzen konnten, um echte Synergie zu schaffen. Dadurch erreichten wir eine viel höhere Ebene in unserer Beziehung. Wir fanden heraus, dass wir uns abwechselnd zuhören und uns gegenseitig die Augen für völlig neue Sichtweisen öffnen konnten.

Anstatt Probleme von »entgegengesetzten« Seiten anzugehen, konnten wir uns nun umfassend mit ihnen beschäftigen. Dadurch waren wir in der Lage, wesentlich bessere Lösungen zu finden. Und wir hatten jetzt etwas sehr Schönes, was wir gemeinsam tun konnten. Schließlich erkannten wir, dass die Unterschiede zwischen uns die Teile eines größeren Ganzen waren. Gemeinsam überlegten wir, wie wir diese Teile auf völlig neue Weise zusammenfügen konnten.

Wir haben entdeckt, dass wir sehr gerne gemeinsam schreiben. Er entwickelt die Konzepte, die ganzheitlichen Ideen. Ich hinterfrage die Ideen und spreche mit ihm darüber. Dann strukturiere ich die Inhalte und formuliere den Text. Das macht uns beiden viel Freude! Es hat uns auf einer komplett neuen Ebene zusammengebracht. Wir haben festgestellt, dass unsere Partnerschaft nicht trotz der Unterschiede zwischen uns so gut ist, sondern gerade wegen ihnen.

Die Geschichte ist ein gutes Beispiel dafür, dass unterschiedlichen Denkweisen bei Paaren nicht zu Frustration, Missverständnissen und Entfremdung führen müssen. Im Gegenteil: Die Unterschiede können zu einer neuen Ebene der Einheit und Vielfalt in der Beziehung führen.

Aber wie konnte das Paar aus unserer Geschichte so positive Ergebnisse erzielen? Beide Partner haben gelernt, die Unterschiede zu schätzen und sie zu nutzen, um etwas Neues zu schaffen. *Jetzt sind sie gemeinsam wesentlich besser als jeder für sich.*

Gemeinsam sind wir besser als jeder für sich.

Für Ihre Familie heißt das: Es genügt nicht, die Unterschiede nur hinzunehmen. Das kann man gar nicht! Man kann die Aufgaben in der Familie auch nicht einfach nach den Unterschieden aufteilen. Um die kreative Kraft zu schaffen, über die wir hier sprechen, müssen Sie die Unterschiede lieben. Sie müssen ehrlich sagen können: »Dass wir die Dinge unterschiedlich sehen, ist keine Schwäche, es ist eine Stärke in unserer Beziehung!«

Wenn aus Bewunderung allmählich Ärger wird

Am Anfang einer Beziehung sind es oft gerade die Unterschiede, die Menschen zueinander hinziehen. Dass jemand so anders ist, macht ihn erst richtig interessant. Allerdings schlägt die Bewunderung nach und nach oft in Ärger um. Manche Unterschiede rufen sogar sehr große Probleme hervor.

Solche Probleme gibt es natürlich auch bei Sandra und mir: Wenn ich zwei oder drei Tagen beruflich unterwegs war und deswegen nur wenig Kontakt mit den Kindern hatte, hatte ich oft ein schlechtes Gewissen. Nach meiner Rückkehr war ich dann meistens sehr nachsichtig mit den Kindern. Das musste Sandra häufig durch besondere Strenge ausgleichen. Ihre Strenge führte dann aber dazu, dass ich noch ein bisschen weicher wurde. Das wiederum bewirkte, dass Sandra noch härter wurde.

Als ich eines Abends von einer mehrtägigen Geschäftsreise nach Hause kam, ging ich an die Treppe und rief: »Jungs, seid ihr da? Wie geht's euch denn so?« Einer der kleineren Jungs kam den Flur entlanggerannt, sah mich und brüllte seinem Bruder zu: »He, Sean, er ist gut gelaunt!« Ich wusste nicht, dass meine Söhne unbedingt im Bett bleiben und schlafen sollten. Sie hatten jede erdenkliche Ausrede gefunden, um wieder aufzustehen, weiterzuspielen und herumzualbern. Schließlich war Sandra der Geduldsfaden gerissen und sie hatte sie mit der ausdrücklichen Anweisung, sich ja nicht wieder herauszuwagen, zurück ins Bett geschickt.

Dann sahen sie durchs Fenster die Scheinwerfer meines Wagens. Sie dachten: »Mal sehen, wie Papa gelaunt ist, wenn er nach Hause kommt. Vielleicht können wir ja wieder aufstehen und noch ein bisschen spielen …« Als ich ins Haus kam, warteten sie schon gespannt. Die Worte »He, Sean, er ist gut gelaunt!« waren sozusagen ihr Startsignal. Wir fingen an, uns im Wohnzimmer zu balgen, und hatten viel Spaß – bis Sandra hereinkam und mit einer Mischung aus Frustration und Wut rief: »Die Jungs sind ja immer noch auf!«

Ich erwiderte: »Ach, in letzter Zeit habe ich doch nicht viel von ihnen zu sehen bekommen. Ich möchte gern noch ein bisschen mit ihnen spielen.« Sie können sich sicher denken, dass Sandra mein Verhalten gar nicht gefiel, und mir ihres auch nicht.

Das Problem war, dass wir in diesem Punkt keine Synergie geschaffen und keine Vereinbarungen geschlossen hatten, mit denen wir beide leben konnten. Ich ignorierte die Tatsache, dass die Jungs schon im Bett waren und auch dort bleiben sollten. Aber ich hatte sie einige Tage nicht gesehen. Außerdem blieb noch die Frage, wie wichtig die Regel für die Schlafenszeiten eigentlich war.

Die Lösung für dieses Problem fanden Sandra und ich natürlich nicht an Ort und Stelle. Doch letztendlich kamen wir zu dem Schluss, dass die Schlafenszeitenregel für unsere Familie nicht in Stein gemeißelt war. Das, was für viele normale Schlafenszeiten waren, war für uns eine wichtige Familienzeit, die uns Spaß machen sollte. Diese synergetische Lösung war möglich, weil wir die Unterschiede anerkannten und uns zugestanden, das zu tun, was uns am Herzen lag.

Manchmal ist es schwer, mit Unterschieden zu leben und die Einzigartigkeit anderer zu schätzen. Die meisten von uns wünschen sich, dass der andere ihnen zustimmt, dass er so denkt wie sie und sich ihren Ideen anschließt. Das gilt besonders, wenn der andere uns so nahesteht wie unser Partner oder unsere Kinder. Es heißt aber ganz richtig: »Wenn alle gleich denken, denkt niemand sehr viel!« oder »Wenn zwei sich einig sind, ist einer überflüssig!« Ohne Unterschiede gibt es keine Grundlage für Synergie und auch keine Chance, neue Lösungen und Möglichkeiten zu schaffen.

»Wenn zwei sich einig sind, ist einer überflüssig!«

Wir müssen lernen, das Beste von unseren Unterschieden so miteinander zu verknüpfen, dass etwas völlig Neues und viel Besseres entsteht. Das ist der entscheidende Punkt!

Sandra und ich haben im Laufe der Jahre erkannt, dass unsere Unterschiede zu den positivsten Aspekten unserer Beziehung gehören. Wir haben eine innere Verpflichtung, die alles überspannt, ein gemeinsames Wertesystem und gemeinsame Ziele. Innerhalb dieses Rahmens gibt es aber eine große Vielfalt. Und das lieben wir! Na ja, jedenfalls meistens. Sandra und ich bauen darauf, dass unsere unterschiedlichen Perspektiven es uns ermöglichen, bessere Entscheidungen zu treffen. Wir verlassen uns darauf, dass unsere jeweiligen Stärken uns helfen, unsere individuellen Schwächen auszugleichen. Wir sind überzeugt, dass unsere Einzigartigkeit unserer Beziehung das gewisse Etwas verleiht. Und: Wir wissen, dass wir gemeinsam besser sind als jeder von uns allein.

Wenn wir einen Rat wollten, gingen wir zu unserem Vater, und er gab ihn uns. Er sagte dann: »Ich würde es so machen …«, und erklärte uns alles genau.

Manchmal wollte ich aber gar keinen Rat, sondern einfach, dass jemand zu mir sagte: »Du bist die Beste! Du bist die Größte! Du hättest Klassensprecherin werden sollen, nicht dieses andere Mädchen.« Ich brauchte dann jemanden, der mich wirklich unterstützte und mir seine bedingungslose Liebe und Loyalität zeigte. Und das war meine Mutter. Sie war sogar so loyal, dass ich immer Angst hatte, sie würde denjenigen, auf den ich wütend war, anrufen und zur Rede stellen.

Für sie waren wir Kinder die Größten. Sie war nicht unbedingt der Ansicht, wir seien besser als andere. Aber sie hielt viel von uns. Und das konnten wir spüren, obwohl wir natürlich wussten, dass sie voreingenommen war. Es war aber ein gutes Gefühl, zu wissen, dass jemand so sehr an uns glaubte. Sie flößte uns sehr viel Selbstvertrauen ein: »Du kannst alles schaffen! Du wirst deine Ziele erreichen. Ich glaube an dich!«

Letztlich haben meine Mutter und mein Vater uns das Beste von dem mitgegeben, was sie waren.

Synergie in der Familie

Synergie ist nicht einfach Teamarbeit oder Kooperation – sie ist *kreative* Teamarbeit, *kreative* Kooperation. Dabei entsteht etwas Neues, viel Besseres als alles, was bisher möglich schien. Das ist nur machbar, weil man die Unterschiede zu schätzen weiß. Durch intensives einfühlsames Zuhören und die gemeinsame Entwicklung neuer Ideen entsteht die dritte Alternative.

Auch Sie können die Wege 4 bis 6 anwenden, um in verschiedenen Familiensituationen alternative Lösungen zu finden. Wie das geht? Lassen Sie es uns gleich gemeinsam ausprobieren! Ich werde Ihnen eine Situation aus dem wirklichen Leben schildern. Anschließend werde ich Sie bitten, Ihre vier einzigartigen menschlichen Gaben einzusetzen, um eine Lösung zu finden. Zwischendurch werde ich Ihnen immer wieder Fragen stellen. Das hilft Ihnen, auf Ihre Pausentaste zu drücken und gründlich zu überlegen, wie Sie Ihre vier Gaben nutzen und was Sie am besten tun könnten. Bitte denken Sie gründlich über die einzelnen Fragen nach. Lesen Sie erst weiter, nachdem Sie die Fragen beantwortet haben:

Obwohl mein Mann nicht viel verdiente, konnten wir uns schließlich ein kleines Haus kaufen. Die Raten waren allerdings so hoch, dass wir sie nur mit Mühe aufbringen konnten.

Ein eigenes Heim! Das war einfach herrlich. Nach ungefähr einem Monat kamen wir zu der Ansicht, dass unser Wohnzimmer schäbig aussah und dass das an der abgewetzten Couch lag, die meine Schwiegermutter uns abgetreten hatte. Wir beschlossen, dass wir eine neue Couch brauchten, obwohl wir uns das eigentlich nicht leisten konnten. Also fuhren wir in ein Möbelhaus in der Nähe. Sie hatten eine wunderschöne Couch im Retro-Style. Das war genau das, was wir uns vorgestellt hatten. Wir verliebten uns sofort in die Couch. Aber sie war leider sehr teuer. Sogar die billigste Couch kostete doppelt so viel, als wir gedacht hatten.

Der Verkäufer erkundigte sich nach unserem Haus. Wir erzählten ihm mit einigem Stolz, wie schön es war. Er fragte: »Wie würde sich die Retro-Couch denn in Ihrem Wohnzimmer machen?«

Wir erwiderten, dass sie dort toll aussehen würde. Er bot uns an, sie uns schon am folgenden Mittwoch zu liefern. Als wir ihm sagten, dass wir kein Geld hatten, versicherte er uns, dass das kein Problem sei. Er würde dafür sorgen, dass wir erst in zwei Monaten mit den Ratenzahlungen anfangen müssten.

Mein Mann sagte: »Gut, wir nehmen sie!«

Pause

Pause: Nutzen Sie Ihre Selbstwahrnehmung und Ihr Gewissen. Was würden Sie an der Stelle der Frau tun?

Ich sagte zum Verkäufer, dass wir mehr Zeit brauchten, um darüber nachzudenken. [Die Frau nutzte ihre Pro-Aktivität (1. Weg), um eine Pause zu schaffen und Zeit zum Nachdenken zu gewinnen.]

Mein Mann protestierte: »Worüber sollen wir da noch nachdenken? Wir kaufen die Couch jetzt und bezahlen sie einfach später.« Aber ich sagte zum Verkäufer, dass wir uns noch umsehen wollten und vielleicht später zurückkommen würden. Ich merkte, dass mein Mann verärgert war, als ich seine Hand nahm und mit ihm wegging.

In der Nähe war ein kleiner Park. Dort setzten wir uns auf eine Bank. Mein Mann war immer noch wütend. Seit wir das Möbelhaus verlassen hatten, hatte er kein einziges Wort gesagt.

Pause

Pause: Nutzen Sie wieder Ihre Selbstwahrnehmung und Ihr Gewissen. Wie würden Sie mit dieser Situation umgehen?

Ich beschloss, meinen Mann erzählen zu lassen, wie er sich fühlte, und ihm zuzuhören, um seine Gefühle und Gedanken zu verstehen. [Die Frau beschritt den 4. Weg (Win-Win-Denken) und den 5. Weg (Erst verstehen ...).]

Mein Mann sagte, er würde sich schämen, wenn uns jemand besuchte und die alte, abgewetzte Couch sah. Er würde doch hart arbeiten und könne nicht begreifen, dass wir so wenig Geld hatten. Er fand es ungerecht, dass sein Bruder und viele andere wesentlich mehr Geld verdienten als er. Er sagte, er habe manchmal das Gefühl, ein Versager zu sein. Eine neue Couch wäre ein Zeichen dafür, dass er kein Versager war.

Seine Worte gingen mir zu Herzen. Er hatte mich fast davon überzeugt, dass wir zurückgehen und die Couch kaufen sollten. Doch dann fragte ich ihn, ob ich ihm von meinen Gefühlen erzählen dürfe und er mir dabei zuhören würde. [Nun folgt die zweite Hälfte des 5. Wegs (... dann verstanden werden).] *Er war einverstanden.*

Ich versicherte ihm, dass ich sehr stolz auf ihn war und dass er für mich der erfolgreichste Mensch auf der ganzen Welt war. Zudem sagte ich ihm, dass ich nachts manchmal nicht schlafen konnte, weil ich Angst hatte, dass wir unsere Rechnungen nicht bezahlen konnten. Ich erklärte ihm auch, dass wir die Raten für diese Couch nicht bezahlen konnten.

Er sagte: »Ich weiß, dass das stimmt. Aber ich fühle mich immer noch schlecht, weil wir nicht den Lebensstandard haben, den ich mir für uns wünsche.«

Pause

Pause: Nutzen Sie Ihre kreative Vorstellungskraft. Sehen Sie eine Lösung, die eine dritte Alternative wäre?

Irgendwie fingen wir dann an, darüber zu reden, wie wir unser Wohnzimmer schöner gestalten konnten, ohne viel Geld auszugeben. [Beginn der Schaffung von Synergie (6. Weg).] *Ich sagte, dass wir vielleicht im Secondhandshop eine Couch finden würden, die wir uns leisten konnten. Er lachte und erwiderte: »Dort finden wir sicher eine Couch, die tatsächlich uralt ist!« Ich nahm seine Hand. Wir saßen dann einfach nur da und sahen uns in die Augen.*

Schließlich gingen wir zum Secondhandshop. Wir fanden eine Couch, die uns beiden sehr gut gefiel. Die Polster ließen sich abnehmen. Sie waren schrecklich abgenutzt. Aber ich war sicher, dass ich sie ohne allzu große Mühe mit einem Stoff überziehen konnte, der farblich zu unserem Wohnzimmer passte. Wir kauften die Couch für wenige Dollar und fuhren nach Hause.

In der nächsten Woche ging ich zu einem Kurs, wo ich lernte, wie man Polster richtig bezieht. Mein Mann polierte derweil die Holzteile der Couch. Drei Wochen später waren wir stolze Besitzer einer wunderschönen echten Retro-Couch.

Wir saßen oft auf unserer Couch, hielten uns bei der Hand und lächelten uns an. Diese Couch war das Symbol für unseren finanziellen Aufschwung.

Welche Lösungen haben Sie gefunden, als Sie diese Geschichte gelesen haben? Wie Ihre Lösung auch aussehen mag – denken Sie darüber nach, was für einen Unterschied Synergie in Ihrem Leben machen würde! Auch bei unserem Paar bewirkte die Synergie sehr viel. Beide setzten ihre einzigartigen menschlichen Gaben ein und sorgten für die nötige Pause, um zu agieren statt zu reagieren. Dank der Wege 4 bis 6 entwickelten sie eine synergetische Lösung – eine dritte Alternative. Gemeinsam haben sie ihr Problem mit Bravour gemeistert. Können Sie sich vorstellen, was es jedes Mal für dieses Paar bedeuten wird, wenn die beiden sich ihre Couch ansehen – etwas, was sie nicht auf Kredit gekauft, sondern bar bezahlt haben?

Das Immunsystem der Familie

Diese Art von Synergie ist der höchste Ausdruck einer effektiven, starken Familienkultur. Diese Kultur ist von Kreativität, Vielfalt, Spaß und Lachen geprägt. Es herrscht tiefer Respekt vor den einzelnen Familienmitgliedern und ihren unterschiedlichen Denkweisen und Interessen.

Synergie setzt außergewöhnliche Ressourcen frei. Sie ermöglicht nicht nur neue Ideen, sondern auch große Einzahlungen auf die emotionalen Beziehungskonten. Wenn man gemeinsam in der Familie Neues entdecken und schaffen kann, kommt es zu einer enorm starken Bindung.

Synergie ist der höchste Ausdruck einer effektiven, starken Familienkultur.

Die Familienkultur, die durch die Wege 4 bis 6 entsteht, kann man sehr gut mit einem gesunden körperlichen Immunsystem vergleichen. Sie versetzt die Familie in die Lage, mit allen Herausforderungen fertigzuwerden, die das Leben für sie bereithält. Diese Kultur sorgt dafür, dass die Familie nicht zerbricht, wenn jemand Fehler macht oder wenn unerwartete Schwierigkeiten auftauchen. Gemeinsam kann die Familie dann alle Probleme meistern, daraus lernen, das Beste aus der Situation machen, und noch stärker werden.

Mit so einem Immunsystem sieht man »Probleme« völlig anders. Probleme werden dann zu einer Art Impfung. Sie regen das Immunsystem an, Antikörper zu bilden, so dass man die Krankheit gar nicht erst bekommt.

Ob Ehekrisen, Auseinandersetzungen mit Ihren Kindern, Arbeitslosigkeit oder finanzielle Schwierigkeiten: Sie können alle Probleme in Ihrer Familie als potentielle Impfung betrachten. Diese Probleme werden nicht ohne Schmerzen abgehen und vielleicht sogar ein paar Narben hinterlassen. Aber sie können auch eine Immunreaktion auslösen und die Entwicklung von Widerstandskraft fördern.

Konflikte, Rückschläge oder Enttäuschungen: Was für Schwierigkeiten auch immer auftauchen, das Immunsystem kann sie in eine Wachstumserfahrung verwandeln, die Ihre Familie kreativer und synergetischer macht. Probleme entmutigen uns dann nicht mehr. Im Gegenteil: Sie ermutigen uns, in neue Dimensionen vorzustoßen.

Auch Familien zerbrechen nicht an einem bestimmten Rückschlag oder Misserfolg, sondern, weil ihr Immunsystem nicht mehr richtig arbeitet.

Ein gesundes Immunsystem schützt vor vier verhängnisvollen Verhaltensweisen, die für das Familienleben tödlich sind: Kritisieren, Klagen, Vergleichen und Konkurrieren. Ohne ein gesundes Immunsystem können sich diese Verhaltensweisen ausbreiten und ihre negative Energie in der gesamten Familie freisetzen.

»Hilf mir, dich zu verstehen.«

Wenn Ihre Familie sich an die Wege 4 bis 6 hält, können Sie gemeinsam völlig neue und viel bessere Lösungen für Ihre Probleme finden. Mehr noch: Probleme sind dann eine willkommene Gelegenheit, Synergie zu schaffen und höhere Charakter- und Kompetenzebenen zu erreichen. Wenn Meinungsverschiedenheiten auftauchen, sagen Sie: »Du siehst das anders – gut! Hilf mir, dich zu verstehen.«

Das können Sie aber nur, wenn Sie die Vorwürfe und Schuldzuweisungen, das Kritisieren, Klagen, Vergleichen und Konkurrieren hinter sich lassen. Sie müssen eine Gewinn-Gewinn-Einstellung haben und sich bemühen, erst zu verstehen und dann verstanden zu werden. Nur so können Sie echte Synergie schaffen. Sonst werden Sie höchstens Zufriedenheit erreichen, aber keine wirkliche Verbesserung. Sie schließen Kompromisse, aber Sie schaffen keine Synergie.

Sie brauchen Charakter, um Gewinn-Gewinn denken zu können, wenn Sie und Ihr Ehepartner unterschiedliche Ansichten darüber haben, ob Sie ein neues Auto kaufen sollten, wenn Ihr Teenager um 3 Uhr nachts nach Hause kommen oder Ihre Schwiegermutter Ihr Haus auf den Kopf stellen will. Sie brauchen Charakter, um erst verstehen zu wollen, auch wenn Sie glauben, schon zu wissen, was der andere denkt. Sie brauchen Charakter, um Unterschiede zu schätzen, nach Lösungen in Form von kreativen Alternativen zu suchen und mit den anderen in Ihrer Familie daran zu arbeiten, ein Synergiegefühl entstehen zu lassen.

Deshalb ist Pro-Aktivität von so grundlegender Bedeutung. Aber um wirklich starke Synergie zu schaffen, brauchen Sie noch etwas anderes: Sie müssen die Fähigkeit entwickeln, prinzipientreu zu handeln, statt nur auf Ihre Gefühle oder die Umstände zu reagieren.

Ein Vater hat mir eine interessante Geschichte erzählt:

ALTERNATIVEN, MIT DENEN SICH ALLE WOHLFÜHLEN

Als ich über die Wege 4 bis 6 und ihre Umsetzung in unserer Familie nachdachte, erkannte ich, dass ich an meiner Beziehung zu meiner siebenjährigen Tochter Debbie arbeiten musste. Sie reagierte oft sehr emotional. Wenn sie ihren Willen nicht durchsetzen konnte, rannte sie in ihr Zimmer und weinte. Was meine Frau und ich auch machten, wir konnten unsere Tochter einfach nicht beruhigen.

Ihre Frustration rief dann auch bei uns Frustration hervor. Wir ertappten uns oft dabei, dass wir auf ihr Verhalten reagierten und Druck auf sie ausübten. »Beruhig dich doch! Hör auf, zu weinen! Geh in dein Zimmer, bis du dich wieder unter Kontrolle hast!« Doch dieses negative Feedback machte alles nur noch schlimmer.

Als ich eines Tages wieder mal über sie nachdachte, hatte ich plötzlich eine Erkenntnis, die mir sehr zu Herzen ging: Ihre Gefühlsbetontheit war eine ganz besondere Gabe. Mir war schon oft aufgefallen, dass meine Tochter ungewöhnlich viel Mitgefühl für andere zeigte. Sie hatte ein großes Herz und kümmerte sich rührend um andere. Wenn sie nicht gerade einen ihrer Gefühlsausbrüche hatte, wirkte ihre Fröhlichkeit wie Sonnenschein in unserem Haus.

Ich erkannte, dass ihre »Gabe« eine ungeheuer wichtige Fähigkeit war, die sich als Segen für ihr gesamtes Leben erweisen konnte. Ich musste meine negative, vorwurfsvolle Einstellung ablegen. Sonst würde ich das, was ihre größte Stärke werden konnte, im Keim ersticken. Das Problem war, dass meine Tochter einfach nicht wusste, wie sie mit all ihren Emotionen fertigwerden sollte. Sie brauchte einen Menschen, der ihr beistand. Jemanden, der an sie glaubte und ihr half, mit ihren überschwänglichen Gefühlen umzugehen.

Als sie das nächste Mal in Tränen ausbrach, reagierte ich erst mal gar nicht. Nachdem sie sich wieder beruhigt hatte, setzten wir uns zusammen. Wir sprachen darüber, wie man Probleme wirklich lösen und wie man Alternativen finden kann, mit denen sich alle wohlfühlen. Mir war klar, dass sie ein paar Erfolge brauchte, damit sie bereit war, mitzuarbeiten. Daher trug ich bewusst dazu bei, ihr Erfahrungen zu verschaffen, bei denen Synergie funktionierte. So lernte sie, dass es sich lohnt, wenn sie auf ihre Pausentaste drückt und nicht einfach weinend aus dem Zimmer rennt.

Natürlich gibt es immer noch schwierige Augenblicke. Doch wir haben festgestellt, dass sie jetzt viel eher dazu bereit ist, sich Problemen zu stellen. Wenn sie doch wieder einen ihrer Weinkrämpfe bekommt, bleibe ich bei ihr. Ich sage dann aber nicht: »Du rennst jetzt nicht weg!«, sondern: »Komm zu mir! Lass uns über die Sache sprechen und zusammen nach einer Lösung suchen.«

Als der Vater den wahren Charakter seiner Tochter erkannt hatte, konnte er die Unterschiede schätzen und sich ihr gegenüber pro-aktiv verhalten.

Diese Geschichte zeigt auch, dass schon kleine Kinder die Wege 4 bis 6 erlernen und umsetzen können.

Natürlich müssen Sie sich auch an den 2. Weg halten. Synergie ist Führungsarbeit. Diese Führungsarbeit ermöglicht es Ihnen, eine Einheit in Ihrer Familie zu erreichen, die der Vielfalt ihre wahre Kraft und Bedeutung verleiht. Und Sie müssen ein Ziel haben. Wenn Sie Ihr Ziel fest vor Augen haben, können Sie klar einschätzen, was das Feedback bedeutet. So können Sie erkennen, ob Sie noch auf dem Weg zu Ihrem Ziel sind oder ob Sie vom Kurs abgekommen sind.

Wöchentliche Familienzeiten sind das Forum zur Schaffung von Synergie.

Schließlich müssen Sie auch dem 3. Weg folgen. Durch Zeit zu zweit zur Vertiefung der familiären Bindung machen Sie große Einzahlungen auf den emotionalen Beziehungskonten der anderen in Ihrer Familie. Außerdem sind wöchentliche Familienzeiten das Forum zur Schaffung von Synergie.

Sehen Sie jetzt, wie eng die 7 Wege miteinander verzahnt sind, wie sie zusammenlaufen und sich gegenseitig verstärken, so dass starke, effektive und glückliche Familien entstehen?

Alle einbeziehen und gemeinsam Lösungen finden

Eine weitere Möglichkeit, die Wege 4 bis 6 in der Familie umzusetzen, ist die einfache Idee, *alle in das Problem einzubeziehen und gemeinsam eine Lösung zu suchen.*

Das haben wir in unserer Familie auch immer getan. Vor einigen Jahren haben wir so eine besonders interessante Erfahrung gemacht. Sandra und ich hatten viel darüber gelesen, wie stark sich das Fernsehen auf Kinder auswirkt. Wir hatten das Gefühl, dass es wie ein offener Abwasserkanal war, der direkt in unser Haus führte. Zwar hatten wir Regeln festgelegt, um die Fernsehzeit zu begrenzen. Doch irgendwie schien das immer wieder aus dem Ruder zu laufen. Wir waren es leid, ständig mit den Kindern über das Fernsehen zu diskutieren.

Sandra und ich wussten zwar, worin das Problem lag, konnten uns allerdings nicht über die Lösung einigen. Ich wollte autoritär vorgehen und Nägel mit Köpfen machen. Gerade hatte ich einen Artikel über einen Mann gelesen, der den Fernseher der Familie tatsächlich auf den Müll geworfen hatte. Eine so drastische Aktion schien mir genau die Botschaft zu vermitteln, die ich senden wollte. Doch Sandra wollte nicht, dass die Kinder uns unseren Entschluss übel nahmen, weil er ihrer Ansicht nach kein Gewinn für sie war.

Schließlich wurde uns etwas Wichtiges klar: Es war nicht unsere Aufgabe, dieses Problem für die Kinder zu lösen. Wir mussten ihnen dabei helfen, es selbst zu klären. Also brachten wir bei unserem nächsten Familienabend das Thema »Fernsehen – wie viel ist genug?« auf den Tisch. Da das für alle sehr wichtig war, waren alle Kinder sofort mit Feuereifer bei der Sache.

Einer der Jungen sagte: »Was ist so schlecht daran, fernzusehen? Die bringen auch viele gute Sachen. Ich mache meine Hausaufgaben ja trotzdem. Ich kann sogar lernen, wenn der Fernseher läuft. Meine Noten sind gut, und die von allen anderen auch. Wo ist das Problem?«

Eine unserer Töchter fügte hinzu: »Falls ihr Angst habt, dass das Fernsehen uns schaden könnte, liegt ihr falsch. Wir sehen uns fast nie schlechte Sendungen an. Wenn wir doch mal bei einer landen, schalten wir eigentlich immer um. Und was ihr schockierend findet, schockiert uns gar nicht so sehr.«

Eine ihrer Schwestern sagte: »Wenn wir uns bestimmte Sendungen nicht ansehen, sind wir bei unseren Freundinnen total unten durch. Alle schauen sich das an. Wir sprechen sogar jeden Tag in der Schule darüber. Durch diese Sendungen lernen wir, wie es auf der Welt wirklich zugeht. Das hilft uns, nicht selbst in den ganzen Schlamassel zu geraten, der so abläuft.«

Wir ließen die Kinder ausreden. Sie hatten alle etwas dazu zu sagen, weshalb wir unsere Fernsehgewohnheiten nicht drastisch ändern sollten. Wir konnten sehen, wie wichtig ihnen das Fernsehen war.

Nachdem alle sich zu Wort gemeldet hatten, sagten wir: »Jetzt wollen wir sehen, ob wir das, was ihr gerade gesagt habt, wirklich verstehen.« Wir wiederholten alles noch mal mit eigenen Worten. Dann fragten wir sie, ob sie das Gefühl hätten, dass wir ihren Standpunkt wirklich verstanden hatten, und sie bejahten das.

»Nun wollen wir, dass ihr versteht, wie wir die Sache sehen.«

Davon waren sie nicht gerade begeistert: »Ihr wollt uns doch nur die ganzen schlechten Dinge erzählen, die andere über das Fernsehen sagen! Am Ende wollt ihr den Stecker rausziehen und uns das Einzige nehmen, bei dem wir den ganzen Schulstress mal vergessen können.« Wir hörten den Kindern einfühlsam zu und versicherten ihnen, dass das keineswegs unsere Absicht war. Sandra und ich sagten: »Wir möchten nur, dass wir zwei Artikel über das Fernsehen zusammen durchgehen. Wenn wir damit fertig sind, werden wir euch allein lassen. Dann könnt ihr entscheiden, was wir machen sollen.«

»Dürfen wir das wirklich?«, riefen sie. »Und wenn unsere Entscheidung nun nicht so ausfällt, wie ihr euch das wünscht?«

»Dann werden wir sie trotzdem respektieren. Wir wollen nur, dass ihr euch alle einig seid.« Wir konnten ihren Gesichtern ansehen, dass ihnen diese Idee gefiel. Wir gingen dann die beiden Artikel gemeinsam durch. Da die Kinder spürten, dass die Inhalte für ihre Entscheidung wichtig sein würden, hörten sie sehr aufmerksam zu. Wir lasen ihnen zunächst ein paar schockierende Fakten über die negativen Auswirkungen von übermäßigem Fernsehkonsum vor. Dann wandten wir uns den positiven Dingen zu, die passieren konnten, wenn wir unsere Gewohnheiten änderten und unsere Fernsehzeiten reduzierten. Einer der Artikel verwies auf eine Studie, nach der Familien mehr Zeit für Gespräche fanden, wenn sie ihren Fernsehkonsum einschränkten. Einer der Befragten hatte gesagt: »Vorher haben wir unseren Vater eigentlich nur gesehen, bevor er zur Arbeit fuhr. Wenn er nach Hause kam, setzte er sich mit uns vor den Fernseher, bis wir ins Bett mussten. Jetzt reden wir viel miteinander und sind uns wirklich nahe.«[1]

Ein anderer Autor schrieb, dass Familien, die ihren Fernsehkonsum auf höchstens zwei Stunden am Tag und auf sorgfältig ausgewählte Sendungen beschränken, sehr positive Veränderungen bei ihren innerfamiliären Beziehungen feststellen können:

- Die Beziehungen zwischen den Eltern und den Kindern verbessern sich.
- Die Hausaufgaben werden unter geringerem Zeitdruck erledigt.
- Die Zeit für persönliche Gespräche zwischen den Familienmitgliedern nimmt deutlich zu.
- Die Kreativität der Kinder wird gefördert.
- Alle Familienmitglieder lernen, Fernsehsendungen sorgfältig auszuwählen.
- Der Fernsehkonsum wird durch gute Lesegewohnheiten ersetzt.[2]

Nachdem wir den Kindern all diese Informationen gegeben hatten, standen wir auf und verließen das Zimmer. Etwa eine Stunde später riefen sie uns wieder herein, um uns ihr Urteil zu verkünden.

Eine unserer Töchter erzählte uns später ausführlich, wie diese so wichtige Stunde verlaufen war: Als wir hinausgegangen waren, hatten die anderen sie zur Diskussionsleiterin ernannt. Sie wussten, dass sie für das Fernsehen war, und erhofften sich einen raschen Beschluss.

Anfangs verlief die Diskussion der Kinder ziemlich chaotisch. Alle wollten ihre Meinung möglichst schnell darlegen und zu einer Entscheidung kommen, die ihnen nicht wehtun würde. Beispielsweise schlugen sie vor, ihren TV-Konsum ein bisschen zu drosseln. Eins der Kinder meinte, dass sie uns zufriedenstellen sollten, indem sie alle versprachen, ihre Pflichten im Haushalt ohne Murren zu erledigen und ihre Hausaufgaben zu machen, ohne dass wir sie daran erinnern mussten.

Doch dann ergriff unser ältester Sohn das Wort. Alle hörten ihm zu, als er sagte, die Artikel hätten ihn sehr nachdenklich gemacht. Das Fernsehen habe ihm tatsächlich Dinge vermittelt, die er gar nicht gut fand. Er habe das Gefühl, dass es besser für ihn sei, wenn er deutlich weniger fernsehen würde. Außerdem glaube er, dass die jüngeren Kinder in unserer Familie jetzt sehr viel schlimmere Sachen zu sehen bekämen als er in ihrem Alter.

Danach meldete sich einer der kleineren Jungen. Er sagte, er habe schon mal nach einem Film Angst gehabt, als er ins Bett ging. An diesem Punkt wurde die Stimmung sehr ernst. Allmählich entstand ein neues Gefühl. Die Kinder fingen an, ihre Denkweise zu ändern.

Eines sagte: »Ich glaube, dass wir zu viel fernsehen. Aber ganz will ich es auch nicht aufgeben. Es gibt ein paar Sendungen, bei denen ich ein gutes Gefühl habe und die ich unbedingt sehen möchte.« Dann erzählten auch andere von Sendungen, die ihnen Spaß machten und die sie sich gern weiter anschauen wollten.

Jemand anders sagte: »Ich finde, wir sollten nicht darüber reden, wie viele Stunden wir am Tag fernsehen wollen. Manchmal möchte ich mir nämlich gar nichts anschauen, dafür aber an anderen Tagen mehr.« Daraufhin beschlossen sie, festzulegen, wie viele Stunden in der Woche – nicht am Tag – angemessen waren. Einige waren der Ansicht, 20 Stunden wären nicht zu viel, andere fanden fünf Stunden besser. Schließlich einigten sie sich auf sieben Stunden pro Woche. Dann übertrugen sie der Tochter, die die Diskussion geleitet hatte, noch eine wichtige Aufgabe: Sie sollte in Zukunft darauf achten, dass sich auch alle an den Beschluss hielten.

Diese Entscheidung war ein wichtiger Wendepunkt in unserem Familienleben. Wir begannen, mehr Zeit miteinander zu verbringen und mehr zu lesen. Irgendwann spielte das Fernsehen dann praktisch keine Rolle mehr. Abgesehen von den Nachrichten, hin und wieder einem Film oder einer Sportübertragung lief der Fernseher bei uns kaum noch.

Wir bezogen unsere Kinder also in das Problem ein und sorgten dafür, dass sie an der Lösung beteiligt waren. Da die Lösung ihre eigene Entscheidung war, war es ihnen wichtig, sie auch umzusetzen. Wir mussten sie nicht kontrollieren oder ermahnen.

Indem wir den Kindern Informationen über die Konsequenzen von übermäßigem Fernsehkonsum gaben, konnten wir außerdem weit über »unseren Weg« oder »ihren Weg« hinausgehen. Wir schafften es, zu den Prinzipien vorzudringen, die hier wirklich wichtig waren. Außerdem konnten wir den Kindern zu der Erkenntnis verhelfen, dass die Verpflichtung auf Gewinn-Gewinn nicht heißt, dass das Ergebnis allen sofort gefallen muss. Es ist vielmehr eine Verpflichtung auf Prinzipien. Denn nur eine Lösung, die auf Prinzipien beruht, ist langfristig für alle ein Gewinn.

Ein Experiment in Sachen Synergie

Wollen Sie wissen, wie Sie Synergie in Ihrer Familie schaffen können? Dann möchte ich Ihnen ein Experiment vorschlagen: Greifen Sie ein Problem heraus, das gelöst werden muss. Suchen Sie ein Problem aus, zu dem es in Ihrer Familie unterschiedliche Meinungen und Standpunkte gibt. Versuchen Sie dann, gemeinsam Antworten auf die drei folgenden Fragen zu finden:

1. Wie sieht das Problem aus Sicht der einzelnen Familienmitglieder aus?

Hören Sie sich gegenseitig mit der festen Absicht zu, den anderen wirklich zu verstehen. Arbeiten Sie so lange daran, bis die anderen die Meinung jedes Einzelnen so wiedergeben können, dass der Betreffende sich verstanden fühlt.

2. Welche Lösung wünschen sich die einzelnen Familienmitglieder?

Finden Sie heraus, welche Lösung sich die einzelnen Familienmitglieder wünschen. Achten Sie darauf, dass die Wünsche jedes Familienmitgliedes berücksichtigt werden.

3. Welche Lösung ist ein Gewinn für alle?

Nutzen Sie die Kraft der Synergie und schaffen Sie gemeinsam neue, kreative Lösungen, die für alle in der Familie ein wirklicher Gewinn sind.

Sie werden erstaunt sein, welche neuen Lösungen und Möglichkeiten Sie so gemeinsam finden können. Zudem werden Sie positiv überrascht sein, was für ein starkes Zusammengehörigkeitsgefühl entsteht, wenn sich alle auf das Problem und die gewünschten Lösungen und nicht auf ihren eigenen Standpunkt konzentrieren.

Stärken ausbauen, um Synergie zu schaffen

Ich habe einmal mit einem Top-Manager gearbeitet, der unglaublich positiv dachte. Sein direkter Vorgesetzter war jedoch ein äußerst negativer Mensch. Als ich ihn danach fragte, sagte er: »Ich sehe meine Aufgabe darin, herauszufinden, was meinem Chef fehlt, und es ihm zu geben. Meine Rolle besteht nicht darin, ihn zu kritisieren, sondern ihn zu ergänzen.« Genau das sollten auch Ehepaare oder Eltern und Kinder miteinander machen. *Wir sollten uns gegenseitig ergänzen und dem anderen ein Licht sein und kein Richter, ein Vorbild und kein Kritiker.*

Wir sollten uns gegenseitig ergänzen und dem anderen ein Vorbild sein und kein Kritiker.

Wenn zum Beispiel die Stärke eines Mannes sein Mut und seine Tatkraft sind, die Situation jedoch Rücksicht und Geduld erfordert, kann seine Stärke zu einer Schwäche werden. Wenn die Stärke einer Frau Rücksicht und Geduld sind, die Situation jedoch Mut und Tatkraft erfordert, kann ihre Stärke zu einer Schwäche werden. Wenn sich die beiden Partner ihrer Stärken und Schwächen bewusst sind, können sie als Team zusammenarbeiten, das sich gegenseitig ergänzt. Dann machen ihre jeweiligen Stärken ihre jeweiligen Schwächen bedeutungslos, so dass Synergie entstehen kann.

»Wo stehst du?«

Nicht alle Entscheidungen in der Familie erfordern Synergie. Sandra und ich haben gemeinsam einen sehr effektiven Weg gefunden, auch ohne Synergie Entscheidungen zu treffen. Einer von uns fragt dann: »Wo stehst du?« Das bedeutet: »Wie wichtig ist dir die Sache auf einer Skala von 1 bis 10?« Wenn der eine sagt: »Ich stehe bei 3«, und der andere: »Ich stehe bei 9«, halten wir uns an den Vorschlag von demjenigen, dem die Sache wichtiger ist. Wenn wir beide die gleiche Zahl nennen, schließen wir einen schnellen Kompromiss. Das funktioniert, weil wir uns versprochen haben, dem anderen immer ehrlich zu sagen, wo wir auf der Skala stehen.

Mit unseren Kindern haben wir auch so eine Vereinbarung geschlossen. Wenn wir ins Auto steigen und gern an unterschiedliche Orte fahren würden, fragen wir manchmal: »Wie wichtig ist das für euch? Wo steht ihr auf einer Skala von 1 bis 10?« Wenn jemandem von uns ein Fahrtziel wirklich wichtig ist, fahren wir einfach hin. Bei unserer Entscheidung orientieren wir uns daran, wie sehr den anderen etwas am Herzen liegt.

Synergie ist unbezahlbar

Familien, die sich an die Wege 4 bis 6 halten, klären Probleme kreativ und freuen sich über Lösungen, die für alle ein Gewinn sind. Das gilt für alle Herausforderungen in der Familie – von der Entwicklung eines gemeinsamen Leitbilds bis zur Entscheidung, wann gemeinsam zu Abend gegessen werden soll. Mit den Wegen 4 bis 6 können Familien auch schwerwiegende, mit tiefen Gefühlen verbundene Schwierigkeiten zusammen meistern.

Synergie zu schaffen ist eine Herausforderung, aber auch ein spannender Prozess. Und es funktioniert!

Ich bin sicher: Wenn man die Wege 4 bis 6 konsequent umsetzt, gibt es kein einziges Thema, bei dem eine synergetische Lösungssuche nicht möglich ist. Gegenseitiger Respekt, beiderseitiges Verstehen und kreative Kooperation sind eng miteinander verzahnt: Tiefes Verstehen führt zu gegenseitigem Respekt. Dieser Respekt bringt Sie dann beim

Verstehen auf eine noch höhere Ebene. Wenn Sie beharrlich sind und immer neue Türen öffnen, wird immer mehr Kreativität freigesetzt. Gleichzeitig wächst auch der Zusammenhalt in der Familie.

Synergie zu schaffen ist eine Herausforderung, zugleich aber auch ein sehr spannender Prozess. Und es funktioniert! Allerdings sollten Sie nicht davon ausgehen, dass Sie alle Ihre Probleme über Nacht lösen können. Denken Sie daran, dass wir alle sehr verletzlich sind. Sollten Sie bei den schwierigsten, emotionalsten Problemen nicht weiterkommen, hat es sich bewährt, diese etwas ruhen zu lassen und später wieder aufzugreifen. Arbeiten Sie erst an den einfacheren Dingen, denn kleine Erfolge führen Schritt für Schritt zu größeren.

Befinden Sie sich gerade in einer Situation, in der Synergie in Ihrer Familie ein unerreichbarer Traum zu sein scheint? Geben Sie nicht auf: Arbeiten Sie in Ihrem Einflussbereich. Setzen Sie die 7 Wege in Ihrem Leben um. Seien Sie ein Licht, kein Richter – ein Vorbild, kein Kritiker. Lassen Sie Ihren Partner und die anderen Familienmitglieder an Ihrem Lernprozess teilhaben. Vielleicht wird es Wochen, Monate oder sogar Jahre voller Geduld erfordern. Doch früher oder später werden fast immer synergetische Beziehungen entstehen.

Wahre Synergie ist unbezahlbar: Sobald kreative Kooperation in Ihrer Familie entsteht, wird Ihr »Immunsystem« stärker und die Bindung zwischen Ihnen tiefer. Das hilft Ihnen, wesentlich besser mit Herausforderungen und Chancen umzugehen. Dann können Sie die – vor allem für Kinder – wertvollste Botschaft überhaupt aus tiefstem Herzen vermitteln: »Ich werde dich unter keinen Umständen aufgeben. Was auch immer passiert, ich werde für dich da sein. Ich liebe dich bedingungslos!«

Wie Sie den Inhalt dieses Kapitels an Erwachsene und Jugendliche weitergeben

Was ist Synergie?

- Sprechen Sie darüber, was »Synergie« bedeutet. Fragen Sie die anderen in Ihrer Familie: »Welche Beispiele für Synergie seht ihr in eurer unmittelbaren Umgebung?«
- Denken Sie über Ihre Partnerschaft nach: Welche Unterschiede haben Sie zu Beginn Ihrer Beziehung zum anderen hingezogen? Ärgern Sie sich inzwischen über diese Unterschiede oder sind sie zur Quelle für Synergie geworden? Finden Sie gemeinsam mit Ihrem Partner heraus, wann und wo Sie als Team klar besser sind als jeder für sich allein.
- Sprechen Sie über die Idee, dass Familien ein Immunsystem haben. Fragen Sie die anderen: »Sehen wir Probleme als störende Hindernisse, die wir überwinden müssen? Oder sind Schwierigkeiten für uns Wachstumschancen?« Diskutieren Sie darüber, ob und wie Herausforderungen Ihr Familien-Immunsystem stärken.

Der schnelle Weg zu kooperativen Familienentscheidungen

- Lesen Sie den Abschnitt »Wo stehst du?« auf Seite 250 noch mal. Entwickeln Sie eine eigene Vorgehensweise, um kooperative Familienentscheidungen auch ohne Synergie zu treffen.

Weshalb ist Synergie in der Familie so wichtig?

- Führen Sie ein paar spannende Experimente durch, die zeigen, wie wichtig die Hilfe anderer Menschen ist. Versuchen Sie, mit nur einer Hand die Betten zu machen, ein gekochtes Ei zu schälen oder einen großen Tisch anzuheben. Bitten Sie dann andere um Hilfe. Finden Sie gemeinsam heraus, wie wichtig Synergie ist.

Wie Sie Kindern den Inhalt dieses Kapitels vermitteln

Synergie schaffen und Herausforderungen gemeinsam meistern

- Tun Sie so, als sei Ihre Familie für einen ganzen Monat zu Hause »gestrandet« und völlig auf sich allein gestellt. Fragen Sie: »Wie können wir Synergie in der Familie schaffen, um diese Herausforderung zu meistern und vielleicht sogar Spaß daran zu haben?« Machen Sie eine Liste, was jeder in der Familie dazu beitragen kann, damit Synergie entsteht:

Mama	Papa	Alex	Maria	Oma
Tolle Köchin	Kann alles reparieren	Mit ihm machen Spiele Spaß	Spielt Klavier	Kann toll Geschichten erzählen
Kann nähen	Liest uns gern was vor	Liebt Sport	Kann gut mit Kindern umgehen	Spielt Geige
Hat geschickte Hände	Liebt Spiele	Ist künstlerisch begabt	Backt gern	Backt leckere Kuchen
Wandert gern	Kann angeln	Jagt	Gute Organisatorin	War Krankenschwester

- Führen Sie vor, wie stark Synergie ist: Fordern Sie Ihre Kinder auf, sich mit einer Hand die Schuhe zuzubinden. Das geht nicht! Bitten Sie dann jemand anders, mit einer Hand zu helfen. Das funktioniert! Machen Sie deutlich, dass zwei Menschen zusammen viel mehr schaffen können als jeder für sich allein.
- Sprechen Sie darüber, welche Erfahrungen meine Familie bei der Festlegung von Richtlinien für das Fernsehen gemacht hat. Entscheiden Sie dann synergetisch, welche Richtlinien bei Ihnen zu Hause gelten sollen. Wenn fernsehen in Ihrer Familie kein gro-

ßes Thema mehr ist, können Sie natürlich auch Richtlinien zum Internet-Konsum oder zur Smartphone-Nutzung festlegen.

- Erklären Sie Ihren Kindern das System: »Wie wichtig ist dir die Sache auf einer Skala von 1 bis 10?« Wenden Sie es in verschiedenen Situationen gemeinsam an. Zeigen Sie Ihren Kindern: Es macht Spaß, dieses System zu nutzen, und man kann viele Probleme damit sehr schnell und einfach lösen!
- Veranstalten Sie eine Talent-Show mit Ihrer Familie. Ob Musik und Gesang, Gedichte, Fotos oder sportliche Aktivitäten: Jeder bringt seine besonderen Stärken und Talente ein. Machen Sie deutlich, wie toll es ist, dass wir alle unterschiedliche Dinge zu bieten haben. Sprechen Sie mit Ihren Kindern darüber, wie wichtig es ist, dass wir die Stärken und Talente anderer nutzen, um Synergie zu schaffen.

Buchtipp

Im Bestseller »Die 3. Alternative« von Stephen R. Covey dreht sich alles um Synergie, Win-Win-Denken und kreative Lösungen für Probleme und Konflikte. Wenn Sie die Inhalte dieses Kapitels vertiefen wollen, sollten Sie »Die 3. Alternative« unbedingt lesen.

7. Weg
Die Säge schärfen

Ein geschiedener Mann hat uns folgende Geschichte erzählt:

UNSERE BEZIEHUNG LÖSTE SICH ALLMÄHLICH AUF

In unserem ersten Ehejahr verbrachten meine Frau und ich viel Zeit miteinander. Wir gingen im Park spazieren, machten Radtouren, fuhren an den See ... Es gab Zeiten, die nur uns beiden gehörten. Das war wunderschön.

Der Wendepunkt kam, als wir umzogen und uns beide immer mehr von unseren Berufen vereinnahmen ließen. Da wir sehr unterschiedliche Arbeitszeiten hatten, sahen wir uns manchmal tagelang nicht. Unsere Beziehung löste sich allmählich auf. Jeder begann, sich einen eigenen Freundeskreis aufzubauen. Wir entfernten uns immer weiter voneinander und trennten uns schließlich.

Was wir nicht hegen und pflegen, verlieren wir

Vielleich kennen Sie den Begriff »Entropie« aus dem Physikunterricht? Entropie bedeutet: Alles, was über einen längeren Zeitraum sich selbst überlassen bleibt, zersetzt sich allmählich. Mein Wörterbuch definiert Entropie als »fortschreitenden Verfall eines Systems oder einer Gesellschaft«.

Das passiert überall im Leben – und wir wissen es. Wenn wir uns nicht genug um unser Auto kümmern, wird es uns irgendwann im Stich lassen. Falls wir in jeder freien Minute im Internet surfen, wird das unsere Fitness beeinträchtigen.

Alles, was wir vernachlässigen, was wir nicht immer wieder erneuern, wird sich früher oder später verschlechtern. Mit anderen Worten:

Was wir nicht hegen und pflegen, verlieren wir. Richard L. Evans hat das so ausgedrückt:

> *Wir müssen uns um alles kümmern, es im Auge behalten und daran arbeiten. Das gilt auch für Ehe und Partnerschaft. Wir dürfen unsere Beziehung nicht gleichgültig behandeln. Sie gedeiht nicht von selbst. Nichts, was wir vernachlässigen, wird bleiben, wie es war oder ist. Alle Dinge brauchen unsere Aufmerksamkeit, Fürsorge und Pflege.*[1]

Dies gilt natürlich auch für die Beziehungen in unserer Familie: *Wenn sie so bleiben sollen, wie sie sind,* erfordert das regelmäßige Einzahlungen auf die emotionalen Beziehungskonten. Bleiben die Einzahlungen aus, tritt schon bald Entropie ein. Dann sind die alten Einzahlungen schnell aufgebraucht. Die Beziehung wird distanzierter, oberflächlicher, kälter. Wenn wir sie *verbessern* wollen, müssen wir kreative neue Einzahlungen tätigen.

Um dem Entropie-Prozess entgegenzuwirken, ist es unerlässlich, dass sich alle Familien die Zeit nehmen, sich in den vier Schlüsselbereichen des Lebens zu erneuern. Welche vier Schlüsselbereiche ich meine? Es geht um den physischen, sozial-emotionalen, mentalen und spirituellen Bereich.

Stellen Sie sich bitte vor, dass Sie gerade dabei sind, einen Baum zu fällen. Sie mühen sich damit ab, den dicken Stamm durchzusägen. Sie ziehen die schwere Säge hin und her, hin und her … Sie plagen sich schon den ganzen Tag ab und haben sich keine Ruhepause gegönnt. Obwohl Sie eimerweise Schweiß vergossen haben, sind Sie erst bis zur Hälfte des Stammes gekommen. Nun sind Sie total erschöpft. Deshalb legen Sie die Säge kurz weg, um durchzuatmen.

In Ihrer Nähe ist noch jemand damit beschäftigt, einen Baum zu fällen. Sie trauen Ihren Augen nicht: Er hat schon fast den ganzen Stamm durchgesägt! Dabei hat er etwa zur gleichen Zeit angefangen. Sein Baum hat auch ungefähr die gleiche Größe. Er hat sich sogar jede Stunde eine Pause gegönnt, während Sie weitergearbeitet haben. Trotzdem ist er jetzt fast fertig – ganz im Gegensatz zu Ihnen!

Sie fragen ihn ungläubig: »Wie haben Sie das bloß geschafft! Sie haben sich zwischendurch ja sogar immer wieder ausgeruht! Wie ist das nur möglich?«

Der andere dreht sich zu Ihnen um und lächelt: »Ja, Sie haben gesehen, dass ich immer wieder Pausen gemacht habe. Aber Sie haben nicht bemerkt, dass ich dann auch jedes Mal meine Säge geschärft habe!«

»Die Säge schärfen« bedeutet, regelmäßig in allen vier Dimensionen des Lebens für Erneuerung zu sorgen. Auf die Flugzeug-Metapher übertragen heißt das: Der 7. Weg dient dazu, dass Ihr Flugzeug regelmäßig betankt und gewartet wird und dass die Piloten und die Crew stets auf dem neuesten Stand in Sachen Ausbildung und Training sind.

»Die Säge schärfen« bedeutet, regelmäßig für Ausgleich, Entspannung und Erneuerung zu sorgen.

Ich hatte vor kurzem zwei sehr aufschlussreiche Erlebnisse – einen Flug mit einem Kampfjet und einen Besuch auf dem Atom-U-Boot Alabama. In beiden Fällen war ich erstaunt, was für ein intensives Training die Besatzungen absolvieren mussten. Selbst die erfahrensten Piloten und Seeleute trainierten immer wieder die grundlegenden Anfangsschritte. Zudem wurden sie regelmäßig mit der neuesten Technologie vertraut gemacht.

Ob Kampfjet oder U-Boot: Die gesamte Mannschaft war unermüdlich damit beschäftigt, ihren Kenntnisstand zu aktualisieren und Wartungsarbeiten durchzuführen. So wurden sie immer schneller und besser und hatten ihre Aufgaben und Ziele fest im Blick. Das hat mich wieder einmal daran erinnert, wie wichtig es ist, seine Säge in allen Lebensbereichen regelmäßig zu schärfen.

Die Kraft der Erneuerung

Sie und Ihre Familie haben viele Möglichkeiten, Ihre Säge in allen vier Lebensbereichen zu schärfen und für Ausgleich, Entspannung und Erneuerung zu sorgen. Beispielsweise können Sie sich gesund ernähren, Sport machen oder Stressmanagement betreiben (physisch). Außerdem können Sie neue Freundschaften schließen, sich für andere engagieren und Synergie schaffen (sozial-emotional). Sie können lesen, sich weiterbilden, planen, visualisieren, Ihre Talente ausbauen und neue Fähigkeiten erlernen (mental). Und Sie können meditieren, inspirierende Texte lesen und sich mit Werten und Prinzipien befassen (spirituell).

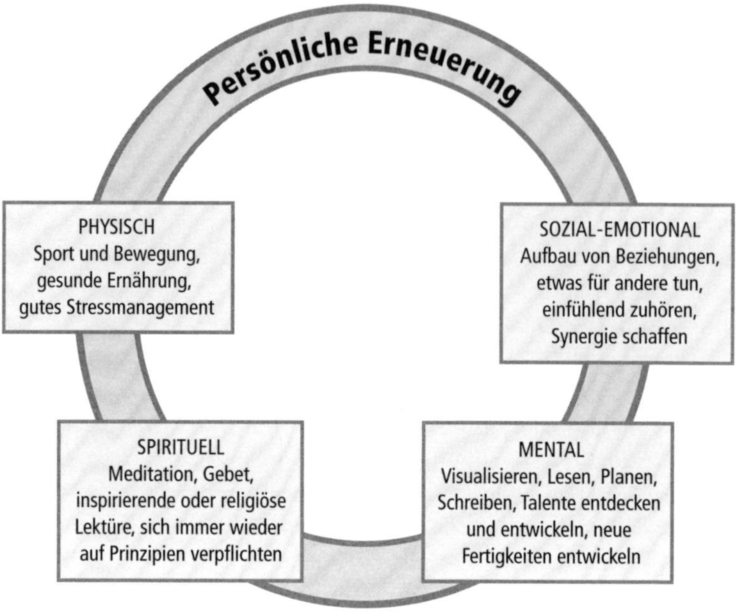

Bitte beachten Sie, dass es bei keiner dieser Aktivitäten um den Wettbewerb mit anderen geht. Vielmehr können Sie alle diese Dinge auch gemeinsam mit Ihrer Familie tun. Das fördert die Beziehungen und die Bindungen innerhalb Ihrer Familie. Beispielsweise verbessern Familienmitglieder, die gemeinsam Sport machen, nicht nur ihre Fitness und Ausdauer, sondern auch ihr Miteinander. Wenn man gemeinsam liest und über die Texte diskutiert, regt man den Austausch von Ideen und die Schaffung von Synergie an und intensiviert gleichzeitig die familiäre Bindung.

Partner, die gemeinsam in allen vier Lebensbereichen die Säge schärfen, erneuern kontinuierlich die Nähe und die Stärke in ihrer Beziehung. Eins-zu-Eins-Gespräche mit einem Kind können alle vier Dimensionen erfassen. Und auch im Rahmen der gemeinsamen Familienzeit kann Erneuerung in allen vier Lebensbereichen erfolgen. Man muss diese Zeit allerdings sorgsam planen und sich gut darauf vorbereiten.

Wie wichtig und wertvoll die Erneuerung in allen vier Lebensbereichen für Familien ist, zeigt die folgende Geschichte. Sie stammt von einem Mann, der auf den Vornamen Mozart getauft wurde, weil seine Eltern klassische Musik liebten. Mozart ist Ingenieur. Er stammt aus der Karibik und ist nach New York ausgewandert, um bessere Zukunftschancen für sich und seine Familie zu haben:

BEI UNS IST JETZT JEDEN ABEND FAMILIENZEIT

Gemeinsam mit meiner Frau und meinen Kindern zog ich in die Bronx. Ich hatte das Glück, einen Job als Baustelleninspektor zu bekommen. Allerdings war ich extrem viel unterwegs. Ich fuhr den ganzen Tag und die meisten Abende in meinem Auto von einer Baustelle zur nächsten. Ich mochte meinen Job, obwohl ich ziemlich mit meinem Englisch zu kämpfen hatte. Aber ich habe meine Familie kaum gesehen. Meine beiden Kinder schliefen, als ich von der Arbeit nach Hause kam. Sie hatten Probleme in der Schule, aber ich konnte ihnen nicht helfen. Ich hatte das Gefühl, dass sie ohne mich aufwuchsen.

Die Kinder lieben meine Frau. Aber sie brauchen auch ihren Vater. Dann habe ich vom 7. Weg gehört und dachte: »Was kann ich tun? Ich muss sehr viel arbeiten. Wie soll ich meiner Familie auch noch Zeit für Erneuerung geben – und das in allen vier Lebensbereichen? Das schaffe ich nicht. Die Herausforderung ist zu groß!«

Eines Abends musste ich nach dem Essen noch zwei Baustellen kontrollieren. Spontan fragte ich meinen Sohn und meine Tochter, ob sie mitkommen wollten. Sie waren Feuer und Flamme. Im Auto fingen wir an zu reden. Meine Tochter sagte: »Papa, du sagst, du könntest einen besseren Job bekommen, wenn du nicht solche Probleme mit deinem Englisch hättest. Vielleicht könnten wir es dir ja beibringen?« Meine Kinder hatten in kürzester Zeit sehr gut Englisch gelernt. Also sagte ich ja. Ich nahm sie dann jeden Abend mit zu den Baustellen. Während der Fahrt brachten sie mir bei, wie man besser Englisch spricht.

Ich wusste, dass die Kinder mit Mathe zu kämpfen hatten. Für mich als Ingenieur ist Mathematik kein Problem. Deshalb unterrichte ich sie jetzt in Mathe, während wir durch New York fahren. Meine Kinder lieben es, die riesigen Wolkenkratzer in Manhattan zu bestaunen und New York zu erkunden. Wir gehen oft zu Fuß durch die Stadt. Dabei erzähle ich auch Geschichten von meiner Kindheit in der Karibik. Ich gebe das an meine Kinder weiter, was meine Eltern mir über das Leben beigebracht haben. Inzwischen kommt auch meine Frau mit. Nun ist bei uns jeden Abend Familienzeit!

Dieser Vater schuf eine bemerkenswerte dritte Alternative, damit seine Familie die Säge in allen vier Dimensionen gemeinsam »schärfen« konnte. Sie vermitteln sich gegenseitig wichtige Fähigkeiten (mental), sie stärken ihre Bindung (sozial-emotional), sie machen lange gemeinsame Spaziergänge durch New York (physisch) und sie sprechen über wichtige Lektionen aus ihrer eigenen Familiengeschichte (spirituell).

Die gemeinsamen Aktivitäten zum Schärfen der Säge und zur Erneuerung haben die Beziehungen und die Kultur innerhalb der Familie auf ein völlig neues Niveau gebracht.

Familienrituale als Schlüssel zur Erneuerung

Ob Geburtstagsfeiern, Jahrestage oder Familienurlaube: Rituale sind ein wunderbares Mittel, um die Beziehungen und die Bindung in der Familie zu erneuern und zu verstärken. Rituale zeigen uns, dass wir zu einer Familie gehören, die eine starke Einheit ist und in der sich alle lieben und achten.

Durch Rituale verstärken wir die Bindungen in der Familie. Wir geben uns gegenseitig das Gefühl, dazuzugehören, unterstützt und verstanden zu werden. Wir sind einander innerlich verpflichtet. Wir sind Bestandteil von etwas, was größer ist als wir selbst. Wir erweisen uns gegenseitig Loyalität. Wir haben alle das Bedürfnis, gebraucht und geliebt zu werden, und sind froh darüber, zu einer Familie zu gehören. Deshalb sollten Sie unbedingt Rituale in Ihrer Familie haben, die Sie regelmäßig gemeinsam pflegen.

Müsste ich den Kern des 7. Wegs in der Familie mit einem einzigen Wort ausdrücken, würde ich sagen: »Familienrituale.«

Bei uns waren die gemeinsamen Familienabende und die Zeiten zu zweit besonders bereichernde, erneuernde und bindende Elemente. Diese Rituale haben die Säge unserer Familie geschärft. Sie haben dafür gesorgt, dass in unserer Familie grundlegende Werte, einfühlsames Zuhören, offene Kommunikation und Spaß im Mittelpunkt standen.

In diesem Kapitel werden wir uns noch eine Reihe anderer Familienrituale ansehen, die sich zum Schärfen der Säge eignen. Diese Rituale waren ein echter Gewinn für unsere Familie. In Ihrer Familie könnte es ganz andere Rituale geben. Dagegen ist nichts einzuwenden. Es geht mir nicht darum, Ihnen zu beweisen, dass unsere Familienrituale die besten sind. Ich hoffe, dass die folgenden Ideen die Diskussio-

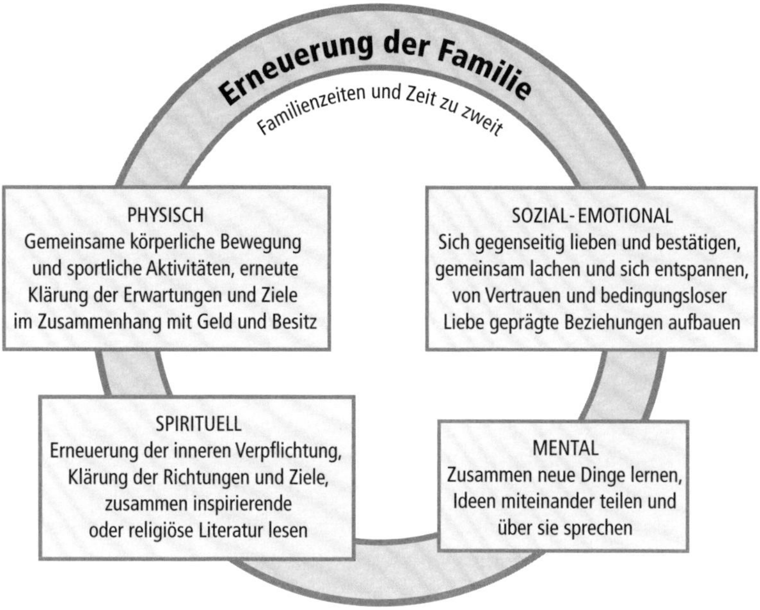

nen in Ihrer Familie über die Frage, welche Rituale Sie dort schaffen und stärken wollen, bereichern werden.

Familienessen

Essen müssen wir ja alle. Der Weg zum Herzen, zum Verstand und zur Seele anderer Menschen führt häufig durch ihren Magen. Familienessen – ohne Fernsehen, Smartphone und hastiges Hinunterschlingen – zu organisieren erfordert allerdings gute Planung. Wenn aber alle beim Kochen und Abwaschen helfen, hält sich der Zeitaufwand in Grenzen.

Die gemeinsamen Mahlzeiten sind wichtig, selbst wenn es nur ein gemeinsames Essen pro Woche gibt.

Marianne Jennings war viele Jahre Professorin für Recht und Ethik an der Arizona State University. Sie beschreibt, wie wichtig der Küchentisch für das Familienleben ist. Auch in ihrer Familie werden alle vier Dimensionen in die Familienessen einbezogen:

Mein Hochzeitskleid habe ich am gleichen Platz zugeschnitten, wo ich auch schon das ABC gelernt habe. An diesem Platz habe ich jeden Tag nach dem Unterricht Kekse gegessen und mich auf meinen Schulabschluss vorbereitet. Mein zukünftiger Mann musste sich dort dem gnadenlosen Verhör meiner Eltern stellen. Viel von dem, was ich gelernt habe und was mir lieb und teuer ist, ist untrennbar mit diesem alten Küchentisch verbunden. Dieser zerkratzte, abgenutzte Tisch war nur eines von vielen Möbelstücken in meinem Zuhause. Wenn ich auf all das zurückblicke, was wir dort gemacht haben, wird mir jedoch klar, dass der Küchentisch einer der Schlüssel zu meinem heutigen Leben war.

In meiner Jugend musste ich jeden Abend am Küchentisch über das, was ich tagsüber gemacht hatte, Rechenschaft ablegen: »Habt ihr den Vokabeltest zurückbekommen?« – »Hast du den Keller aufgeräumt?« – »Hast du heute Klavier geübt?« Wenn ich etwas zu essen haben wollte, musste ich das damit einhergehende Verhör über mich ergehen lassen.

Der Küchentisch war aber nicht nur ein Ort, den ich fürchtete. Ich fand dort auch Sicherheit. So hart mein Tag gewesen sein mochte, so entmutigt ich nach ellenlangen Matheaufgaben auch sein mochte, der Küchentisch und die Familie waren jeden Abend da, um mich zu trösten und zu unterstützen …

Nach all den Herausforderungen und Aufgaben des Tages brachte der Küchentisch uns um sechs alle zum Abendbrot zusammen. Wenn ich das Geschirr abgewaschen hatte, setzte ich mich wieder an den Küchentisch, um schwitzend meine Hausaufgaben zu erledigen. Ich las meinem Vater Geschichten aus meinen Kinderbüchern vor. Dann wendete er sich seinen »Hausaufgaben« zu, während ich immer wieder die mathematischen Tabellen aufschrieb, die ich heute noch im Kopf habe.

Morgens schickte der Tisch mich immer mit einem guten Frühstück und einer strengen Kontrolle, ob mein Rock auch ordentlich gebügelt und meine Fingernägel sauber waren, in den Tag. Niemand verließ ihn, ohne die anstehenden Ereignisse und Pflichten noch einmal durchgegangen zu sein. Jener Küchentisch war eine Konstante in all der Unsicherheit angesichts schiefer Zähne, Unmengen von Sommersprossen und Erdkundetests über die Hauptstädte der amerikanischen Bundesstaaten.

Meine Zeit mit den karierten Röcken und den weißen Haarspangen liegt nun schon weit zurück. Das Leben hat mir mehr Herausforde-

rungen, Freude und Liebe geschenkt, als ich mir hätte vorstellen können – damals, als mir bei den elterlichen Verhören die Knie unter dem Tisch zitterten. Wenn ich meine Eltern besuche, bleibe ich nach dem Frühstück gern noch am Küchentisch sitzen, um ihre Gesellschaft zu genießen. Und nach dem Abendessen muss das Geschirr dann erst mal warten, weil mein Vater und ich über Gott und die Welt sprechen.

Wenn wir die Küche wieder in einen makellosen Zustand versetzt haben, kommen meine Kinder dazu. Dann sitzen drei Generationen unserer Familie zusammen und Eis, Schokolade und Fruchtsaft hinterlassen klebrige Spuren auf den kleinen neuen Gesichtern um den alten Tisch.

Die Kinder erzählen ihrem Großvater von ihren Diktaten und den Wörtern, die sie nicht kannten. Und er sagt dann: »Eure Mutter konnte dieses Wort auch nicht schreiben. Wir haben genau hier gesessen und es uns noch einmal angesehen. Sie hat es trotzdem falsch geschrieben!«

Vielleicht liegt uns das in den Genen. Oder der Küchentisch ist schuld – jener magische Platz, wo ich Verantwortlichkeit gelernt und Liebe und Sicherheit bekommen habe.

Wenn ich mich abends beim Kochen abmühe, um ein gutes Essen auf meinen eigenen Küchentisch zu stellen, und meine Kinder in der ganzen Nachbarschaft zusammensammeln muss, frage ich mich, weshalb ich sie nicht einfach mit einer Pizza vor dem Fernseher abspeise. Aber ich weiß, weshalb ich das nicht tue: Ich möchte ihnen den Küchentisch zum Geschenk machen.

Dieser schlichte Schlüssel zur Erziehung von Kindern wird in den meisten Abhandlungen und psychologischen Studien zur Familie schlicht und einfach übersehen.

Eine Umfrage hat ergeben, dass nur die Hälfte der amerikanischen Teenager das Abendessen regelmäßig mit den Eltern einnimmt. Letztes Jahr sagte meine Tochter, nur eine ihrer Klassenkameradinnen würde jeden Abend gemeinsam mit ihren Eltern essen. Beide sind hervorragende Schülerinnen. Meine Tochter meinte, dass »die anderen sich schnell was in der Mikrowelle warm machen und dann in ihren Zimmern verschwinden, um fernzusehen«. Sie haben dabei keine Gesellschaft, es gibt keine Fragen – nur den Fernseher und die zu erwartenden Noten. Wie traurig, dass nicht alle das Wunder der Kindheit erleben! So ein Esstisch hat wirklich etwas ganz Besonderes.[2]

Eine andere Familie hat die spirituelle Erneuerung mit ihrem gemeinsamen Abendessen verbunden und ihr Leitbild an der Wand neben dem Küchentisch aufgehängt. Wenn sie über die Ereignisse des Tages reden, sprechen sie oft auch über bestimmte Aspekte ihres Leitbilds.

Viele Familien widmen sich bei ihren gemeinsamen Mahlzeiten auch der mentalen Erneuerung. Bei einer Familie aus meinem Bekanntenkreis ist es Tradition, dass beim Abendessen »Ein-Minuten-Reden« gehalten werden. Dabei bekommt ein Familienmitglied ein Thema, über das sie oder er dann eine Minute lang spricht – die Palette reicht von »Ehrlichkeit« bis zur lustigsten Sache, die an diesem Tag passiert ist. Das sorgt nicht nur für interessante Unterhaltungen, jede Menge neue Erkenntnisse und viel Spaß, sondern schult auch die sprachlichen Fertigkeiten.

Das gemeinsame Essen ist als Familienritual kaum zu überbieten.

Bei einer anderen Familie sind Handys beim Essen streng verboten. Doch ein Tablet-PC liegt immer parat. Wenn jemand eine Frage stellt, gehen sie sofort ins Netz und suchen nach der richtigen Antwort.

Man kann die Mahlzeiten auf vielfache Weise mit dem Lernen verbinden. Beispielsweise können Sie gelegentlich interessante Gäste zum Essen einladen. Sie können während des Essens klassische Musik spielen und über das Leben und Werk des Komponisten reden oder sich jede Woche ein Bild aus der Bücherei holen, es neben dem Küchentisch aufhängen und darüber diskutieren. Zudem sind die gemeinsamen Mahlzeiten eine ideale Gelegenheit, über gute Manieren, gesunde Ernährung oder andere Länder, ihre Küche und ihre Bräuche zu sprechen.

UNSERE TOCHTER CYNTHIA

Meiner Mutter war das gemeinsame Abendessen schon immer sehr wichtig. Sie legte großen Wert darauf, dass wir dabei viel lernten. An zwei bis drei Abenden in der Woche hatten wir ein Thema. Sie nutzte dann einen kommenden Feiertag oder ein bevorstehendes Ereignis als »Aufhänger« für eine Diskussion. Am Nationalfeiertag, dem 4. Juli, las sie uns etwas über Patrick Henry oder die Unabhängigkeitserklärung vor. Immer, wenn ein Feiertag oder sonst was Besonderes anstand, gab sie uns interessante Informationen dazu und wir sprachen gemeinsam darüber. Manchmal saßen wir eineinhalb Stunden beisammen und aßen und redeten. Als wir dann auf der High School und dem College waren, zahlte sich das aus. Wir wussten wirklich eine ganze Menge. Dass wir gerne lernen, verdanken wir diesen Gesprächen am Küchentisch.

Man kann Familienessen auch nutzen, um jemandem aus der Familie etwas sehr Wichtiges zu sagen:

UNSER SOHN DAVID

Ich erinnere mich noch gut daran, dass ich eine schwierige Zeit durchmachte. Es ging um eine Beziehung zu einem Mädchen. Eines Abends beim Essen fingen plötzlich alle an, über Menschen zu sprechen, die nicht gut für sie gewesen sind. Sie erzählten, wie sie sich aus problematischen Situationen befreit und wie viel besser sie sich danach gefühlt hatten.

Ich habe erst später erfahren, dass das alles für mich gedacht war. Damals hielt ich es einfach für ein Familienessen. Die Bemerkungen waren hilfreich und schienen sehr gut auf meine Situation zu passen. Es war großartig, so ein Unterstützungssystem zu haben – Menschen, denen ich wirklich am Herzen lag und denen mein Wohlergehen wichtig war.

Das Essen bietet die ideale Gelegenheit, Rituale, die der Erneuerung dienen, einzuführen. Eine unserer Töchter hat mal ganz richtig gesagt: »Offenbar haben viele wichtige Rituale etwas mit dem Essen zu tun. Das Essen ist der Schlüssel, denn jeder isst gern was Leckeres.« Mit gutem Essen, guter Gesellschaft und guten Gesprächen ist das gemeinsame Abendessen als Familienritual kaum zu überbieten.

Familienurlaube

Entspannung und Spaß sind wichtige Bestandteile unseres Familienleitbilds. Dafür ist ein gemeinsamer Urlaub ideal. Die Planung, die Vorfreude, die Gespräche über unseren letzten Urlaub und das Gelächter über die witzigen Dinge, die damals passiert sind, sind für unsere Familie etwas Herrliches. Deshalb planen wir regelmäßig ganz besondere Urlaube.

Wir hatten einige wunderschöne Familienurlaube. Aber es gab auch andere, die … na ja, zumindest nicht ganz so toll waren. Beispielsweise machten wir eine Reise mit dem Wohnmobil zu einigen wichtigen historischen Stätten im Land. Sandra und ich hatten vereinbart, dass morgens immer einer von uns fahren würde. Der andere sollte mit den Kindern im Wohnmobil am Tisch sitzen und mit ihnen darüber sprechen, was wir uns an diesem Tag ansehen wollten. So wollten wir den Kindern schon vorab wichtige Informationen zu den Sehenswürdigkeiten und der Geschichte unseres Landes vermitteln. Wir hatten alles sorgfältig geplant und freuten uns schon sehr auf diesen ganz speziellen Urlaub.

In gewisser Hinsicht war diese Fahrt jedoch die schlimmste Zeit, die wir je zusammen verbracht haben. Irgendwie ging alles schief. Ständig war irgendwas am Wohnmobil kaputt. Ich glaube, wir führten höchstens zwei der geplanten Diskussionen. Den größten Teil der Zeit waren wir damit beschäftigt, irgendwelche Dinge zu reparieren oder uns Leute zu suchen, die das für uns erledigen konnten …

Es war Juli. Das Wetter war heiß und schwül. Die Klimaanlage im Wohnmobil fiel immer wieder aus. Zudem waren die Campingplätze hoffnungslos überfüllt. Wir hatten von schönen Caravanparks geträumt, mussten uns aber oft mit tristen Parkplätzen an Tankstellen oder Raststätten begnügen.

Am 4. Juli gab die Klimaanlage dann endgültig ihren Geist auf. Wir fuhren zu einer Tankstelle. Doch der Mechaniker sagte: »So was machen wir nicht – und am Nationalfeiertag schon gar nicht. Ich fürchte, Sie werden hier in der Stadt überhaupt niemand finden, der Ihnen helfen kann.« Die Temperatur lag bei fast 38 Grad, die Luftfeuchtigkeit bei mindestens 98 Prozent. Wir waren alle schweißgebadet und total fertig.

Plötzlich brach irgendjemand in Gelächter aus, und alle fielen ein. Wir bogen uns vor Lachen und konnten gar nicht mehr aufhören. Wir baten den Mann, der uns bestimmt für verrückt hielt, uns zu sagen, wie wir zum nächsten Freizeitpark kamen. Er erklärte uns den Weg und wir fuhren los. Denn wir wollten jetzt einfach Spaß haben.

Auf dem Rest der Fahrt sahen wir uns dann doch noch ein paar interessante historische Schauplätze an. Aber wir besuchten auch sehr viele Freizeitparks. Ich muss es offen zugeben: Nach dem Urlaub kannten wir uns mit diesen Parks erheblich besser aus als mit den geschichtsträchtigen Stätten …

Kaputte Klimaanlagen, Reifenpannen, Moskitos, vergessene Kleidungsstücke, Streitereien um die Plätze im Auto und um das Fahrtziel, stundenlange Verspätungen ... Sandra und ich staunen immer wieder darüber, dass alle in unserer Familie sich so gerne an diesen gemeinsamen Urlaub erinnern.

In der Familie ist vieles schöner und lustiger, weil man es mit den Menschen teilen kann, die man liebt.

In der Familie ist vieles schöner, spannender und lustiger, weil man es mit den Menschen, die einem ganz besonders nahestehen, teilen kann. Oft ist die gemeinsame Zeit mit der Familie dann sogar wichtiger als die Aktivitäten selbst.

UNSERE TOCHTER JENNY

Einmal beschloss mein Vater, mit meinem kleinen Bruder und mir zelten zu gehen. Damit kannte er sich zwar überhaupt nicht aus, doch er war wild entschlossen, das zu einem schönen Erlebnis für uns zu machen. Leider hat das nicht geklappt: Wir ließen unser Essen in der Alufolie verkohlen und in der Nacht schüttete es dann so sehr, dass unser Zelt zusammenbrach und unsere Schlafsäcke völlig durchnässt waren. Um zwei Uhr sammelten wir schließlich unsere Sachen ein und fuhren nach Hause.

Am nächsten Tag lachten wir aus vollem Herzen über unser Zelt-Abenteuer. Bei dem Gedanken daran prusten wir noch heute los. Trotz der Katastrophen schuf der Ausflug eine starke Bindung zwischen uns. Wir hatten ihn zusammen überstanden und konnten nun auf ein gemeinsames Erlebnis zurückblicken.

Ein Vater hat mir erzählt, dass seine Familie seit Jahren eine Fahrt ins Disneyland geplant hatte. Sie hatten das Geld dafür gespart und einen Termin festgelegt. Drei Wochen vorher schien die Stimmung jedoch zu kippen. Beim Abendessen meinte der 17-jährige Sohn plötzlich: »Wieso müssen wir denn ausgerechnet ins Disneyland fahren?«

Mit dieser Frage hatte der Vater überhaupt nicht gerechnet. »Was meinst du damit? Hast du irgendwas mit deinen Freunden geplant?«

Der Junge starrte auf seinen Teller: »Nein. Das ist es nicht!«

Nach kurzem Schweigen sagte seine Schwester leise: »Ich will auch nicht ins Disneyland fahren!«

Der Vater verstand die Welt nicht mehr. Seine Frau legte ihm die Hand auf den Arm. »Vorhin hat dein Bruder angerufen. Seine Kinder sind sehr traurig darüber, dass wir dieses Jahr ins Disneyland fahren und nicht wie jedes Jahr nach Kenley Creek. Ich glaube, das macht auch unseren Kindern sehr zu schaffen!«

Da redeten plötzlich alle drauflos: »Wir wollen unsere Cousins und Cousinen sehen!«, riefen sie. »Das ist uns viel wichtiger als Disneyland!«

Ihr Vater sagte: »He, ich würde meine Brüder und Schwestern auch gerne wiedersehen. Aber ich dachte, dass ihr alle ins Disneyland wollt. Nach Kenley Creek fahren wir ja jedes Jahr. Deshalb habe ich gedacht, dass wir dieses Mal das machen, was ihr wollt.«

Der 17-Jährige fragte: »Können wir unsere Pläne denn noch ändern?«

Das taten sie dann auch – und alle waren glücklich.

Später erzählte der Vater mir die Geschichte von Kenley Creek:

DIE FAMILIENTRADITION IST WICHTIGER ALS DISNEYLAND

Als meine Eltern jung waren, hatten wir nicht viel Geld. Daher durfte unser Urlaub nicht viel kosten. Also packten wir jedes Jahr eine Unmenge von Lebensmitteln in Kartons. Wir schnallten unser altes Zelt auf den auch schon recht betagten Ford, quetschten uns ins Auto und fuhren in die Berge, nach Kenley Creek. Das machten wir jedes Jahr.

Dann heiratete mein älterer Bruder. Seine Frau stammte aus einer wohlhabenden Familie und wir befürchteten, dass sie nicht mit uns nach Kenley Creek kommen würden. Aber sie fuhren doch mit und es gefiel ihr sehr gut.

Nach und nach heirateten auch wir anderen. Doch im Sommer trafen wir uns immer alle in Kenley Creek.

Dann starb mein Vater. Wir waren uns nicht sicher, ob wir auch in diesem Jahr hinfahren sollten. Meine Mutter sagte aber, dass er das gewollt hätte und dass er dort bei uns sein würde. Also machten wir uns wie immer auf den Weg.

Die Jahre vergingen, wir bekamen alle Kinder und wir trafen uns immer noch jedes Jahr in Kenley Creek. Dort spielte mein Bruder abends unter dem Sternenhimmel auf dem Akkordeon, und die Kinder tanzten mit ihren Cousins und Cousinen.

Nach dem Tod meiner Mutter schien es uns, als würden sie und unser Vater jedes Jahr mit uns allen am Lagerfeuer in Kenley Creek sitzen. Wir konnten sie in unseren Herzen lächeln sehen, wenn sie zuschauten, wie ihre Enkel tanzten oder genüsslich die Wassermelone aßen, die wir im kalten Bachwasser gekühlt hatten.

Die gemeinsame Zeit in Kenley Creek hat uns immer wieder als Familie erneuert und im Laufe der Jahre wurde unsere Liebe zueinander tiefer und tiefer.

Die Familientradition war allen wesentlich wichtiger als Disneyland. Eine so starke Bindung in der Familie können wir uns alle nur wünschen!

Wohin man fährt, spielt eigentlich gar keine Rolle. Wichtig ist, dass man zusammen ist und Dinge macht, die die Bindung innerhalb der Familie stärken. Durch das Ritual der Familienurlaube entstehen Erinnerungen, die für alle in der Familie wunderschön und unvergesslich sind.

Geburtstage

Als unser Sohn Stephen eine neue Stelle angetreten hatte, bekam er von seiner Frau Jeri ein sehr ungewöhnliches Geburtstagsgeschenk:

UNSERE SCHWIEGERTOCHTER JERI

Wir waren umgezogen, hatten uns ein Haus gekauft und mussten das Schulgeld für die Kinder abzahlen. Mein Mann hatte einen neuen Job, der ihn sehr forderte. Auch sonst stand er ziemlich unter Druck. Ich wusste, wie er diesen ganzen Stress am besten abbauen konnte: Er sollte ein paar Tage mit seinem Bruder David verbringen. Die beiden waren einfach superglücklich, wenn sie zusammen waren. Sie hatten dann immer unglaublich viel Spaß und mein Mann konnte sich dabei wunderbar entspannen.

Also kaufte ich David ein Flugticket, damit er zu Stephens Geburtstag kommen und das Wochenende mit ihm verbringen konnte. Das verriet ich meinem Mann aber nicht. Ich sagte ihm nur, dass wir an seinem Geburtstag zu einem Basketballspiel gehen würden und dass noch ein ganz besonderes Geschenk auf ihn warten würde.

Zur Halbzeit stand dann plötzlich David vor ihm und rief: »Überraschung! Ich bin dein Geburtstagsgeschenk!«

Die folgenden 24 Stunden waren ein einziges Freudenfest. Die beiden kamen aus dem Lachen und Reden gar nicht mehr raus. Ich achtete einfach nur darauf, sie nicht zu stören. Sie hatten unglaublich viel Spaß.

Als David zurückflog, schien er den ganzen Stress mitzunehmen. Stephen war wie ausgewechselt, total entspannt und erneuert.

Geburtstage sind eine gute Gelegenheit, den Familienmitgliedern seine Liebe zu zeigen und zu feiern, dass es sie gibt. Auch in unserer Familie sind die Geburtstage enorm wichtig. Allerdings haben wir *keine Geburtstage* gefeiert, sondern *ganze Geburtswochen.* Wir haben uns dann die ganze Woche über bemüht, unseren Kindern zu zeigen, dass sie für uns etwas ganz Besonderes sind. Wir haben das Haus mit Transparenten und Luftballons geschmückt. Es gab Geschenke, eine Feier mit allen Freunden, ein besonderes Essen in einem Restaurant mit Sandra und mir und ein Essen im Kreis der ganzen Verwandtschaft, mit dem Lieblingsgericht des Geburtstagskinds, jeder Menge Kuchen und unzähligen Glückwünschen und Komplimenten:

- »Ich mag Cynthia, weil sie so spontan ist. Sie geht mit einem ins Kino, ohne dass man das vorher groß planen muss.«
- »Maria ist unheimlich belesen. Wenn man ein Zitat braucht, bietet sie einem gleich vier oder fünf tolle Sachen an.«
- »Wisst ihr, was mir an Stephen so gefällt? Dass er nicht nur ein toller Sportler ist, sondern auch anderen gern hilft, ebenfalls gute Sportler zu werden. Er ist immer bereit, ihnen zu zeigen, wie sie sich verbessern können.«

UNSERE TOCHTER COLLEEN

Als ich an meinem ersten Geburtstag nach meiner Hochzeit aufwachte, gab es keine Luftballons. Und auch keine Transparente mit Glückwünschen. Das Haus war überhaupt nicht geschmückt! Ich habe meinem Mann dann erzählt, wie sehr mir die Dekorationen meiner Mutter fehlten. Seitdem hat er sich immer sehr angestrengt, mir einen schönen Geburtstag zu bereiten.

Manchmal tragen auch Menschen aus der weiteren Verwandtschaft dazu bei, dass Geburtstage gebührend gefeiert werden – genau wie diese zwei unverheirateten Schwestern:

MEIN TAG MIT TANTE TONI UND TANTE BARBIE

Unsere Nichten und Neffen sind alle von unseren Geburtstagsritualen begeistert. Wir holen sie am Samstagmorgen ihrer Geburtstagswoche ab und fahren mit ihnen einkaufen. Keine Eltern, keine Geschwister – nur das Geburtstagskind und wir. Sie dürfen alle die gleiche Summe ausgeben. Natürlich dürfen sie sich auch aussuchen, wo sie einkaufen wollen. Sie können sich dafür so viel Zeit nehmen, wie sie möchten. Anschließend gehen wir zum Essen in ein schönes Restaurant. Hier dürfen sie alles bestellen, worauf sie Lust haben. Einen Nachtisch gibt es selbstverständlich auch noch.

Wir sind immer wieder erstaunt, wie sorgfältig sie ihre Entscheidungen treffen. Sie zeigen große Reife und viel Verantwortungsbewusstsein – sogar die Jüngste, die erst vier Jahre alt ist. Letztes Jahr hat sie sich mehrere Kleider ausgesucht, dann aber gesagt: »Nur zwei. Das reicht.« Es war schwer für sie, sich für zwei Kleider zu entscheiden, aber sie schaffte es.

Das Geburtstagsritual gibt es mittlerweile seit vielen Jahren. Unsere Nichten und Neffen freuen sich schon Wochen vor ihrem Geburtstag darauf. Sie nennen es ihren »Tag mit Tante Toni und Tante Barbie«. Und es macht ihnen mindestens so viel Spaß wie uns!

Wenn wir einen Geburtstag feiern, feiern wir den betreffenden Menschen. Das ist eine sehr günstige Gelegenheit, ihm unsere Liebe und Anerkennung zu zeigen und große Einzahlungen auf sein emotionales Beziehungskonto zu machen.

Feiertage

Eine Frau in den Dreißigern hat uns von ihrem neuen Tisch erzählt:

SO KANN UNSERE GANZE FAMILIE ZUSAMMEN SEIN

Ich habe mir vor kurzem ein Haus gekauft – und einen riesigen Tisch mit zehn Stühlen, damit meine ganze Familie zum Erntedankfest zu mir kommen kann. Jetzt sagen alle, die mich besuchen: »Du bist doch nicht verheiratet und hast keine Kinder. Wofür brauchst du denn so einen großen Tisch?« Ich antworte dann: »Dieser Tisch bedeutet mir sehr viel. Er steht dafür, dass unsere ganze Familie zusammen ist. Meine Mutter kann nicht mehr kochen, mein Bruder ist geschieden, meine Schwester hat nicht genug Platz. Es ist aber sehr wichtig für mich, dass wir alle zusammen sind. Jetzt können sie alle zu mir kommen.«

Besonders die Familienrituale im Zusammenhang mit wichtigen Feiertagen sind für viele Menschen sehr wichtig. Oft legen sie weite Strecken zurück, um ihre Familienangehörigen nach langer Trennung wiederzusehen. Dann gibt es gutes Essen, jede Menge Spaß und Gelächter und viel gemeinsame Zeit.

Jeder Feiertag hat seine eigenen Rituale: Neujahr das Feuerwerk, Ostern die Eiersuche, Weihnachten den Tannenbaum … Viele Rituale werden oft von einer Generation zur nächsten weitergegeben. Natürlich kommt es auch vor, dass Paare ganz neue Rituale in ihren Familien entwickeln. All diese Dinge geben der Familie ein Gefühl von Gemeinsamkeit, Sicherheit und Stabilität.

Rituale geben der Familie ein Gefühl von Gemeinsamkeit, Sicherheit und Stabilität.

Feiertage sind die ideale Gelegenheit für Familienrituale. Da sie jedes Jahr wiederkehren, ist es leicht, Vorfreude zu schaffen und die Rituale mit Freude, Spaß und Zusammengehörigkeit zu verknüpfen. Auch in unserer Familie gibt es einige sehr besondere Feiertagsrituale:

UNSERE TOCHTER CATHERINE

In unserer Familie ist es Tradition, dass mein Vater allen seinen Töchtern am Valentinstag Pralinen und Blumen schickt – auch jetzt noch, wo wir längst von zu Hause ausgezogen sind. Das ist toll, denn wir bekommen wunderschöne rote Rosen. Manchmal glauben wir, dass sie von unseren Männern sind. Aber sie sind von Papa. Dann fühlen wir uns als etwas ganz Besonderes, weil wir ja gleich zwei Liebesbeweise bekommen.

Dieses schöne Familienritual ist bereits entstanden, als ich noch sehr klein war. Ich erinnere mich daran, dass ich von meinem Vater Konfekt zum Valentinstag bekam, als ich ungefähr zehn war. Das war ein herrliches Gefühl! Meine eigene Schachtel Konfekt, die niemand anders anrühren durfte …

UNSERE TOCHTER JENNY

An Halloween stand unser Haus bei allen ganz oben auf der Liste. Meine Eltern holten die Kinder herein, damit sie sich ausruhen und aufwärmen konnten. Sie bekamen heißen Apfelsaft und Donuts. Vorher mussten sie allerdings irgendwas vorführen – singen, tanzen, rappen oder ein Gedicht aufsagen. Es war immer ein Riesenspaß. Sogar Studenten von der Uni hörten davon und kamen an Halloween bei uns vorbei.

Einmal standen Jungen von der High School vor der Tür, die meine Mutter als »Rowdys« bezeichnete. Als sie hörten, dass sie etwas vorführen mussten, wären sie fast in Ohnmacht gefallen. Da sie sich den Apfelsaft und die Donuts nicht entgehen lassen wollten, rangen sie sich tatsächlich etwas ab. Im nächsten Jahr kamen die »Rowdys« wieder. Diesmal waren sie jedoch gut vorbereitet. Sie konnten es gar nicht abwarten, ein Lied zu singen, das sie gemeinsam einstudiert hatten – sogar mit den passenden Tanzeinlagen.

Nach vielen Jahren zogen wir in ein neues Haus. Die Nachbarn dort meinten, dass an Halloween bestimmt nur ganz wenige Leute zu uns kommen würden, weil wir zu abseits lägen. Doch wir wussten es besser! Meine Mutter zählte dann rund 175 Personen – Familien aus unserer früheren Nachbarschaft, neue Freunde von der High School und zahlreiche Studenten. Sie wollten alle etwas vorführen, uns besuchen, heißen Apfelsaft trinken und Donuts essen. Einige Freunde meiner älteren

Geschwister waren inzwischen schon verheiratet und kamen jetzt an Halloween mit ihren kleinen Kindern vorbei. Der Besuch bei uns war eben Tradition!

Aktivitäten mit Verwandten

Viele der Geschichten aus diesem Buch zeigen, dass auch Großeltern, Tanten, Onkel oder Cousins und Cousinen einen sehr positiven Einfluss auf die Familie haben können. Man kann sie besonders gut in Aktivitäten an wichtigen Feiertagen wie Ostern, Weihnachten oder Neujahr einbeziehen. Aber auch während des Jahres gibt es viele Gelegenheiten, um etwas mit Verwandten zu unternehmen.

Einem Großelternpaar macht es viel Freude, spezielle Familienzeiten zu organisieren:

FAMILIENZEIT IM GROSSEN KREIS

Zu unseren Lieblingsritualen gehört die monatliche »Familienzeit« im größeren Kreis. Dann laden wir unsere verheirateten Kinder und unsere Enkel zu einem Abend mit uns und den Kindern, die noch zu Hause wohnen, ein. Wir genießen es sehr, zusammen zu essen und uns Neuigkeiten zu erzählen. Nach dem Essen setzen wir uns im Wohnzimmer zusammen. Wir bilden mit den Stühlen einen großen Kreis und stellen einen Korb mit Spielzeug für die Kleinen in die Mitte. Wir anderen unterhalten uns dann. Dann sprechen wir oft über irgendeinen Aspekt unseres Familienleitbilds oder über andere wichtige Dinge. Das ist eine wunderschöne und sehr wertvolle gemeinsame Zeit, bei der unsere Beziehungen gestärkt und erneuert werden.

Auch dieses Paar in den Siebzigern bezieht die weitere Verwandtschaft ein:

WIR LIEBEN UNSERE SONNTAGSTRADITION

Bei uns ist es Tradition, dass unsere einzige Tochter sonntags mit ihrem Mann zu uns zum Essen kommt. Außerdem laden wir jede Woche eines unserer vier verheirateten Enkelkinder mit seiner Familie ein. So sehen wir alle Familienmitglieder regelmäßig und erfahren immer, wie ihr

Leben sich verändert, welche Pläne und Ziele sie haben und wie wir sie unterstützen können.

Der Wunsch nach diesem Familienritual entstand bereits vor vielen Jahren, als unsere Tochter heiratete und über 2000 Kilometer weit wegzog. Unsere Kommunikation war dann lange auf Anrufe und wenige Besuche im Jahr beschränkt. Wir dachten oft, wie schön es wäre, wenn wir sie und ihre Familie zum Essen einladen und sie unterstützen könnten.

Als wir das Rentenalter erreicht hatten, zogen wir in ihre Nähe. Jetzt sind unsere Sonntagsessen schon seit 13 Jahren ein wichtiges und schönes Ritual in unserer Familie. Es macht uns viel Freude, dass wir die Familie unserer Tochter nun tatkräftig unterstützen können. Für uns ist es schön, zu einer großen Familie zu gehören!

Ob Familienzeiten oder Sonntagsessen: Beide Paare haben ganz normale Familienaktivitäten auf die weitere Verwandtschaft ausgedehnt. So entstehen wichtige Rituale und die Beziehungen innerhalb der Familie festigen sich.

UNSERE TOCHTER COLLEEN

An der High School habe ich mal in einem Theaterstück mitgespielt – Joseph and the Amazing Technicolor Dreamcoat. Ich hatte keine große Rolle. Aber ich war sehr stolz darauf, dabei zu sein. Bei der Premiere saßen dann neben meinen Eltern auch meine Brüder, Schwestern, Schwäger und Schwägerinnen, Nichten, Neffen, Tanten und Onkel im Publikum. Sie füllten drei ganze Reihen! Das Mädchen, das die Hauptrolle spielte, sagte: »Das ist ja nicht zu glauben! Ich habe die Hauptrolle, aber außer meiner Mutter ist niemand gekommen, um mich zu sehen. Du hast so eine winzige Rolle, aber deine Familie stellt das halbe Publikum!« Die Unterstützung durch so viele Verwandte war einfach wunderbar!

Die Familie ist ein wertvolles Sicherheits- und Unterstützungsnetzwerk.

Wir haben festgestellt, dass die Geschwister, Cousinen und Cousins durch solche generationsübergreifenden Aktivitäten die besten Freunde werden. Unsere Verwandtschaft gibt uns viel Kraft. Wir schätzen sie alle sehr. Zudem sind wir fest davon überzeugt, dass unsere Verwandten das Sicherheitsnetzwerk, das die Gesellschaft immer weiter abbaut, zu einem großen Teil wieder ausbreiten.

UNSER SOHN SEAN

Zu den Dingen, die ich an unserer Familie besonders schätze, gehört das große, generationsübergreifende Unterstützungsnetzwerk. Meine Kinder haben enge Beziehungen zu ihren Cousins und Cousinen, von denen viele im gleichen Alter sind. Sie sind die besten Freunde. Ich glaube, das wird später einen großen Unterschied machen. Dann wird es nämlich auch für sie dieses riesige Unterstützungsnetzwerk geben. Wenn einer von ihnen mal in Schwierigkeiten geraten sollte, werden die anderen ihm sicher helfen.

Gemeinsam lernen

Es gibt viele Gelegenheiten, als Familie zusammen zu lernen! Das kann in allen Lebensbereichen eine enorme Erneuerung bringen. In unserer Familie ist beispielsweise das Ritual entstanden, bei gemeinsamen Ausflügen im Auto zu singen. Dabei haben unsere Kinder amerikanische Volkslieder, Weihnachtslieder oder Hits aus den Broadway-Musicals gelernt.

Eine andere gute Lernmöglichkeit ist, sich für das Hobby eines anderen Familienmitglieds zu interessieren. Man kann sich dann intensiv damit beschäftigen, viel darüber lernen, Bücher und Artikel dazu lesen, Zeitschriften abonnieren, in Vereine eintreten und mit dem anderen darüber reden.

Gemeinsames Lernen führt zu sozialer und mentaler Erneuerung. Man teilt ein gemeinsames Interesse – und es macht Spaß, zusammen neue Dinge zu entdecken. Wenn man eine neue Sportart lernt, kann das natürlich auch körperliche Erneuerung bringen. Das gemeinsame Lernen kann ein sehr schönes Ritual und eine der größten Freuden im Familienleben sein.

UNSER SOHN SEAN

Unsere Eltern haben uns überallhin mitgenommen. Wir sind mit ihnen verreist und durften meinen Vater zu seinen Vorträgen begleiten. Wir haben immer ganz viel mitbekommen. Das war ein echter Vorteil für mich. Ich bin zelten und campen gewesen, ich habe sogar bei Überlebenstrainings mitgemacht und fast jede Sportart ausprobiert.

Jetzt bemühe ich mich, das bei meinen Kindern auch so zu machen. Ich nehme sie mit, wenn ich mir ein Baseballspiel ansehe oder ins Einkaufszentrum fahre. Auch wenn ich im Garten eine Bank oder Hütte bauen will, sind meine Kinder immer dabei. Mir ist wichtig, dass sie möglichst viele verschiedene Dinge ausprobieren und erleben können.

Ein anderes wichtiges Lernritual ist das Lesen. Familien können zusammen lesen. Kinder sollten aber auch allein lesen. Vor allem aber sollten sie sehen, dass ihre Eltern lesen. Vor ein paar Jahren fragte mein Sohn Joshua mich, ob ich auch manchmal lesen würde. Nachdem ich mich von meinem Schreck erholt hatte, wurde mir klar, dass er mich noch nie lesen gesehen hatte. Ich lese zwar zwei bis drei Bücher pro Woche, aber immer nur, wenn ich allein bin.

Es ist wichtiger denn je, dass in der Familie die Grundlagen für lebenslanges Lernen gelegt werden.

Vor einigen Jahren haben Forscher entdeckt, was der Hauptgrund dafür ist, dass Kinder nicht lesen: Die Kinder sehen nicht, wie ihre Eltern lesen.[3] Heute glaube ich, dass das einer der Fehler ist, die ich im Laufe der Jahre gemacht habe. Ich hätte öfter in Gegenwart meiner Kinder lesen sollen. Und ich hätte mehr mit ihnen darüber reden sollen, was ich gerade lese und was ich besonders interessant und spannend daran finde.

SANDRA

Eines der Lernrituale in unserer Familie war, dass wir alle zwei Wochen gemeinsam mit den Kindern in die Stadtbücherei fuhren. Dort konnte sich dann jeder maximal zwölf Bücher ausleihen.

Meine Hauptaufgabe war, darauf zu achten, dass die Bücher in diesen zwei Wochen nicht beschädigt wurden oder gar verschwanden. Mir war immer ein bisschen mulmig, wenn wir versuchten, alle Bücher am Rückgabetag wiederzufinden.

Das gemeinsame Lernen als Familie ist nicht nur ein wichtiges Ritual, sondern einfach unerlässlich. Die Schnelligkeit des Lebens und die rasante Entwicklung moderner Technologien sind heute geradezu unglaublich. Produkte sind oft schon an dem Tag veraltet, an dem sie auf den Markt kommen. Die Halbwertszeit vieler Berufe beträgt nur noch wenige Jahre. Das ist beängstigend! Daher ist es ungemein wichtig, dass in der Familie die Grundlagen für lebenslanges Lernen gelegt werden.

Gemeinsam beten und meditieren

Die meisten von uns glauben an Gott oder eine andere höhere Macht, und immer mehr Menschen haben das Bedürfnis nach spirituellem Beistand.[4] Außerdem zeigen Studien, dass die gemeinsame Religionsausübung zu den Hauptmerkmalen starker, glücklicher Familien gehört. Sie kann – ähnlich wie ein Familienleitbild – gemeinsame Werte, eine starke Bindung und gegenseitiges Verstehen schaffen.

Auch unsere Familie hat viel Kraft im Glauben und im gemeinsamen Beten gefunden. Es war uns all die Jahre sehr wichtig, zusammen zum Gottesdienst zu gehen und uns in unserer Gemeinde zu engagieren. Wir haben festgestellt, dass uns das als Familie eint. Zudem gibt es uns die Möglichkeit, uns gemeinsam für etwas einzusetzen, was wichtiger ist als wir selbst.

Der frühe Morgen ist für viele die ideale Zeit für die Erneuerung der Familie.

Wir haben uns außerdem bemüht, jeden Tag kurze Morgenandachten zu Hause abzuhalten. Wann immer es ging, sind wir morgens für ein paar Minuten zusammenzukommen, um den Tag mit einem Gefühl der Zusammengehörigkeit und der Inspiration zu beginnen. Dieses Ritual – zu dem auch gehört, dass wir Bibeltexte und andere »Weisheitsliteratur« lesen – ist für unsere Familie enorm erneuernd. Alle Familien können das machen. Was für Sie Weisheitsliteratur ist, hängt ganz von Ihrem Glauben ab. Letztlich kann das alles sein, was Sie mit Ihren Werten und Prinzipien verbindet: die Bibel, der Koran, der Talmud oder die Bhagawadgita, aber auch inspirierende Bücher und Autobiografien oder erkenntnisreiche Aufsätze und erbauliche Geschichten.

Der entscheidende Punkt ist: Wenn Sie Ihr Familienleben so organisieren, dass Sie jeden Morgen einige Minuten etwas gemeinsam lesen, was Sie an Ihre Werte und Prinzipien erinnert, werden Sie tagsüber bestimmt bessere Entscheidungen treffen – in der Familie, im Beruf und in allen anderen Bereichen des Lebens. Denn dann werden Sie enger mit dem verbunden sein, was für Sie am wichtigsten ist. Natürlich werden Sie so auch mit Ihrer Familie intensiver verbunden sein. Während der morgendlichen Andachten können Sie sich mit den Anforderungen befassen, die im Laufe des Tages auf die einzelnen Familienmitglieder zukommen werden – etwa wichtige Termine, Präsentationen oder Klassenarbeiten. So können Sie den Tag mit der Erneuerung der Beziehung zu den wichtigsten Menschen in Ihrem Leben beginnen.

Tägliche Andachten können große spirituelle, soziale und mentale Erneuerung bringen. Natürlich können Sie auch den körperlichen Bereich einbeziehen – bauen Sie einfach einige Dehn- und Streckübungen oder etwas Yoga oder Tai-Chi in Ihre Andachten ein. Sie werden merken, dass der frühe Morgen eine ideale Zeit für die Erneuerung der Familie ist. So können Sie für einen guten Start in den Tag sorgen!

Gemeinsam arbeiten

Ein Mann hat uns erzählt, wie stark das Familienritual der gemeinsamen Gartenarbeit ihn als Kind erneuerte:

UNGLAUBLICH, WAS WIR GEMEINSAM ERREICHEN KONNTEN

Zu den schönsten und wichtigsten Erinnerungen an meine Kindheit und Jugend gehört die gemeinsame Gartenarbeit mit meinem Vater. Als mein Vater uns vorschlug, ihm im Garten zu helfen, fanden mein Bruder und ich das einfach nur toll. Damals war uns noch nicht klar, was das bedeutete: Viele Stunden voller Arbeit in der sengenden Sonne sind wahrlich kein Vergnügen!

Es war richtig hart! Doch mein Vater arbeitete Seite an Seite mit uns. Er nahm sich die Zeit, uns viel über Gartengestaltung und den Obst- und Gemüseanbau beizubringen. So hatten wir den idealen Garten schon bald vor Augen. Es war eine großartige Lernerfahrung für uns – vom ersten Spatenstich, bei dem wir uns fragten, was in aller Welt wir da machten, bis zu der Zeit vier oder fünf Jahre später, als die Früchte unserer Plackerei uns viel Freude machten.

Der große Augenblick kam, als ich 13 oder 14 war. Pfirsiche, Äpfel oder Birnen: Plötzlich bereitete es mir riesengroße Freude, körbeweise prachtvolle Früchte zu pflücken. Ich fand es herrlich, im Garten Mais stehen zu sehen, der unvergleichlich gut schmeckte, und baumstarke Tomatenpflanzen!

Obwohl ich damals auch viele andere Interessen hatte, achtete ich immer darauf, dass die Pflanzen bewässert oder die Bäume beschnitten wurden und in unserem Garten auch sonst alles in Ordnung war.

Dass ich sah, was unsere Familie gemeinsam erreichen konnte, gehört wohl zu den größten Lernerfahrungen in meinem Leben. Wenn ich an den Beeten entlangging und mir bewusst machte, dass wir das alles gemacht hatten, erfüllten mich unglaubliche Freude und Stolz.

Diese Erfahrung hilft mir jetzt bei fast allen Aufgaben. Wenn ich an einem Projekt arbeite, von dem ich andere überzeugen muss, denke ich immer an das zurück, was mein Vater mir damals gezeigt hat: wie wichtig Zusammenarbeit und eine gemeinsame Vision sind. Ich übertrage das dann auf die Projekte im Büro und sage: »Gut, das ist also unsere Aufgabe. Welches Ende haben wir dabei im Sinn?«

Wenn ich in meinem Leben vor einer wichtigen Herausforderung stehe, denke ich immer an die Reihe mit den prächtigen Paprikapflanzen in unserem Garten zurück. Als wir sie kauften, konnte ich nicht glauben, dass aus den kleinen Setzlingen jemals etwas werden würde. Entgeistert fragte ich: »Wie sollen wir die denn zum Wachsen bringen?« Doch schon wenige Wochen später waren es starke Pflanzen mit seidigen Blättern … Sobald ich mich an die Paprikapflanzen erinnere, weiß ich, dass ich es schaffen kann.

Außerdem denke ich oft daran, was für ein gutes Vorbild mein Vater für mich war. Der Garten machte ihm so viel Freude! Wohl auch, weil er sah, dass der Garten auch mir Freude machte und dass unsere harte Arbeit und die Wunder der Natur so beeindruckende Ergebnisse hervorbrachten.

Die gemeinsame Gartenarbeit erneuerte nicht nur den Jungen, sondern seine ganze Familie in allen vier Lebensbereichen: Weil die Gartenarbeit eine gute Gelegenheit zur Zusammenarbeit und wertvolle Augenblicke des Lehrens und Lernens bot, trug sie zur sozial-emotionalen Erneuerung bei. Dass der Junge lernte, wie man Pflanzen hegt und pflegt, bewirkte auch eine mentale Erneuerung, die ihm später sogar im Beruf half. Bei der Gartenarbeit lernte er einige Prinzipien und Naturgesetze kennen, die in allen Bereichen des Lebens gelten, so dass er sie später in vielen verschiedenen Situationen anwenden konnte. Die Nähe zur Natur ermöglichte auch eine spirituelle Erneuerung. Natürlich führte die gemeinsame Arbeit in der sengenden Sonne auch zu körperlicher Erneuerung.

Ein anderer Vater sagte:

DIE GESCHICHTE MIT DEN KÜHEN

Ich glaube, wenn man hart für seinen Lebensunterhalt arbeiten muss, wird man sehr leicht ergebnisorientiert. Bei mir ist das jedenfalls so. Daher bin ich sehr streng, was die Erziehung meiner Kinder angeht. Wenn wir gemeinsam arbeiten, neige ich dazu, ihnen strikte Anweisungen zu geben und sehr hohe Maßstäbe anzulegen.

Ich habe jedoch erkannt, dass dies nicht der Sinn der Kindererziehung sein kann: Hier steht die Entwicklung des Charakters und die Ausbildung wichtiger Fähigkeiten und Fertigkeiten im Mittelpunkt.

Kennen Sie die Geschichte von dem Mann, der ein paar Kühe kaufte, um seinen Söhnen zu helfen, verantwortungsbewusste Menschen zu werden? Eines Tages kam ein alter, erfahrener Landwirt vorbei. Er kritisierte die Unbeholfenheit der Kinder im Umgang mit den Tieren. Der Mann lächelte und sagte: »Danke, dass Sie mir helfen wollen. Aber mir geht es nicht um die Kühe, sondern um die Erziehung meiner Kinder!«

Dieser Gedanke hat mir bei der Erziehung meiner Kinder sehr oft geholfen.

Früher mussten Familien zusammenarbeiten, um überleben zu können. Die gemeinsame Arbeit schweißte sie fest zusammen. Heute ist genau das Gegenteil der Fall: Die Arbeit reißt viele Familien auseinander. Die Eltern gehen frühmorgens aus dem Haus und kommen spätabends zurück. Die Kinder wachsen in einer Gesellschaft auf, in der Arbeit kaum noch als Segen betrachtet wird, sondern als Fluch.

Die Arbeit reißt viele Familien auseinander. Hier sollten Sie bewusst gegensteuern!

Deshalb ist es wichtiger denn je, gemeinsam in der Familie zu arbeiten. Sie haben ja schon gesehen, dass ein Familiengarten eine wunderschöne gemeinsame Aufgabe sein kann. Hier kann man die Früchte seiner Arbeit auch im wahrsten Sinne des Wortes genießen. Viele Familien erledigen am Wochenende die Hausarbeit gemeinsam und manche Eltern beziehen ihre älteren Kinder in den Sommerferien auch in ihre beruflichen Aufgaben mit ein.

UNSERE TOCHTER CATHERINE

Ein festes Ritual in unserer Familie war das »Zehn-Minuten-Programm«. Wenn bei uns eine Party stattgefunden hatte und es wüst aussah, aber auch wenn nur die ganz normale Unordnung herrschte, stand mein Vater auf und sagte: »Zeit für das Zehn-Minuten-Programm!« Das bedeutete, dass jeder zehn Minuten lang mit voller Kraft aufräumen sollte. Wir wussten ja, dass die Arbeit viel schneller erledigt sein würde, wenn statt zwei Händen 18 für Ordnung sorgten.

Außerdem veranstalteten wir »Arbeits-Partys«, auch wenn das auf den ersten Blick ein Widerspruch sein mag. Alle schufteten dann drei bis vier Stunden, um irgendeine Arbeit gemeinsam zu erledigen. Wir lachten und redeten viel dabei und natürlich gab es auch etwas zu essen. Danach machten wir dann noch etwas Schönes – beispielsweise ins Kino oder zum Eisessen gehen. Jeder wusste, dass er arbeiten musste, das gehörte einfach zum Leben. Aber die kleinen Belohnungen am Ende und der ganze Spaß, den wir zusammen hatten, machten alles nur halb so schlimm.

Sich gemeinsam für andere einsetzen

Diese Eltern haben eine sehr kreative Möglichkeit gefunden, etwas für andere zu tun:

WIR WOLLTEN MEHR GEBEN ALS NEHMEN

Vor einiger Zeit sind meine Frau und ich zu dem Schluss gekommen, dass das Leben uns viel geschenkt hat und dass wir mehr zurückgeben müssen, als wir nehmen. Daher haben wir bei uns zu Hause eine Jugendgruppe gegründet. Wir haben selbst Kinder im Teenager-Alter und dachten: Unseren Kindern und ihren Freunden so etwas zu bieten ist eine gute Möglichkeit, sie besser zu verstehen und ein Teil ihres Lebens zu sein.

Jede Woche kamen über zehn Jugendliche zu uns, die den verschiedensten Konfessionen und Nationalitäten angehörten. Sie hatten nur eins gemeinsam: den Schulbezirk. Alle wussten von vornherein, dass es sich um einen Versuch handelte. Wir setzten einen Vertrag auf, so dass allen klar war, wie das Ganze ablaufen sollte. Außerdem legten wir Richtlinien für die Treffen fest – beispielsweise: »Wenn jemand redet, hören ihm alle anderen zu.«

Am Anfang befassten wir uns mit Themen wie Ehrlichkeit, Respekt oder dem Wunsch, etwas für andere zu tun. Die Gruppe entwickelte sich so gut, dass allmählich Fragen wie »Was ist Vertrauen?« oder »Was ist Gruppendruck?« gestellt wurden. Meine Frau und ich recherchierten zu den Fragen und lieferten den Jugendlichen in der nächsten Woche die entsprechenden Informationen. Wir redeten immer rund 15 Minuten über unser Thema. Dann ging es mit praktischen Aktivitäten weiter, die die Konzepte, über die wir zuvor gesprochen hatten, veranschaulichten.

Als der erste Vertrag auslief, wollten die Teens unbedingt einen neuen abschließen. Es gefiel ihnen, dass sie die Möglichkeit hatten, über die Dinge zu sprechen, die ihnen wichtig waren. Ihre Eltern waren auch froh darüber. Eine der Mütter rief uns an und sagte: »Ich weiß zwar nicht, was Sie in diesen anderthalb bis zwei Stunden mit den Kindern machen, aber es muss etwas Bemerkenswertes sein. Gestern habe ich meiner Tochter gegenüber eine negative Bemerkung über ein anderes Mädchen gemacht. Da meinte sie: ›Mama, wir kennen dieses Mädchen doch gar nicht richtig. Deshalb sollten wir so etwas nicht sagen. Wir haben es ja nur von anderen gehört!‹ Es ist gut, dass sie mich darauf hingewiesen hat. Schade, dass Sie keine Gruppe für Erwachsene anbieten!«

Gemeinsam Spaß haben

Das Wichtigste an allen Familienritualen ist, dass man gemeinsam Spaß hat, dass man die Gesellschaft der anderen und sein Zuhause wirklich genießt, dass die Familie der Platz ist, an dem alle sich geborgen fühlen. Der gemeinsame Spaß ist sogar so wichtig, dass er ein eigenes Familienritual sein sollte.

Wir haben in unserer Familie ein starkes Zusammengehörigkeitsgefühl um den Humor herum aufgebaut. Es gibt beispielsweise mehrere »Covey-Kultfilme«. Die Filme sind einfach zum Schreien. Wir sehen sie uns oft zusammen an und biegen uns dabei vor Lachen. Die Texte kennen wir inzwischen so gut, dass die ganze Familie manchmal spontan eine Szene aus einem der Filme nachspielt – Wort für Wort. Irgendwann lachen dann alle Tränen, und Außenstehende wissen gar nicht, was los ist.

Humor rückt die Dinge in die richtige Perspektive.

Ich habe bereits im Zusammenhang mit dem 1. Weg gesagt, dass Humor die Dinge in die richtige Perspektive rückt. Humor verhindert, dass man überreagiert oder sich in Kleinigkeiten verbeißt. Manchmal reicht es schon, dass irgendjemand ein bisschen Humor in eine Situation bringt, um den Lauf der Dinge zu verändern oder aus einer ziemlich langweiligen Aufgabe ein tolles Abenteuer zu machen.

UNSERE TOCHTER MARIA

In unserer Zeit auf Hawaii gab unser Vater meiner Mutter manchmal am Samstag frei, damit sie sich von uns erholen konnte. Er sagte dann: »Auf geht's, Kinder, heute nehme ich euch alle mit auf eine Abenteuer-Tour!« Wir wussten nie, wie der Tag aussehen würde. Das fanden wir unglaublich spannend. Damals wären wir nie auf die Idee gekommen, dass er sich alles erst unterwegs ausdachte.

Am Anfang konnte beispielsweise ein Bad im Meer stehen. Dann gingen wir vielleicht zu Goos Laden, wo wir alle ein Eis bekamen. Danach wanderten wir einen kleinen Pfad entlang … Manchmal waren es insgesamt sieben Abenteuer – und jedes einzelne war ein einmaliges Erlebnis.

Ich erinnere mich auch daran, dass unser Vater mit uns ins Schwimmbad ging und dort stundenlang ausgelassen mit uns spielte. Er hatte keine Hemmungen. Ihm war das überhaupt nicht peinlich. Im Gegenteil: Er und unsere Mutter hatten beide viel für Spaß übrig. Sie machten dauernd irgendwas Lustiges mit uns.

UNSER SOHN DAVID

Wenn mein Vater an der Reihe war, uns und unsere Freunde irgendwohin zu fahren, machte er immer total witzige und verrückte Sachen. Er hatte dann ja das Auto voller Kinder und brachte uns dazu, Witze zu erzählen, reihum Gedichte aufzusagen oder Lieder zu singen. Uns tat immer der Bauch weh vor lauter Lachen.

Als wir älter wurden, war uns das manchmal peinlich. Mein Vater meinte dann nur: »Na gut. Ausgeflippt oder langweilig – ihr könnt es euch aussuchen!«

Und wir sagten: »Bitte langweilig, Papa. Bring uns nicht in Verlegenheit!« Also saßen wir steif und schweigend da. Aber nach ein paar Minuten riefen wir dann: »Ausgeflippt! Bitte doch ausgeflippt!« Dann legte er wieder los und die Kinder, die bei uns mitfuhren, fanden das einfach toll.

Einfache Rituale können viel bewirken

Es gibt unglaublich viele Möglichkeiten, kleine Rituale in den Familienalltag zu integrieren und die Beziehungen in Ihrer Familie zu stärken:

SANDRA

Im Laufe der Jahre haben wir viele einfache Rituale entwickelt. Dazu gehört, dass bei uns alle herzlich begrüßt und verabschiedet werden. Es dauert nur ein paar Minuten, die Kinder nach der Schule liebevoll zu empfangen und sie zu fragen, wie ihr Tag war. Jeder von uns hat gern das Gefühl, dass man ihn vermisst. Es ist einfach schön, wenn man begrüßt wird und sich jemand um einen kümmert.

Außerdem haben wir uns bemüht, die Freunde und Freundinnen unserer Kinder zu »adoptieren«.

UNSER SOHN SEAN

An der High School hatte ich ein paar Freunde aus dem Footballteam, die schon mal über die Stränge schlugen. Meine Eltern haben sie dann gewissermaßen adoptiert. Sie nahmen alle Spiele auf Video auf und luden das ganze Team zu uns nach Hause zum Videoschauen und Pizzaessen ein. Alle meine Freunde mochten meine Eltern. Sie fanden sie cool. Das wirklich Schöne daran war, dass letztlich viele meiner Freunde positiv von meiner Familie beeinflusst wurden.

Einige von ihnen haben in ihrem Leben dann eine ganz neue Richtung eingeschlagen.

Solche Rituale, die großen wie die kleinen, schweißen uns als Familie zusammen. Natürlich ist jede Familie einzigartig. Deshalb muss jede Familie ihre eigenen Rituale entdecken und entwickeln. Deshalb ist es wichtig, dass Sie die Wege 4 bis 6 umsetzen und gemeinsam mit Ihrem Partner und Ihren Kindern entscheiden, welche Rituale Sie in Ihrer Familie gemeinsam pflegen möchten.

Die Kraft von Ritualen

Im Lauf der Zeit werden erneuernde Rituale zu einer starken Kraft in der Familie. Aber was ist, wenn Sie in einer Familie aufgewachsen sind, in der es keine Rituale gab? Ich kenne einen Mann, der in einem sehr lieblosen Zuhause groß geworden ist. Er heiratete eine wunderbare Frau, mit deren Hilfe er herausfand, wer er wirklich war. Sie unterstützte ihn dabei, unerschlossenes Potential zu entdecken. Als sein Selbstvertrauen wuchs, erkannte er, wie negativ seine frühere Umgebung für ihn gewesen war. Mehr und mehr identifizierte er sich mit der Familie und den Eltern seiner Frau. Ihre Familie war durch und durch liebevoll, fürsorglich und stärkend.

Nach Hause zu kommen, das bedeutete für diesen Mann, die Eltern seiner Frau zu besuchen – mit ihrer Familie zu lachen und bis spät in die Nacht mit Menschen zu reden, die ihn liebten, an ihn glaubten und ihn ermutigten. Er ist jetzt 40 und hat seine Schwiegereltern sogar gebeten, ein Wochenende bei ihnen verbringen zu dürfen. Er wollte im Gästezimmer übernachten und an allen Aktivitäten der Familie teilhaben. Die Schwiegereltern antworteten sofort: »Natürlich kannst du das machen. Wir freuen uns!« Das war für ihn wie eine Rückkehr in seine Kindheit und eine Heilung durch »die Familie«. Danach sagte er: »Es ist, als wäre ich untergetaucht und erneuert worden, als hätte ich meine Jugend überwunden und neue Hoffnung gefunden.«

Wirkliche Heilung umfasst immer alle vier Dimensionen: die physische, die sozial-emotionale, die mentale und die spirituelle. Die Erneuerung der Familie trägt dazu bei, dass Heilung für alle Familienmitglieder möglich ist. Sie fördert den Aufbau eines starken »Immunsystems«, das uns hilft, mit Problemen, Schwierigkeiten und

Rückschlägen fertigzuwerden. Zugleich fördert dieses Immunsystem auch die physische, soziale, mentale und spirituelle Gesundheit.

Das Schärfen der Säge ist die Aktivität im Leben mit der größten Wirkung. Sie beeinflusst alles andere enorm stark. Die anderen 6 Wege hängen maßgeblich vom Schärfen der Säge ab. Egal, was Sie tun: Ohne die Kraft und Energie, die durch die Erneuerung entsteht, können Sie nicht effektiv sein.

Das Schärfen der Säge ist die Aktivität im Leben mit der größten Wirkung.

Rituale sind ein ideales Mittel, um Ihre Familie zu vereinen und zu erneuern. Danach können Sie sich wieder gestärkt den Herausforderungen des Alltags stellen. Allerdings funktionieren selbst die besten Rituale nicht immer perfekt. In unserer Familie gehen wir beispielsweise an Weihnachten immer alle zur Bescherung gemeinsam ins Wohnzimmer. Zuvor stellen wir uns alle auf der Treppe auf, spielen Weihnachtslieder und halten die Videokamera bereit. »Sind alle aufgeregt? Gut, dann los!« Bei der wilden Jagd, die dann losbricht, werden die jüngsten Kinder jedes Mal umgestoßen und vergießen dann Tränen. Wenn wir alle zusammen sind, sind das eben ziemlich viele Menschen und es wird ein bisschen eng. Und auch bei uns gibt es hin und wieder Streit. Doch das, woran sich allc immer wieder gerne erinnern, sind unsere Familienrituale.

Wie Sie den Inhalt dieses Kapitels an Erwachsene und Jugendliche weitergeben

Können sich Beziehungen in der Familie wirklich auflösen und zersetzen?

- Gehen Sie den Text auf den Seiten 255 bis 257 noch mal durch. Fragen Sie die anderen in Ihrer Familie: »Was ist Entropie?« Überlegen Sie dann gemeinsam: »Wie könnte Entropie bei einer Beziehung in Erscheinung treten?«

Wie können wir unsere Familie fest zusammenschweißen?

- Reden Sie darüber, welche Rituale Ihrer Familie besonders am Herzen liegen.
- Fragen Sie: »Welche Rituale habt ihr bei anderen Familien kennengelernt? Und wie pflegen die Familien diese Rituale?«
- Überlegen Sie: »Welche Rituale, die auch den erweiterten Familienkreis oder mehrere Generationen umfassen, würdet ihr euch für unsere Familie wünschen?«

Was können wir tun, um die Säge zu schärfen und für Erneuerung zu sorgen?

- Überlegen Sie gemeinsam mit Ihrer Familie: »Nehmen wir uns die Zeit, die ›Säge zu schärfen‹? Was können wir als Familie tun, um regelmäßig für Erneuerung in allen vier Lebensbereichen zu sorgen?«

Wie Sie Kindern den Inhalt dieses Kapitels vermitteln

Was bedeutet Erneuerung?

- Geben Sie allen Kindern Papier und einen Bleistift mit abgebrochener Mine. Bitten Sie sie, ein Bild von Ihrer Familie zu zeichnen. Das geht natürlich nicht. Fordern Sie die Kinder auf, härter aufzudrücken. Das nützt auch nichts. Fragen Sie: »Was muss passieren, damit ihr zeichnen könnt?« Die Kinder werden antworten, dass die Bleistifte gespitzt werden müssen. Erzählen Sie ihnen dann die Geschichte auf Seite 256 von dem Mann, der einen Baum fällen muss. Fragen Sie Ihre Kinder nach anderen Dingen, die regelmäßige Pflege und Erneuerung brauchen: »Was würde passieren, wenn wir vergessen würden, zu tanken? Die Bremsen am Auto nachsehen zu lassen? Lebensmittel einzukaufen? Unsere Geburtstage, den Muttertag oder sonst ein wichtiges Ereignis zu feiern? Wie können wir dafür sorgen, dass wir die Säge unserer Familie immer wieder schärfen?«

Gemeinsam Rituale für Ihre Familie entwickeln

- Diskutieren Sie gemeinsam, wie Sie die Geburtstage der Familienmitglieder zu ganz unvergesslichen Festen machen können.
- Sorgen Sie zusammen mit Ihren Kindern dafür, dass die Mahlzeiten etwas Besonderes werden. Lassen Sie sie abwechselnd den Tisch decken und schmücken, den Nachtisch aussuchen und ein Gesprächsthema wählen. Achten Sie darauf, dass Ihre Familie regelmäßig zum gemeinsamen Essen zusammenkommt.

Vom Überleben ... zur Stabilität ... zum Erfolg ... zur Bedeutsamkeit

Am Ende dieses Buches möchte ich Ihnen zeigen, was für eine außergewöhnliche Kraft die 7 Wege entwickeln können. Das belegt auch die Geschichte einer pro-aktiven, mutigen Frau:

UNSER BEITRAG? ANDEREN HELFEN!

Mit 19 war ich bereits geschieden und hatte einen zweijährigen Sohn. Es ging uns schlecht. Aber ich wollte meinem Sohn ein gutes Leben bieten. Wir hatten sehr wenig zu essen. Irgendwann wurde es so schlimm, dass ich nur noch Essen für den Jungen kaufen konnte. Ich selbst musste hungern. Dadurch nahm ich so sehr ab, dass eine Kollegin mich fragte, ob ich krank sei. Irgendwann brach ich zusammen und erzählte ihr, was passiert war. Sie gab mir die Adresse einer Einrichtung, die bedürftigen Familien mit Kindern hilft.

Damals hatte ich noch immer die gleiche Vision im Sinn wie mit 17, als ich mit meinem Sohn schwanger war: Ein gutes Leben haben! Mein Sohn sollte genug Essen und Kleidung haben, einen Garten, in dem er spielen konnte. Zudem wollte ich ihm eine gute Ausbildung ermöglichen. All das konnte ich ihm aber nur bieten, wenn ich selbst eine gute Ausbildung hatte. Daher sagte ich mir immer wieder: »Ich muss mein Studium abschließen und Geld verdienen, damit meine Vision wahr wird und wir ein gutes Leben führen können.«

Mit 22 heiratete ich wieder. Ich war sehr glücklich mit meinem Mann. Wir bekamen eine Tochter und ich unterbrach mein Studium, um mich um die Kinder zu kümmern. Wir kamen finanziell einigermaßen über die Runden. Doch ich dachte immer noch an meine Vision. Sie ging mir einfach nicht aus dem Kopf. Als die Kinder etwas älter waren, stand ich vor der Frage, ob ich an die Uni zurückgehen oder meine Vision aufgeben sollte. Ich entschied mich, mein Studium abzuschließen. Mein Mann unterstütze mich und half mir mit den Kindern.

Nach dem Studium hatte ich zwei Abschlüsse in Betriebswirtschaft. Das erwies sich bald als großes Glück. Denn mein Mann verlor seinen Job. Aber ich verdiente gutes Geld. Jetzt konnte ich unsere Familie ernähren und ihm helfen, zu studieren. Inzwischen ist mein Mann schon seit vielen Jahren ein erfolgreicher Anwalt. Er sagt, ohne meine Hilfe hätte er das nie geschafft.

Einige Zeit widmete ich mich ganz meinem Beruf und meiner Familie. Ich dachte: »Ich habe es geschafft! Ich habe studiert. Ich habe eine tolle Familie. Ich müsste eigentlich glücklich sein!« Doch irgendwas fehlte. Schließlich wurde mir klar, dass es zu meiner Vision gehörte, anderen zu helfen. Aber wie? Eines Tages wurde ich gebeten, eine Rede vor dem Abschlussjahrgang einer bekannten Universität zu halten. Ich fragte, worüber ich sprechen sollte. Die Antwort: »Darüber, wie Sie Ihre Schwierigkeiten gemeistert und Ihr Studium geschafft haben.«

Mich vor über 200 junge Frauen zu stellen, die für ihre Leistungen in Mathematik und Naturwissenschaften ausgezeichnet werden sollten, war nicht leicht für mich. Ich hatte Hemmungen, ihnen zu erzählen, wie mein Weg ausgesehen hatte. Was würden sie nur über mich denken … Doch in meinem Leitbild steht, dass es meine Mission ist, anderen zu helfen, das Beste aus sich und ihrem Leben zu machen. Das gab mir den Mut, die Rede zu halten.

Meine Rede wurde tatsächlich ein Erfolg: Mehrere Frauen der Fakultät wollten Müttern, die von Sozialhilfe leben mussten, ein Studium ermöglichen. Sie setzten alle Hebel in Bewegung und richteten einen Studienfonds für diese Mütter ein. Darüber war ich sehr glücklich. Ich dachte, nun hätte ich meinen Teil dazu beigetragen, anderen zu helfen.

Kurz darauf besuchte ich einen Kurs über Weiterbildungsmöglichkeiten für Frauen. Auch hier wurde ich gefragt, ob ich allen meine Geschichte erzählen könnte. Nach meinem Vortrag hatte eine der Zuhörerinnen die Idee, dass wir ein Stipendium für eine Frau mit geringem Einkommen auf den Weg bringen könnten. Gesagt, getan: Wir erklärten uns alle bereit, jeweils 125 Dollar im Jahr dafür zu spenden.

Heute arbeite ich im Vorstand einer Stiftung für bedürftige Frauen. Außerdem beteilige ich mich an der Beschaffung von Studiengeldern für Frauen mit hohem Potential, aber niedrigem Einkommen. Manche Leute werden all das vielleicht für unbedeutend halten. Doch ich weiß aus eigener Erfahrung, wie viel es bewirken kann. Auf meinem Weg habe ich viel Hilfe von Menschen bekommen, die das Gefühl hatten, nur wenig zu tun. Ich hoffe, dass die »kleinen Dinge«, die ich jetzt für andere mache, zeigen, wie dankbar ich dafür bin.

Das alles hat sich auch auf meine Familie positiv ausgewirkt. Mein Sohn, der kurz vor dem Abschluss seines Studiums steht, hat einen Nebenjob, bei dem er behinderten Menschen hilft. Und meine Tochter, die gerade an der Uni angefangen hat, arbeitet ehrenamtlich als Lehrerin für Englisch als Fremdsprache. Meine beiden Kinder setzen sich sehr für Menschen auf der Schattenseite des Lebens ein. Beiden ist bewusst, wie wichtig es ist, etwas für andere zu tun. Auch mein Mann hilft als Anwalt immer wieder unentgeltlich Menschen, die benachteiligt werden. Unsere ganze Familie setzt sich für andere ein. Wir alle leisten einen Beitrag für die Gesellschaft. Das gibt mir das Gefühl, dass meine Vision jetzt tatsächlich Wirklichkeit geworden ist.

Meiner Ansicht nach können wir keinen wichtigeren Beitrag im Leben leisten, als anderen zu helfen. Und ich bin sehr dankbar, dass unserer Familie das heute möglich ist.

Diese Frau hat durch ihre Pro-Aktivität sehr viel Gutes bewirkt – in ihrem eigenen Leben, im Leben ihrer Familie und im Leben aller, denen sie helfen konnte.

Vom Überleben … zur Stabilität … zum Erfolg … zur Bedeutsamkeit – die Frau gab ihre Vision niemals auf. Das gab ihr die Kraft, sich selbst durch die widrigsten Umstände nicht von ihrem Weg abbringen zu lassen.

Überleben …

Zunächst verspürte die Frau vor allem körperlich Hunger. Sie hatte Hunger; ihr Kind hatte Hunger. Das ganze Leben war nur darauf ausgerichtet, genug zu verdienen, um sich und ihrem Sohn das Grundbedürfnis nach Nahrung zu erfüllen. All das repräsentiert die erste Ebene: das *Überleben*. Viele Paare und Familien kämpfen wirklich darum – nicht nur finanziell, sondern auch mental, spirituell und sozial-emotional. Ihr Leben ist von Unsicherheit und Angst geprägt. Es kostet sie viel Kraft, durch den Tag zu kommen. Sie haben keine zuverlässigen Prinzipien, die sie als Grundlage für ihr Handeln nutzen könnten. Ihnen fehlen feste Strukturen, auf die sie sich stützen könnten. Sie wissen nicht, was der nächste Tag ihnen bringen wird. Oft fühlen sie sich als Opfer der Umstände oder der Ungerechtigkeit anderer.

Manche dieser Paare oder Familien schaffen es, ihre Überlebensfähigkeit im Lauf der Zeit zu verbessern. Vielleicht gibt es bei ihrem Kampf sogar kurze Atempausen. Meist besteht ihr Ziel jedoch einfach nur darin, irgendwie zu überleben.

Stabilität …

Durch ihre eigenen Anstrengungen und die Hilfe anderer gelangte die Frau schließlich vom Überleben zur *Stabilität*. Sie hatte genug zu essen und litt auch sonst keine Not. Die Narben aus den Tagen, als sie ums Überleben kämpfen musste, schmerzten zwar noch. Aber ihr und ihrer Familie ging es gut.

Auf dieser Ebene gibt es zwar Stabilität, aber noch keinen »Erfolg«. Ob feste Strukturen oder Zeitpläne: Das Leben ist relativ gut organisiert. Doch dem Miteinander und der Kommunikation fehlt es an wirklicher Tiefe. Glück und Erfüllung findet man vor allem außerhalb der Familie. Das »Zuhause« ist einfach nur der Ort, an dem man wohnt. Kein echtes Heim. Das Empfinden, gemeinsam etwas aufgebaut zu haben, gibt es nicht. Wahres Glück, innige Liebe und tiefe Freude auch nicht.

Erfolg …

Zur dritten Ebene, dem *Erfolg*, gehört das Erreichen lohnenswerter Ziele. Diese Ziele können sowohl im wirtschaftlichen als auch im mentalen Bereich liegen. Die meisten Ziele, um die es bei der obigen Geschichte ging, bezogen sich auf diese beiden Bereiche. Sie hatten mit finanzieller Sicherheit und der Ausbildung zu tun. Die Ziele können natürlich auch sozial-emotional oder spirituell sein.

In erfolgreichen Beziehungen und Familien setzt man sich gemeinsame Ziele und erreicht sie auch. Allen ist die Familie wichtig. Sie sind glücklich darüber, zusammen sein zu können. Der Fokus liegt darauf, gemeinsam besser zu leben und die Familie durch Aktivitäten und Rituale, die Spaß machen und Freude bringen, zu erneuern.

Bedeutsamkeit …

Selbst in erfolgreichen Beziehungen und Familien fehlt oft eine Dimension: die Bedeutsamkeit. Hier leistet die Familie über ihre Grenzen hinaus wichtige Beiträge für die Gesellschaft. Sie gibt sich nicht mit ihrem Erfolg zufrieden, sondern empfindet Verantwortung für andere. Es gehört dann zu ihrem Leitbild, eine Art Vermächtnis zu schaffen: anderen Familien zu helfen oder gemeinsam in der Gesellschaft etwas Positives zu bewirken. Solche Beiträge bringen der ganzen Familie tiefes Glück und reiche Erfüllung.

Beiträge für andere bringen der Familie tiefes Glück und reiche Erfüllung!

Auch die Frau aus unserer Geschichte fühlte sich verantwortlich und begann, Beiträge für andere zu leisten. Dank ihres Vorbilds entwickelten ihre Kinder ebenfalls Verantwortungsgefühl. Ideal wäre es, wenn Ihre Familie den Punkt erreicht, an dem dieses Verantwortungsbewusstsein fest in Ihrem gemeinsamen Leitbild verankert ist. Wenn jemand aus der Familie einen Beitrag für andere leistet, dann sind alle Familienmitglieder an seiner Seite. In unserer Familie haben wir beispielsweise Sandra bei ihrem Engagement für eine gemeinnützige Frauenorganisation geholfen. Und die ganze Familie hat mich all die Jahre hindurch bei meiner Arbeit für FranklinCovey unterstützt. Das gab uns ein starkes Gefühl der Einheit und Zusammengehörigkeit.

Vielleicht können Sie und Ihre Familie sich ja für ein Projekt in Ihrem Wohnort einsetzen? Ich kenne eine Familie, die sich dafür engagiert, dass Menschen in Seniorenheimen Besuch bekommen und sich Filme ansehen können. Alles begann, als die Großmutter der Familie einen Schlaganfall hatte. Damals blieb der Familie nichts anderes übrig, als sie in einem Seniorenheim unterzubringen. Das Einzige, was ihr wirklich Freude machte, waren Filme. Die Familie beschloss, sie mehrmals in der Woche zu besuchen und ihr immer einige alte Filme mitzubringen. Die Filme kamen auch bei den anderen Heimbewohnern so gut an, dass die Familie ihnen ebenfalls Filme besorgte. So konnte die Familie nicht nur ihrer Großmutter, sondern auch vielen anderen älteren Menschen eine große Freude bereiten.

Eine andere Familie kocht an Silvester immer für Obdachlose. Im Vorfeld planen die Familienmitglieder alles bis ins kleinste Detail. Sie entscheiden, was es zu essen geben soll, wie sie die Tische dekorieren wollen und wer welche Aufgaben übernimmt. Für alle ist es ein wichtiges Familienritual, Menschen auf der Schattenseite des Lebens einen schönen Silvesterabend zu bereiten.

In vielen Familien ist der Einsatz für andere daraus entstanden, dass sie sich zunächst um jemanden aus ihrer eigenen Familie kümmerten. So war es auch bei dem Ehemann und Vater, der uns die folgende Geschichte erzählt hat:

WIR HABEN UNS FÜR DAS WICHTIGSTE ENTSCHIEDEN

Vor einigen Jahren entdeckten die Ärzte bei meinem Vater einen Hirntumor, den sie dann 16 Monate lang mit Chemotherapien und Bestrahlungen bekämpften. Danach brauchte er Pflege, die meine Mutter ihm nicht bieten konnte.

Meine Frau und ich hatten also ein paar wirklich schwere Entscheidungen zu treffen. Wir besprachen alles mit meinen Eltern und unseren Kindern. Gemeinsam beschlossen wir, dass meine Eltern zu uns ziehen sollten. Für meinen Vater stellten wir ein Pflegebett mitten ins Wohnzimmer. So konnte er bis zu seinem Tod drei Monate später an unserem Familienleben teilhaben.

Heute weiß ich: Diese Entscheidung hätte ich nicht getroffen, wenn mir nicht klar gewesen wäre, was für mich »das Wichtigste« war. Diese Zeit gehört zu den schwierigsten in meinem Leben, zugleich aber auch zu den besonders erfüllenden. Ich bin sicher, dass wir das gemacht haben, was unter den gegebenen Umständen das Richtige für uns alle war. Unsere ganze Familie hat alles getan, was wir konnten, damit mein Vater sich wohlfühlte. Wir haben ihm das Beste gegeben, was Menschen geben können – uns selbst. Und das hat ein gutes Gefühl bei uns hinterlassen.

In jenen letzten Monaten waren wir meinem Vater sehr nah. Aus dieser Erfahrung haben nicht nur meine Frau und ich viel gelernt, sondern auch meine Mutter. Sie weiß jetzt, dass sie sich immer auf uns verlassen kann. Auch unsere Kinder haben unschätzbar wertvolle Lektionen über den Einsatz für andere gelernt, als sie sahen, was meine Frau und ich für meinen Vater taten, und uns nach Kräften dabei unterstützten.

Diese Familie hat es ihrem Vater und Großvater ermöglicht, von Liebe und Fürsorge umgeben zu sterben. Das war eine ungeheuer starke Botschaft an alle Familienmitglieder! Eine Botschaft, die sich sehr positiv auf das Leben der Kinder auswirken wird, denn sie wachsen mit einem Gefühl für echte Fürsorge und wahre Liebe auf.

Selbst diejenigen, die die Hilfe ihrer Familie benötigen, können den anderen ein wertvolles Vermächtnis hinterlassen. Mein Leben wurde entscheidend von meiner Schwester Marilyn geprägt. Sie war ein leuchtendes Vorbild. Zwei Tage bevor sie ihrem Krebsleiden erlag, sagte sie zu mir: »Ich möchte meinen Kindern und Enkeln zeigen, wie man in Würde sterben kann. Zudem will ich den Wunsch in ihnen wecken, selbst etwas für andere zu tun und ein gutes, prinzipientreues Leben zu führen.« In den letzten Wochen und Monaten ihres Lebens hatte sie sich ganz darauf konzentriert. Ich bin sicher, dass ihr Vorbild das Leben ihrer Kinder und Enkel enorm bereichern wird – und meines natürlich auch.

Es gibt viele Möglichkeiten, wichtige Beiträge für andere zu leisten – innerhalb der eigenen Familie, für andere Familien oder in der Gesellschaft insgesamt. Wir haben einige Angehörige und Freunde, denen ihre Verwandtschaft beigestanden hat, als sie ein krankes Kind versorgen, mit schlimmen Drogenproblemen, großen Geldsorgen oder dem Scheitern einer Ehe fertigwerden mussten. Den Betroffenen kam die gesamte Familie zu Hilfe, so dass sie vieles überstehen und auch tiefe seelische Narben mildern konnten.

Familien können sich auch in Schulen, Vereinen oder sozialen Einrichtungen engagieren. Beispielsweise können sie bei Mentoren- oder Tutorenprogrammen mitmachen, um das Bewusstsein für die Gefährlichkeit von Drogen zu schärfen oder Kindern aus Problemfamilien zu helfen. Wenn Familien Beiträge für andere leisten, hilft das nicht nur den Menschen, denen sie zugutekommen. Es stärkt auch die Familien selbst. Was sonst könnte so viel Energie, Erfüllung und Freude bringen und so vereinend wirken wie die gemeinsame Arbeit für eine gute Sache?

Bedeutsamkeit ist der höchste Grad der Erfüllung, den Familien erreichen können.

Laut Hans Selye, dem Vater der modernen Stressforschung, können wir am besten stark, gesund und lebendig bleiben, wenn wir uns an die Maxime »Verdiene dir die Liebe deines Nächsten!« halten. Oder anders ausgedrückt: Wir sollten uns für andere engagieren und etwas Bedeutsames für sie tun. Bedeutsamkeit ist der höchste Grad der Erfüllung, den Familien erreichen können. *Auf der Ebene der Bedeutsamkeit dient die Familie dem Erreichen eines Zwecks, der größer ist als sie selbst.* Sie wird das Mittel, um effektiv zum Wohlergehen anderer Menschen beizutragen.

Von der Problemlösung zur Konzentration auf Chancen

Vielleicht wird es Ihnen helfen, wenn Sie die drei ersten Ebenen als Etappenziele auf Ihrem Weg zu Ihrem Ziel als Familie betrachten. Das Erreichen der einzelnen Etappenziele ist eine Herausforderung, kann aber zugleich der Schlüssel zum nächsten Ziel sein.

Auf dem Weg vom Überleben zur Bedeutsamkeit kommt es zu einer tief greifenden Veränderung unseres Denkens. In den Bereichen des Überlebens und der Stabilität liegt das Augenmerk vor allem auf der Lösung von alltäglichen Problemen:

- »Wie können wir für Essen und ein Dach über dem Kopf sorgen?«
- »Was können wir im Hinblick auf Saras Noten tun?«
- »Wie können wir unsere Beziehung ein wenig verbessern?«
- »Wie können wir unsere Schulden abzahlen?«

Wenn man sich dem Erfolg und der Bedeutsamkeit nähert, verschiebt sich der Schwerpunkt. Nun geht es um Ziele und Visionen, die der Familie ein neues Gesicht geben und weit über sie hinausreichen:

- »Welche Ausbildung wollen wir unseren Kindern ermöglichen?«
- »Wie wollen wir in fünf oder zehn Jahren finanziell dastehen?«
- »Wie können wir die Beziehungen in unserer Familie stärken?«
- »Was können wir gemeinsam als Familie tun, um etwas wirklich Bedeutsames für uns und andere zu bewirken?«

Natürlich heißt das nicht, dass Familien, die zu Erfolg und zu Bedeutsamkeit vorgedrungen sind, keine Probleme mehr haben. Sie versuchen aber nicht ständig, nur negative Dinge aus dem Weg zu räumen. Stattdessen konzentrieren sie sich darauf, positive Dinge zu schaffen. Bei diesen Familien stehen lohnende Ziele, neue Möglichkeiten und

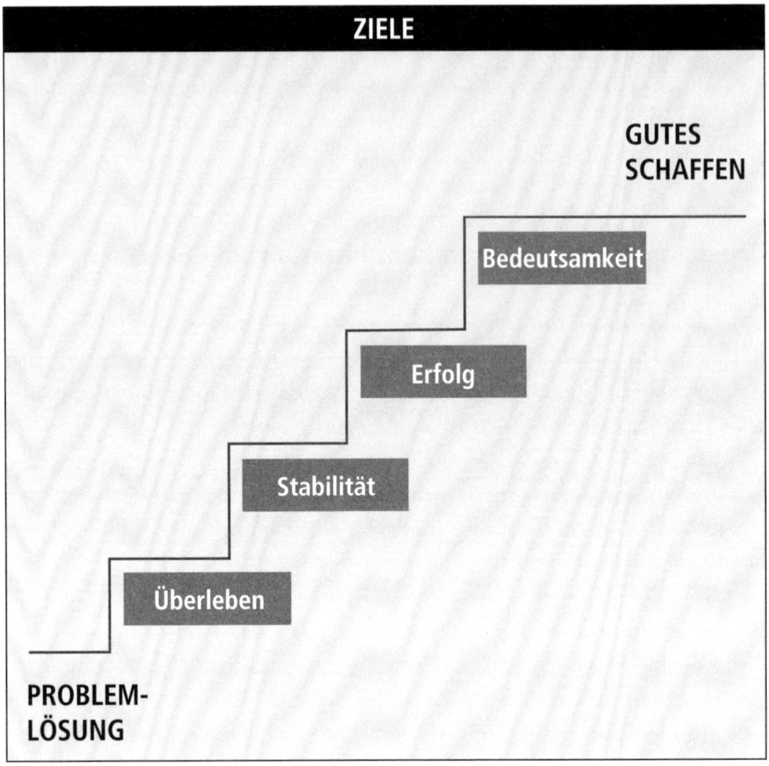

bessere Alternativen im Mittelpunkt. Kurz gesagt: Sie konzentrieren sich auf Chancen, nicht auf Probleme. Wer sich auf Probleme konzentriert, will nur etwas beseitigen. Wer sich hingegen auf Chancen oder Visionen konzentriert, will etwas erschaffen.

Das ist eine völlig andere Denkweise, die alles von Grund auf erneuert. Man fühlt sich dann nicht mehr gestresst und ausgelaugt, sondern voller Energie und Begeisterung. Keine Frustration mehr, kein Versinken in Sorgen und Problemen, keine dunklen Wolken der Verzweiflung, sondern Optimismus, Kraft und Hoffnung. Dann ist man von positiver Energie erfüllt. Man kann kreativ und synergetisch denken und handeln und meistert seine Probleme mit sehr viel Optimismus.

Das Schöne an der Entwicklung vom Überleben zur Bedeutsamkeit ist, dass sie kaum von äußeren Umständen abhängt. Eine Frau meinte dazu:

BEDEUTSAMKEIT HÄNGT NICHT VOM GELD AB

Wir haben festgestellt, dass die finanzielle Situation nur wenig damit zu tun hat, dass wir als Familie Bedeutsamkeit erreichen. Jetzt, wo wir mehr haben, können wir natürlich mehr tun. Doch selbst in den ersten Jahren unserer Ehe konnten wir anderen helfen, indem wir ihnen unsere Zeit und Aufmerksamkeit schenkten. Das hat uns als Familie geeint. Als unsere Kinder noch sehr klein waren, haben wir ihnen beigebracht, dass es ein wichtiger Wert ist, Nachbarn zu helfen, Besuche in einem Seniorenheim zu machen oder einem Kranken eine warme Mahlzeit zu bringen. Solche Dinge haben dazu beigetragen, uns als Familie zu definieren: »Wir sind eine Familie, die anderen hilft.« Das hat einen großen Unterschied gemacht, als unsere Kinder heranwuchsen.

Treibende und hemmende Kräfte

Auf Ihrem Weg vom Überleben zur Bedeutsamkeit werden zwei Dinge Sie voranbringen: Ihr Leitbild und Ihre Prinzipientreue. Diese beiden Dinge sind mit dem Rückenwind vergleichbar, der Flugzeugen hilft, ihr Ziel schneller zu erreichen.

Sie werden aber auch merken, dass es starken Gegenwind gibt: Kräfte, die Sie langsamer machen oder sogar verhindern, dass Sie überhaupt vorankommen. Angst und das Gefühl, ein Opfer zu sein, werfen Sie in den fundamentalen Kampf ums Überleben zurück. Mangelndes Wissen und ein Gefühl der Sinnlosigkeit halten Sie davon ab, Stabilität zu erreichen. Langeweile und fehlende Ausdauer verhindern, dass Sie Erfolg haben. Eine egozentrische Vision und Besitzdenken machen es Ihnen unmöglich, den Schritt zur Bedeutsamkeit zu schaffen.

Ihr Leitbild und Ihre Prinzipientreue werden Sie voranbringen!

Die Wege 1, 2 und 3 aktivieren die treibenden Kräfte. Sie sorgen dafür, dass Sie pro-aktiv sind. Zudem geben sie Ihnen das motivierende Gefühl, ein Ziel zu haben, das wesentlich größer und wichtiger ist als Sie selbst. Die Wege 4, 5 und 6 helfen Ihnen dann, gemeinsam als Familie auf das alles hinzuarbeiten. Und der 7. Weg schenkt Ihnen die Kraft der Erneuerung, damit Sie auch durchhalten können.

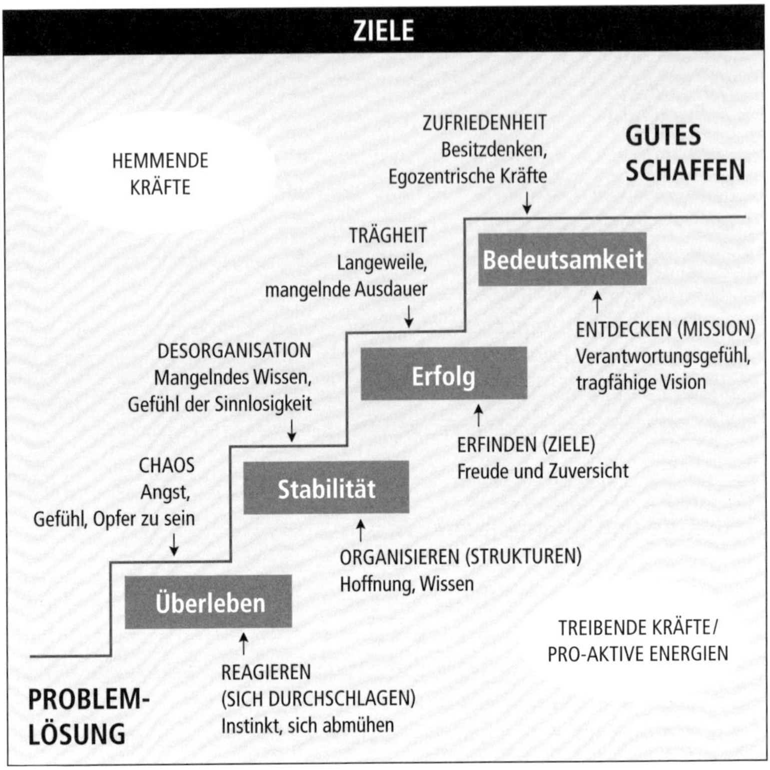

Die 7 Wege ermöglichen es Ihnen aber auch, die hemmenden Kräfte auszuschalten. Nehmen wir nur einmal den 1. Weg als Beispiel: *Sie können nicht gleichzeitig eine pro-aktive Person und das Opfer der äußeren Umstände sein.* Das kann man sehr gut mit folgendem Vergleich verdeutlichen: Nehmen wir an, Sie sitzen im Auto. Sie haben einen Fuß auf dem Gaspedal, den anderen auf der Bremse. Wie können Sie Ihr Tempo am besten erhöhen? Indem Sie das Gaspedal durchtreten? Oder indem Sie Ihren Fuß von der Bremse nehmen? Ganz einfach: Indem Sie nicht mehr bremsen. Dann können Sie sogar den Druck aufs Gaspedal verringern und trotzdem schneller vorankommen als vorher.

Ganz ähnlich ist es mit den 7 Wegen. Sie lösen die emotionale Bremse in der Familie. Dadurch bringt schon eine minimale Erhöhung der treibenden Kräfte enorme Fortschritte. Studien haben sogar ergeben, dass die hemmenden Kräfte in treibende verwandelt werden, wenn man alle Beteiligten in Probleme einbezieht und dann gemeinsam Lösungen erarbeitet.[1]

Wo stehen Sie als Familie?

Die obige Abbildung hilft Ihnen, herauszufinden, wo Sie momentan als Familie stehen. Bitte achten Sie genau darauf, welche treibenden und hemmenden Kräfte in Ihrer Familie eine besonders große Rolle spielen. Natürlich können Sie das Schaubild auch nutzen, um Ihrer Familie zu helfen, nicht länger in Problemen, sondern in Lösungen und Chancen zu denken.

Wo sollen wir anfangen?

Die meisten von uns haben von Natur aus den Wunsch, ihre Familie vom Überleben zum Erfolg und zur Bedeutsamkeit zu führen. Oft ist das nicht leicht. Selbst wenn wir uns mit aller Kraft bemühen und alles Erdenkliche tun, entsprechen die Ergebnisse nicht immer unseren Vorstellungen. Das gilt ganz besonders, wenn es um unseren Partner oder um Kinder im Teenager-Alter geht. Aber auch bei kleinen Kindern, die generell offener sind, fragen wir uns oft, wie wir am besten auf sie einwirken können. Sollen wir sie bestrafen? Sie allein in ihr Zimmer schicken? Dürfen wir unsere Überlegenheit nutzen, damit sie das tun, was wir von ihnen erwarten? Oder gibt es Prinzipien, die uns helfen, sie besser zu verstehen und zu beeinflussen?

Alle Eltern, aber auch Söhne, Töchter, Brüder, Schwestern, Großeltern, Tanten, Onkel oder Nichten und Neffen, die positive Veränderungen in einer Familie in Gang setzen wollen, können das auch schaffen. Wichtig ist vor allem, dass Sie die vier grundlegenden Führungsrollen in der Familie kennen. Zudem müssen Sie die Prinzipien verstehen, die mit diesen Führungsrollen verbunden sind. Natürlich müssen Sie sich auch an diese Prinzipien halten.

Familien sind natürliche Gebilde. Sie leben und wachsen. Deshalb möchte ich Ihnen die vier Führungsrollen anhand eines *prinzipienzentrierten Familienbaums* erläutern. Dieser Baum soll Sie daran erinnern, dass Sie es mit der Natur und mit Naturgesetzen oder Prinzipien zu tun haben. Er wird Ihnen helfen, die vier wichtigsten Führungsrollen innerhalb der Familie zu verstehen und Strategien zu finden, mit denen Sie Probleme lösen können. Wenn Sie bei allen Rollen den 7 Wegen folgen, kann sich Ihre Familie schneller und besser vom Überleben zur Bedeutsamkeit bewegen.

Der Familienbaum
Die Ebenen prinzipienbasierter Familienführung

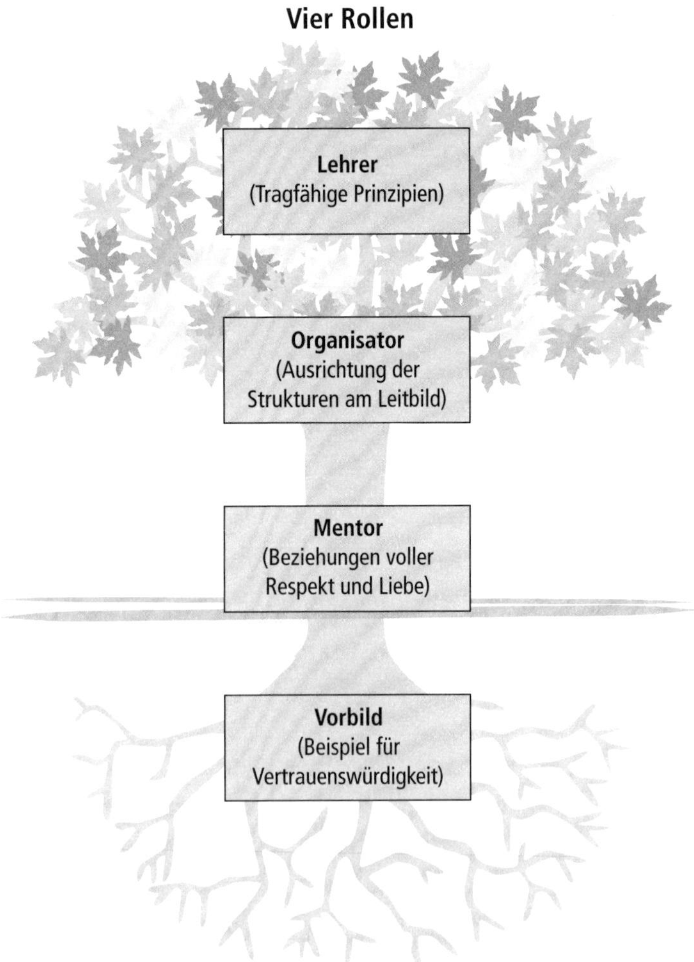

Vorbild sein

Ein Mann, der in seiner Jugend gern mit seinem Vater auf die Jagd gegangen war, hat uns folgende Geschichte erzählt:

UNSER VATER – EIN LEUCHTENDES BEISPIEL

Einen Samstag, an dem die Jagd auf die Fasane eröffnet wurde, werde ich nie vergessen. Mein Vater, mein älterer Bruder und ich standen schon um vier auf. Wir ließen uns das reichhaltige, herzhafte Frühstück meiner Mutter schmecken, packten alles Nötige ins Auto und brachen auf. Wir waren früh genug dort, um uns einen guten Platz aussuchen zu können. Die Jagd sollte um acht beginnen.

Nach einiger Zeit kurvten andere Jäger auf der Suche nach besonders guten Stellen wie wild um uns herum. Um 20 vor acht fuhren manche dann in die Felder und begannen kurz darauf zu schießen – 15 Minuten vor dem offiziellen Jagdbeginn. Wir blickten unseren Vater an. Er schaute auf seine Uhr, denn er wartete darauf, dass es acht wurde. Um zehn vor acht waren alle anderen Jäger in den Feldern und überall ertönten Schüsse.

Mein Vater sah wieder auf seine Uhr. »Die Jagd beginnt um acht, Jungs!« Kurz vor acht hielten vier Jäger direkt neben uns und liefen in »unser« Feld. Wir sahen unseren Vater wieder an. Er sagte: »Für uns beginnt die Jagd um acht!« Um acht waren dann alle Fasane weg, aber wir gingen trotzdem in das Feld.

An diesem Tag erlegten wir nichts. Wir nahmen jedoch eine unvergessliche Erinnerung an einen Mann mit, dem ich unbedingt nacheifern wollte: an meinen Vater. Er ist mein großes Vorbild. Denn er war ein leuchtendes Beispiel für unverbrüchliche Integrität!

Bei diesem Mann stand nicht die Anerkennung, die er als erfolgreicher Jäger bekommen hätte, im Mittelpunkt. Ihm ging es um die innere Zufriedenheit darüber, ein integrer Mensch und ein gutes Vorbild für seine Söhne zu sein.

Das eigene Beispiel ist zweifellos die wichtigste Grundlage für Einfluss auf andere. Als Albert Schweitzer gefragt wurde, wie man Kinder erziehen solle, antwortete er: »Nach drei Prinzipien: erstens durch das eigene Beispiel, zweitens durch das eigene Beispiel und drittens durch das eigene Beispiel!« Wir sind in erster Linie Vorbilder für unsere Kinder. Das, was wir ihnen vorleben, wirkt nachhaltiger als alles andere. Unser wahres Ich können wir nicht verstecken. Selbst wenn wir uns noch so bemühen, unseren Kindern etwas vorzumachen, unsere Wünsche, Überzeugungen und Gefühle zeigen sich auf tausenderlei Weise. Wir vermitteln unseren Kindern genau das, was wir sind – nicht mehr und nicht weniger.

Deshalb steht der unterste Teil des Familienbaums – das ausgedehnte Wurzelwerk – für Ihre Rolle als Vorbild. Ihr persönliches Beispiel, die Stimmigkeit Ihres eigenen Lebens, verleiht allem, was Sie in der Familie tun, Glaubwürdigkeit. Wenn die anderen sehen, dass Sie das, was Sie in Ihrer Familie fördern möchten, selbst vorleben, werden sie Ihnen auch glauben und vertrauen.

Eltern sind die ersten und wichtigsten Vorbilder für ihre Kinder.

Ob Sie es wollen oder nicht: Eltern sind die *ersten und wichtigsten Vorbilder* für ihre Kinder. *Es ist überhaupt nicht möglich, kein Vorbild zu sein.* Die anderen werden Ihr positives oder negatives Beispiel immer als Muster dafür sehen, wie man sein Leben führen sollte.

Ein unbekannter Autor hat das in wunderbare Worte gefasst:

Wenn ein Kind mit Kritik lebt, lernt es, zu verurteilen.
Wenn ein Kind mit Sicherheit lebt, lernt zu vertrauen.
Wenn ein Kind mit Feindseligkeit lebt, lernt es, zu kämpfen.
Wenn ein Kind mit Akzeptanz lebt, lernt es, zu lieben.
Wenn ein Kind mit Angst lebt, lernt es, sich zu fürchten.
Wenn ein Kind mit Anerkennung lebt, lernt es, selbstbewusst zu sein.
Wenn ein Kind mit Mitleid lebt, lernt es sich selbst zu bemitleiden.
Wenn ein Kind mit Bestätigung lebt, lernt es, sich zu mögen.
Wenn ein Kind mit Eifersucht lebt, lernt es, sich schuldig zu fühlen.
Wenn ein Kind mit Freundlichkeit lebt, lernt es, dass die Welt
ein guter Ort ist.

Wenn wir genau hinsehen, erkennen wir, dass unsere eigenen Schwächen im Leben unserer Kinder wieder auftauchen. Am deutlichsten zeigt sich das wohl im Umgang mit Meinungsverschiedenheiten. Das möchte ich an einem Beispiel veranschaulichen: Eine Mutter geht ins Wohnzimmer, um ihre Jungs zum Essen zu holen. Sie streiten und balgen sich gerade um ein Spielzeugauto. »Jungs, ich habe euch doch schon so oft gesagt, dass ihr nicht raufen sollt! Ihr sollt gemeinsam eine Lösung finden, bei der ihr beide an die Reihe kommt!« Der Ältere entreißt dem Jüngeren das Auto und ruft: »Ich bin zuerst dran!« Der Jüngere bricht in Tränen aus und weigert sich, zum Essen zu kommen.

Die Mutter fragt sich, wieso ihre Söhne das offenbar einfach nicht begreifen. Sie denkt einen Augenblick lang darüber nach, was sie bei Meinungsverschiedenheiten mit ihrem Mann macht. Gestern Abend haben sie sich eine laute Auseinandersetzung im Zusammenhang mit Geld geliefert. Heute Morgen ist ihr Mann verärgert zur Arbeit gefahren, weil sie sich darüber gestritten hatten, was sie abends machen wollten. Je mehr die Mutter darüber nachdenkt, desto klarer wird ihr, dass sie und ihr Mann ihren Söhnen Tag für Tag unzählige Male vormachen, wie man nicht mit Meinungsverschiedenheiten umgeht.

Kinder übernehmen die Denkweise ihrer Eltern – und so setzen sich manche Dinge über mehrere Generationen fort … Deshalb ist unsere Rolle als Vorbild für unsere Kinder unsere größte, ja heiligste Verantwortung. Das, was wir selbst täglich vorleben, hat den mit Abstand größten Einfluss auf unsere Kinder! Was im Zentrum Ihres Lebens steht, wird das Denken Ihrer Kinder tief greifend beeinflussen, auch wenn Sie sich dessen nicht bewusst sind und es gar nicht wollen.

Unsere Rolle als Vorbild für unsere Kinder unsere größte, ja heiligste Verantwortung!

Was werden Ihre Kinder lernen, wenn Sie den 7 Wegen zu folgen? Dann wird Ihr Vorbild das Beispiel eines pro-aktiven Menschen sein, der ein persönliches Leitbild entwickelt hat und sich bemüht, sich auch daran zu halten. Eines Menschen, der große Achtung und Liebe für andere empfindet, der danach strebt, sie zu verstehen und selbst von ihnen verstanden zu werden, der an die Kraft der Synergie glaubt und keine Angst davor hat, zusammen mit anderen kreative Alternativen zu entwickeln und dabei auch Risiken einzugehen. Sie werden ein Beispiel für einen Menschen sein, der sich ständig erneuert – durch lebenslanges Lernen, den fortwährenden Aufbau von Beziehungen und das unermüdliche Bemühen, sich nach zeitlosen, allgemeingültigen Prinzipien zu richten.

Wenn Sie so ein Vorbild sind, können Sie das Leben Ihrer Kinder unglaublich stark beeinflussen!

Mentor sein

Ich kenne einen Mann, dem seine Familie wirklich am Herzen liegt. Das Allerwichtigste ist für ihn, seinen Kindern zu helfen, verantwortungsbewusste, fürsorgliche Erwachsene zu werden und sich für andere zu engagieren. Dieser Mann ist ein ausgezeichnetes Vorbild für alles, was er seinen Kindern beibringen möchte. Er hat eine große Familie. Als in einem Sommer gleich zwei seiner Töchter heiraten wollten, setzte er sich mit ihnen und ihren zukünftigen Ehemännern zusammen und erzählte ihnen vieles, was er selbst gelernt hatte. Er wusste, dass all das im Lauf der Zeit sehr nützlich für sie sein würde.

Doch nach dem Gespräch beklagten sich seine Töchter bei ihrer Mutter: »Papa will uns immer sagen, was wir zu tun haben. Aber in Wahrheit interessiert er sich gar nicht für uns!« Mit anderen Worten: »Papa will das ganze Wissen, das er in seinem Leben gewonnen hat, einfach an uns weitergeben. Aber kennt er uns wirklich? Akzeptiert er uns? Liegen wir ihm am Herzen?« Solange die Töchter das nicht wussten, solange sie keine bedingungslose Liebe spürten, waren sie für seinen Einfluss – so gut er auch sein mochte – nicht offen.

Auch hier gilt: »Mich interessiert nicht, wie viel du weißt – solange ich nicht weiß, wie viel du dir aus mir machst!« Deshalb steht der stabile, kräftige Stamm des Familienbaums für Ihre Rolle als *Mentor*.

»Mentor sein« bedeutet, Beziehungen aufzubauen, Einzahlungen auf die emotionalen Beziehungskonten zu machen, die anderen wissen zu lassen, dass man sie liebt – tief, aufrichtig, bedingungslos. Diese bedingungslose Liebe weckt tiefes Vertrauen und bringt die anderen dazu, sich unserem Einfluss zu öffnen.

Alle Eltern sind die Mentoren ihrer Kinder. Sie sind die Menschen, die wichtig für sie sind, nach deren Liebe sie sich sehnen. *Für Eltern ist es unmöglich, nicht die Mentoren ihrer Kinder zu sein* – im positiven wie auch im negativen Sinn. Sie sind die primäre Quelle für die Sicherheit oder Unsicherheit ihrer Kinder, für ihr Gefühl, geliebt oder vernachlässigt zu werden. Wie Sie Ihre Rolle als Mentor ausfüllen, wird sich wesentlich auf das Selbstwertgefühl Ihres Kindes auswirken. Zudem beeinflusst es maßgeblich Ihre Fähigkeit, Ihr Kind zu lenken und zu lehren.

Von Ihrer Rolle als Mentor für alle in der Familie – *besonders aber für Ihr schwierigstes Kind* – hängt das Vertrauen der ganzen Familie ab. Der Schlüssel zu einer starken Familie ist, wie Sie das Kind behandeln, das

Sie und Ihre Fähigkeit, bedingungslos zu lieben, am meisten auf die Probe stellt. Wenn Sie diesem Kind bedingungslose Liebe entgegenbringen, werden die anderen wissen, dass auch sie bedingungslos geliebt werden.

Meiner Ansicht nach liegt eine beinahe unglaubliche Kraft darin, andere gleichzeitig auf fünf verschiedene Arten zu lieben:

Die 5 Arten der Liebe

- *Empathie zeigen* und dem Herzen des anderen mit dem eigenen Herzen zuhören.
- *Authentisch sein* und dem anderen seine tiefsten Erkenntnisse, Gefühle und Überzeugungen ehrlich mitteilen.
- *Mut machen* und den anderen mit einem tiefen Gefühl des Zutrauens, der Wertschätzung und Anerkennung bestärken.
- *Beten oder meditieren* und dabei gemeinsam mit dem anderen die Kraft und die Weisheit höherer Mächte erschließen.
- *Opfer bringen* und die Extra-Meile für den anderen gehen, mehr für ihn tun als erwartet und so sehr für ihn sorgen und sich für ihn einsetzen, dass es manchmal sogar wehtut.

Empathie zeigen, authentisch sein und Opfer bringen: Diese drei Punkte werden oft stark vernachlässigt. Viele Menschen beten für andere und öffnen sich ihnen. Um sie aber tief in ihrem Inneren zu erreichen, muss man ihnen auch einfühlsam zuhören, wirklich an sie glauben, ihnen Mut machen und auch Opfer für sie bringen.

Man kann keinen positiven Einfluss auf andere ausüben, solange die Beziehung noch nicht richtig tragfähig ist. Wenn Sie das nächste Mal den Drang verspüren, Ihrem Kind etwas beizubringen, ihm etwas zu erklären oder es zu ermahnen, sollten Sie erst mal auf Ihre Pausentaste drücken. Fragen Sie sich: »Ist die Beziehung zu meinem Kind stark genug dafür? Habe ich so viele Einzahlungen auf das emotionale Beziehungskonto gemacht, dass mein Kind ein offenes Ohr für mich haben kann? Oder werden meine Worte einfach an ihm abprallen, als wäre es von einem kugelsicheren Schutzschild umgeben?«

Man kann keinen positiven Einfluss auf andere ausüben, solange die Beziehung nicht stark genug ist.

Oft sind wir in den Gefühlen des Augenblicks gefangen. Dann vergessen wir, innezuhalten und uns zu fragen, ob das, was wir tun wollen, uns das gewünschte Resultat bringen kann. Aber woran liegt es, dass wir nicht die erhofften Ergebnisse erzielen? Meist steht das emotionale Beziehungskonto nicht hoch genug im Plus.

Sie müssen also Einzahlungen auf das emotionale Konto machen, Sie müssen die Beziehung aufbauen und Mentor sein. Wenn die anderen Ihre Liebe und Fürsorge spüren, werden sie allmählich mehr Selbstwertgefühl entwickeln und offener für Ihren Einfluss werden.

Organisator sein

Wollen Sie Ihre Ziele erreichen? Dann muss Ihre Familie effektiv organisiert sein. Wenn Sie in Ihrer Familie von »Liebe« und »Spaß« reden, aber nie gemeinsame Zeit für Familienessen, die Arbeit an Projekten, Urlaube, Kinobesuche oder Picknicks im Park einplanen, steht Ihnen Ihre mangelnde Organisation im Weg. Und wenn Sie zu jemandem sagen: »Ich liebe dich!«, aber immer zu beschäftigt sind, um intensive Zeit zu zweit mit ihm zu verbringen, werden Entropie und Verfall einsetzen. Deshalb ist es wichtig, dass Sie Ihre Rolle als Organisator in Ihrer Familie gut ausfüllen.

Die dritte Ebene unseres Baums – der Bereich, wo der Stamm sich in große und dann in kleinere Äst verzweigt – repräsentiert Ihre Rolle als *Organisator*. Diese Rolle besteht darin, die Strukturen innerhalb der Familie so auszurichten, dass Ihre Prioritäten eindeutig im Mittelpunkt stehen. Nur so können Sie Ihre Ziele in die Tat umsetzen. Dazu müssen Sie ein Familienleitbild entwickeln und zwei neue Strukturen verankern, die in vielen Familien fehlen: wöchentliche Familienzeit und regelmäßige Zeiten zu zweit. Dabei helfen Ihnen die Wege 4 bis 6.

Die neuen Strukturen unterstützen das, was Sie tun wollen, anstatt es zu behindern. Sie zeigen allen, wie wichtig die Familie ist. Achten Sie darauf, dass die Strukturen ein fester Bestandteil Ihres Alltagslebens werden. Dann werden die Familienmitglieder diesen Strukturen bald vertrauen. Denn sie sehen, dass sie sich darauf verlassen können. Das vermittelt ihnen ein Gefühl der Sicherheit, Ordnung und Orientierung.

Lehrer sein

Einer unserer Söhne hatte in der ersten Zeit an der Junior High School plötzlich schlechte Noten. Sandra nahm ihn beiseite und sagte: »Ich weiß doch, dass du nicht dumm bist. Was ist denn das Problem?«

»Weiß nicht«, murmelte er.

»Dann lass uns doch mal sehen, ob wir dir nicht irgendwie helfen können.«

Nach dem Abendessen setzten sie sich zusammen und gingen einige Klassenarbeiten durch. Dabei wurde Sandra klar, dass unser Sohn die Arbeitsanweisungen nicht sorgfältig genug las. Außerdem wusste er nicht, wie man ein Buch zusammenfasst. Zudem gab es noch andere Wissens- und Verständnislücken.

Von da an arbeiteten die beiden jeden Abend eine Stunde lang daran, wie man richtig liest, Bücher zusammenfasst und Arbeitsanweisungen versteht. Am Ende des Schuljahres schrieb er keine Fünfen mehr, sondern lauter Einsen und Zweien!

Als sein Bruder sein Zeugnis sah, fragte er: »Ist das wirklich dein Zeugnis? Mann, du musst ja ein Genie sein!«

Dass Sandra damals einen so großen Einfluss auf ihn hatte, lag auch daran, dass sie ihre Rollen als Vorbild, Mentorin und Organisatorin wirklich gut ausfüllte. Die Ausbildung der Kinder war ihr sehr wichtig – und das wussten alle in der Familie. Sie hatte eine sehr gute Beziehung zu diesem Sohn. Im Lauf der Jahre hatte Sandra unzählige Stunden mit ihm verbracht. In dieser Zeit zu zweit hatte sie Dinge mit ihm unternommen, die er wirklich gern machte. Daher war das emotionale Beziehungskonto prall gefüllt. Darüber hinaus organisierte Sandra ihre Zeit so, dass sie mit unserem Sohn zusammen sein und ihm beim Lernen helfen konnte.

Die Augenblicke des Lehrens und des Lernens gehören zu den allerschönsten Momenten im Familienleben. Sie sind unvergleichlich, weil wir dann wissen, dass wir im Leben eines anderen Familienmitglieds etwas wirklich Bedeutsames bewirkt haben. Das ist der Punkt, an dem wir andere »befähigen«. Wir helfen ihnen, die Fertigkeiten zu entwickeln, die sie für ein effektives, erfolgreiches und glückliches Leben brauchen. Genau das ist die Kernaufgabe und der tiefere Sinn der Familie.

Blätter und Früchte: Die vierte Ebene des Familienbaums steht für Ihre Rolle als *Lehrer*. In dieser Rolle machen Sie andere mit den Ur-

In Ihrer Rolle als Lehrer und als Förderer Ihrer Kinder kann Sie kein anderer ersetzen.

gesetzen des Lebens und mit zeitlosen, allgemeingültigen Prinzipien vertraut.

In Ihrer Rolle als Lehrer und als Förderer Ihrer Kinder kann Sie kein anderer ersetzen. Ich habe ja schon im Zusammenhang mit dem 3. Weg gesagt, dass die Gesellschaft der Lehrer Ihrer Kinder sein wird, wenn Sie diese Rolle nicht übernehmen. Dann wird die Gesellschaft Ihre Kinder formen und prägen – und Sie und Ihre Kinder müssen mit dem Ergebnis leben.

Was Sie Ihren Kindern beibringen, wird sich vor allem aus Ihrem Leitbild ergeben. Denn hier sind die Prinzipien und Werte, die für Sie am wichtigsten sind, enthalten. Hin und wieder wird jemand zu Ihnen sagen, man solle kleineren Kindern keine Werte vermitteln. Man müsse abwarten, bis die Kinder alt genug seien, um ihre eigenen Werte zu wählen. Von diesem Einwand sollten Sie sich nicht verunsichern lassen. Es gibt weder ein Leben noch eine Lehre ohne Werte. Alles ist mit Werten verbunden und von ihnen durchtränkt. Sie müssen sich also entscheiden, an welchen Werten Sie Ihr Leben ausrichten wollen. Da Sie die Verantwortung für Ihre Kinder tragen, müssen Sie auch entscheiden, an welchen Werten sich Ihre Kinder orientieren sollen. Machen Sie Ihre Kinder mit Weisheitsliteratur vertraut. Zeigen Sie ihnen, wie man die leise Stimme des Gewissens erkennt und treu und aufrichtig ist, auch wenn andere das nicht sind.

Ich möchte Ihnen noch vier Tipps für Ihre Rolle als Lehrer geben:

4 Tipps für Ihre Rolle als Lehrer

1. **Schaffen Sie die richtigen Rahmenbedingungen**
   Wenn der andere sich bedroht fühlt, werden Versuche, ihm etwas beizubringen oder ihm etwas vorzuschreiben, zwangsläufig scheitern. Halten Sie sich in schwierigen Augenblicken zurück. Schimpfen oder tadeln Sie nicht. Warten Sie eine passende Gelegenheit ab, um mit dem anderen zu sprechen. Schaffen Sie eine Atmosphäre, in der sich der andere sicher fühlt und empfänglich für Ihre Worte ist. Können Sie bestimmte Dinge nicht durch Unterweisung vermitteln? Dann gehen Sie bei diesen Punkten mit gutem Beispiel voran. Durch das eigene Vorbild zu lehren, hat eine viel stärkere und dauerhaftere Wirkung als alles andere.

2. **Achten Sie auf Ihre Gefühle**
   Falls Sie wütend und verbittert sind, wird der andere das immer spüren. Da können Ihre Worte und die Prinzipien, die Sie vermitteln wollen, noch so überzeugend sein. Sie sollten dann besser erst mal auf Abstand gehen. Sprechen Sie nur mit Ihrem Kind, wenn Sie von Zuneigung, Respekt und innerer Sicherheit erfüllt sind. Eine gute Faustregel ist: Wenn Sie die Hand Ihres Kindes sanft berühren oder halten können, während Sie ihm etwas beibringen, und sich dabei beide wohlfühlen, werden Sie einen positiven Einfluss haben. Wenn man wütend oder ärgerlich ist, kann man das einfach nicht.

3. **Überlegen Sie, was der andere gerade braucht**
   Wenn Sie dem anderen mit Predigten und Erfolgsrezepten kommen, obwohl er völlig ausgelaugt ist oder unter großem Druck steht, bringt das nichts. Genauso gut könnten Sie versuchen, einem Ertrinkenden das Schwimmen beizubringen. Er braucht dann einen Rettungsring oder eine helfende Hand, und keinen Vortrag! Überlegen Sie also immer, ob Sie Ihrem Kind oder Ihrem Partner erst mal Hilfe und Unterstützung anbieten sollten.

4. **Machen Sie sich klar, dass Sie der einflussreichste Lehrer Ihrer Kinder sind**
   Es ist unmöglich, nicht zu lehren – Sie sind immer Vorbild, Mentor und Lehrer! Ihr Charakter, Ihr Vorbild, Ihre Beziehung zu Ihren Kindern und Ihre Prioritäten machen Sie zum ersten und einflussreichsten Lehrer Ihrer Kinder. Wie gut Ihre Kinder die wichtigsten Lektionen des Lebens lernen, liegt größtenteils in Ihrer Hand.

Sie haben die Führungsverantwortung in Ihrer Familie

Ob es Ihnen gefällt oder nicht: Sie tragen in Ihrer Familie die Führungsverantwortung!

Ganz egal, wo Sie und Ihre Familie sich im Augenblick auf dem Weg vom Überleben zur Bedeutsamkeit befinden: *Sie üben immer alle vier Rollen aus.* Wenn Sie die vier Führungsrollen gut ausfüllen, können Sie großen, positiven Einfluss auf Ihre Familie nehmen:

- *Vorbild:* Die anderen *sehen* Ihr Beispiel und lernen, Ihnen zu vertrauen.
- *Mentor:* Die anderen *spüren* Ihre bedingungslose Liebe und entwickeln ein besseres Selbstwertgefühl.
- *Organisator:* Die anderen *erfahren* Ordnung und Orientierung in ihrem Leben. Sie vertrauen den von Ihnen geschaffenen Strukturen.
- *Lehrer:* Die anderen *hören* Ihnen *zu* und *handeln*. Dabei lernen sie, auf Prinzipien und auf sich selbst zu vertrauen.

Ob es Ihnen gefällt oder nicht: Sie tragen in Ihrer Familie Führungsverantwortung! Die große Frage ist, wie Sie das tun. Nehmen Sie Ihre Verantwortung so gut wahr, dass Sie die starke, effektive Familie schaffen können, die Sie sich wünschen?

Der Familienbaum
Die Ebenen prinzipienbasierter Familienführung

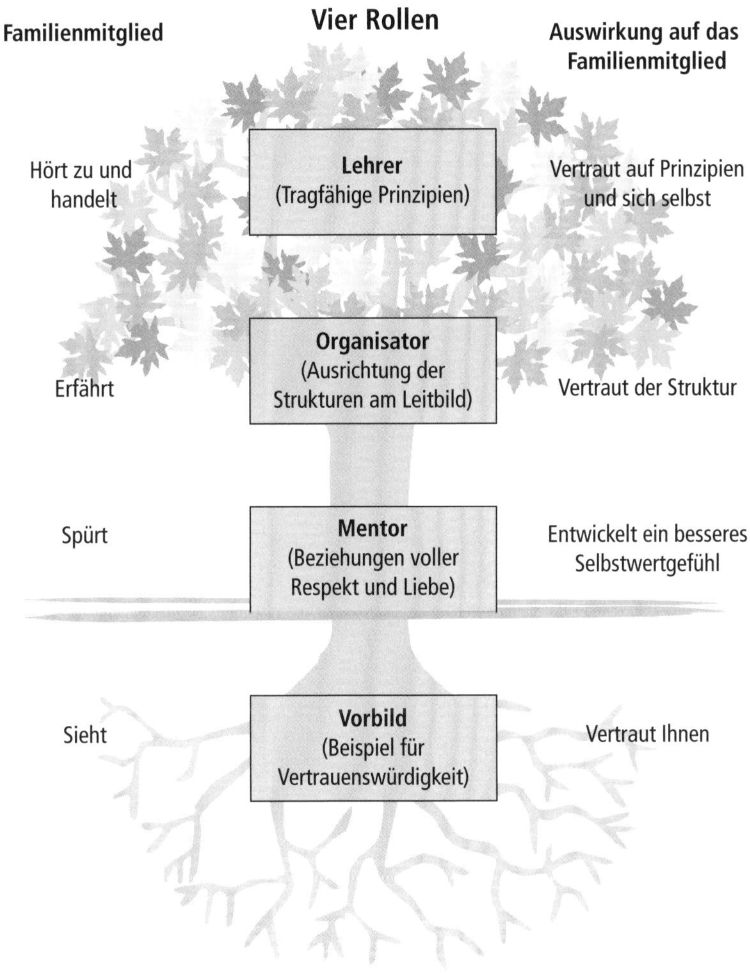

3 Fehler, die häufig gemacht werden

Im Zusammenhang mit der prinzipienzentrierten Familienführung kommt es oft zu drei großen Fehlern:

1. Fehler: Beschränkung auf eine Rolle

Der erste Fehler ist die Annahme, dass es völlig ausreicht, eine der vier Rollen zu erfüllen. Viele Menschen glauben, dass es genügt, ein Vorbild zu sein. Sie hoffen, dass ihre Kinder ihrem Beispiel dann folgen werden. Deshalb sehen sie keine wirkliche Notwendigkeit, auch Mentor, Organisator und Lehrer zu sein.

Andere gehen davon aus, dass es genügt, Mentor zu sein und seine Familie zu lieben. Sie denken, dass man so die Vorbildfunktion, die Organisationsstrukturen oder das Lehren überflüssig machen kann. Die Liebe wird als Allheilmittel betrachtet, als Patentlösung für alles.

Wieder andere sind überzeugt, dass gute Organisation völlig ausreicht. Doch ihre Familien leiden unter einem Mangel an Liebe und Führung. Dann gibt es vielleicht klare Strukturen und praktische Checklisten, aber kein Herz, keine Wärme, kein Gefühl. Die Kinder kehren ihrem Elternhaus dann meist sehr früh den Rücken. Oft haben sie auch nicht den Wunsch, zurückzukommen – höchstens aus Pflichtgefühl gegenüber der Familie oder aus dem starken Bedürfnis heraus, dort endlich etwas zu ändern.

Manche betrachten es als zentrale Rolle der Eltern, durch Worte zu lehren. Sie hoffen, dass das mit etwas Druck schon irgendwann funktionieren wird. Und wenn nicht? Dann schieben sie die Schuld einfach auf ihre Kinder.

Kurzum: Es ist ein Irrglaube, dass man sich auf eine oder zwei Rollen beschränken kann. Jede der vier Rollen ist wichtig, aber ohne die drei anderen längst nicht ausreichend.

2. Fehler: Missachtung der Reihenfolge

Der zweite Fehler kommt sogar noch häufiger vor: die Missachtung der Reihenfolge. Mit den Führungsrollen ist es aber wie mit dem Baum, wo ja die Blätter aus den Ästen wachsen, die Äste aus dem Stamm und der Stamm aus den Wurzeln. Das heißt, es gibt hier eine Reihenfolge: Vorbild, Mentor, Organisator, Lehrer. Wie die Wurzeln des Baums alle anderen Teile mit Nährstoffen versorgen und ihnen Leben einflößen, flößt Ihr Vorbild Ihren Beziehungen, Ihren Organisationsbemühungen und Ihren Lehrmöglichkeiten Leben ein. *Ihr Vorbild ist die Basis für die drei anderen Rollen.* Und jede der anderen Ebenen ist eine notwendige Voraussetzung für diejenige, die aus ihr erwächst. Effektive Führer von Familien wissen um diese Reihenfolge und nutzen sie bei allen Krisen, um die Ursache des Problems zu erkennen und aus dem Weg zu räumen.

3. Fehler: Der Irrglaube, dass einmal reicht

Der dritte Fehler ist die Annahme, dass es genügt, diese Rollen einmal zu erfüllen. Tatsächlich handelt es sich jedoch nicht um Eintagsfliegen, sondern um einen kontinuierlichen Prozess.

Ob Vorbild, Mentor, Organisator oder Lehrer: Das sind alles Dinge, die man ständig tun muss – tagaus, tagein. Das Essen von gestern stillt den Hunger von heute ja auch nicht. Da sich die Umstände dauernd ändern, müssen wir unsere Rolle als Organisator immer wieder an die neuen Gegebenheiten anpassen. Und da sich alle ständig weiterentwickeln und die Prinzipien in den verschiedenen Entwicklungsstadien sich anders niederschlagen, müssen wir auch permanent lehren. Wir haben festgestellt, dass jedes unserer Kinder eine einzigartige Herausforderung darstellt. Jedes Kind hat ganz spezielle Bedürfnisse. Jedes steht für ein völlig neues Maß an Verpflichtung, Energie und Vision. Sandra und ich neigen sogar dazu, unser jüngstes Kind zu verwöhnen. Vielleicht beruht das auf unserem Bedürfnis, gebraucht zu werden, obwohl unser Familienleitbild auf Unabhängigkeit und Interdependenz (wechselseitige Abhängigkeit) ausgerichtet ist.

UNSER SOHN JOSHUA

Das jüngste von neun Kindern zu sein, hat durchaus Vorteile. Meine Geschwister behaupten, ich sei verwöhnt und könne mir alles erlauben. Darüber beschweren sie sich auch bei unseren Eltern. Sie sagen, unsere Eltern seien nicht halb so streng wie früher und ich müsse längst nicht so viel schuften wie sie damals: »Was machst du denn überhaupt, außer dein Zimmer aufzuräumen und den Müll rauszubringen?«

Sie erzählen mir, in ihrer Zeit sei alles viel härter gewesen, die Lehrer seien gemeiner und strenger gewesen und unsere Eltern hätten längst nicht so viel Verständnis gehabt. Ich hätte es einfach viel, viel besser …

In unseren Führungsrollen müssen wir uns ständig weiterbewegen, bis zum Ziel durchhalten und die Prinzipien achten, von denen das Wachstum, die Entwicklung und das Glück im Leben abhängen. Wir dürfen also nie glauben, unsere Arbeit mit unseren Kindern, Enkeln und sogar Urenkeln sei getan.

Auf den Florida Keys habe ich vor einer Gruppe von Paaren im Ruhestand darüber gesprochen, wie wichtig die Drei-Generationen-Familie ist. Einige räumten ein, dass sie ihre Verantwortung für ihre erwachsenen Kinder und ihre Enkel nur oberflächlich erfüllt hätten. Ihr schlechtes Gewissen besänftigten sie durch gelegentliche Besuche. Zudem rechtfertigten sie sich damit, dass sie ihren Kindern ja helfen müssten, unabhängig von ihnen zu werden. Viele gaben aber zu, dass diese »Abdankung« sie traurig mache. Sie beschlossen, auf völlig neue Weise Anteil am Leben ihrer Familien zu nehmen. Natürlich müssen wir unseren Kindern helfen, unabhängig zu werden. Doch bei einer zu starken Abwendung wird nie das generationsübergreifende Unterstützungssystem entstehen, das man heute braucht, um den negativen äußeren Einflüssen auf die Kernfamilie standhalten zu können.

Viele Familien verfangen sich in Extremen: Sie werden entweder zu stark voneinander abhängig oder zu distanziert und zu unabhängig. Das ist im Grunde eine Art Gegenabhängigkeit. Manchmal entwickeln Familien unabhängige Lebensstile, die auf den ersten Blick wie Interdependenz aussehen. Doch tief im Inneren besteht eine große Abhängigkeit. Diese Abhängigkeit kann man gewöhnlich an der Sprache von wirklicher Interdependenz unterscheiden: Die Familienmitglieder konzentrieren sich nicht auf die Zukunft, auf Chancen und Verantwortlichkeiten, sondern sie machen sich gegenseitig Vorwürfe.

In der Familie gibt es keinen »Ruhestand«!

Nur wenn alle in der Familie eine echte, ausgewogene Unabhängigkeit schaffen, können sie anfangen, sich mit Fragen der Interdependenz zu befassen. Sandra und ich haben im Hinblick auf unsere eigene generationsübergreifende Familie entschieden, dass unsere Verantwortung als Großeltern hinter der als Eltern zurückstehen muss. Anders ausgedrückt: Wir sehen es als unsere Hauptaufgabe, unsere Kinder und deren Arbeit mit unseren Enkeln unterstützen. An dieser klaren Richtlinie können wir unser Verhalten gegenüber unseren Kindern und ihren Familien ausrichten. Unserer Ansicht nach dürfen Großeltern sich nie dem Irrglauben hingeben, ihre Beteiligung an der Familie sei eigentlich nicht mehr notwendig. In der Familie gibt es keinen »Ruhestand«!

Selbst wenn die Kinder längst aus dem Haus sind, brauchen sie die Bestätigung ihrer Eltern für ihre eigene Rolle als Eltern. Natürlich sind die Großeltern auch wichtig für die Enkel. Es gibt unzählige Gelegenheiten für generationsüberspannende Liebe und Unterstützung und für die Schaffung eines Lebenswerks. Ganz egal, wie alt Sie sind: Sie können immer der Mensch sein, den starke, glückliche Kinder und Enkel brauchen. Der Mensch, der im positiven Sinne bedingungslos in sie »vernarrt« ist. Großeltern sind in der Lage, genau das auf einmalige Art und Weise zu tun.

Sandra und ich fühlen uns jedem unserer neun Kinder, ihren Partnern und unseren Enkeln sehr verpflichtet. Wir freuen uns auf die Verantwortung für noch mehr Enkel und für die vierte Generation – unsere Urenkel.

Die erste Verteidigungslinie muss immer die Familie sein: die Kernfamilie, die generationsübergreifende Familie und der Kreis der weiteren Verwandtschaft. Daher dürfen wir nie glauben, dass unsere Rollen als Vorbild, Mentor, Organisator und Lehrer jemals enden.

Der Trimmruder-Faktor

Vielleicht werden Sie manchmal denken, dass die Reise vom Überleben zur Bedeutsamkeit für Ihre Familie gar nicht zu bewältigen ist: Es gibt so viel zu tun und die Kluft zwischen dem Ideal und der Realität ist furchtbar groß. Wie sollen Sie das bloß schaffen? Sie sind ja auch nur ein Mensch … Wie viel kann ein einziger Mensch denn tun?

Wenn Sie in Ihrer Familie positive Veränderungen in Gang setzen wollen, sollten Sie sich das folgende sehr starke Bild dafür einprägen:

An Flugzeugen und Schiffen gibt es ein kleines Ruder, das oft als Trimmruder bezeichnet wird. Wenn man es bewegt, bewegt es das große Ruder, das die Richtung des Flugzeugs oder Schiffs bestimmt. Einen dicken »Pott« um 180 Grad zu drehen, kann ziemlich lange dauern; Flugzeuge hingegen lassen sich sehr schnell wenden. Das kleine Trimmruder ist aber in beiden Fällen erforderlich.

Stellen Sie sich doch einmal vor, dass Sie in Ihrer Familie die Funktion des Trimmruders haben! Dass Sie das kleine Ruder sind, das das

Alle Eltern sind ganz offensichtlich Trimmruder.

große Ruder bewegt und dadurch letztlich die Richtung des Schiffs oder des Flugzeugs verändert.

Alle Eltern sind ganz offensichtlich Trimmruder. Sie können wählen und innere Verpflichtungen eingehen. Diese Verpflichtungen sind die Brücke, die Ihre Vision mit dem Handeln verbindet. Ohne sie wird das Handeln nicht von der Vision bestimmt, sondern allein von den Umständen. Wenn Sie sich nicht dazu verpflichten, die 7 Wege in Ihrem Leben umzusetzen, wird Ihr Familienschiff richtungs- und ruderlos umherdriften.

Ein Mann aus einer Familie, in der Armut und Missbrauch vorherrschten, sagte uns:

SO WILL ICH LEBEN!

Ich hatte die ganze High School hindurch den sehnlichen Wunsch, aufs College zu gehen. Doch meine Mutter sagte immer: »Das kannst du nicht! Dafür bist du nicht intelligent genug. Du wirst wie die meisten aus unserer Familie von Sozialhilfe leben müssen.« Das war furchtbar entmutigend.

Am Wochenende besuchte ich dann aber immer wieder meine Schwester. Bei ihr sah ich, dass es mehr gab als Sozialhilfe und Bezugsscheine.

Sie war verheiratet. Ihr Mann hatte einen guten Job. Ihre Familie wohnte in einer schönen Gegend. Durch meine Schwester lernte ich eine völlig neue Welt kennen. Ich fuhr mit ihrer Familie zum Zelten. Wir unternahmen überhaupt viel zusammen. Sie weckte in mir die Sehnsucht nach einem guten Leben. Ich dachte: »Das will ich auch! So will ich leben. Aber mit Sozialhilfe geht das nicht …«

Meine Schwester hat über die Jahre hinweg großen Einfluss auf mein Leben gehabt. Sie ermutigte mich, aufs College zu gehen und mehr aus meinem Leben zu machen. Wir besuchen uns auch jetzt noch jedes Jahr. Dann sprechen wir stundenlang über unsere Träume und Ziele. Dass ich diese Beziehung habe und sie immer wieder erneuern kann, gehört zu den allerbesten Dingen in meinem Leben.

Ein Ehemann und Vater, der selbst positive Veränderungen in seiner Familie in Gang setzte, hat uns von seinem großen Vorbild erzählt:

MEIN ALLERGRÖSSTES VORBILD

Als ich neun Jahre alt war, ließen meine Eltern sich scheiden. Meine Mutter saß dann mit sieben Kindern im Alter von anderthalb bis 17 Jahren alleine da. Mein Vater trank. Er kümmerte sich nicht mehr um die Familie und zahlte meiner Mutter keinen Cent Unterhalt. Ein Jahr später ging mein älterer Bruder zur Navy. Von da an bestand mein Zuhause nur noch aus Frauen – aus meinen fünf Schwestern und meiner Mutter. Kein Wunder, dass ich ein bisschen komisch bin! Mit dem Kochen kenne ich mich besser aus als mit Technik und Motoren. Mein Vater hatte jedenfalls so gut wie keinen Einfluss auf mein Leben.

Dann heiratete ich Cherlynn und lernte eine komplett andere Familienkultur kennen. Ihr Vater nahm großen Anteil am Leben seiner Kinder und widmete ihnen sehr viel Zeit und Energie. Er ermutigte sie dazu, sich wichtige Ziele im Leben zu setzen. Wenn es Probleme gab, ließ er nicht locker, bis er gemeinsam mit seiner Familie eine Gewinn-Gewinn-Lösung gefunden hatte.

Dieser Mann beteiligte sich so aktiv daran, seine Kinder großzuziehen, dass er einen unauslöschlichen Eindruck bei mir hinterließ. Ich erkannte, dass der Vater großen Anteil daran hatte, dass seine Familie stark und glücklich war. Daher verwandelte ich mich gewissermaßen in einen Schwamm. Ich beobachtete alles, was er sagte und tat, und saugte es auf. Cherlynns Vater war mit Sicherheit das größte Vorbild in meinem Leben.

Sehen Sie, welchen enormen Einfluss die Menschen in den beiden Geschichten als Trimmruder hatten? Sie setzten wirklich wichtige Veränderungen in Gang. Jeder von uns gehört zu einer Familie und hat die Kraft, etwas zu bewirken. Wir alle haben die Fähigkeit, unsere eigene Geschichte hinter uns zu lassen und unsere Familien auf positive Weise zu führen und zu verändern.

Die 7 Wege in der Praxis

Mir liegt sehr am Herzen, dass Sie durch dieses Buch nicht nur Hoffnung und Entschlossenheit gewinnen, sondern auch die Erkenntnis, dass die 7 Wege ungeheuer stark und nützlich sein können, um die Probleme in Ihrer Familie zu verstehen und zu lösen. Der Schlüssel dazu ist, dass Sie die 7 Wege nicht allein umsetzen, sondern gemeinsam mit Ihrer ganzen Familie.

Setzen Sie die Wege nicht allein um, sondern gemeinsam mit Ihrer Familie!

Um Ihnen zu zeigen, wie Sie die 7 Wege anwenden können, möchte ich Ihnen jetzt noch zwei Geschichten erzählen. In beiden Geschichten geht es um Menschen, die die 7 Wege in völlig unterschiedlichen Situationen erfolgreich umgesetzt haben. Achten Sie bitte genau darauf, wann und wie die Beteiligten die 7 Wege genutzt haben, um ihre Probleme zu verstehen und ihre Schwierigkeiten zu überwinden.

Eine Frau berichtete von einer schweren Ehekrise:

DIE 7 WEGE HABEN UNSERE EHE GERETTET

Unsere Ehe war schon immer eine Achterbahnfahrt. Mein Mann und ich sind beide stur und eigensinnig. Wir wissen genau, was wir wollen, und sind entschlossen, es um jeden Preis zu bekommen.

Vor rund anderthalb Jahren stießen wir auf eine schier unüberwindliche Mauer. Jeff hatte mir drei Jahre zuvor mitgeteilt, dass er ein Aufbaustudium machen wollte – und zwar ausgerechnet am anderen Ende des Landes, in Pennsylvania. Das gefiel mir überhaupt nicht, denn vor mir lag eine vielversprechende Karriere, wir hatten uns gerade erst ein Haus gekauft und meine ganze Familie wohnte in der Nähe. Kurz gesagt: Ich fühlte mich dort, wo ich war, so wohl wie ein Fisch im Wasser.

Daher leistete ich sechs Monate lang erbitterten Widerstand. Dann beschloss ich, doch mit Jeff mitzugehen. Er war ja schließlich mein Mann. Ich folgte ihm also widerstrebend nach Pennsylvania und unterstützte ihn in den nächsten beiden Jahren finanziell. Das war aber auch schon alles. Ich war sehr unglücklich darüber, an der Ostküste leben zu müssen. Mit der Mentalität der Leute dort hatte ich mich noch nie so recht anfreunden können. Es dauerte ziemlich lange, bis ich mich in Pennsylvania halbwegs eingewöhnt hatte. Da ich dort keine Freunde und keine Familie hatte, musste ich ganz von vorn anfangen. Und ich gab Jeff die Schuld daran, dass ich so unglücklich war. Es war ja seine Idee gewesen, mich dorthin zu schleppen!

Als Jeff dann endlich seinen Abschluss hatte, sagte ich: »Ich habe die ganze Zeit über gearbeitet. Jetzt bist du an der Reihe, dir eine Stelle zu suchen!« Er machte sich dann auf Jobsuche, bewarb sich im ganzen Land und wurde auch zum einen oder anderen Vorstellungsgespräch eingeladen. Er kam aber nirgendwo unter und war deshalb sehr niedergeschlagen.

Mich kümmerte das allerdings nicht. Ich wollte bloß, dass er irgendwo Arbeit fand, damit ich diesem Provinznest endlich den Rücken kehren konnte.

Manchmal versuchte Jeff, mit mir über seine Gefühle zu sprechen: »Weißt du, Angie, ich würde gern eine eigene Firma gründen. Ich möchte eigentlich nicht mehr für irgendeinen anderen arbeiten.«

Und ich erwiderte: »Das ist mir egal! Wir müssen noch den Kredit für deine Ausbildung abzahlen. Deshalb haben wir kein Geld. Du musst dir Arbeit suchen und etwas zu unserem Lebensunterhalt beitragen. Außerdem will ich endlich Kinder. Ich will endlich zur Ruhe kommen und nicht mehr dauernd umziehen. Aber du bemühst dich gar nicht, mir all das zu geben!«

Schließlich hatte ich die Nase voll davon, dass er sich nicht entscheiden konnte, was er machen wollte. Ich war total frustriert und flog zu meinen Eltern in den Westen.

Dort beschloss ich spontan, mich für eine Stelle zu bewerben. Und ich bekam den Job tatsächlich! Ich rief Jeff an und sagte: »Du besorgst dir ja keine Arbeit. Aber rate mal, was ich gemacht habe! Ich habe mich umgesehen und mir eine Stelle gesucht!« Als ich bei dem Unternehmen arbeitete, lernte ich die 7 Wege kennen.

Nach einigen Wochen beschloss Jeff, mich zu besuchen und mit mir zu reden. Wir hatten uns komplett entzweit. Er lebte in Pennsylvania, ich in Utah. Wir sprachen kaum noch miteinander. Zudem hatten wir kein Zuhause mehr. Alles, was wir besaßen, stand in einem Lager. Wir waren an einem entscheidenden Punkt angekommen: Wollten wir wieder ein Paar werden oder getrennt durchs Leben gehen?

Am Abend seiner Ankunft gingen wir in ein Restaurant, und ich dachte: »Ich werde es mit den 7 Wegen probieren. Ich werde Gewinn-Gewinn denken. Ich werde mich bemühen, Synergie zu schaffen!«

Ich erzählte Jeff einiges über die 7 Wege. Er erklärte sich bereit, es damit zu versuchen. In den nächsten Stunden saßen wir in dem Restaurant und sprachen alles durch. Wir machten eine Liste mit allem, was unsere Ehe uns wirklich bringen sollte. Jeff erfuhr zu seiner Überraschung, dass ich mich in erster Linie nach Stabilität sehnte und deshalb nicht begeistert war, dass er eine eigene Firme gründen wollte. Ich verband die Festanstellung einfach mit Stabilität.

Er fragte mich: »Wäre es für dich okay, wenn ich dir Stabilität geben, aber eine eigene Firma gründen würde?«

»Ja, natürlich!«, antwortete ich.

»Wäre es für dich gut, wenn ich das schaffen würde und du in einem Teil des Landes leben könntest, in dem du dich wohlfühlst?«

Ich sagte wieder: »Ja, natürlich!«

Dann wollte er wissen: »Arbeitest du nicht gern? Sagst du mir deshalb ständig, dass ich mir eine Stelle suchen soll?«

»Nein, ich arbeite sogar sehr gern! Aber ich will nicht mehr das Gefühl haben, dass ich allein für unseren Lebensunterhalt verantwortlich bin.«

Wir klopften alle Punkte ab und klärten sie. Als wir das Restaurant verließen, hatten wir eine Liste mit unseren gemeinsamen, klar definierten Erwartungen. Wir hatten sie aufgeschrieben, weil wir Angst hatten, dass wir sonst nicht genug Engagement aufbringen würden, um diese Erwartungen auch zu erfüllen.

Im letzten September, am ersten Jahrestag jenes Gesprächs, holte Jeff die Liste hervor. Gemeinsam machten wir eine Bestandsaufnahme: Er hat tatsächlich sein eigenes Geschäft eröffnet – und es läuft gut. Es ist zwar immer noch ein großer Kampf und Jeff arbeitet Tag und Nacht. Außerdem sage ich lieber nicht, wie hoch der Kredit dafür ist. Doch Jeffs Firma wirft tatsächlich Gewinn ab. Wir haben sogar schon einen Teil des Kredits zurückgezahlt.

Ich nehme meine eigene Arbeit jetzt auch viel ernster. Denn Jeffs Geschäftsgründung war natürlich ein Sprung ins Ungewisse. Aber jetzt habe ich nicht mehr das Gefühl, dass ich alleine für uns sorgen muss. Außerdem mag ich meinen Job wirklich.

Wir entdeckten, dass wir tatsächlich alles gemacht und geschafft hatten, was auf unserer Liste stand. Ich habe zum ersten Mal in unserem gemeinsamen Leben das Gefühl, dass wir Stabilität erlangt haben. Und ich bin glücklich. Das alles nahm seinen Anfang in der Nacht, als wir uns entschlossen haben, die 7 Wege umzusetzen.

Zunächst hat die Erzählerin die pro-aktive Entscheidung (1. Weg) getroffen hat, sich den Herausforderungen in ihrer Ehe zu stellen. Obwohl das nicht leicht für sie war, hat sie beschlossen, die Wege 4 bis 6 umzusetzen. Sie war bereit, Gewinn-Gewinn zu denken, erst zu verstehen und dann verstanden zu werden und Synergie zu schaffen. Sie hat ihrem Mann alles erklärt. Dann haben sie gemeinsam eine Liste mit den Dingen, die ihnen in ihrer Ehe wirklich wichtig waren, erstellt.

Während ihres Gesprächs wurden beide offener. Sie ergründeten die Gefühle des anderen. Gemeinsam klärten sie alle Punkte und verließen das Restaurant mit einer Liste ihrer Erwartungen (2. Weg: Schon am Anfang das Ende im Sinn haben). Später gingen sie diese Liste wieder durch und beurteilten ihre Fortschritte (7. Weg: Die Säge schärfen).

Sehen Sie, wie dieses Paar alle 7 Wege nutzte, um in seiner Ehe und in seinem Leben positive Veränderungen herbeizuführen?

Lassen Sie uns noch ein anderes Beispiel gemeinsam anschauen. Eine alleinerziehende Mutter hat uns erzählt, wie sie die Behinderung und den Tod ihres Mannes meisterte:

»SIE ENTSCHEIDEN, WAS WIRKLICH WICHTIG IST.«

Vor fünf Jahren hatte mein Mann Tom einen Unfall. Danach war er vom Hals abwärts gelähmt. An diesem Punkt hörte für uns jede Zukunftsplanung auf. Wir konzentrierten uns nicht mehr auf die Zukunft. Wir waren ja gar nicht sicher, ob es überhaupt eine Zukunft für uns geben würde. Wir fokussierten uns nur noch auf eine Sache: Toms Überleben von einem Tag zum anderen.

Immer, wenn wir gerade anfingen, uns von seinen Fortschritten ermutigen zu lassen, musste er wieder ins Krankenhaus. Das passierte ungefähr alle sechs Monate. Und es handelte sich nicht um kurze Aufenthalte. Tom musste jeweils vier bis acht Wochen in der Klinik bleiben. Die Fortschritte, die er mühsam gemacht hatte, waren wieder dahin. Er musste immer wieder ganz von vorn beginnen.

Für uns war das so, als würden wir ständig in einer Achterbahn sitzen. Uns war klar, dass es bald wieder abwärtsgehen würde. Aber wir wussten nie, wann. Der Unfall bedeutete eine kürzere Lebenserwartung für Tom. Doch niemand konnte uns sagen, was das genau hieß. Noch eine Stunde? Noch einen Tag, ein Jahr, zehn Jahre? Wir lebten in einer zeitlosen Welt – immer voller Angst vor dem nächsten Rückschlag.

Dann nahm ich eine neue Stelle an. Bei meiner alten Firma erwartete man, dass man 60 Stunden in der Woche im Büro saß und dem Beruf absolute Priorität gab. Wer das nicht machte, der arbeitete nicht hart genug, nicht gut genug, nicht schnell genug. Nun fand ich mich plötzlich in einem Umfeld wieder, in dem der 3. Weg (Das Wichtigste zuerst tun) umgesetzt wurde. Man sagte zu mir: »Sie entscheiden, was wirklich wichtig ist.«

Zu diesem Zeitpunkt spürte ich, dass Tom nicht mehr lange zu leben hatte. Mir wurde klar, dass er für mich jetzt Vorrang vor allem anderen hatte. Und nun hatte ich wahrhaftig die Erlaubnis bekommen, ihm Priorität einzuräumen!

Ich verbrachte so viel Zeit wie nur möglich mit Tom. Manchmal fuhr ich mit ihm irgendwohin, manchmal saßen wir einfach nur Hand in Hand da oder sahen uns einen Film an. Ich brauchte mir jedenfalls keine Sorgen mehr zu machen, ob ich auch hart, gut und schnell genug arbeitete. Früher musste ich immer nach Hause hetzen, Tom füttern und mich beeilen, um alles erledigen zu können. Meine Zeit mit Tom war sehr begrenzt. Jetzt aber, wo ich ihm den Stellenwert zumessen konnte, den er wirklich in meinem Leben hatte, verbrachte ich viele wunderschöne Stunden mit ihm. Wir unterhielten uns über unser Leben und seinen Tod und planten seine Beerdigung. Am häufigsten sprachen wir über all das, was wir miteinander geteilt hatten. Wir redeten darüber, wie sehr wir das Leben des anderen bereichert hatten. In jenen letzten Monaten entwickelten wir in unserer Beziehung eine Bindung, die alles, was wir bis dahin erreicht hatten, in den Schatten stellte.

In dem Leitbild, das ich damals verfasst habe, steht unter anderem: »Ich werde der Welt dienen, indem ich einem einzigen Menschen diene.« Sechs wundervolle Monate lang war Tom der Mensch, dem ich diente. Auch Tom wusste genau, wie seine Mission aussah: alle Leiden, die er ertragen musste, mit Würde auf sich nehmen, aus dieser Erfahrung möglichst viel lernen und es an andere weitergeben. Seiner Ansicht nach gehörte es zu seinem Lebenssinn, seinen Söhnen zu zeigen, dass wir aus allem, was das Leben uns bringt, etwas lernen können.

Nach Toms Tod gab mir mein Leitbild weiter die Richtung vor. Dennoch war es sehr schwer! Ich hatte meinem Mann seit Monaten jeden Augenblick meines Lebens gewidmet. Jetzt stand ich vor einer furchtbaren Leere. Doch ich hatte plötzlich Zeit, die ich mit meinen Kindern verbringen konnte, die ebenfalls eine schwierige Lebensphase durchmachten. Zu dem »einen Menschen«, dem ich dienen wollte, wurden in den nächsten Monaten manchmal die Kinder, manchmal aber auch ich selbst.

Ich habe festgestellt, dass es mir als alleinerziehender Mutter keine Probleme bereitet, meinen Kindern in meinem Leben Priorität zu geben. Ich muss mich nur immer wieder daran erinnern, dass meine Rolle als Mutter das Wichtigste in meinem Leben ist. Das hat mir etwas gegeben, was ich von meiner eigenen Familie nie bekommen habe: die Gelegenheit, Zeit mit meinen Kindern zu verbringen und ihnen die Erfahrungen, Werte und Prinzipien zu vermitteln, die mir durch meine dunkelsten Stunden geholfen haben. Das alles kann ich tun, ohne irgendwas anderem in meinem Leben Zeit zu rauben. Ich kann trotzdem hart arbeiten. Mein Beruf leidet nicht darunter. Im Gegenteil: Weil ich die wichtigsten Beziehungen in meinem Leben sorgfältig pflege, kann ich unendlich viel Kraft aus ihnen schöpfen. Kraft, die auch meiner Arbeit zugutekommt.

Die Frau in dieser Geschichte stellte mit Hilfe des 3. Wegs (Das Wichtigste zuerst tun) ihre wahren Prioritäten in den Mittelpunkt ihres Lebens. Sie und ihr Mann sprachen miteinander und verstanden allmählich die tiefsten Gedanken und Gefühle des anderen (5. Weg: Erst verstehen, dann verstanden werden). Beide setzten den 2. Weg um (Schon am Anfang das Ende im Sinn haben) und verfassten Leitbilder, die ihnen in dieser schweren Zeit großen Halt gaben.

Die Frau schöpfte auch nach dem Tod ihres Mannes Kraft aus ihrem Leitbild. Sie traf die pro-aktive Entscheidung, ihren Kindern die Zeit zu widmen, die sie so dringend brauchten (3. Weg: Das Wichtigste zuerst tun). So sorgte sie für Erneuerung in ihrer Familie (7. Weg: Die Säge schärfen).

Trotz ihres tiefen Schmerzes setzte sie positive Veränderungen in Gang. Sie gab die Behandlung, die ihr von ihren eigenen Eltern zuteilgeworden war, nicht an ihre Kinder weiter. Vielmehr entschied sie sich für ein Vermächtnis der Liebe.

Die Kraft der 7 Wege liegt in ihrem Zusammenwirken!

Obwohl die Geschichten sich stark unterscheiden, konnten die 7 Wege in beiden Fällen sehr viel bewirken. Bei beiden Geschichten ist deutlich zu sehen, dass die größte Kraft nicht

Arbeitsblatt zu den 7 Wegen für Familien

Anwendung der Prinzipien auf Ihre Herausforderungen

Sie sind der Experte oder die Expertin für Ihr Leben! Wählen Sie eine Herausforderung, die Sie bewältigen müssen, und entwickeln Sie mit Hilfe der 7 Wege eine Lösung. Natürlich können Sie diese Übung auch gemeinsam mit jemandem aus Ihrer Familie oder einem guten Freund machen.

Was ist die Herausforderung? Wann tritt sie auf? Unter welchen Umständen?

	Fragen, die Sie sich stellen sollten	**Ihre Ideen, wie Sie die 7 Wege anwenden können, um die Herausforderung zu bewältigen**
1. Weg: Pro-aktiv sein	Übernehme ich die Verantwortung für mein Handeln? Benutze ich meine Pausentaste, um überlegt zu handeln, statt nur zu reagieren?	
2. Weg: Schon am Anfang das Ende im Sinn haben	Welches Ziel habe ich im Sinn? Wie könnte mir ein persönliches oder ein Familienleitbild dabei helfen, dieses Ziel zu erreichen?	
3. Weg: Das Wichtigste zuerst tun	Mache ich wirklich das, was am wichtigsten ist? Wie kann ich mich darauf konzentrieren? Wie könnten mir wöchentliche Familienzeiten oder Zeiten zu zweit dabei helfen?	
4. Weg: Win-Win-Denken	Will ich wirklich, dass alle gewinnen? Bin ich offen für die Suche nach dritten Alternativen, die allen Vorteile bringen?	
5. Weg: Erst verstehen, dann verstanden werden	Wie kann ich mich ernsthaft darum bemühen, die anderen zu verstehen? Und wie kann ich meinen Standpunkt mutig und rücksichtsvoll zugleich vertreten?	
6. Weg: Synergie schaffen	Wie und mit wem kann ich eine kreative Lösung für diese Herausforderung finden?	
7. Weg: Die Säge schärfen	Wie kann ich mich selbst und die Familie erneuern, so dass wir dieser Herausforderung mit möglichst viel positiver Energie begegnen?	

in den einzelnen Wegen liegt, sondern in ihrem Zusammenwirken. Durch ihre Synergie erzeugen die 7 Wege ein Ganzes – einen wirksamen Rahmen für die Lösung von Problemen. Dieser Rahmen ist viel größer als die Summe seiner Teile.

So setzen Sie die 7 Wege erfolgreich um

Ich möchte Sie jetzt bitten, die 7 Wege gleich einmal auszuprobieren. Überlegen Sie, wie Sie das Modell der 7 Wege auf eine der Herausforderungen anwenden können, vor der Ihre eigene Familie gerade steht. Das nebenstehende Arbeitsblatt wird Ihnen diese Aufgabe erleichtern.

Wenn Sie sich bei allen Herausforderungen an die 7 Wege halten, wird Ihre Familie immer effektiver. Dann orientieren Sie sich nämlich an den Prinzipien, die alles Leben beherrschen, und verankern sie fest in Ihrer Familie. Alle Herausforderungen werden Sie immer wieder zu diesen Grundprinzipien zurückbringen. Wenn Sie sehen, dass diese Prinzipien sich in jeder Situation bewähren, werden Sie allmählich erkennen, dass sie tatsächlich zeitlos und allgemeingültig sind. Erst dann werden Sie die Prinzipien wirklich verstehen. T.S. Eliot sagte ganz richtig: »Wir dürfen nie aufhören, zu forschen. Am Ende unseres Forschens werden wir dort ankommen, wo wir aufgebrochen sind. Dann werden wir diesen Ort zum ersten Mal wirklich kennen.«[3]

Ein Ehemann und Vater sagte uns Folgendes:

JETZT KÖNNEN WIR ÜBER ALLES REDEN

Zu den wichtigsten Dingen, die uns die 7 Wege gebracht haben, gehört meiner Ansicht nach, dass wir jetzt wirklich über alles reden können. Früher bestand unsere Sprache darin, Türen zuzuknallen, den anderen einfach stehen zu lassen oder voller Wut loszubrüllen. Nun können wir endlich miteinander reden. Wenn wir wütend sind oder wenn uns etwas verletzt, können wir das in Worte fassen. Und wenn wir Begriffe wie »Synergie« oder »emotionales Beziehungskonto« nutzen, verstehen unsere Kinder, wovon wir sprechen. Das ist wirklich wichtig!

Eine Frau, die kürzlich geheiratet hat, sieht das ähnlich:

DIE 7 WEGE GEBEN UNS EINE SPRACHE UND EINEN RAHMEN

Durch die 7 Wege bekommt man eine Sprache und einen Rahmen. Beides ist ungeheuer nützlich. Jetzt kann ich sagen: »Ja, hier denken wir Gewinn-Gewinn!« Oder: »Das ist eine pro-aktive Entscheidung, die wir aus unserer Liebe heraus gemeinsam treffen können!« Aber auch: »Wir sind nicht der gleichen Ansicht, aber ich will wirklich verstehen, was du glaubst und sagst. Das ist mir sehr wichtig. Ich bin überzeugt, dass wir eine dritte Alternative finden, die viel besser ist als meine eigenen Vorschläge.«

Eine Ehefrau sagte:

WIR GEHEN VIEL ACHTSAMER MITEINANDER UM

Seit wir die 7 Wege kennen, gehen wir viel achtsamer miteinander um. Wenn ich etwas Unfreundliches zu meinem Mann sage, weist er mich darauf hin, dass das keine Einzahlung war, sondern eine Abhebung. Wir streiten uns dann nicht oder verfallen in beleidigtes Schweigen. Das ist eine sehr rücksichtsvolle Methode, um Dinge frei von Feindseligkeit und Launenhaftigkeit auszudrücken.

Diese Beispiele zeigen: Durch die 7 Wege wird Ihre Familie eine neue Sprache und eine weitaus bessere Kommunikation entwickeln. Außerdem werden die 7 Wege es Ihnen ermöglichen, in allen Bereichen Ihres Lebens positive Veränderungen in Gang zu setzen.

Mutig handeln und positive Veränderungen in der Familie anstoßen

Es erfordert wohl mehr Mut als alles andere, Veränderungen anzustoßen. Doch wir können es schaffen! Es liegt in unserer Macht, mutig zu sein. Wir können dafür sorgen, dass es passiert. Vielleicht sollten wir »Mut« in ein Verb verwandeln, damit wir verstehen, dass es in unserer Macht liegt, eine effektive, starke und glückliche Familie aufzubauen. Dann könnten wir sagen: »Ich habe den Mut, pro-aktiv zu sein!«, »Ich habe es gewagt, Synergien zu schaffen!« oder »Ich habe mich getraut, den anderen zuerst zu verstehen!«.

So wie Vergeben ein Verb ist und Liebe ein Verb ist, könnten wir pro-aktiv sein, das Heft des Handelns in die Hand nehmen und Mut zu einem Verb machen. Allein dieser Gedanke ist schon ermutigend, er stärkt uns und macht uns tapfer. Wenn wir ihn mit der Vision davon verbinden, was unsere Familie sein kann, verleiht er uns Energie und Zuversicht. Er treibt uns an.

Verwandeln Sie »Mut« in ein Verb!

Das Wunderbare an der Zugehörigkeit zu einer Familie ist, dass wir uns gegenseitig Mut machen können. Wir können uns gegenseitig bestätigen und uns versichern, dass wir nie aufgeben werden, dass wir das Potential unserer Familie sehen und im festen Glauben daran handeln. Wir können ein festes, zuverlässiges familiäres Sicherheitsnetz knüpfen. Mit den 7 Wegen entwickeln alle innerhalb der Familie genug *innere Widerstandskraft*, um mit der *ent*mutigenden, familienfeindlichen äußeren Umgebung fertigzuwerden.

Liebe ist unendlich

Kurz bevor meine Mutter starb, las ich auf dem Flug zu einem Vortrag einen Brief von ihr. Aus diesem Brief sprach ihre ganze Liebe. Obwohl wir jeden Tag miteinander telefonierten und uns fast jede Woche besuchten, schrieb sie oft solche persönlichen, liebevollen Briefe.

Als ich ihren Brief las, strömten mir die Tränen über das Gesicht. Ich erinnere mich noch gut daran, dass mir das ein bisschen peinlich war. Ich kam mir wie ein kleines Kind vor und schämte mich, dass ich so verletzlich war. Aber ich fühlte mich so umsorgt, geschätzt und geliebt! Ich dachte: »Mutter- und Vaterliebe braucht einfach jeder!«

Wir können alle Menschen sein, an die unsere Kinder und Enkel sich voller Liebe erinnern. Was könnte es Wichtigeres und Bedeutsameres geben?

Wie viele andere Eltern haben auch Sandra und ich bei der Geburt jedes unserer Kinder gemeinsam wundervolle überirdische, spirituelle Erfahrungen gemacht. In der Zeit, als unsere Kinder geboren wurden, war die Epiduralanästhesie noch nicht üblich. Ich erinnere mich daran, dass Sandra mich in der letzten Wehenphase bat, ihr zu helfen, richtig zu atmen. Sie hatte diese Atemtechnik in einem Kurs im Krankenhaus gelernt, den wir zusammen besucht hatten. Als ich sie ermunterte und mich bemühte, ihr den richtigen Rhythmus vorzugeben, sagte sie, alle ihre Instinkte würden sie dazu drängen, gerade nicht so zu atmen. Sie müsse »viel Disziplin aufbringen« und sich »darauf konzentrieren, es richtig zu machen«. Sie sagte außerdem, sie wisse zwar meinen guten Willen und meine Anstrengungen zu schätzen, ich hätte aber nicht die geringste Ahnung davon, was sie wirklich durchmache.

Als ich Sandra in den Wehen liegen sah, wurde ich von überwältigender, unbeschreiblicher Liebe und Ehrfurcht erfüllt – Ehrfurcht vor ihr und vor allen Müttern, wegen der zahllosen Opfer, die sie bringen. Mich überkam das Gefühl, dass alle wahrhaft großen Dinge aus Opfern geboren werden und dass wirklich starke Familien nur durch hingebungsvolle Opfer der Eltern entstehen können.

Obwohl auch wir 90 Prozent der Zeit nicht auf Kurs waren, war ich immer überzeugt, dass unser Elternsein die wichtigste Rolle und die wichtigste Verantwortung in unserem Leben ist. Mein Großvater sagte: »Keine der Berufungen, denen wir in unserem Leben folgen, bringt uns so viel Verantwortung und zugleich so viele grenzenlose Chancen wie die zum Ehemann und Vater.« Diese Worte haben mich all die Jahre hindurch enorm stark beeinflusst.

Alle Mühe wird sich lohnen!

Albert E.N. Gray meint: »Alle erfolgreichen Menschen zeichnen sich dadurch aus, die Dinge besonders gut zu machen, die Versager nicht besonders gern machen. Sie machen diese Dinge auch nicht wirklich gern. Doch sie überwinden ihre Abneigung, weil sie ihre Ziele fest im Blick haben.«[4]

Als Eltern haben Sie sehr starke, lohnenswerte Ziele. Diese Ziele werden Ihnen Mut machen, Ihre Ängste und Ihre Zweifel zu überwinden und das, was Sie in diesem Buch gelesen haben, in Ihrer Familie umzusetzen.

Die Mühe wird sich lohnen! Trotz der Kämpfe, die unweigerlich damit verbunden sind, bringt das Familienleben uns reicheren Lohn, tiefere Befriedigung und größeres Glück als alles andere. Ich möchte hier aus tiefster Seele bekräftigen, dass das Familienleben alle Anstrengungen und Opfer, alles Geben und alles Leid wert ist. Und auch wenn man es manchmal nicht glauben kann: Es gibt immer das Licht der Hoffnung!

Vor einiger Zeigt habe ich mir eine Sendung angeschaut, bei der zwei Strafgefangene unabhängig voneinander sagten, sie seien durch die Haft völlig gefühllos geworden. Sie hätten einen Punkt erreicht, an dem ihnen niemand mehr wichtig und das Leid anderer völlig gleichgültig war. Sie seien total egoistisch geworden und hätten sich nur noch für ihr eigenes Leben interessiert. Andere Menschen hätten sie lediglich als »Dinge« betrachtet, die ihnen halfen, das zu bekommen, was sie wollten, oder ihnen dabei im Weg standen.

Das Familienleben bringt uns reicheren Lohn und größeres Glück als alles andere.

Die Häftlinge bekamen die Möglichkeit, mehr über ihre Vorfahren herauszufinden. Sie erfuhren, wie das Leben ihrer Eltern, Großeltern und Urgroßeltern ausgesehen hatte, welche Kämpfe sie zu bestehen und welche Erfolge, aber auch Misserfolge sie zu verzeichnen hatten.

Beide Männer sagten, dass das enorm wichtig für sie war: Als sie erkannten, dass ihre Vorfahren sich auch Herausforderungen stellen und kämpfen mussten, geschah etwas in ihrem Herzen. Sie begannen, ihre Einstellung gegenüber anderen zu ändern. Beide dachten: »Ich habe furchtbare Fehler gemacht. Aber mein Leben ist noch nicht vorbei. Ich werde wie meine Vorfahren ein Lebenswerk schaffen, auf das meine Nachkommen zurückblicken können. Auch wenn ich den Rest meines Lebens im Gefängnis verbringen müsste, würde das keine Rolle spielen. Meine Nachkommen werden meine Geschichte und meine Absichten kennen. Sie werden besser verstehen, wie ich mein Leben hier geführt habe.«

Aus den Augen dieser Männer, die in ihrer orangefarbenen Gefängniskleidung vor den Kameras saßen, war alle Härte gewichen. Sie hatten ihre Menschlichkeit wiedergefunden und neue Hoffnung geschöpft, weil sie »nach Hause gekommen« waren, weil sie ihre Vorfahren, ihre Familie, jetzt kannten.

Jeder hat eine Familie. Jeder kann fragen: »Wie sieht das Vermächtnis meiner Familie aus?« Und jeder kann sich bemühen, selbst ein Lebenswerk zu schaffen.

Im Leben geht es darum, nach Hause zu kommen

Zu den Augenblicken in meinem Leben, die mir besonders viel bedeuten, gehört immer wieder die Ankunft auf einem Flughafen. Dort sehe ich, wie Menschen voller Liebe jemanden aus ihrer Familie begrüßen, der weg gewesen ist und jetzt wieder nach Hause kommt. Dann bleibe ich stehen und lasse meine Gefühle auf mich wirken. Ich sehe zu, wie diese geliebten Menschen sich umarmen, mit Tränen der Freude und Dankbarkeit, die zeigen, wie wichtig die Familie ihnen ist. Dann füllen sich auch meine Augen immer mit Tränen und mein Herz sehnt sich danach, nach Hause zu kommen. Dann weiß ich, worum es im Leben in Wirklichkeit geht. Es geht darum, nach Hause zu kommen.

Ich wünsche Ihnen von Herzen viel Erfolg beim Aufbau einer starken, effektiven Familie!

Wie Sie den Inhalt dieses Kapitels an Erwachsene und Jugendliche weitergeben

Welche höheren Ziele hat Ihre Familie?

- Überleben, Stabilität, Erfolg und Bedeutsamkeit: Sprechen Sie über die Hauptmerkmale der vier Ebenen. Fragen Sie die anderen: »Wo stehen wir als Familie? Welche höheren Ziele streben wir an?«
- Diskutieren Sie über die folgende Aussage: »Wenn Familien gemeinsam Beiträge für andere leisten, hilft das nicht nur den Menschen, denen es zugutekommt. Es stärkt auch die Familien selbst.«
- Sprechen Sie über die Idee, dass wir uns auf *Probleme* oder auf *Chancen* konzentrieren können. Fragen Sie: »Wie können wir hemmende Kräfte ausschalten, so dass die treibenden Kräfte uns voranbringen?«

Warum ist Führung in der Familie so wichtig?

- Diskutieren Sie über die drei großen Fehler im Zusammenhang mit der prinzipienzentrierten Familienführung (Seite 314 bis 315).
- Erörtern Sie gemeinsam, wie wichtig es ist, ein Trimmruder für Ihre Familie zu sein (Seite 317 bis 318).
- Sprechen Sie über folgende Aussage: »Ob es Ihnen gefällt oder nicht: Sie tragen in Ihrer Familie die Führungsverantwortung!« Weshalb trifft das Ihrer Meinung nach zu?

Wie Sie Kindern den Inhalt dieses Kapitels vermitteln

Anderen helfen

- Fragen Sie: »Was passiert, wenn alle in unserer Familie selbstlos und freundlich zueinander sind? Wie fühlen wir uns dann?«
- Schreiben Sie die Namen aller Familienmitglieder auf Zettel. Legen Sie die Zettel in eine Kiste. Lassen Sie jeden einen der Namen ziehen. Keiner darf den anderen verraten, welchen Namen er gezogen hat. In der kommenden Woche sollen alle nett und hilfsbereit gegenüber demjenigen sein, dessen Namen sie gezogen haben. Alle sollen genau darauf achten, wie sie sich dann fühlen.
- Erzählen Sie, wie Sie selbst oder andere aus der Familie jemand anderem geholfen haben. Beschreiben Sie, wie Sie sich dabei gefühlt haben. Überlegen Sie zusammen mit Ihren Kindern, wie Sie Menschen außerhalb Ihrer Familie unterstützen können. Regen Sie sie dazu an, das die ganze nächste Woche zu machen. Besprechen Sie dann, welche Gefühle das bei Ihren Kindern hervorgerufen hat.

Anmerkungen

Die Familie als Schlüssel zum Glück

1 The Commission on Children at Risk, Hardwired to Connect: The New Scientific Case for Authoritative Communities, 2003: https://www.nurturingparenting.com/images/cmsfiles/hardwired_to_connect.pdf.

Einige persönliche Worte zu Beginn

1 Ansprache von Barbara Bush vor den Absolventinnen des Wellesley College im Jahre 1990 (Wellesley College Library, Wellesley, Mass.), Seite 4f.

Sie werden 90 Prozent der Zeit nicht »auf Kurs« sein – aber das macht nichts!

1 Michael Leavitt, Gouverneur von Utah, bei einer Telefonkonferenz zur Governor's Initiative for Families Today, März 1997.

2 Alfred North Whitehead, »The Rhythmic Claims of Freedom and Discipline«, in: The Aims of Education and Other Essays (New York 1929), Seite 46.

3 Um die Privatsphäre der Menschen zu schützen, die uns ihre Geschichten erzählt haben, haben wir die Namen geändert.

1. Weg: Pro-aktiv sein

1 Der Fragebogen wurde erstmals in Stephen R. Covey, A. Roger Merrill und Rebecca R. Merrill, *First Things First* (New York 1994), S. 62f. veröffentlicht.

2 Diese Worte werden dem Orakel von Delphi zugeschrieben und sollen dort als Inschrift über dem Tempeleingang gestanden haben.

3 Dr. med. Glen C. Griffin, in: *It Takes a Parent to Raise a Child.*

4 Joseph Zinker, *Das Elixier des Lebens: Liebe – das größte Abenteuer* (München 1986), Seite 49.

2. Weg: Schon am Anfang das Ende im Sinn haben

1 Siehe Andrew Campbell und Laura Nash, *Vision, Mission, Strategie,* (Frankfurt am Main 1992) sowie James Collins und Jerry Porras, *Immer erfolgreich: Die Strategien der Top-Unternehmen* (München 2005).

3. Weg: Das Wichtigste zuerst tun

1 Rabindranath Tagore, *101 Poems* (New York 1966).

2 Mary Pipher, *Die intakte Familie* (München 1998).

3 Arlie R. Hochschild, *Keine Zeit* (Wiesbaden, 2. Auflage 2006).

4 William Doherty, *The Intentional Family: How to Build Family Ties in Our Modern World* (New York 1997), Seite 10.

4. Weg: Win-Win-Denken

1 Catherine Johnson, *Lucky in Love: The Secrets of Happy Couples and How Their Marriages Thrive* (New York 1993).

2 Unser Sohn Sean, um den es in dieser Geschichte geht, hat ein Buch darüber geschrieben, wie Jugendliche die 7 Wege in ihrem Leben umsetzen können. Vielleicht haben Sie ja Lust, mal reinzuschauen oder es Ihren Kindern zum Lesen zu geben: *Die 7 Wege zur Effektivität für Jugendliche* (Offenbach 2007).

5. Weg: Erst verstehen, dann verstanden werden

1 C. S. Lewis, *Pardon, ich bin Christ!* (Basel 2012).

2 Nützliche Broschüren zur Entwicklung von Kindern erhalten Sie bei Ihrem Arzt, Ihrer Krankenkasse oder bei entsprechenden staatlichen Stellen. Wenn Sie sich intensiver mit diesem Thema beschäftigen möchten, empfehle ich Ihnen folgende Bücher:

Remo H. Largo, *Babyjahre. Entwicklung und Erziehung in den ersten vier Jahren* (München 2019).

Penelope Leach, *Die ersten Jahre deines Kindes* (München 2001).

T. Berry Brazelton, *Die Hürden der ersten Lebensjahre – ein Kind wächst auf* (Stuttgart 1999).

6. Weg: Synergie schaffen

1 Siehe *Report on Television and Behavior,* National Institute of Mental Health (Washington 1982), und Susan Newman, »The Home Environment and Fifth Grade Students' Leisure Reading«, *Elementary School Journal,* Januar 1988, Bd. 86 (3), S. 335–343.

2 *Report on Television and Behavior.*

7. Weg: Die Säge schärfen

1 Richard L. Evans, *Richard Evans' Quotebook* (Salt Lake City 1971), Seite 16.

2 Marianne Jennings, »Kitchen Table Vital to Family Life«, *Deseret News,* 9. Februar 1997.

3 Dale Johnson, »Sex Differences in Reading Across Cultures«, *Reading Research Quarterly,* Band 9 (1), 1973.

4 Yomrat Shimron, »Most Americans Believe in a Higher Power«, Washington Post, 25. April 2018: https://www.washingtonpost.com/news/acts-of-faith/wp/2018/04/25/most-americans-believe-in-a-higher-power-but-not-always-in-the-god-of-the-bible/

Vom Überleben … zur Stabilität … zum Erfolg … zur Bedeutsamkeit

1 Kurt Lewin, *Field Theory in Social Science* (New York 1951), Seite 183.

2 W. Edwards Deming, *Out of the Crisis* (Cambridge 1982), Seite 66f.

3 *The Complete Poems and Plays of T. S. Eliot* (London 1969), Seite 197.

4 Albert E. N. Gray, *The Common Denominator of Success,* Rede bei der Prudential Insurance Company of America (Newark 1983).

Kurzüberblick: Die 7 Wege zur Effektivität für Familien

1. Weg: Pro-aktiv sein

Starke, effektive Familien sind selbst für ihre Entscheidungen verantwortlich. Jeder in der Familie hat die Freiheit, sich bei seinen Entscheidungen auf Prinzipien und Werte zu stützen, anstatt sich von äußeren Umständen oder seinen Emotionen beherrschen zu lassen. Zudem arbeiten effektive Familien kontinuierlich an der Weiterentwicklung ihrer vier einzigartigen menschlichen Gaben – Selbstwahrnehmung, Gewissen, Vorstellungskraft und freier Wille. Diese vier Gaben nutzen sie, um positive Veränderungen herbeizuführen. Dabei gehen sie von innen nach außen vor. Effektive Familien entscheiden sich bewusst dafür, keine Opfer zu sein. Sie handeln nicht reaktiv, sondern gehen die Dinge pro-aktiv an.

2. Weg: Schon am Anfang das Ende im Sinn haben

Effektive Familien leben nicht einfach in den Tag hinein. Sie gestalten ihre Zukunft selbst. Der Schlüssel dazu sind konkrete Ziele und klare Visionen. Die höchste Form dieser Visionen sind ein Partnerschafts- und ein Familienleitbild.

3. Weg: Das Wichtigste zuerst tun

Starke, effektive Familien wissen, was ihnen wirklich wichtig ist. Sie stellen ihre Prioritäten, die sie in ihrem Leitbild festgehalten haben, klar in den Mittelpunkt. Bei ihnen gibt es wöchentliche Familienzeiten und regelmäßige Zeit zu zweit, um die familiäre Bindung zu stärken. Effektive Familien werden von ihren Zielen und Visionen angetrieben. Sie lassen sich nicht von äußeren Kräften von ihrem Kurs abbringen.

4. Weg: Win-Win-Denken

Alle Familienmitglieder unterstützen und respektieren sich gegenseitig. Im Mittelpunkt steht das »Wir«, nicht das »Ich«. Sie denken interdependent und entwickeln Gewinn-Gewinn-Vereinbarungen. Die Familienmitglieder stellen ihre eigenen Interessen nicht in den Vordergrund (Gewinn-Verlust-Denken). Sie treten aber auch nicht wie Opfer auf (Verlust-Gewinn-Denken).

5. Weg: Erst verstehen, dann verstanden werden

Alle in der Familie hören zuerst zu, um die Gedanken und Gefühle der anderen wirklich zu verstehen. Dann bemühen sie sich, den anderen ihre eigenen Gedanken und Gefühle zu vermitteln. Durch gegenseitiges Verstehen bauen sie tiefe Beziehungen voller Vertrauen und Liebe auf.

6. Weg: Synergie schaffen

Die Familienmitglieder ziehen Kraft aus ihren individuellen Stärken und den Stärken der Familie. Da alle die Unterschiede respektieren und schätzen, ist das Ganze größer als die Summe seiner Teile. Sie bauen eine Familienkultur auf, in der man Probleme gemeinsam löst und Chancen beherzt ergreift. Das Ziel sind keine Kompromisse (1 + 1 = 1½) und auch keine einfachen Kooperationen (1 + 1 = 2). Vielmehr geht es um kreative Zusammenarbeit (1 + 1 = 3 oder sogar noch mehr).

7. Weg: Die Säge schärfen

Die Familie steigert ihre Effektivität durch regelmäßige Erneuerung jedes Einzelnen und der ganzen Familie in den vier Grundbereichen des Lebens. Sie entwickelt Familienrituale, die die Erneuerung im physischen, sozial-emotionalen, spirituellen und mentalen Bereich fördern.

DIE 7 WEGE zur Effektivität™

FranklinCovey

„Sind die 7 Wege™ heute noch genauso relevant wie zu Beginn iher Einführung?

Ich bin davon überzeugt, das die 7 Wege heute relevanter sind als jemals zuvor. Je größer der Wandel, je schwieriger die Herausforderungen, desto relevanter werden die 7 Wege. Warum? Weil Sie auf Prinzipien der Effektivität beruhen, die zeitlos sind.“

- Stephen R. Covey

Stellen Sie sich vor, Sie würden die Denkweise und das Wissen aus Ihrer Lektüre des Bestsellers „Die 7 Wege zur Effektivität“ erfolgreich in Ihrem Privatleben oder in Ihrem beruflichen Umfeld umsetzen — was würde sich in Ihrem Leben zum Positiven ändern?

Aufbauend auf unseren Basiswerken zu Produktivität und Leadership stehen unsere FranklinCovey-Berater bereit, Sie mit fundierter Expertise zu den Bereichen Produktivität, Führung, Umsetzung, Vertrauen, Vertrieb, Kundenbindung und Bildung zu unterstützen.

Sprechen Sie uns an, um zu erfahren, welchen ersten Schritt Sie machen können, um in Ihrem Leben noch effektiver und erfolgreicher zu werden.

FranklinCovey Germany GmbH
Friedenheimer Brücke 20
80639 München
Deutschland
Tel.: +49 (0) 89 45 21 480
www.franklincovey.de
info@franklincovey.de

FranklinCovey Switzerland GmbH
General-Guisan-Strasse 6
6303 Zug
Schweiz
Tel.: +41 (0) 41 711 37 30
www.franklincovey.ch
info@franklincovey.ch

FranklinCovey Austria GmbH
Kärntner Ring 5-7
1010 Wien
Österreich
Tel.: +43 (0) 1 320 16 22
www.franklincovey.at
info@franklincovey.at

Über den Autor

Dr. Stephen R. Covey, weltweit anerkannter Experte für Unternehmensführung und Familienentwicklung. Der Hochschullehrer, Unternehmensberater und Autor sah seine Lebensaufgabe darin, Familien und Unternehmen zeitlose, universelle Prinzipien zu vermitteln, die ihre Weiterentwicklung und ihren Erfolg fördern. Er studierte an der Harvard University Betriebswirtschaftslehre und promovierte an der Brigham Young University. Dort lehrte er als Professor für Organisationsentwicklung und Unternehmensführung.

Dr. Covey war Autor zahlreicher erfolgreicher Bücher. Unter anderem verfasste er den internationalen Bestseller *Die 7 Wege zur Effektivität*. Die 7 Wege gelten als eines der bedeutendsten Managementbücher aller Zeiten und wurden zum einflussreichsten Wirtschaftsbuch des 20. Jahrhunderts gekürt. Weltweit wurden bislang 50 Millionen Exemplare verkauft. Auch *Der Weg zum Wesentlichen, Die effektive Führungspersönlichkeit* und *Die 7 Wege zur Effektivität für Familien* sind internationale Bestseller.

Das *Time Magazine* zählt Stephen R. Covey zu den 25 einflussreichsten US-Amerikanern. 2003 erhielt der Familienvater und Großvater den Vaterschaftspreis der National Fatherhood Initiative. Diesen Preis bezeichnete er selbst als seine wichtigste Auszeichnung. Zudem bekam er die Thomas More College Medallion, die Auszeichnung als Sprecher des Jahres, den Internationalen Friedenspreis der Sikhs, die Auszeichnung als internationaler Unternehmer des Jahres, einen Ehrenpreis für sein unternehmerisches Lebenswerk und sieben Ehrendoktortitel.

Dr. Covey war Mitbegründer und Vice Chairman der FranklinCovey Company. Das Management-, Beratungs- und Trainingsinstitut ist in 150 Ländern vertreten. Alle lokalen Niederlassungen teilen seine Vision und Leidenschaft, die Weiterentwicklung und das Wachstum von Menschen und Organisationen auf der ganzen Welt zu fördern.

LESEPROBE aus »Die 7 Wege zur Effektivität für Jugendliche« von Sean Covey

WER BIN ICH?

Ich bin dein ständiger Begleiter. Ich bin deine größte Hilfe und dein größter Stolperstein. Ich bringe dich vorwärts und bremse dich aus. Du hast vollkommene Macht über mich. Das meiste, was du tust, kannst du getrost mir überlassen. Ich erledige alles schnell und zuverlässig für dich. Arbeite konsequent mit mir, und ich lege dir die Welt zu Füßen. Aber geh niemals zu lasch mit mir um. Denn dann bin ich dein Untergang.

Wer bin ich? Ich bin die Gewohnheit!

ERFOLG ODER MISSERFOLG? GEWOHNHEITEN MACHEN DEN UNTERSCHIED!

In den »7 Wegen zur Effektivität für Jugendliche« dreht sich alles um Gewohnheiten. Denn die 7 Wege sind genau das: Gewohnheiten, die Teenagern dabei helfen, ihre Ziele zu verwirklichen und ihre Träume wahr zu machen.

Was sind eigentlich Gewohnheiten?

Gewohnheiten sind Dinge, die wir immer wieder machen. Meistens sind wir uns gar nicht bewusst, dass wir Gewohnheiten haben. Sie laufen ganz automatisch ab. Das kannst du sehr gut mit einem Autopiloten vergleichen, der ein Flugzeug steuert.

Manche Gewohnheiten sind nützlich – zum Beispiel:

- Du machst regelmäßig Sport.
- Du begegnest anderen mit Respekt und Rücksicht.

Andere Gewohnheiten sind eher hinderlich:

- Du denkst ständig an negative Dinge.
- Du schiebst anderen die Schuld für deine Fehler in die Schuhe.

Viele Gewohnheiten spielen gar keine Rolle. Du hast sie einfach nur so:

- Du trägst deine Uhr am rechten Handgelenk.
- Du hörst Musik, während du Sport machst.

Ob Erfolg oder Misserfolg: Beides hängt von unseren Gewohnheiten ab. Zum Glück bist du stärker als deine Gewohnheiten. Du kannst sie ändern. Hast du Lust auf ein kleines Experiment? Dann verschränke jetzt bitte deine Arme. Gut! Und jetzt versuch mal, das Ganze andersherum zu machen. Fühlt sich irgendwie seltsam an, oder? Wenn du deine Arme einen Monat lang andersherum verschränken würdest, würde dir das gar nicht mehr komisch vorkommen. Es wäre dann einfach eine neue Gewohnheit.

Du hast immer die Chance, dich vor den Spiegel zu stellen und zu sagen: »He, das gefällt mir nicht!« Und dann kannst du eine schlechte durch eine gute Gewohnheit ersetzen. Das ist nicht immer einfach, aber mit den »7 Wegen für Jugendliche« kannst Du es schaffen!

ISBN 978-3-86936-940-2

ISBN 978-3-96739-066-7

www.stephen-covey.de

STEPHEN R. COVEYS WICHTIGSTE WERKE

ÜBER 50 MILLIONEN VERKAUFTE EXEMPLARE

Das einflussreichste Managementbuch der letzten 100 Jahre: Die 7 Wege zur Effektivität von Stephen R. Covey sind der Schlüssel für ein erfolgreiches, glückliches und sinnerfülltes Leben.

Ein leidenschaftliches Plädoyer für modernes, vertrauensvolles Leadership: Pflichtlektüre für alle Führungskräfte, die nicht nur sich selbst, sondern auch andere zum Erfolg führen wollen!

Die 3. Alternative ist eine bahnbrechende Methode zur Konfliktlösung. Sie ist die Weiterführung des 6. Wegs »Synergien schaffen«. Denn: Nur gemeinsam können wir wirklich große Ziele erreichen.

Wichtige Infos, hilfreiche Praxistools und aktuelle Termine finden Sie unter: **www.stephen-covey.de**